Nöhbauer · Die Bajuwaren

Hans F. Nöhbauer

Die Bajuwaren

Herkunft, Anfänge und Aufstieg
eines deutschen Stammes
aus der Urzeit in die Gegenwart

Hugendubel

Gewidmet m. p. m.

Die Deutsche Bibliothek – CIP-Einheitsaufnahme
Nöhbauer, Hans F.:
Die Bajuwaren: Herkunft, Anfänge und Aufstieg eines
deutschen Stammes aus der Urzeit in die Gegenwart /
Hans F. Nöhbauer. – München: Hugendubel, 1995
ISBN 3-88034-836-7

© überarbeitete Neuausgabe, Heinrich Hugendubel Verlag,
München 1995
Alle Rechte vorbehalten

Lektorat: Hans Dollinger, Wörthsee
Produktion: Tillmann Roeder, München
Satz: Uhl + Massopust, Aalen
Umschlaggestaltung: Tillmann Roeder, München,
unter Verwendung eines Farbfotos von Klaus Daniel, Regensburg,
darstellend eine siebzig Zentimeter hohe Steinplastik
von einem römischen Grabmal in Regensburg
(Städtisches Museum Regensburg).
Druck und Bindung: Jos. C. Huber, Dießen
Printed in Germany

ISBN 3-88034-836-7

INHALT

INHALT

INHALT

Pro ...

»Bayern ist vielleicht das einzige deutsche Land,
dem es durch materielle Bedeutung, durch die
bestimmt ausgeprägte Stammeseigentümlichkeit
und durch die Begabung seiner Herrscher
gelungen ist, ein wirkliches und in sich selbst
befriedigtes Nationalgefühl auszubilden.«

Otto von Bismarck

... und Contra

»Bayern ist eine lebensunfähige, politische
Mißbildung, recht eigentlich ein Zwerg mit
einem Wasserkopf, und Preußens Aufgabe
besteht darin, Bayern zu zerschlagen und das
Haus Wittelsbach auf seine Alpenländer zu
beschränken.«

Heinrich von Treitschke

Vorwort

»Wer nicht von dreitausend Jahren
Sich weiß Rechenschaft zu geben,
Bleib im Dunkeln unerfahren,
Mag von Tag zu Tage leben.«

J.W. Goethe in *West-östlicher Divan*

VORWORT

Mit diesen dreitausend Jahren wäre heute nicht mehr sehr weit zu kommen, irgendwo zwischen Bronze- und Eisenzeit käme diese Vergangenheit an ihr Ende. Aber in den Tagen des Geheimbden Rathes glaubte man ohnedies, daß der ganze Globus nicht sehr viel älter sei. Goethes Zeitgenosse Lorenz von Westenrieder – ein Jahr vor dem Dichter geboren und drei Jahre vor ihm gestorben – setzte ja in seinem »Abriß der bairischen Geschichte« die Weltschöpfung für das Jahr 4000 v. Chr. an – das schrieb ein Sekretär der Bairischen Akademie der Wissenschaften noch im späten 18. Jahrhundert! Inzwischen ist der Weltenanfang vielfach neu berechnet worden und Astronomen, die mit ihren hochempfindlichen Geräten ins All hineinhören, gehen zur Zeit davon aus, daß der Sechste Schöpfungstag ungefähr vier bis fünf Millionen mal so weit entfernt ist, wie Westenrieder einst angenommen hat, nämlich fünfzehn bis zwanzig Milliarden Jahre.

Auch wer sich nicht gleich über das ganze All, sondern nur über die bairischen Angelegenheiten Rechenschaft geben will, muß inzwischen Goethes dreitausend Jahre weit hinter sich lassen. Die ersten Bauern lebten vor etwa sechstausend Jahren bereits im Land, und hunderttausend Jahre von uns entfernt sind beispielsweise die Jäger vom Speckberg bei Nassenfels.

Daß die Vergangenheit so starken Zuwachs erhielt, ist der Archäologie zu danken. Bis zum Beginn des 19. Jahrhunderts hatte man die Auskünfte über die Vergangenheit vornehmlich aus alten Handschriften erhalten, nun aber gewann man neue Erkenntnisse immer häufiger mit dem Spaten. Sollte ein Datum genannt werden, an dem die Archäologie in Baiern begann, so könnte jener 1. Juli 1789 genannt werden, an dem – ausgerechnet – Lorenz von Westenrieder zusammen mit dem gelehrten Benediktinerpater Ildephons Kennedy nach Geiselbullach im ehemaligen Landgericht Dachau reiste, um dreißig alte Grabhügel zu untersuchen.

Was an diesem Tag, zwei Wochen vor dem Ausbruch der Französischen Revolution (und eine Woche vor dem »Planungsauftrag« für die Anlage des Englischen Gartens), begann, hat seither unendlich viele Erkenntnisse und Einsichten über Baierns Vergangenheit gebracht. Einem Quantensprung kam es schließlich gleich, als ab 1979 mit Hilfe der Luftbildarchäologie auch kaum noch erkennbare Bodendenkmäler entdeckt wurden und ab 1982 durch Anwendung magnetoskopischer Verfahren selbst noch Spuren erfaßt werden konnten, die dem bloßen Auge nicht mehr sichtbar waren. Die Zahl der Fundorte hat sich dadurch innerhalb weniger Jahre vervielfacht und so kennt man allein in Niederbayern, diesem Herzland des ältesten Baierns, etwa 12 000 Objekte.

Da das älteste Baiern längst bewohnt war, als die ersten Bajuwaren hier siedelten, bekommen in diesem Buche auch die »Vorbewohner« ihren ausführlichen Auftritt, die Jäger und Sammler, die in Höhlen lebten, wilden Tieren hinterherjagten und gelegentlich wohl auch einen der ihren verspeisten.

Diese rauhen Zeiten gingen ein paar tausend Jahre vor Christi Geburt zu Ende und in Baiern (das diesen Namen längst noch nicht führte) ließen sich Menschen nieder, die Tiere züchteten, Bronze schmolzen und Eisen schmiedeten. Ihnen folgten Legionäre aus Rom und den Provinzen des Imperiums, und um das Jahr 550 n. Chr. wird dann erstmals der Stamm der »Baiern« oder »Bajuwaren« erwähnt. Dabei ist die Schreibweise von Anfang an ungesichert, die Konsonanten und Vokale, so scheint es, wurden nach Lust und Laune und ohne orthographische Skrupel durcheinandergewürfelt. Die Historiker hatten damit Spielmaterial für ein paar Jahrhunderte. Topographisch hingegen war der Fall klar, denn einstmals war hier alles aus einem Guß, da herrschte Ordnung auf der bairischen Landkarte – und in Baiern lebten nur Baiern.

Das änderte sich, als der kleine Korse damit begann, die Welt umzukrempeln und neu zu verteilen. Der Kurfürst zu München hatte bei dieser großen europäischen Flurbereinigung am Anfang des 19. Jahrhunderts Glück (dem er durch nicht ganz nobles Finassieren allerdings ein klein wenig nachgeholfen hatte): Er konnte sein Land aufs Erfreulichste abrunden und bekam von Napoleon auch noch die Königswürde.

Der bescheidene, hausväterliche erste Regent Max I. Joseph wünschte zwar, daß man den neuen Titel nicht allzu ernst nehme, und gab daher den Besuchern seiner ersten königlichen Audienz das treuherzige Versprechen: »Wir bleiben die Alten.« Das war nun freilich sehr viel leichter gesagt als getan, denn sein Baiern war über Nacht auf etwa die doppelte Größe angewachsen und zu einem »Mehrvölkerstaat« geworden, in dem nun auch noch Franken und Schwaben lebten (wobei diese neubayerischen Franken mit den Franken des 6.,7. oder 8. Jahrhunderts, die in diesem Buch eine wichtige Rolle spielen, nicht sehr viel gemeinsam haben).

Die nördlichste Grenze des Landes, in dem die Bajuwaren ihren Staat bildeten, hatten die Römer mit ihrem Limes gezogen, im Westen bildete der Lech die Grenze. Um dieses alte, das sogenannte Stammesherzogtum vom größeren, nachnapoleonischen Bayern zu unterscheiden, wird in diesem Buche für den Stamm und sein Siedlungsgebiet die Schreibweise »Baiern« verwendet. Diese Grenzen gelten freilich erst seit der Römer- und Agilolfingerzeit. In früheren Epochen – und sie sind sehr viel länger als die seither durchlebte Geschichte – gibt es dieses Baiern noch nicht und so bauten Kelten ein oppidum auf dem Staffelberg bei Bamberg, ein anderes auf dem Schwanenberg bei Iphofen, Steinzeitmenschen lebten an Main und Donau ... und so gilt, was über die Zeit vor 15 v. Chr. geschrieben wird (mit Einschränkungen zwar) für Baiern wie Bayern.

Nicht sehr viel genauer als beim Buchstabieren der Stammes- und Personennamen haben es die Autoren bis ins achte Jahrhundert hinein mit den Jahreszahlen gehalten. Die bairischen Angelegenheiten wurden inzwischen einigermaßen in ihre chronologische Ordnung gebracht, aber unangefochten und für alle Zeiten gesichert sind nur wenige Daten, und vor allem in den Zeiten der Steineklopfer, der Keramiker und der ältesten Bauern weichen die Angaben gelegentlich um einige tausend Jahre voneinander ab. Diese vielfältigen bairischen »Unschärferelationen« sind natürlich auch in dieses Buch eingegangen. Und wie bei allem, worüber in den folgenden Kapiteln berichtet wird, kann bereits der nächste Tag neue Erkenntnisse auch über die gelegentlich recht frei flottierende bairische Chronologie bringen. Denn die Archäologen sind stets dabei – meist unter großem Zeitdruck und bei geringer finanzieller Ausstattung – der langen, faszinierenden Vergangenheit des Landes hinterherzugraben.

Der Dank des Autors gilt den Kennern des frühmittelalterlichen und des vorzeitlichen Baierns, den gelehrten Scherbensammlern und hochgebildeten Deutern der alten Texte – ohne ihre mühselige Kleinarbeit wüßten wir nichts von dem langen Weg, auf dem die Baiern (und ihre Vorläufer) aus der dunkelsten Prähistorie ins Licht der nachprüfbaren Geschichte und in die Gegenwart gelangt sind.

DIE LEGENDE

»*Das Geschlecht der Baiern,*
hergekommen von Armenien,
wo Noah aus der Arche ging
und den Ölzweig von der Taube empfing.
Die Spuren der Arche kann man noch sehen
auf den Bergen, die da heißen Ararat.«

Kaiserchronik, Vers 317 ff.

Wo Noah aus der Arche ging ...

Für die Baiern hat es gut angefangen; denn während in einer längst vergangenen Zeit alles in der Sintflut versank, schwamm ihr Urahn an Bord eines riesigen Hausbootes direkt in die Geschichte hinein. Und weil dies ohnehin ein höchst ungewöhnliches Unternehmen war, endete es auch, wie keine Seereise je wieder geendet hat – hoch oben auf einem Fünftausender, auf dem Berge Ararat.

Der Bericht von diesem alpinistisch-maritimen Abenteuer hat in der alten Welt natürlich die Runde gemacht, und der Held dieser Geschichte, der legendäre Schiffbauer, trat dabei unter wechselnden Namen und Schreibweisen auf – er hieß vor etwa 4000 Jahren Utanapišta (und war einer der Urväter im babylonischen *Gilgamesch*-Epos), einige Jahrhunderte später nannte man ihn Atrahmasis, »den überaus Weisen«, dann wieder Ziusudra, Xisuthros oder Sisoutros, und zuletzt, im *Ersten Buch Mosis*, und somit vor gut 3000 Jahren, bekam er seinen endgültigen Namen: Noah.

Als sich die Baiern erstmals Gedanken über ihre Herkunft machten, schien ihnen diese Sintflut ein angemessener Anfang. Den Einwand, daß mit der Besatzung dieses legendären Schiffes ja alles Leben auf der Erde noch einmal von vorne begonnen habe und daß vor dem himmlischen Unwetter somit die Stammväter aller künftigen Erdbewohner gerettet wurden, nahmen sie gar nicht erst zur Kenntnis.

Wenn es tatsächlich zutraf, daß hinten fern in Armenien um das Jahr 1000 noch Menschen lebten, die bairisch sprachen – und der Tegernseer Mönch Froumund behauptete das zu jener Zeit allen Ernstes –, dann mußte es doch mit der Herkunft der Baiern seine besondere Bewandtnis haben, sagten sie. Wer weiß, vielleicht war das Bairische gar die Sprache Noahs?

Die Fabel von den bairischen Kaukasiern hat sich in einigen Köpfen lange gehalten, und noch 1776 führte Vinzenz Pall von Pallhausen – einer der vielen Autoren, die der Herkunft der Baiern mit großem Eifer und geringem Erfolg nachspürten – einen Ign. Bobiensis an, der behauptet habe: Kaiser Friedrich Lobesam sei bei seinem Kreuzzug in Armenien auf Völker getroffen, die bairisch sprachen. Diese pallhausen-bobiensische Theorie hat nur den einen großen Nachteil, daß der Kaiser, der schon bald nach Beginn des Kreuzzuges im kleinasiatischen Fluß Salef ertrank, das armenische Bergland nie gesehen hat.

Die Geschichte von den deutschsprechenden Armeniern war übrigens auch einem unbekannten Mönch vertraut, den es wahrscheinlich aus dem Bairischen in die Bonner Gegend, nach Siegburg, verschlagen hatte. Als er um das Jahr 1080 ein Preislied auf den jüngst verstorbenen Bischof Anno von Köln dichtete, blieb er in dieser Angelegenheit jedoch auffallend unpräzis:

>»Man sagt, es geb' da noch Leute genung,
Die sich bedienten der deutschen Zung',
Gegen Indien hin, in weiter Fern',
Die Baiern zum Kampf stets zogen gern;
Den Sieg, den Caesar an ihnen erfocht,
Hat mit Blut er nur erkaufen vermocht.«*

In der Sache mit den deutschsprechenden Asiaten wollte sich der Mönch nicht festlegen, und so kam er sehr schnell auf die tapferen Baiern zu sprechen. Nach dreihundert gereimten Zeilen Weltgeschichte schreibt er über seine Landsleute:

>»Dere geslehte dare quam wilin ere
Von Armenie der herin,
Da Noe uz der arkin ging,
Dur diz olizui von der tuvin intfieng.«

In einer Nachdichtung aus dem vorigen Jahrhundert heißt dies, das Geschlecht der Baiern sei in sein Land eingewandert.

>»Aus Armenien kommend, dem bergigen Land,
Wo Noah aus der Arche ging,
Als den Ölzweig er von der Taube empfing.«

Etliche Schriftsteller haben dem Mönch aus dem Kloster Siegburg diese schöne Geschichte nachgeschrieben und ausgeschmückt. So behaupteten einige Kloster-Schreiber des 12. Jahrhunderts, die

---

* Die bibliographischen Angaben der im Buch erwähnten und zitierten Werke sind dem nach Kapiteln geordneten Literaturverzeichnis S. 320 ff. zu entnehmen.

17

Baiern seien früher schon einmal Herren des Landes gewesen,
dann aber vertrieben worden und 508 nach Christi Geburt unter
einem Herzog Theodo wieder in ihren alten Besitz zurückgekehrt, wo sie die Römer vertrieben und 520 bei Ötting schlugen.
Die Legende hat die Köpfe lange verwirrt und 1492, als Kolumbus nach Amerika segelte, saß der Landshuter Pfarrer Veit Arnpeck gerade über seiner *Chronica Baioariorum.* In ihr konnten
seine Landsleute später lesen:
»Baioarius mit seinem fraisamen volk hat seinen ursprung aus
dem land Armenia und ist mit in ausgezogen mit grosser macht,
und sind komen in das land und funden darin paurenvolk, di sich
nerten mit vischen und jagen der wilden thier, und liessen sich da
nider und nennten das land nach irem fürsten und herfürer Bavaria.«
Mit dieser These, die den Baiern-Stamm aus einer Vermischung
von Zuwanderern und Eingeborenen entstehen läßt, war der
geistliche Herr aus Niederbayern seiner Zeit weit voraus. Freilich,
die »Verschmelzung« wird sehr viel anders vor sich gegangen sein,
als ein Historiker des späten 15. Jahrhunderts es ahnen konnte.

»der herr und held mit dem argen pösen lewen«

Doch so sicher man der Herkunft der Baiern auch war, auf den
Gedanken, daß man die Verwandten im kaukasischen Lande ja
mal aufsuchen und sich mit ihnen unterhalten könnte, ist niemand
gekommen. Die Dankbarkeit für die Errettung aus großer Was-
sernot und die Neugier auf die alte Heimat haben sich in Grenzen
gehalten.
Vielleicht ahnte man aber auch, daß es mit der Legende von der
armenischen Herkunft nicht gar so weit her war, und tatsächlich
spricht manches dafür, daß die ganze lange Wanderschaft mit
einer kleinen orthograpischen Aberration in einer mittelalterlichen Schreibstube begonnen hat. Der gelehrte Johannes Turmair
aus Abensberg in Niederbayern war jedenfalls schon zu Luthers
Zeiten davon überzeugt, daß ursprünglich Hermenien gemeint
war – so nannten antike Schriftsteller Böhmen –, und daß daraus
dann irgendwie und irgendwann ein Armenien geworden sei.
Dieser Johannes Turmair – der unter seinem latinisierten Na-

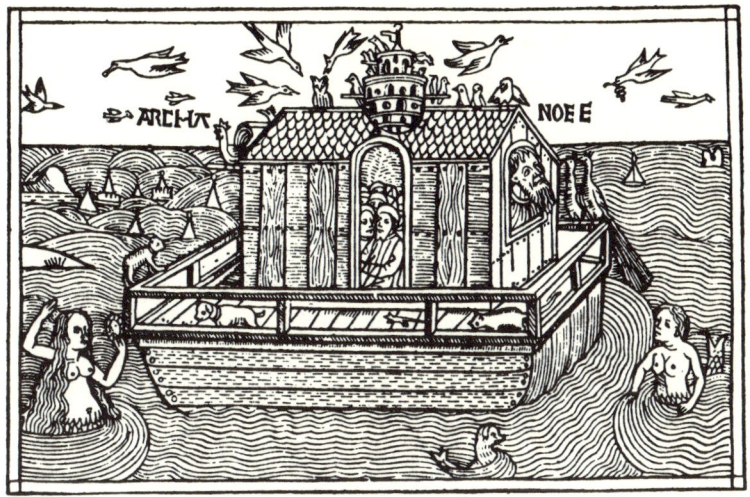

Da Gott es mit den Baiern gut gemeint hat, rettete er ihren Stammvater Noah in der Arche vor der Sintflut.

men Aventin(us) im Jahre 1526 eine *Baierische Chronik* veröffentlichte – hatte jedoch ohnehin so seine eigenen Ansichten über die nach-noitische Geschichte.

Moses hatte seinen Leuten erzählt, daß Noah bei der Aufgabe, das menschliche Leben auf Erden neu zu beginnen, nur von seinen drei Söhnen Sem, Ham und Japhet sowie von einigen Frauen unterstützt wurde. Wie es dennoch möglich war, daß diese kleine Schar schon kurze Zeit nach ihrer Rückkehr auf festen Grund und Boden die ganze Welt mit Menschen bevölkern konnte, »ist nit wol gleublich«, meinte Aventin, »es was ein besundre gnad von gott.«

Von Japhet, dem Ur-Ahn aller Weißhäutigen, hat man später fein säuberlich die einzelnen Stämme und Völker abgeleitet: von Japhet-Sohn Gomer die Kelten, von Japhet-Sohn Magog die Skythen, von Japhet-Sohn Javan die Griechen, von Japhet-Sohn Madai die Meder, von Japhet-Sohn Tiras die Thraker... und weil man selbst die fernen Chinesen mit ihrer bizarren Sprache nicht vergessen wollte, gestand man ihnen noch im Europa des 17. Jahrhunderts zu, sie seien Kinder Noahs, die bereits vor der babylonischen Sprachverwirrung ins Land der Mitte gekommen waren.

Mit diesem Stammbaum war der Turmair aus Abensberg jedoch keineswegs einverstanden, denn für ihn stand fest, daß Noah nicht Japhet oder einen Japhet-Sohn, sondern seinen erst nach der Sintflut geborenen Sohn Tuitsch oder Teutsch nach Europa geschickt habe, wo er ihm alles Land zwischen Rhein und Don,»so in dem mosquitischen herzogtum entspringt«, als Eigentum übertrug.

Anders als die Bibel, die mit Noahs Enkeln den ausführlichen Bericht über die Familienverhältnisse im großen und ganzen abschließt, geht Aventin der Erbfolge im Reiche des Erzkönigs Tuitsch sehr gewissenhaft weiter nach und präsentiert neben mancherlei seltsamen Regenten als Nummer elf jenen mutigen König Alman, der mit einem wilden Löwen spazierenging und daher von seinen ehrfürchtig staunenden Untertanen den Beinamen»Ärgle« oder»Ärcle« erhielt –»der herr und held mit dem argen pösen lewen«.

Von Ärgle und Ärcle war bei der etymologischen Sorglosigkeit unserer Ur-Altvordern der Weg dann nicht mehr weit zu Heracles oder Herkules, und so ging der König mit dem Löwen als»deutscher Herkules« in Aventins Geschichtsbuch ein – und bekam den Beinamen»ein vater der baiern« noch obendrein.

Als Alman Ärgle nämlich nach vierundsechzig Regierungsjahren starb, hinterließ er seinem Sohne Boiger die Oberpfalz und das Böhmerland. Weil es damals so Sitte war, sagt Aventin, wurden dessen Landeskinder Boiger, Baiger oder Baiern genannt. Auch der zweite Sohn, Norein (oder Noricus), gab dem ererbten Land seinen Namen – und noch in der Römerzeit hieß die Gegend südlich des Inns und westlich der Donau Noricum.

Urvater Herkules

Der große niederbayerische Historiker, der 1512 mit einer sehr erfolgreichen lateinischen Grammatik (10 Auflagen!) als Buchautor debütiert hatte, kannte natürlich seinen Tacitus. In dessen *Germania* aber hieß es von den Germanen:»In alten Liedern, der einzigen Art geschichtlicher Überlieferung bei ihnen, preisen sie Tuisto, einen erdentsprossenen Gott. Diesem schreiben sie einen Sohn Mannus zu, den Ahnherrn und Begründer ihres Volkes, dem

Mannus wieder drei Söhne, nach deren Namen sich die Stämme an der Meeresküste Ingvaeonen, die in der Mitte des Landes Hermionen, die übrigen Istvaeonen nennen.«

Ein paar Zeilen später, im dritten Kapitel der *Germania*, fand Aventin dann auch noch einen kurzen Hinweis auf Ärgle:»Man berichtet«, schreibt Tacitus, der die Germanen nur vom Hörensagen kannte,»daß auch Herkules bei ihnen gewesen sei, und wirklich besingen sie ihn als ersten aller Helden, wenn sie in ihre Kämpfe ziehen.«

Aus diesem kleinen Gerücht machte der Turmair eine große Geschichte, und dieser Ärgle, der starke, löwenbezwingende Nachkomme Noahs, war ja auch ein Ahnherr so recht nach dem Geschmack der Baiern – denn Kraft hat bei ihnen schon immer viel gegolten, ist doch zum Beispiel der altgermanische Brauch, die Größe eines Landloses durch Hammerwurf zu bestimmen, im Voralpenland noch bis ins 14. Jahrhundert, und somit länger als irgendwo sonst, nachweisbar.

Unter den vielen Herzögen und Königen, die im Laufe von mehr als tausend Jahren das Land regierten, besaß freilich keiner eine so herkulische Natur, daß er den Beinamen»der Starke« erhalten hätte. Sie hießen:»der Schwarze«,»der Stolze«,»der Reiche«,»der Zänker«,»der Erlauchte«,»der Erbarmungslose«, »der Gebartete«,»der Brandenburger«,»der Strenge«,»der Bucklet«… und als tatsächlich einmal einer durch seine Kraft landauf, landab von sich reden machte, mußte er mit kleinen Ländereien vorliebnehmen, denn regiert hat sein Bruder Albrecht.

Von der Stärke jenes höchst cholerischen Wittelsbachers, der dem Herzog durch Verschwörungen das Herrschen schwer machte, kündet noch heute ein Stein am Eingang der Münchner Residenz:

Als nach Christi Geburt gezehlet war
Vierzehnhundert neunundachtzig Jahr
Hat Herzog Christoph Hochgeborn
Ein Held aus Bayern auserkorn
Den Stein gehebet aus freyer erd
und weit geworfen ohngeferd
Wiegt dreihundert vier und sechzig Pfund
des gibt der Stein und Schrift Urkund.

Herzog Christoph der Starke, den man, als er wieder einmal nach dem Thron des Bruders trachtete, nur im Bade überwältigen konnte (und selbst dazu bedurfte es mehrerer bewaffneter Soldaten), fand Jahrhunderte später in der legendären Figur des Steyrer Hans, der einen 508 Pfund schweren Stein lupfte, einen würdigen Nachfolger. Heute gehört es zu den Bräuchen der Münchner Starkbierzeit, daß im Löwen- und Bürgerbräukeller starke Männer ihre Kraft am Fünf-Zentner-Stein erproben.

Der Herkules-Sohn Boiger gab zwar den Leuten zwischen Alpen und Donau den Namen, doch als Stammvater verehrte man – neben dem »deutschen Herkules« – vor allem Boigers Enkel Hirmin, Irmin, Irmino, Ermino oder Hermino. Schon die verschiedenen Schreibweisen verraten, daß es die Alten mit der Aussprache (und später mit der Schreibweise) nicht so genau nahmen. Damit aber begann das armenische Mißverständnis.

Sigmund von Riezler, der gegen Ende des vergangenen Jahrhunderts eine achtbändige *Geschichte Baierns* verfaßte, glaubte, das erklären zu können: Um das Jahr 1101, so sagte er, sei der alte Baiernherzog Welf mit seinen Kriegern und einer hurerischen Weiberschar von Regensburg aus zum ersten Kreuzzug aufgebrochen. Die Reise sei sehr lang gewesen und habe die bajuwarische Heerschar schließlich bis nahe an Armenien herangebracht. Zu Hause sei der Name des fernen, kaum bekannten Landes mit dem des sehr wohl bekannten Stammvaters Hirmin, Irmin, Irmino etc. durcheinandergeraten ... und zuletzt stand fest, daß die Altvordern aus Armenien zugezogen waren.

Der Schreibfehler muß aber, wie man inzwischen weiß, schon einige Zeit früher passiert sein, und die wenigen Überlebenden des bairischen Expeditionsheeres, die in ihre Heimat zurückkehrten, hätten auch wenig Anlaß gehabt, großmächtig aufzutrumpfen, denn Ruhmreiches hatten sie von ihrem Feldzug nicht zu berichten.

Die weißblauen Helden von Salamis

Der amerikanische Anthropologe Don E. Dumond hat vor einigen Jahrzehnten das Leben von Buschleuten erforscht und dabei herausgefunden, daß diese primitiven Nomaden-Stämme auf der Suche nach Früchten und jagdbarem Wild jährlich mehr als viertausend Kilometer kreuz und quer durchs Land zogen. Es wäre also für die Armenier gar nicht so schwer gewesen, im Laufe der Zeit vom Ararat zur Zugspitze zu ziehen. Und tatsächlich wurden in Ungarn und weiter westlich ja auch Trensenbeschläge eines Zaumzeugs gefunden, dessen Form man sonst nur aus Armenien und dem Iran kennt. Diese Stücke stammen freilich aus der späten Bronzezeit, dem 8. Jahrhundert v. Chr., als Baiern bereits lange besiedelt war, und die neuere Forschung nimmt daher auch an, daß es sich bei den Reitern, die da aus dem fernen Südosten anrückten, um ausgediente Söldner aus Assyrien und Urartu (dem heutigen Armenien) gehandelt habe – um arbeitsuchende Berufssoldaten oder frühmittelalterliche Militärberater.

Es hatten sich freilich schon sehr viel früher Zugereiste aus Nahost auch zwischen Alpen und Donau niedergelassen. Sie waren vor vielleicht fünftausend, sechstausend Jahren im Gäuboden angekommen, und ein paar tausend Jahre später zogen auf einem weiten Umweg auch noch Händler und Krieger aus dem Orient in dieses Land: Ausgerüstet mit Pfeil und Bogen sowie kleinen dreikantigen Kupferdolchen, einer dazumal hochmodernen, neuen Waffe, zogen sie die afrikanische Mittelmeerküste entlang, betraten bei Gibraltar europäischen Boden und kamen auf ihrem Zug quer durch Spanien und das Rhônetal nach Süd- und Mitteldeutschland sowie in die Sudetenländer.

Seit den Tagen des Benediktiners Froumund herrschte an Thesen über die Herkunft der Baiern kein Mangel; doch so sehr sie sich auch unterscheiden mochten, eines hatten sie fast alle gemeinsam: Sie ließen diesen Stamm aus dem Osten zuwandern; auch wenn ihm dabei nie mehr eine so lange Wanderschaft zugemutet wurde wie im *Annolied*. Aber vielleicht verfolgte der Poet aus dem Kloster Siegburg, der sich mit seinem Gedicht im Kampf zwischen Papst und Kaiser engagierte, auch mit der armenischen

Geschichte seine ganz bestimmte Absicht. Es wäre nämlich vorstellbar – wenn vielleicht auch nur als eine kühne These –, daß er mit dem Hinweis auf die noitische Abkunft die Selbständigkeit und eine Art Primogenitur, ein »Erstgeburtsrecht«, der Baiern gegenüber den Franken betonen wollte. Diese nämlich, die jahrhundertelang auf etwas schwer durchschaubare Weise in Baiern regiert hatten, waren mit dem Anspruch aufgetreten, die legitimen Erben der alten, weltbeherrschenden Römer zu sein. Im 7. Jahrhundert war ihnen aber auch das nicht mehr genug, und so beanspruchten sie für ihre Ahnentafel jenen trojanischen Helden, mit dem einst schon ihre südländischen Vorbilder renommiert hatten. Wenn aber nun die Bajuwaren aus der Arche stammen, so könnte der Siegburger Sänger argumentiert haben, müssen sie auch der ältere Stamm sein, da die Sintflut ja sehr viel weiter zurückliegt als der Untergang Trojas. Und wie wollen die Franken dann noch ihren Herrschaftsanspruch legitimieren?

Daß die Baiern ohnedies anders sind als die übrigen Deutschen, wurde mit Stolz oder auch in stiller Resignation oft genug betont (1973 sogar im Titel eines Buches von Hermann Sand, das für diese Feststellung ein ganzes Bündel statistischer Beweise anführte). Von dem Unterschied, der zwischen den Bajuwaren und allen übrigen Deutschen besteht, wußte man bereits sehr früh, und 1713 erschien denn auch zu Regensburg eine Untersuchung, die dieses Thema philologisch (und bereits in einer weit zurückliegenden Vergangenheit) entdeckte. Die Schrift führte den langen Titel: *Kurze Anzeigung wie nemlich die uralte Teutsche Sprach meistentheils ihren Ursprung aus dem Celtisch- oder Chaldaeischen habe und das Bayrische vom Syrischen herkomme.*

In jener Gegend des östlichen Mittelmeers – und somit nicht einmal allzuweit entfernt vom Berge Ararat – wurden die alten Baiern sogar weltgeschichtlich aktiv: Die Vorfahren der Bajuwaren haben sich im September 480 v. Chr. in der Seeschlacht von Salamis, als Griechen und Perser aufeinandertrafen, heldenhaft bewährt. So jedenfalls wurde die Geschichte noch in der zweiten Hälfte des vorigen Jahrhunderts in bairischen Lesebüchern erzählt.

DIE FRÜHZEIT

»Der Mensch ist eine mathematische Unwahrscheinlichkeit . . .
Wären wir nicht so auffallend, jeder neutrale Beobachter
müßte annehmen, daß wir nicht existieren können und nicht
existieren . . . Ohne Zweifel sind wir eine Spezies des Überganges.
Wir sind Pioniergeschöpfe, die die Möglichkeit eines vergrößerten
Gehirns testen.«

Robert Ardrey

Der Mensch von Pösing

Für den Bauern Georg Kagermeier aus Pösing war es gar nicht so
ungewöhnlich, daß ihm am 11. Oktober 1961 beim Ausbreiten
von Bodenaushub ein honiggelber Stein von der Gabel fiel, denn
in den späten fünfziger Jahren hatte man ganz in der Nähe, in der
Gegend von Roding, Furth im Wald und auch in der Umgebung
von Pösing selbst schon weit über hundert solcher (steinzeitlicher) Funde gemacht. Und auch der Bauer Kagermeier hatte auf
seinen Grundstücken gelegentlich Werkzeuge gefunden, von denen man ihm sagte, sie stammten aus der mittleren Steinzeit.

An diesem Mittwoch konnte er noch nicht ahnen, daß sein Stein
– 15 cm lang, 9,5 cm breit, 5 cm tief – für die Forscher bald sehr viel
interessanter sein würde als alle Funde, die in der Further Senke
bis dahin gemacht worden waren. Was nämlich der Kagermeier
auf dem Gelände des trockengelegten »Großen Gemeindewei-
hers« fand, war eines der ältesten Zeugnisse menschlicher Besiedlung in Baiern.

Das erfuhr man 1962, als drei Spezialisten in den *Bayerischen
Vorgeschichtsblättern* das Ergebnis ihrer Untersuchungen veröffentlichten: Der Pösinger Faustkeil, so stellten sie fest, stammte
aus dem Acheuléen (jener altsteinzeitlichen Epoche, die länger als
300 000 Jahre währte und ihren Namen nach dem nordfranzösi-
schen St. Acheul, einem Vorort von Amiens, erhielt, wo seit 1854
über 50 000 bearbeitete Steine dieses Typs gefunden wurden).
Und dieser Quarzit-Stein aus Pösing war nun genau auf jene
charakteristische Art zugeschlagen, die für das späte, ausklin-
gende Acheuléen kennzeichnend ist. Das aber heißt, daß ihn sich
ein Mensch – übrigens ein Rechtshänder – vor etwa 150 000,
möglicherweise aber auch schon vor 180 000 Jahren im Bayerischen Wald zurechtgehauen hatte.

Allzu genau darf man solche Zahlen allerdings nicht nehmen,
und die Paläontologen, denen die Erforschung jener Ur-Zeiten
anvertraut ist, nennen auch nur ungern Jahreszahlen; sie stellen
lieber (und leichter) fest, aus welchem Kulturkreis und aus welcher Kulturstufe ein Fund stammt. Einer der Eiszeitspezialisten,
K. J. Narr, hat sogar erklärt: »Die absolute Chronologie, d. h. eine
Zeitbestimmung nach Jahreszahlen, wird im allgemeinen für un-

Diesen Faustkeil (Länge: 15 cm, Breite: 9,5 cm, Dicke: 5 cm, von drei verschiedenen Seiten abgebildet) hat vor etwa 200 000 Jahren ein aus Böhmen eingewanderter Rechtshänder bei Pösing verloren.

wichtig angesehen gegenüber einer gut begründeten relativen Chronologie...«

Obwohl die noch verhältnismäßig junge Disziplin der Prähistorie immer präzisere Datierungsmethoden entwickelt und die Kenntnisse durch neue Funde überdies ständig erweitert und verändert werden, lassen sich selbst große Irrtümer nicht immer vermeiden. 1948 vertrat zum Beispiel der Mainzer Vorzeitforscher Herbert Kühn die Ansicht, jene letzte Zwischeneiszeit, in der sich der Pösinger seinen Faustkeil präparierte, liege zwischen 50 000 und 30 000 Jahre zurück. Zwei Jahre später jedoch datierte er diese Epoche auf ca. 100 000 v. Chr. Diese Zahlen sind zwar heute noch längst nicht gesichert, doch dürfte die letzte, nach zwei

süddeutschen Flüssen benannte Riß-Würm-Zwischeneiszeit vor
ungefähr 185 000 Jahren angefangen haben und vor etwa 12 000
Jahren zu Ende gegangen sein.

Innerhalb dieses Zeitraums also, und zwar sehr viel näher bei
seinem Anfang als beim Ende, tauchte der Mensch zum erstenmal
in Baiern auf. Er hat sich damit sehr viel Zeit gelassen, denn
immerhin hatten seine Artgenossen schon 800 000 Jahre früher
eine Höhle bei Roquebrune an der Côte d'Azur in Besitz genommen, und nur wenige hunderttausend Jahre jünger sind die
menschlichen Spuren, die in der tschechischen Stranska-Skala-
Höhle gefunden wurden. Und daß sich selbst in Deutschland
lange vor dem Pösinger Acheul-Mann bereits Menschen tummelten, hat sich in den Sommermonaten von 1974 und 1975 gezeigt,
als in einer Schwemmschicht bei Bilzingsleben (Kreis Halle) zwei
Hinterhauptteile und das Stirnbeinstück eines Menschen gefunden wurden, der vor 350 000 Jahren gelebt haben soll und damit
sehr viel älter wäre als der legendäre Neandertaler aus der Düssel-
dorfer Gegend.

Verglichen mit einigen in den letzten Jahrzehnten entdeckten
Afrikanern, sind diese europäischen Oldtimer allerdings Spät-
linge: Östlich des Rudolfsees fand das Team des Dr. Richard
Leakey jun. den (nach der Katalognummer benannten) »1470
Mann«, der mit seinem 800-ccm-Gehirn vor zweieinhalb bis drei
Millionen Jahren lebte, und im Nordosten von Äthiopien bud-
delte Ende 1974 der amerikanische Anthropologe Carl Johanson
Überreste einer Dame aus, die etwa 1,05 Meter groß war, vor
mehr als dreieinhalb Millionen Jahren gelebt hat und unter dem
Namen »Lucy« für zwanzig Jahre gleichsam als weiblicher Adam
den Stammbaum der Menschheit anführte. Dann fand ein japani-
scher Forscher achtzig Kilometer von Lucys staubiger Grabstätte
entfernt einen 4,4 Millionen Jahre alten Zahn, der vielleicht von
jenem Vorfahren stammt, der das seit langem gesuchte »missing
link« zwischen Affen und Menschen sein könnte und der nun den
gelehrten Namen »Australopithecus ramidus« trägt.

Archäologen und Anthropologen werden noch mancherlei
Mühen haben, ehe sie sagen können, ob die ersten Menschen nun
von Afrika oder doch vielleicht aus Indonesien oder China nach
Europa kamen. Vor dem böhmischen Wald haben sie jedenfalls

zunächst einmal haltgemacht, denn jenseits der Berge war es noch kalt, die Gletscher schoben sich von Süden bis in die Gegend des (heutigen) Münchner Villenviertels Harlaching sowie bis Wasserburg am Inn und Burghausen vor, während sie vom Norden her beinahe bis zum deutschen Mittelgebirge reichten. Dazwischen lag zwar ein schmaler, eisfreier Streifen, doch auch hier war es kalt, und die Temperaturen stiegen in diesem tundrenartigen Gelände nicht einmal im Sommer über zehn Grad an.

Als dann vor nahezu 200 000 Jahren das große Tauwetter einsetzte und die Durchschnittstemperaturen schließlich sogar höher lagen als heute, machten sich Jäger und Sammler aus dem böhmischen Kessel auf den Weg und kamen über die Chamer Bucht und die Further Senke auch ins Regental – wo dann einer von ihnen seinen Faustkeil zurückließ. Anderes Steinwerkzeug aus dieser Zeit hat sich später auch noch weiter westlich, in Saal bei Kelheim und in Biburg, gefunden.

Der Umgang mit den wenigen noch übriggebliebenen Steinzeitmenschen (etwa den »edlen Tasadays« auf einer Philippineninsel) hat gezeigt, daß die Männer mit dem steinernen Hackebeilchen immer nur in kleinen Gruppen auftraten und daß das für diese frühe Kulturstufe charakteristische Zusammenleben von zehn bis fünfzehn Familien »den gängigen Typ der gesellschaftlichen Struktur des Paläolithikums dargestellt haben muß«.

So werden auch die frühzeitlichen Wandergesellen, die in der Gegend von Regensburg ihre Faustkeile zurückließen, in kleiner Gesellschaft gereist sein, mit Kind und Kegel und einigen befreundeten Familien. Von dem ganzen Treck ist schließlich nichts weiter übriggeblieben als ein kleines Stück Stein.

Für die Archäologen, die sich dieser unscheinbaren Hinterlassenschaft mit sehr viel Scharfsinn annahmen, war es sehr schnell klar, daß der Pösinger Jäger und seine Zeitgenossen aus dem Osten stammten, denn Acheuléen-Faustkeile hatten sie auch in der Gegend von Brünn, in Předmost und Liptin, weiter westlich dann in Ražice, Srbsko und Křešice sowie bei Naumburg an der Saale gefunden.

Ebensowenig wie der Předmoster Steinzeitmensch aber ein Böhme oder Tscheche, war sein Kollege aus dem Regental ein Baier. Sie alle, ob sie ihre Steine in St. Acheul, im Bayerischen

Wald oder irgendwo in Böhmen zurechtklopften, waren kleine, sprachgestörte Neandertaler.

Daß sich nämlich diese Frühmenschen beim Sprechen schwertaten und wahrscheinlich nur ein Zehntel unserer Artikulationsgeschwindigkeit erreichten, hat Philip Lieberman, ein Linguist der Universität von Connecticut, an einem rekonstruierten Schädel nachgewiesen. So sind die ersten Menschen, die in Baiern lebten, letztlich an ihrer Sprachlosigkeit zugrunde gegangen – da sie sich mit ihresgleichen nicht oder nur sehr mühsam verständigen konnten, hatten diese Menschen keine Chance mehr, als sie mit höherentwickelten Lebewesen konkurrieren mußten.

Der Pösinger war natürlich kein Einzelgänger, und so wie er haben auch seine Zeitgenossen auf dem Weg von den böhmischen Wäldern zur Donau mancherlei Spuren hinterlassen: Die bayerische Fundchronik für die Jahre 1961 und 1962 – die Zeit also, in der Georg Kagermeier den Faustkeil fand – füllt ein eigenes, 141 Seiten starkes Heft der *Bayerischen Vorgeschichtsblätter*; allein während dieses kurzen Zeitraums wurden an nicht weniger als 94 Orten Gegenstände aus der Alt- und Mittelsteinzeit gefunden.

Der Mensch von Pösing, dessen Handwerkszeug beinahe zweihunderttausend Jahre unbeschädigt überdauerte, hat wenig Aussichten, als Stammvater aller Bajuwaren in die Geschichte einzugehen. Er und seine Zeitgenossen waren gleichsam erste Späher, die ein Land erkundeten, das später, sehr viel später, Baiern heißen sollte.

Die rote Dame ohne Oberleib

Daß die bairischen Mädchen meist etwas molliger und herziger ausfallen als die schlanken Blonden aus dem Norden, ist schon in Reisejournalen vergangener Jahrhunderte nachzulesen. Am schönsten bei jenem Johann Caspar Riesbek, der sich 1784 in seinen *Briefen eines Reisenden Franzosen* als ein Kenner von erlesener Subtilität erwies: »Die Weibsleut gehören im Durchschnitt gewiß zu den schönsten in der Welt. Sie fallen zwar auch gerne etwas dick ins Fleisch, aber dieses Fleisch übertrifft alles, was je ein Maler im Inkarnat geleistet hat. Das reinste Lilienweiß ist am gehörigen Ort wie von den Grazien mit Purpur sanft angehaucht. Ich sah Bauernmädchen so zart an Farbe, als wenn die Sonne durchschiene.«

Es war bei den bairischen Frauenspersonen wohl immer so, daß sie zum Barocken neigten, und schon die älteste von ihnen, eine etwa zeigefingerhohe, rundliche Ur-Bavaria aus der Steinzeit, kann mit weitausladenden Formen prunken. Mehr als hundert Statuetten aus der Frühzeit zeigen allerdings, daß »üppig« dazumal überall in Europa als weibliches Schönheitsideal galt.

Die Amerikanerin Mary Jane Sherfey, eine Schülerin von Professor Kinsey, hat eine Erklärung dafür parat: Die Korpulenz jener Damen, meint sie, überrasche nicht, schließlich seien sie ja die meiste Zeit nur in ihren Höhlen herumgesessen, da es draußen wieder einmal kalt geworden war. In dieser Zeit, der sogenannten Würm-Eiszeit, boten die vielen Höhlen an Donau und Altmühl einen willkommenen Unterschlupf, und so ist das altsteinzeitliche Baiern auch fast ausschließlich auf die Gegend zwischen Neuburg an der Donau und Regensburg beschränkt.

Wenn sie in jenen fernen Jahrzehntausenden auch alle mollig waren, die Frauen aus den Pyrenäen so gut wie die aus Österreich und der Slowakei, aus Ungarn oder gar Sibirien – an der Baierin waren die Rundungen doch noch ein bißchen runder. Jedenfalls beim ältesten, einem der Natur sehr frei nachempfundenen Bildwerk, das am 24. August 1948, etwa fünfzehn Autominuten nordwestlich von Neuburg an der Donau, in den Weinberghöhlen bei Mauern ausgegraben wurde.

Als sie ihrer ansichtig wurden, wußten die Archäologen zunächst nicht recht, woran sie waren, und so notierte ihr Entdekker, Christoph Graf Vojkffy, in sein Grabungstagebuch, daß »ein offenbar phallusartiger, stark rot gefärbter Stalagmit... mit Schichtumhüllung geborgen wurde«.

Am Ende dieses Tages wurden die Ausgräber aber Zeugen einer bemerkenswerten Geschlechtsumwandlung: »Abends im Gasthaus lösten wir dann bei trübem Licht, aber mit wachsender Spannung aus dem roten Schichtbatzen die Statuette«, schrieb Vojkffy. »Sie ist 72 mm hoch oder lang und wiegt 119,5 g. Ihr auffallendstes Merkmal sind ein stark betontes Gesäß unverkennbar weiblicher Rundung. Die Beine von den Knien abwärts sind nur als ein vorspringender Lappen wiedergegeben.«

Die Rote von Mauern.
Sieben Zentimeter hohe,
ursprünglich mit Rötel
bemalte Kalksteinstatuette
aus der jüngeren Altstein-
zeit (Prähistorische
Staatssammlung München)

Von dieser Stunde an wurde die kleine Kalksteinplastik wie selbstverständlich den vielen Frauenstatuetten zugezählt, die man in der Dordogne, in Mähren, in Italien, in der Ukraine, in Sibirien und im niederösterreichischen Willendorf gefunden hatte. Und wie die mit üppiger Lockenpracht geschmückte Österreicherin als »Venus von Willendorf« bekannt wurde, so nannte man die ungleich primitivere Dame aus Baiern – die übrigens fast auf den Tag genau vierzig Jahre nach der Willendorferin entdeckt wurde – die »Rote von Mauern«, da sie entweder in einer handtellergroßen, intensiv rot gefärbten Erdschicht gelegen oder dick mit roter Farbe angestrichen war (über dieses Detail sind sich die Fachleute noch nicht einig).

Die kleine Figur gibt freilich noch ganz andere Rätsel auf. So ist zum Beispiel noch lange nicht klar, ob der Künstler auch wirklich die Absicht hatte, sein mäßiges bildhauerisches Talent an der Modellierung einer seiner Höhlengenossinnen zu versuchen. Fest steht nämlich, daß aus der breitgerundeten Hüfte kein weiblicher

Oberkörper, sondern »ein stalagmitenähnlicher, konisch-zylindrischer Zapfen« herauswächst, mehr noch: daß diese obere Hälfte der Figur als Phallus gedacht war. Das, meint Lothar Zotz in seinem Buch über die Weinberghöhlen, »beweist eine Lochdelle, die in der Mitte seines abgerundeten Endes angebracht ist. Sie entspricht dem *orificium urethrae*«.

So wäre das Mädchen von Mauern trotz ihres Unterbaus ein zweigeschlechtliches Idol, eine Dame ohne Oberleib – ein Fruchtbarkeitssymbol, und Kenner dieser ältesten Zeiten vermuten sogar, daß die Plastik jene Stelle markierte – übrigens am Eingang der Höhle, draußen in der freien, durch eine Felswand geschützten Natur –, wo die beiden Geschlechter sich »erkannten«, wo sie sich also zu jenem Tun gefunden haben, das die Menschheit weiterleben läßt.

Es könnte allerdings auch ganz anders gewesen sein und die Delle an der Oberseite hätte dann dazu gedient, irgendwelchen längst zerfallenen Schmuckaufsatz aus organischem Material zu tragen. Die Rötelschicht, schreibt der Frankfurter Vorgeschichtler Hermann Müller-Karpe, war ursprünglich vielleicht so kräftig, daß man mit ihrer Hilfe eine Frauenfigur über den massiven Kern aus Kalkstein modelliert habe.

Und der Zwitter aus Mauern, dieses ungewöhnliche Mannweib, wäre dann also doch eine kleine Frauenplastik gewesen! Ohnedies läßt die Haltung dieser zumeist stehend fotografierten Statuette auch heute noch den Schluß zu, sie stelle in Wirklichkeit eine liegende, eher aber wohl eine kniende, nach vorne gebeugte Frau dar, die, wie der Archäologe Lothar Zotz vermutet, den Koitus nach Art der Tiere erwartet (wobei der Professor den Vorgang so beschrieb, wie's einstens gute Sitte war: in Latein).

Was aber weiß man schon über die »Rote«, und was über den Mann, der diese Figur gemacht hat? Er lebte wahrscheinlich vor 25 000 oder 30 000 Jahren, war Jäger und hauste mit seinen Gefährten und Gefährtinnen in einer Höhle, die sich in der modernen Maklersprache als ein Vierzimmerbungalow in bester südöstlicher Hanglage beschreiben ließe.

Die Dame wäre also zu der Zeit modelliert worden, als bei Vallon-Pont-d'Arc, in einer Höhle des Ardèche-Tales, Hunderte von Tieren an die Felswände gemalt wurden. Radiokarbonmessungen zeigten nämlich, daß diese kurz vor Weihnachten 1994 entdeckten Zeichnungen – die ältesten bekannten Bilder der Menschheit – vor etwa 30 000 Jahren entstanden und damit beinahe doppelt so alt wie die Höhlenmalereien von Lascaux sind. Der Haupteingang in dieses kleine, leicht überschaubare Labyrinth von vier ineinandergehenden Räumen der Weinberghöhle von Mauern ist heute bereits von weitem als breiter Flachbogen zu sehen, doch wahrscheinlich haben erst Eisenbahnbauer dieses Tor ein bißchen erweitert; beim Bau der über Mauern führenden Strecke Dollnstein–Rennertshofen sprengten sie sich nämlich das Gestein je nach Bedarf von der Felswand.

Mit den 20 Meter über der Talsohle liegenden Höhlen selbst hatte man damals wenig im Sinn, und so wurde der Boden einer dieser Höhlen kurzentschlossen einen Meter tiefer gelegt, als man 1911 einen überdachten Platz für das Schützenfest brauchte. Bei dieser Gelegenheit fand man wohl auch das Skelett eines etwa dreißigjährigen Mannes. Weil es sich die Leute aber damals nicht anders vorstellen konnten, sagten sie, das seien die Überreste eines Bahnarbeiters, der ein paar allzu kräftige Schläge über den Kopf bekommen habe (denn am Schädel entdeckte man zwei Verletzungen).

Damit hebt die bizarre Geschichte dieses, wie Zotz schreibt, »deutschen Fundplatzes von europäischer Bedeutung« aber erst richtig an, und eine der Hauptrollen spielt darin der oberste SS-Chef Heinrich Himmler. Er hatte durch Professor Richard Rudolf Schmidt von Mauern erfahren, und da er ja immer auf der Suche nach alten Germanen war, stellte er neben einem Auto für den Ausgräber gleich auch noch Arbeitskräfte zur Verfügung – Mitglieder der damals illegalen österreichischen SS, die allmorgendlich um 6.30 Uhr »in militärischer Ordnung zur Grabung ausmarschierten, mit dem Träger der SS-Fahne an der Spitze«.

Der so geförderte Professor besaß jedoch wenig Fortüne – im Oktober 1937 widerfuhr es ihm, daß er einen in rote Erde gebetteten Mammutkopf mit Hilfe einer kostspielig installierten Wasserspritze so lange waschen ließ, bis sich der wertvolle Fund buchstäblich in nichts auflöste. Einige Wochen später schickte man aus Berlin den fünfundzwanzigjährigen holländischen Archäologen Dr. Assien Bohmers, der Schmidt von einer Stunde auf die andere ablöste. Inzwischen war es freilich bereits November geworden, und als die Grabungen dann am 26. November planmäßig abgebrochen wurden, feierten die Buddler dieses Ereignis in der Haupthöhle als ein germanisches Fest mit lodernder Lohe, kreisenden Methumpen und einer Rede, in der die Entwicklung der Germanen von sintemal bis Adolf Hitler nachgezeichnet wurde.

Die Sache hatte nur einen kleinen Schönheitsfehler, den auch Herr Himmler in seinem rassistischen Eifer übersehen oder nicht begriffen hatte – daß nämlich in den Höhlen von Mauern noch keine Germanen auf ihren Bärenfellen lagen, sondern daß es Neandertaler waren, die von dort aus zu ihren Jagdzügen aufbrachen. Hitler hat die archäologischen Unternehmungen seines obersten SS-Mannes nicht gerne gesehen. In einem seiner Monologe, so weiß man aus Albert Speers Erinnerungen, fragte er verärgert: »Warum stoßen wir die ganze Welt darauf, daß wir keine Vergangenheit haben? Nicht genug, daß die Römer schon große Bauten errichteten, als unsere Vorfahren noch in Lehmhütten hausten, fängt Himmler nun an, diese Lehmdörfer auszugraben und gerät in Begeisterung über jeden Tonscherben und jede Streitaxt.«

Die Weinberghöhle bot keinen Anlaß zu solchen Freudenfesten, denn zu töpfern begann man erst sehr viel später und auch an martialischem Handwerkszeug war hier nichts zu finden. Dadurch wurde freilich auch die Datierung der Höhle von Mauern erschwert. Überdies trieben sich hier, im ehemaligen Donautal, die Menschen mehr als ein Erdzeitalter lang herum und ließen für die historischen Spurensicherer in knapp drei Meter dicken Ablagerungen elf verschiedene Schichten zurück.

Ein idealer Fundort für gewissenhafte Archäologen also, denn in Mauern konnten sie Schicht für Schicht abtragen, und tatsächlich wurde auch kaum ein vorgeschichtlicher Platz so systematisch bearbeitet wie diese Weinberghöhlen. Vor allem während der Grabungen von 1947 bis 1949 konnte nachgewiesen werden, daß sich die Menschen der Würm-Eiszeit vor der Kälte hierher zurückzogen und daß ein Jungaltsteinzeitler des sogenannten Aurignacien – es begann vor ewa 30 000 Jahren und endete 5000 Jahre später – die zweigeschlechtliche Figur geschaffen hat. Die Behausung war schon damals stark abgewohnt, da sich die Erstbezieher bereits 80 000 oder 90 000 Jahre früher dort niedergelassen haben.

Auf solche Jahreszahlen ist freilich wenig Verlaß, und so blieb es auch der »Roten« nicht erspart, daß sie von einem Tag zum anderen um etliche Jahrtausende alterte: Während Lothar Zotz, der die Ausgrabungen in den Nachkriegsjahren leitete, die rätselhafte Figur aus Mauern 1951 dem Altmagdalénien – der jüngsten Altsteinzeitepoche – zuwies, war er vier Jahre später davon überzeugt, daß sie älter sei und in einen späten Abschnitt des nach dem südfranzösischen Fundort Aurignac benannten Aurignacien gehöre. Damit wäre sie eine etwas jüngere Zeitgenossin der Willendorfer Venus, die sich bei einer Untersuchung nach der C^{14}-Methode als ein Geschöpf des Jahres 29 880 v. Chr. (mit einer Toleranz von ± 250 Jahren) entpuppte.

Daß man dieses am »Dreiländereck« von Baiern, Schwaben und Franken entstandene Mädchen als »Venus von Mauern« in die Literatur einführen könnte, scheint übrigens niemand ernsthaft erwogen zu haben. Die, zugegeben, etwas deformierte Steinzeitdame – doch welche Frau übersteht einige Jahrzehntausende schon unangefochten? – mag sich trösten; schließlich gebührt ihr der Ruhm, die erste auf deutschem Boden entstandene Frauenplastik zu sein.

Als die Baiern noch Baiern aßen

Der Steinzeit-Baier, der sich den Pösinger Faustkeil so geschickt präparierte, und viele Jahrzehntausende später in Mauern eine zwischen den Geschlechtern changierende Statuette bastelte, hatte eine höchst unschöne Eigenschaft – er verzehrte seinesgleichen. Zumindest gelegentlich.

Eines der Opfer war möglicherweise ein Mann von dreißig Jahren, dessen Überreste nach dem Mahl in einer Wohnhöhle bei Neuessing an der Altmühl bestattet wurden. Seinen Kopf hatte man dabei so liebevoll auf zerbrochene Mammutstoßzähne gelegt, daß wohlwollende Interpreten später behaupteten, der Mann sei das tiefbetrauerte Opfer eines Jagdunfalls gewesen.

So leicht werden die Ur-Baiern den Verdacht des Kannibalismus aber nicht los. Warum sollten sie sich in diesem Punkt auch von ihren Zeitgenossen in anderen Regionen unterschieden haben, bei denen die Archäologen erdrückendes Beweismaterial gefunden haben; Material, das dem von Neuessing ähnlich ist.

Bis die Forschung vielleicht dennoch eines Tages den Gegenbeweis vorlegt, gilt es, sich damit abzufinden, daß die ältesten menschlichen Knochen, die in Baiern gefunden wurden, die Überbleibsel eines kultischen Mahles sind, das irgendwann vor langer, langer Zeit im heutigen Niederbayern veranstaltet wurde. Doch wann aßen die alten Baiern Menschenfleisch?

Als man 1913 die Überreste des Mannes in einer roten Ockerschicht fand, konnte er nur ungenau als Steinzeitmensch identifiziert werden. Noch fünfzig Jahre später meinte Gisela Freund, eine der besten Kennerinnen des vorgeschichtlichen Baiern, daß jenes letzte Jahr vor dem Ersten Weltkrieg »ein zu früher Zeitpunkt für die Entdeckung eines solchen Fundes war«.

Aber als die Erlanger Professorin das schrieb, hatte der amerikanische Chemiker Willard Libby aus Chicago mit seiner Radiocarbon-Methode längst schon die Voraussetzungen für ein Zeitalter der »New Archeology« geschaffen.

Die 1960 mit dem Chemie-Nobelpreis belohnte Entdeckung war: Durch kosmische Strahlung entsteht in der Stratosphäre aus Stickstoff eine sehr geringe Menge des radioaktiven Kohlenstoff-Isotops C^{14}, der dem normalen Kohlenstoff C^{12} in dem minimalen Verhältnis von $1:10^{12}$ beigemengt ist. Die ungleichen C-Brüder wandern erdwärts und werden von den Pflanzen absorbiert; mit der Pflanze aber nehmen sie auch der Mensch und das Tier auf. Diese Zufuhr wird erst mit dem Tod von Tier und Mensch gestoppt – und von dieser Stunde an zerfällt auch das irreguläre C^{14}.

Nach 5730 Jahren ist die Hälfte davon verschwunden, nach 11 460 Jahren ist nur noch ein Viertel vorhanden und so geht es weiter bis maximal etwa 50 000 Jahre – dann sind die Apparaturen, mit denen die Radioaktivität gemessen wird, an ihrem Ende.

Um nachzuprüfen, wieviel C^{14} in den Neuessinger Überresten noch vorhanden sei, ging ein winziges Quentchen der Steinzeitleiche nach Los Angeles zu Reiner Protsch, einem Mitarbeiter von Professor Libby, und einige Zeit später kam von Amerikas Westküste die Nachricht, daß der junge Mann vor 18 200 Jahren ums Leben gekommen sei.

Den Baiern unserer Tage darf dieses grausige Mahl freilich nicht angelastet werden, da sie mit den bösen Köchen vom Altmühltal weder verwandt noch verschwägert und überdies durch sechshundert oder gar siebenhundert Generationen von ihnen getrennt sind. Schließlich ist der Abstand von den Kannibalen aus Neuessing fast zehnmal so groß wie der vom Beginn der Zeitrechnung. Man ist wohl aus kultischen Gründen mit seinesgleichen in den frühen Zeiten gelegentlich nicht sehr schonend umgegangen. Noch etwa fünftausend Jahre nach dem Mann von Essing hat man in der Großen und in der Kleinen Ofnet-Höhle südwestlich von Nördlingen 33 Köpfe vor allem von Frauen und Kindern sowie 200 Hirschgrandln und 4000 durchbohrte kleine Schnecken zur letzten Ruhe gebettet. Da die Köpfe mit Blick nach Westen in zwei Mulden gelegt und mit Rötel bestreut waren, nimmt man an, daß diese 27 und 6 Menschen der Mittleren Steinzeit Kultopfer waren.

Das Schicksal oder der kultische Eifer seiner Mitmenschen hat den Mann aus dem Altmühltal nach unseren Maßstäben zwar in seinen besten Jahren ereilt, doch mit seinen rund dreißig Jahren hatte er für die damaligen Verhältnisse das Durchschnittsalter ohnehin bereits überschritten, da vor zehntausend Jahren die Lebenserwartung, wie neuere amerikanische Forschungen ergeben haben, nur etwa 21 Jahre betrug.

Das war immerhin ein kleiner Fortschritt, denn ein paar hunderttausend Jahre früher waren die Menschen – statistisch betrachtet – bereits mit etwa 13 Jahren dahingerafft worden. Die Aussichten auf ein längeres Leben stiegen nur langsam, und in der römischen Kaiserzeit, als das heutige Baiern zur Provinz Raetien gehörte, mußte ein Landbewohner damit rechnen, daß für ihn mit 25 Jahren die Uhr abgelaufen war.

Dabei waren die Lebensbedingungen gar nicht so ungünstig und armselig, wie es sich der zivilisationsverwöhnte und zivilisationsgeschädigte Mensch des 20. Jahrhunderts vielleicht vorstellt. Wer nämlich in den Jäger- und Sammler-Zeiten keine großen Ansprüche ans Leben stellte – und das tat dazumal keiner –, konnte mit täglich drei Stunden Arbeit alles herbeischaffen, was so gebraucht wurde. »Es ist keinesfalls erwiesen«, schrieb Theodore Roszak, »daß diese einfachen Menschen sich durchs Leben plagen mußten und unter der ständigen Knute eines drohenden Hungertodes standen. Wir haben vielmehr Grund zu der Annahme, daß viele (besonders in der neolithischen Zeit) ein angenehmes Leben in weiser Symbiose mit ihrer Umwelt führten.« Im langen Lauf der Weltgeschichte sind die Steinzeitmenschen eindeutig die ökologischen Musterknaben. Jeder von ihnen verbrauchte in seinem zugegebenermaßen nicht sehr langen Leben etwa hundert Kilogramm Rohstoffe; da es bei einem Menschen des späten 20. Jahrhunderts tausend Tonnen sind, ist das Verhältnis 1:10 000. Die beiden Wissenschaftsjournalisten Edward Goldsmith und Robert Allen haben in ihrem *Planspiel zum Überleben* über diese frühen Menschen geschrieben: »Nach allem, was wir heute über die Gesellschaftsformen von Sammlern und Jägern ... wissen, steht fest, daß sie damals weniger als ein Drittel ihrer Nahrungsmittelreserven verbrauchten. Sie holzten keine Waldstriche zur Urbarmachung von Land oder zur Errichtung von Siedlungen ab und rotteten auch nicht kurzsichtig die Wildtiere aus, die ihre Lebensgrundlage bildeten. Niemals wuchs ihre Zahl so an, daß sie sich gezwungen sahen, ihre Lebensweise zu ändern ... Entscheidend ist aber, daß diese Gesellschaften in Einklang mit dem gesamten Ökosystem standen, in dem sie selber mitwirkten, da sie darin ganz bestimmte ökologische Funktionen erfüllten.«

Die Begeisterung der beiden Briten für die Menschen dieser frühen Epoche war so groß, daß sie 1974 der Stockholmer UN-Umweltkonferenz vorschlugen, man solle die in einigen entlegenen Gegenden noch lebenden »Steinzeit«-Menschen studieren, damit die Zivilisierten, die mit ihrem Fortschritt immer größere Probleme bekommen, daraus Nutz und Lehre ziehen können.

Den Männern, die vor 10 000 oder 20 000 Jahren mit Speeren und Fallen das Wild jagten, fiel es freilich leicht, sich umweltfreundlich zu verhalten, da das Land ja nur sehr dünn besiedelt war. Auf dem Gebiet des alten Baiern beispielsweise gibt es für die Altsteinzeit, das Paläolithikum, nur in der Gegend von Altmühl und Donau einige Fundplätze (und selbst im sehr viel größeren Bayern unserer Tage dürften es kaum mehr als fünfzig Orte sein).

Die beliebtesten Plätze im alten, noch ziemlich kalten Baiern waren zweifellos die Höhlen des unteren Altmühltals, das man deswegen, nach dem steinzeitlichen Höhlenparadies Frankreichs, »die deutsche Dordogne« nennt. Daß sich hier – abgesehen von einigen älteren Funden in Pösing, Saal und anderswo – die ersten Spuren menschlichen Zusammenlebens in Baiern zeigen, wurde erst spät erkannt. Bei Aventin, der um 1530 die Geschichte des Landes für seinen Herzog aufschrieb, ist die bairische Vergangenheit der vorrömischen Zeit nicht sehr viel mehr als eine bunte Mischung von Erzählungen und Legenden, und daran sollte sich zunächst nur wenig ändern. Erst gegen Ende des 18. und am Anfang des 19. Jahrhunderts gab es dann einige zaghafte Versuche, die Frühgeschichte mit dem Spaten zu erkunden. Herausgekommen ist dabei aber nicht sehr viel, und spätere Generationen von geschulten Ausgräbern stellten mit Entsetzen fest, daß damals eigentlich mehr zerstört als geborgen wurde.

Wie gering das Wissen um die Vorvergangenheit war, zeigt der Abschnitt »Essing« in dem 1852 erschienenen *Geographisch-statistisch-historischen Handbuch des Königreiches Bayern*:

»Essing (Neu-), Markt am linken Ufer der Altmühl mit 74 Familien, 303 Einwohnern und 66 Häusern, einem Pfarramte und einem Eisenhammer. Der Ort liegt am Ludwigskanal zwischen hohen Felsen eingeengt, war früher den von Abensberg gehörig... In der Nähe des Ortes liegt unweit Alt-Essing das sogenannte Schulerloch, eine ¼ Stunde in den Berg hineinziehende Höhle. Oberhalb Neu-Essing befinden sich die umfangreichen Ruinen des Schlosses Randeck, von dem noch ein Wartthurm erhalten ist. Erbaut 1200 von Rupprecht von Rotteneck ging es später an die Abensberg, den Herzog Wilhelm IV., den Kanzler Leonard von Eck, die Grafen von Schwarzenberg über.«

Kein Wunder, daß die Neuessinger gar nicht erst lange darüber nachdachten, ob in dem viergeschossigen Höhlensystem, das in der gegenüber ihrem Dorf aufragenden steilen Felswand liegt, vielleicht einmal Menschen logierten, nach deren Spuren sie suchen sollten. Als sie in den sechziger Jahren des vorigen Jahrhunderts eine Bierterrasse anlegten, machten sie es jedenfalls nicht anders als die Schützen von Mauern mehr als eine Generation später – sie gingen in die zweitunterste Höhle, die sogenannte

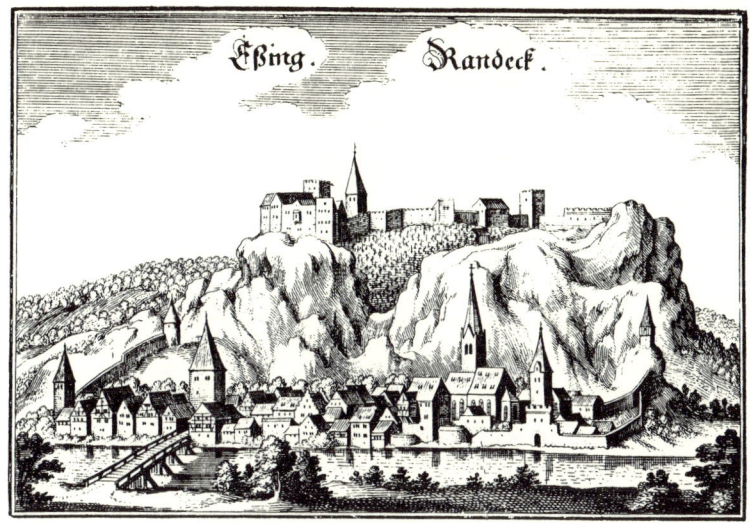

*Im Jahre 1657 hat Matthäus Merian das Dorf Essing und die Burg
Randeck in Kupfer gestochen. Daß hier schon in der Steinzeit Menschen
gelebt haben, entdeckte man erst zweihundertfünfzig Jahre später.*

Klausennische, und bauten sie zu einer schattigen Raststätte für
durstige Kehlen aus. Erst Jahrzehnte später hörten sie, daß sie sich
dabei an einem der bedeutendsten urgeschichtlichen Fundplätze
Deutschlands vergriffen hatten.

Das haben sie erst erfahren, als kurz vor dem Ersten Weltkrieg
ein französisches Vorgeschichts-Institut dort graben ließ. Von
nun an war das Altmühltal ein Dorado der deutschen Steinzeitfor-
schung, wobei zu den vier übereinanderliegenden Neuessinger
Höhlen – Untere Klause, Klausennische (37 m über dem Tal),
Mittlere Klause (44 m) und Obere Klause (50 m) – vor allem noch
das Schulerloch kam sowie die Kastlhäng- und jene Räuberhöhle
im Naabtal, wo 1869 zum erstenmal in Baiern eine Höhle erforscht wurde.

Bei all diesen Grabungen führte die Reise quer durch die verschiedenen Epochen der Steinzeit – von den Ausläufern des
Acheuléen bis herauf zur Jungsteinzeit; durch Kulturen, die Namen wie Micoquien, Moustérien, Magdalénien oder Beuronien
tragen.

Gegen Ende der Altsteinzeit, vor etwa 10–18000 Jahren, ritzte ein Eiszeitjäger ein Mammut in eine 9,5 Zentimeter lange Elfenbeinplatte. Gefunden wurde sie im Altmühltal, in der oberen Klause bei Neuessing.

Gelegentlich mögen die Höhlenbewohner aus religiösen Gründen ja einen Menschen verzehrt haben, die Regel aber war das gewiß nicht, und im steinzeitlichen Alltag haben sie, wie man weiß, vornehmlich von der Jagd gelebt. Noch heute läßt sich anhand der Knochenfunde feststellen, was einstens so im Altmühl- und im Donautal lebte: Mammut, Höhlenbär, Braunbär, Nashorn, Eisfuchs, Schneehase, Steinbock, Fuchs, Wildpferd und Rentier.

Die vielen Knochen lagen noch unentdeckt in den Höhlen, als der Altertumsforscher Hugo Obermaier 1912 in der Mittleren Klause von Neuessing einen Fund machte, der mehr über die Menschen der Steinzeit aussagte als die Überbleibsel seiner Mahlzeiten: Auf einer Kalksteinplatte war der Kopf eines lauschenden Wildpferdes so kunstvoll gezeichnet, daß Lothar Zotz noch vierzig Jahre später zu behaupten wagte, der Neuessinger Pferdekopf sei »sicher die beste Darstellung dieses Tieres in Mitteleuropa«.

Auf einem sogenannten Kommandostab aus Rengeweih, der bei der gleichen Grabung gefunden wurde, hat sich der Steinzeitmensch zwar selbst dargestellt, dennoch wissen wir nicht, wie er wirklich aussah – er hat sich nämlich als »Löwenmensch« mit einem zottigen Fellumhang gezeichnet.

Was auf den ersten Blick wie ein Gaudibursch aussieht, der sich für einen steinzeitlichen Fasching vermummt hat, war höchstwahrscheinlich ein Magier in seiner »Berufskleidung«; und das Geweih wäre dann sein Handwerkszeug gewesen, ein 42 Zentimeter langer, weit über zehntausend Jahre alter Zauberstab.

Fischmenü auf kleiner Flamme

Eines Tages muß der Mensch des Lebens in immer der gleichen, seit Jahrzehntausenden bewohnten und verdreckten Höhle überdrüssig geworden sein, und so zog er, als es wieder einmal wärmer wurde, in die Welt hinaus, um sich irgendwo in der freien Natur aus Holzstangen, Reisig und Schilf sein kleines Quartier zu zimmern – zum Beispiel in der Gegend des heutigen Donaumooses, in Karlskron, nahe bei Ingolstadt.

Nachdem er den Spuren dieser Baumeister bereits seit 1932 nachgegangen war, entdeckte Hermann Josef Seitz im August 1936, knapp einen halben Meter unter der Oberfläche, die kärglichen Überreste einer Hütte. Es war nicht sehr viel, was da in sorgsamer Schürfarbeit zutage kam – ein paar dunkle Verfärbungen im Sand, ein bißchen angekohltes Holz –, doch dieses Wenige dürfte zum ältesten Haus gehören, das man in Baiern bis dahin kannte.

In der nüchternen Sprache des Wissenschaftlers heißt es über diesen Fund: »Fünf Pfostenstellen von 6–8 cm Durchmesser zeichneten sich im hellen Untergrund durch schwache dunkle Verfärbung ab. Sie lagen in annähernd halbkreisförmiger Anordnung. Eine sechste Stelle im gestörten Teil der NO-Seite blieb fraglich. Die Pfosten-, besser gesagt Pföstchenstellen waren bis auf rund 20 cm Tiefe zu verfolgen und leicht schräg nach außen eingetieft. Innerhalb des Halbkreises fanden sich in zwei Gruppen fünf Pföstchen mit rund 4 cm Durchmesser, von denen die beiden bei der Feuerstelle wohl als Stützen zu deuten sind, während die

drei gegen die SW-Begrenzung gelegenen ein rechtwinkeliges
Dreieck einschließen und scheinbar den Ort einer Sitzbank markieren, von der das vierte Pföstchen in der Störungszone verloren
ging...«

Ein großer architektonischer Wurf war dieser niedrige Rund-
bau sicher nicht, doch im Gegensatz zu den bis dahin benutzten
Unterkünften, die er nur an wenigen günstigen Stellen vorfand –
und die ihm überdies sein Jagd- und Sammelrevier vorschrieben –,
wurde der Steinzeitmensch jetzt mobiler, denn das Baumaterial
für die Hütte »Modell Karlskron« gab es fast überall in beliebiger
Menge. Und so wurden denn auch nahezu vierzig Jahre später auf
dem rechten Donauufer gegenüber der Walhalla, in der Regensburger Vorortsiedlung Sarching, die kaum noch identifizierbaren
Spuren von vier ähnlichen Häusern gefunden. Errichtet hatte man
diese Behausungen, die wohl eher großen Rundzelten als stabilen
Hütten glichen, irgendwann zwischen 8000 und 5000 v. Chr., also
zwischen der Alt- und Jungsteinzeit.

Lange schien es, als hätten damals, im Mesolithikum, in Bayern
die Menschen nur an wenigen Stellen gesiedelt, vor allem im
Altmühltal und an der Donau. Daß sie diese für sie günstigen
Böden aber auch verlassen haben, ist erst seit kurzem bekannt. Sie
waren offensichtlich südwärts gezogen, und Spuren dieser Urein-
wohner der mittleren Steinzeit fand man in der Gegend von Bad
Birnbach sowie im Frühjahr 1995 am Rande des bei Fürstenfeld-
bruck gelegenen Haspelmoors.

Während Seitz im Donaumoos die Spuren der ersten Häuserbauer
sicherte, erschien 1936 in München ein Buch, das noch heute –
obwohl es in vielen Details überholt ist – als Standardwerk gilt:
Ferdinand Birkners *Ur- und Vorzeit Bayerns*. Über die Mesolithi-
ker heißt es da: »Die Träger dieser mittelsteinzeitlichen Kultur
suchten mit Vorliebe Sandflächen auf in der Zeit, als der Hasel-
strauch seine größte Verbreitung hatte, sie trieben Jagd und vor
allem Fischerei und benutzten gesammelte Pflanzen und Pflan-
zenteile als Nahrung; sie waren immer noch Wildbeuter. Ackerbau und Viehzucht waren noch nicht bekannt, es fehlen auch alle
sicheren Funde, die auf Töpferei schließen ließen. Sie scheinen in
Bayern noch gelebt zu haben, als der jungsteinzeitliche Acker-

bauer schon in den Lößgebieten seine grubenförmig in den Boden vertieften Wohnstätten aufgeschlagen hatte.«

So hausten sie vor sieben-, vielleicht sogar zehntausend Jahren wohl auch in Karlskron. Von den Bewohnern des Hauses weiß man allerdings noch ein ganz klein wenig mehr: Sie brieten ihre Fische über einem Feuer aus Föhrenzapfen.

Mit jenem akribischen Scharfsinn, der den Archäologen eigen ist, hat Hermann Josef Seitz die winzig kleinen Holzkohlenrestchen eingesammelt und sich dabei Gedanken über die Feuerstelle gemacht. Da sie nicht in der Mitte des Raumes, sondern in der Nähe der Wand lag, mußte niedrigflammriges Brennmaterial verwendet werden, wenn nicht das ganze Häuschen in Flammen aufgehen sollte. Die Kohlepartikel, die Flora jener Zeit und der Herd am Hüttenrand... nein, schloß Seitz seine Beweiskette, es kann gar nicht anders gewesen sein, die Karlskroner mußten mit Föhrenzapfen geheizt haben!

Die Donau, die in unmittelbarer Nähe vorbeirauschte, war damals noch ein recht unentschlossenes Gewässer. Nachdem sie früher vor Neuburg einen scharfen Linkshaken geschlagen und nordwärts, an Mauern vorbei, zur Altmühl geflossen war, hatte sie inzwischen zwar den direkten Weg in Richtung Osten gewählt, doch das Flußbett lag zunächst ein Stück weiter südlich als heute. Einige Zeit später gefiel es ihr dann weiter nördlich besser, und die Leute, die eben noch an ihrem Ufer wohnten, hatten das Nachsehen. Der Boden wurde moorig und moosig, und da jene Menschen weder Wagen noch Reittiere kannten, waren die Fischgründe schließlich viel zu weit entfernt. Wovon sollten sie nun leben? Sie werden ihr Reisigzelt bald verlassen und sich auf die Wanderschaft begeben haben, neuen Jagd- und Fischrevieren entgegen.

Die kleine Behausung aus der mittleren Steinzeit aber, die damals aufgegeben wurde, wäre sicher für alle Zeit im Sumpf versunken und vergessen geblieben, wenn sich nicht Herzog Karl Theodor gegen Ende des 18. Jahrhunderts in den Kopf gesetzt hätte, das mehr als 56 000 Tagwerk große Land mit Hilfe einer »Donaumoos-AG« für den Ackerbau nutzbar zu machen. Er griff ins Staatssäckel, suchte noch weitere Geldgeber in der Privatwirtschaft und lud Siedler aus der Kurpfalz, aus Holland und dem

Elsaß ein, deren Nachkommen bis in unsere Tage hier wohnen und mancherlei Eigenheiten aus der Heimat ihrer Vorfahren beibehalten haben. Im Frühjahr 1794, kaum mehr als drei Jahre nach Beginn der Trockenlegung, konnte der Herrscher die ersten Ortschaften besichtigen.

Über der Tür des Rathauses von Karlskron ist noch heute die Gedenktafel zu sehen, auf der in kühner, dem Lateinischen nachempfundener Satzkonstruktion und in einem importierten Deutsch zu lesen ist:

> Nach ausgetrocknetem grosem Sumpfe
> übernachtete hier
> Der Vatter des Vatterlandes
> Churfürst Carl Theodor
> den 26 Maimonats 1794

Ein niederbayerisches Stonehenge

Während die ambulanten Hüttenbauer noch jagend und fischend unterwegs waren, hatten sich fern im orientalischen Südosten Menschen auf den Weg gemacht, die Ackerbau und Viehzucht betrieben und gen Europa zogen. Etwa neuntausend Jahre vor Christi Geburt mag diese Wanderschaft begonnen haben, und jährlich, so schätzt man, kam der Fortschritt einen Kilometer weiter voran, um schließlich nach etwa dreitausend, viertausend Jahren zunächst Baiern zu erreichen.

Und hier haben sie ihre Häuser gebaut, vor allem im Gäuboden rund um Straubing (wo etwa zweihundert Fundstellen aus dieser ältesten Jungsteinzeit bekannt sind), doch auch am Unterlauf der Isar und bis hinauf gegen Moosburg. Doch niedergelassen haben sich diese Zuwanderer auch im Fränkischen, beispielsweise in der Mainschleife zwischen Schweinfurt und Arnstein, oder nördlich von Neuburg an der Donau, in Nassenfels. Hier haben sie ihre Felder bestellt und Tiere gezähmt – eine frühe Bauernkultur begann, die von den Archäologen nach der damals gebräuchlichen Verzierung des Tongeschirres die »Kultur der Linearbandkeramiker« genannt wird.

Hier, auf den fruchtbaren Lößböden, war gut sein und hier haben diese ersten in Baiern ansässigen Bauern vor siebentausend, achttausend Jahren ihre Höfe gebaut. Westlich von Bad Abbach beispielsweise fand man in den späten siebziger Jahren beim Straßenbau die Spuren eines aus Pfählen und Weidengeflecht errichteten Hauses, das 44 Meter lang und 12 Meter breit war. Etliche Jahre später entdeckte man am westlichen Stadtrand von Straubing die spärlichen Überreste einer Siedlung, die in jenen frühen Zeiten nahezu ein halbes Jahrtausend bestanden hatte und deren sechs Häuser in der gleichen Technik und etwa denselben Dimensionen errichtet waren.

Wenige Kilometer südöstlich dieses Dorfes begegneten Archäologen von 1975 an bei Aiterhofen schließlich auch jene Menschen, die sich vor Jahrtausenden in den Rodungsinseln der großen Eichen- und Buchenwälder solche Dörfer gebaut hatten. Acht Gräber waren es zunächst, die man bei Arbeiten in einer Lehmgrube aufdeckte, mehr als zweihundert sind später noch hinzugekommen – der »größte linearbandkeramische Friedhof Europas« war damit entdeckt.

Vielleicht hatten die Handwerker schlampig gearbeitet, möglicherweise war aber auch ein heftiger Sturm über das Donautal hinweggefegt, doch was auch immer die Ursache gewesen sein mag, eines jungsteinzeitlichen Tages war in Harting bei Regensburg ein Bauernhaus zusammengestürzt, und gut sechstausend Jahre später, genauer: im Jahre 1984 n. Chr., hat die Wissenschaft aus dem Malheur des alten Steinzeitbauern ihren Nutzen gezogen.

Die umgestürzten und dann verwitterten Wandpfosten hatten im Erdreich nämlich Spuren hinterlassen, die der Luftbildarchäologe Otto Braasch beim Überfliegen sogar im Getreide als Streifenmuster noch erkennen konnte. Aus der Länge dieser Pfosten konnte geschlossen werden, daß die Seitenwände der Bauernhäuser 2,70 Meter hoch waren und die Firsthöhe etwa sieben Meter betrug. Da aber diese wohl mit Schilf gedeckten Gebäude gelegentlich mehr als fünfzig Meter lang waren, kann man davon ausgehen, daß die Bauern in dieser aus mehr als vierzig Anwesen bestehenden Siedlung auf den Lößböden gute Ernten einfuhren. Es waren dies vor allem die dem Weizen verwandten Getreidearten: Emmer und Einkorn, dazu Erbsen, Linsen und Lein.

Wie die ersten Bauernhäuser im Lande aussahen, konnte man somit nachweisen, was aber die beiden kreisrunden Anlagen bedeuten, die kurz nach dem Ersten Weltkrieg in Kothingeichendorf, wenige Kilometer östlich von Landau an der Isar, ergraben wurden, ist nicht bekannt, auch wenn inzwischen in Niederbayern noch sechs weitere Grabenwerke entdeckt worden sind.

Da man also nichts sicher weiß, darf man sich Gedanken hingeben und beispielsweise so argumentieren: Da man in dem von mehreren tiefen Gräben umgebenen Terrain Gebäudereste gefunden hat, kann man unterstellen, daß sich im Mittelpunkt der Anlagen vielleicht Kultstätten befunden haben. Der Geophysiker Helmut Becker, der diese Grabenrondelle (und 1992 übrigens auch die Stadtmauer des homerischen Troja) erforschte, vergleicht diese niederbayerischen Erdwerke mit Stonehenge und meint, die Erbauer hätten wahrscheinlich »ähnliche astronomische Kenntnisse« besessen. Im »Archäologischen Jahr 1987« schreibt er weiter, daß die Toranlagen wohl hölzerne Einbauten besaßen, die »als Visiereinrichtungen zu astronomischer Beobachtung von einem zentralen Punkt aus dienten«.

So hätten die Bauern des fünften vorchristlichen Jahrtausends – von den Archäologen als »Stichbandkeramiker« klassifiziert – hier den Jahreslauf von Aussaat und Ernte festgelegt. Diese auf den Sonnenlauf ausgerichteten Rondelle mit einem Durchmesser bis zu einhundert Metern wären in ihrer Aufgabe dann den Kalenderbauten der Mayas vergleichbar.

Da die bairischen Kreisanlagen aber die Zentren »von bis zu zehn Hektar großen und mit äußeren Grabenwerken eingefriedeten Siedlungsarealen« waren, fragt Helmut Becker, ob hier nicht die ersten Städte Baierns entstanden waren. Dabei mißt das Siedlungsgebiet der größten Kreisanlage, des im Sommer 1977 entdeckten Grabenrondells von Künzing-Unternberg nicht weniger als 500 000 Quadratmeter.

Freilich, diese in der Landschaft kaum noch zu erkennenden Beispiele der »ersten Monumentalarchitektur der Menschheit« sind gefährdet. Helmut Becker schreibt dazu: »Unsere mittelneolithischen Kreisanlagen sind in ihrer kulturhistorischen Bedeutung mit Stonehenge vergleichbar. Da die etwa ein Jahrtausend älteren niederbayerischen ›Woodhenges‹ hierzulande die erste

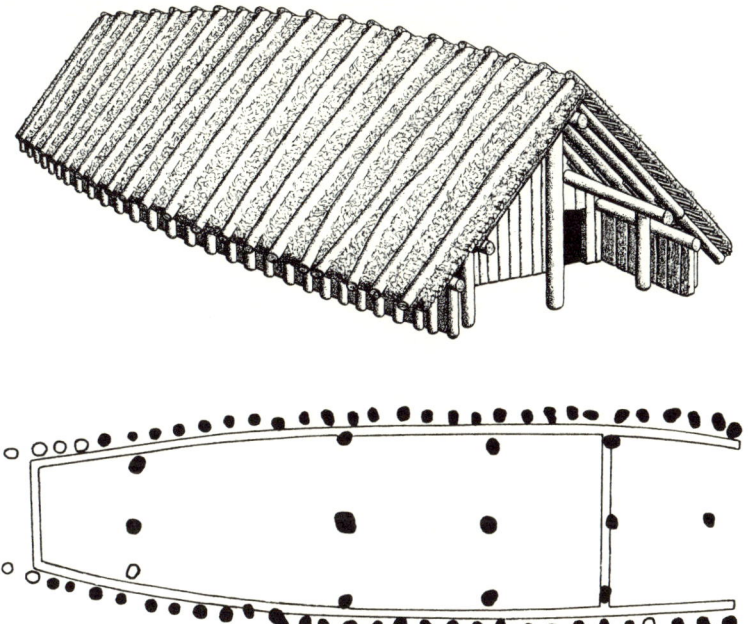

Da die alten Kulturen die späteren Stammes- oder Landesgrenzen nicht kannten, gibt das in Schwanfeld, Landkreis Schweinfurt, ausgegrabene und rekonstruierte Haus der Stichbandkeramiker einen Eindruck, wie die Häuser dieser Menschen auch südlich der Donau aussahen.

Großarchitektur repräsentieren, müssen diesen Kulturdenkmäler vorrangig unter Schutz gestellt werden.«

Die Wahrscheinlichkeit, daß diese Kreisanlagen vor siebentausend Jahren zur Beobachtung des Sonnenlaufes und wohl auch von Mond und Sternen dienten, ist inzwischen größer geworden. Am nördlichen Donauufer bei Neuburg fand nämlich der emeritierte Physik-Ordinarius Ludwig Hartmann etliche Steinplatten, die er – zusammen mit einer in dieser Gegend bereits früher gefundenen Sandsteinsäule – als die Reste eines steinzeitlichen Observatoriums deutete.

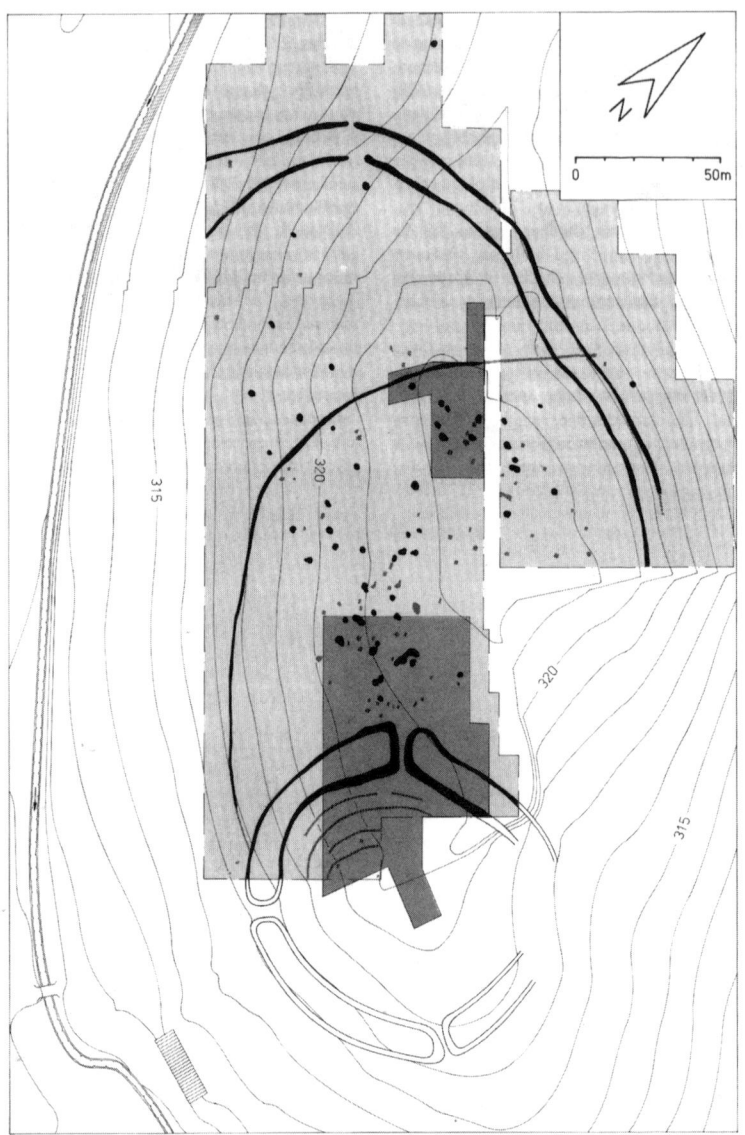

Von der großen Grabenanlage in Künzing-Unternberg sind nach siebentausend Jahren in der Landschaft kaum noch Spuren zu erkennen. Nur
mit Hilfe von Luftaufnahmen, magnetischen Prospektionsmessungen
und archäologischem Scharfsinn ließ sich ein Plan dieses niederbayerischen »Woodhenge« rekonstruieren.

Der dreifach gesicherte Bauernhof

Der Landshuter Hauptlehrer Pollinger liebte es, über frisch gepflügte Felder zu stapfen. Von solchen Wanderungen brachte er, seit sich auch in Niederbayern der Tiefpflug durchsetzte, neben dreckigen Schuhen immer wieder auch alte Tonscherben oder verrostete Überbleibsel aus längst vergangener Zeit nach Hause.

Kein Mensch würde heute noch von diesem eifrigen Sammler sprechen, wenn er nicht eines Tages mit der Eisenbahn gefahren wäre. Der Zug hatte den Landshuter Bahnhof noch kaum verlassen, als Pollinger beim Blick aus dem Abteilfenster im Boden ein paar seltsame, dunkle Flecken bemerkte. Neugierig geworden, sah er sich nach der Rückkehr von seiner Reise jene Stelle etwas genauer an und fand auf einem Feld des Ökonomierats Münsterer, direkt neben der Bahnüberführung von Altheim, drei ringförmige Verfärbungen des Erdreichs, drei »durch Tieferpflügen aufgerissene Einfüllungen vorgeschichtlicher Gräben«, wie es in einem späteren Forschungsbericht heißt.

Das war im Jahre 1911, und schon drei Jahre später wußten die Fachleute, daß Pollinger die Spuren einer größeren, möglicherweise 4000 Jahre alten Anlage, ja, daß er vielleicht sogar den bisher ältesten Bauernhof in Baiern entdeckt hatte.

Die Archäologen haben die Chronologie seither korrigiert und gehen nun davon aus, daß die Altheimer vor etwa fünfeinhalb Jahrtausenden lebten, etwa in der Zeit, als in Babylon das Gilgamesch-Epos aufgeschrieben und einige Zeit später in Ägypten die Pyramiden gebaut wurden.

Das linke Isarufer, auf dem, ein gutes Stück vom heutigen Flußlauf entfernt, der wehrhafte Bauernhof einst gebaut worden war, ist flach, es steigt nur sehr langsam, sehr behäbig und nirgendwo sehr hoch an. Wäre es dem Besitzer nur um Sicherheit gegangen, so hätte er sich besser einige Kilometer isaraufwärts auf das sehr viel steilere rechte Isarufer zurückziehen müssen, wo später Adelige ihre Schlösser und Niederbayerns Herzöge die direkt über Landshut liegende Burg Trausnitz bauten.

Die Bauern haben aber überall und zu allen Zeiten großen Wert darauf gelegt, möglichst nah bei ihren Feldern zu wohnen, und die

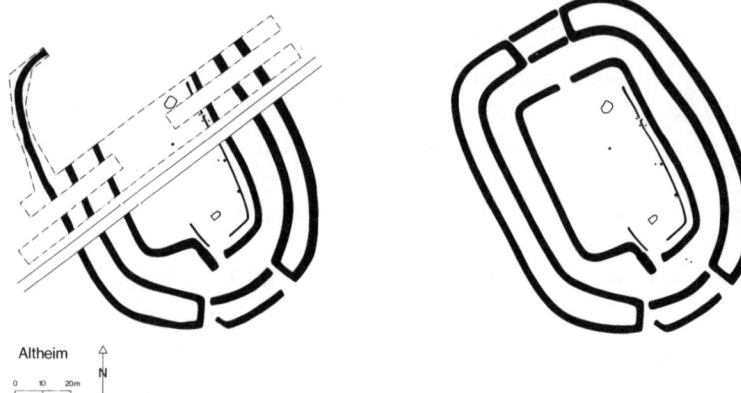

Altheim

0 10 20m

↑ N

Eine Anlage der Altheimer Kultur nach Ausgrabungen (links) und der Auswertung von Luftbildern (rechts).

sind gerade in der Umgebung von Altheim besonders fruchtbar. In einer Beschreibung des Dorfes aus dem vorigen Jahrhundert heißt es ausdrücklich: »Der Boden ist hier so fruchtbar, daß er 12- bis 16-fältigen Samen liefert.« Wenn einer also seinen Hof bei diesem ertragreichen Lößboden des offenen linken Ufers bauen wollte, mußte er sich schützen, und der Altheimer Jungsteinzeitbauer hat deshalb auch seinen Hof mit einem dreifach gestaffelten Erdwall umgeben. Geholfen hat ihm das offensichtlich nichts, denn als die Ausgräber das Altheimer Erdwerk wegzuschaufeln begannen, fanden sie die verstreuten Überreste von ein paar Dutzend Toten, dazu noch an die zweihundert Pfeilspitzen und viele Schleudersteine.

Kein Bewohner, so scheint es, war am Leben geblieben, niemand hat die Leichen bestattet und die Trümmer beseitigt – der Bauernhof war für immer zerstört.

Aber war es denn überhaupt ein Bauernhof? Hatte hier ein mächtiger Grundbesitzer sein Gut wie eine Wehranlage gebaut? War dieses alte Baiern der Jungsteinzeit eine so unruhige Gegend, daß man sein Hab und Gut am besten gleich mit einer Dreifachkombination von Wall und Graben einzäunen mußte (und selbst dann nicht sicher war)?

Rudolf Albert Maier, der Anfang der sechziger Jahre einen Bericht über die jüngere Steinzeit in Baiern vorlegte, konnte sich das nicht so recht vorstellen. Vielleicht, meinte er, habe dieser Tripelgraben eine Kultanlage umschlossen; möglicherweise eine Stätte, die den Toten und ihrer Verehrung geweiht war. Sollten etwa die Menschen von Altheim noch immer die gruselige Sitte gepflegt haben, gelegentlich einen der ihren in einer religiösen Zeremonie zu verspeisen? Manches in Altheim und anderswo spricht dafür. Die Funde sind aber, wie auch Maier zugibt, »beliebig interpretierbar«, und so bleibt es nach wie vor beim bloßen (wenn auch begründeten) Verdacht.

In dieser behutsamen, vorsichtigen Deutung der Funde von Altheim trifft er sich mit dem Heidelberger Professor für Frühgeschichte Ernst Wahle, für den diese Anlage der heftig umkämpfte Besitz eines Vornehmen war. »Es kann sich hier«, schrieb er 1932, »um den Kampf sowohl zweier Völker wie zweier verschiedener Gesellschaftsklassen handeln; bleibt uns der Befund eine Antwort schuldig, so zeigt er doch, mit welcher Heftigkeit man in einem ethnischen Grenzgebiet um einen Herrenhof streitet.«

Erst seit 1979 ist die gesamte Altheimer Grabenanlage bekannt und vieles läßt nun vermuten, daß hier tatsächlich im vierten Jahrtausend v. Chr. ein wehrhafter Bauernhof im Kampfe untergegangen ist.

Die Menschen dieser jungsteinzeitlichen Epoche wohnten zumeist wohl in kleinen Dörfern, lebten von Ackerbau und Viehzucht, bastelten sich ihren Schmuck aus Tierknochen oder Kalkstein und hatten bereits ein wohlassortiertes Lager keramischer Gefäße. Allein innerhalb des Altheimer Tripelwalles wurden die Scherben von nicht weniger als sechshundert, meist wenig verzierten Krügen und Schalen gefunden.

Für Paul Reinecke, der als Hauptkonservator des Bayerischen Landesamtes für Denkmalspflege von Anfang an bei den Ausgrabungen in Altheim mitarbeitete, waren diese Gefäße trotz ihres kargen Schmuckes so unverwechselbar, daß er 1924 eine eigene, zwischen Stein- und Kupferzeit liegende Kulturstufe nach ihnen benannte – den »südostbayerisch-salzburgisch-oberösterreichischen Altheimer Kreis«. Der (aus Berlin-Charlottenburg stammende) Münchner Vorgeschichtler hat es mit der Bezeichnung pedantisch genau genommen, um das ganze Gebiet, in dem diese

Gefäßformen verbreitet waren, schon im Titel unterzubringen –
auch wenn die lange Liste dann sehr bald auf den Begriff »Altheimer Kreis« oder »Altheimer Kultur« zusammenschrumpfte.

Mehr über die Menschen dieses Zeitalters ist vielleicht in dem bei Landsberg gelegenen Dorf Pestenacker zu erfahren. Am Ortsrand, unmittelbar neben einem Bauernhof, auf einer feuchten, leicht abschüssigen Wiese wurden gegen Ende der achtziger und Anfang der neunziger Jahre neben Hausgrundrissen, Holzbohlen, verzierter Keramik und etlichen Gerätschaften wie Axt und Dolch auch der aus der Zeit um 3550 v. Chr. stammende »älteste Misthaufen der Welt« gefunden. Das Ergebnis der mikroskopisch-genauen Untersuchung wurde in der Kurzfassung so formuliert: »Feuchtpräparat, subfossile, florale und faunistische Makroreste in lehmig-toniger Matrix, ca. 100 kg.«
Daß in diesem steinzeitlichen Dorf von vielleicht hundert Einwohnern organisches Material über Jahrtausende erhalten blieb, war der Lage der Häuser zu danken. Denn ähnlich wie die Pfahlbausiedlungen am Bodensee oder in Kempfenhausen am Starnberger See hatten Menschen der Altheimer Kultur hier in Pestenacker eine Feuchtbodensiedlung errichtet, und das moorige Erdreich konservierte so viele Überreste, daß nach den Ausgrabungen wichtige Informationen über das Leben der Steinzeit-Baiern vorgelegt werden konnten. So weiß man, daß neben Birken und Erlen für die Bauten wie auch in den Feuerstellen zu 90 Prozent Eichenholz verwendet wurde und daß die Menschen – es waren Zeitgenossen des Ötztaler Gletschermannes – vor allem Ziegen und Schafe aßen, daß aber unter den abgefieselten Knochen auch Überreste von Bären und Bibern waren.

Was nach der Zerstörung der großen Anlage in Altheim geschah, ist nicht bekannt; ganz verwildert ist die Gegend aber sicher nicht, und so führten römische Pioniere die Straße Regensburg–Pfaffenhofen/Inn wahrscheinlich bei Altheim über die Isar.
Über die Frage, warum sie den Übergang dann aber nur *Ad Isuram, Iovisura* (an der Isar), und nicht nach einer dort liegenden Siedlung benannten, werden sich die Kenner des antiken Straßenwesens sicher noch lange den Kopf zerbrechen.

Den brückenbauenden Römern folgte der kirchenbauende Chorherr Hunrikus und diesem, mit einigem zeitlichen Abstand, die modernen Beton-Barbaren: Nur die Isar und wenige Kilometer trennen heute die Zeugen der jungsteinzeitlichen Siedlung Altheim von dem beim Dorfe Ohu gelegenen Kernkraftwerk Niederaichbach.

Die frühen Bauern vom linken Isarufer haben es, Paul Reinecke sei Dank, in den zwanziger Jahren zu großem überregionalem Ansehen gebracht. Inzwischen bekamen sie aber Konkurrenz.

Angefangen hat dies alles vor vielleicht fünftausend, sechstausend oder achttausend Jahren, als Bewegung ins Land kam. Von Donau und Altmühl, wo sie sich zunächst gedrängelt hatten, zogen die Steinzeitmenschen isaraufwärts, sie kamen nach Altheim und bald auch bis in die Gegend von München. Nur mit den Bergen hatten sie längere Zeit nichts im Sinn.

Irgendwann in der Altheimer Zeit um das Jahr 1800 v. Chr. (vielleicht auch schon ein gutes Stück früher, wie neuere Forschungen vermuten lassen) tauchten sie dann aber plötzlich südlich des Ammersees auf, in Polling.

Entdeckt wurden diese Siedler, die hier bis dahin niemand vermutet hatte, im Jahre 1921, und besonders um sie verdient gemacht hat sich ein Arbeiter namens Engel, der in den Steinbrüchen Scherben, Steingeräte und Knochen fand. Er sammelte alles sorgfältig ein und hatte zuletzt etwa fünf, sechs Zentner Fundstücke, die er, in sieben Kisten verpackt, im Sommer 1937 an die Prähistorische Sammlung zu München verkaufte – für fünfzig Mark.

Da lagen nun also in der bayerischen Hauptstadt drei Kubikmeter Pollinger Allerlei, und nach den Grabungen in den fünfziger Jahren kam sogar noch weiteres Material hinzu. Als der Scherbenhaufen schließlich sortiert und gesichtet war, hatten die Archäologen zwar einige Antworten, doch auch gleich wieder ein paar neue Fragen.

Sie wußten jetzt zwar, daß im Vorgebirge Getreide angebaut und zumindest in Polling auf die Haustierzucht weniger Wert gelegt wurde als in anderen jungsteinzeitlichen Siedlungen – 42 Prozent der von Engel gefundenen Knochen stammten vom

Hirsch, 18 Prozent vom Wildschwein –, doch warum war ausgerechnet hier, fernab von den dichter bewohnten Regionen, eine Ansiedlung entstanden? Hatte hier eine kleine Gruppe von Jungsteinzeitmenschen ergiebige Jagdgründe gefunden?

Und was bedeuteten die vielen Abfälle aus der Werkstatt eines Lanzen- und Pfeilspitzenschlägers? Man kann es sich nicht anders erklären, als daß in der Pollinger Waffenschmiede ein besonders geschickter Mann tätig gewesen sein muß – sonst hätte man ihm wohl kaum das Rohmaterial aus dem Jura herbeigeschafft, aus einer Entfernung von etwa 120 Kilometern.

Doch eines Tages ereilte auch diese Siedlung ihr Schicksal, und da die dort gefundenen Knochen, Steinsplitter und Scherben mit verbrannten Holzkohleresten durchsetzt waren, läßt sich ahnen, wie dieses Schicksal ausgesehen hat.

Der Platz muß aber auch auf die späteren Bewohner des Landes einen besonderen Zauber ausgeübt haben, denn einer der ersten Baiernherzöge, der große, unglückliche Agilolfinger Tassilo III. soll hier im 8. Jahrhundert ein Kloster gegründet haben.

In den unruhigen Jahrhunderten, die der agilolfingischen Zeit folgten, wurde Polling mehrmals zerstört, doch immer wieder neu aufgebaut. Im späten Mittelalter haben dann die Augustinerchorherren ein sibyllinisches, ein dunkles Wort über das Portal meißeln lassen, eine Inschrift, wie sie rätselhafter nirgends im Land zu finden ist: *Liberalitas Bavariae.*

Über dieses hintergründige Motto, das niemand am Eingang eines Gotteshauses erwartet, ist viel nachgedacht und spekuliert worden. Meinten die gelehrten Mönche von Polling die bairische Liberalität oder die Liberalität der Baiern? Und was verstanden sie unter Liberalität? Soll das Wort mit Großzügigkeit, mit Hochherzigkeit oder mit Güte übersetzt werden? Oder bedeutet es Freisinnigkeit und Toleranz?

Wahrscheinlich ist das alles richtig und meint letztlich wohl doch nur das, was in diesem Land ansonsten und weniger gelehrt »leben und leben lassen« heißt.

Der Herr von Montgelas hat sich mit solchen Deutungen gar nicht erst aufgehalten – er verjagte 1803 die Augustinerchorherren, deren Kloster noch kurz zuvor ein Zentrum der Aufklärung in Baiern gewesen war.

Er ahnte nicht, daß dieser »stilvoll-bescheidene Winkel« unter dem Namen Pfeiffering noch einmal berühmt, ja, weltberühmt werden sollte: Im amerikanischen Exil, bei der Niederschrift des *Dr. Faustus*, erinnerte sich Thomas Mann an seine Besuche in Polling, wo sich seine Mutter zeitweise auf dem Gutshof der Schweigharts – einem Teil der ehemaligen Klostergebäude – eingemietet hatte. Hierher, an diese traditionsreiche bairische Stätte, schickte der Dichter seinen von der tödlichen Krankheit gezeichneten, dem Teufel anheimgefallenen Tonsetzer Adrian Leverkühn.

Letzte Dinge

Wie die Natur des Menschen angelegt ist, ließ sich der Fortschritt schon in den vorchristlichen Jahrtausenden nicht aufhalten und die (Stein-)Zeit blieb nicht stehen. Das Kupfer löste die mühsam zurechtgeschlagenen Steingeräte ab; und bereits zweihundert Jahre später war auch dieses Metall nicht mehr konkurrenzfähig, man hatte Besseres – von etwa 2300 v. Chr. an wurde in Bronze gearbeitet; und Bronze, die zunächst wahrscheinlich aus Südspanien oder Sardinien, möglicherweise aber auch vom Erzgebirge kam, blieb der wertvollste und wichtigste Werkstoff, bis dann etwa um 500 v. Chr. das Eisen seinen Platz einnahm. Lange glaubte man, das Kupfer sei etwa achtzehnhundert bis zweitausend Jahre v. Chr. in Gebrauch gekommen. Inzwischen ist aber das Vertrauen in diese libbyschen Zahlen ein wenig erschüttert worden.

Die neue Zeitrechnung, die eine deutliche Korrektur der C^{14}-Zahlen (s. Seite 37) brachte, ist den Jahresringen der Bäume zu danken. Mit Hilfe dieser sogenannten Dendrochronologie wurden neue Daten ermittelt, die früher als die bis dahin bekannten lagen. Die Linearbandkeramiker am Beginn der Jungsteinzeit, so hieß es, hätten ihr Tongeschirr etwa seit der Zeit um 4900 v. Chr. gefertigt. Die Jahresringe der Bäume aber sagten: Sie töpferten bereits um 6000 v. Chr. – und das heißt, daß die Bauernkultur in Baiern bereits vor achttausend Jahren begann. Ähnlich erging es der Altheimer Kultur, deren Anfänge um 3000 v. Chr. angenommen wurden und die nun auf 3600 vordatiert wurden.

Die Kenntnisse über das Bronzezeitalter verdanken wir den Menschen dieser fünfhundert Jahre währenden Kultur, die ihre Toten mit vielen Geschenken verabschiedeten. An Hand der sich wandelnden Grabbeigaben konnten die Ausgräber unseres Säkulums diese ferne Zeit erforschen. Und wie es Archäologenbrauch ist – schließlich hatten sie ja selbst die sehr viel unergiebigere Jungsteinzeit mit ihren Werkzeugen und keramischen Gefäßen in mehr als zehn Zeit- und Kulturabschnitte zu unterteilen gewußt –, zerlegten sie dieses bronzene Halbjahrtausend, das der Glockenbecherkultur folgte, in vier charakteristische Gruppen, die von A bis D durchbuchstabiert wurden. Die Grabungen brachten aber immer neue Ergebnisse und so reichte diese Gliederung schon bald nicht mehr aus – die Bronzezeit wurde noch weiter zerstückelt und feiner aufgeteilt in A_1, B_1 usw.

Wer aber die Menschen waren, die hier rodeten und Hütten bauten, was sie glaubten und wie sie lebten, haben selbst die beschlagensten Vorgeschichtsforscher noch nicht herausgefunden. Nur daß es keine Baiern waren (allerdings auch längst keine Neandertaler mehr), steht fest. Und daß bei ihnen über »die letzten Dinge« alle paar hundert Jahre neue Ansichten herrschten. So bestatteten sie in der frühen Bronzezeit ihre Toten in nordsüdlicher Seitenlage mit angewinkelten Knien in Flachgräbern. In der mittleren Bronzezeit hielt man es dagegen für würdiger, über den gestreckt in Holzsärgen oder Steinkammern ruhenden Leichen deutlich sichtbare Grabhügel aufzutürmen. Vor gut dreitausend Jahren – in Israel herrschte etwa um diese Zeit König David – wurde es schließlich Sitte, die Toten zu verbrennen und die in einer Urne gesammelte Asche auf Friedhöfen, den Urnenfeldern, beizusetzen. Den mit etwa 800 Gräbern größten dieser Bestattungsplätze in Deutschland fand man bei dem Ort Zuchering. Daß es hier, westlich der Keltenstadt Manching, eine Siedlung der Urnenfelder-Kultur gab, ist vielleicht ein Hinweis, daß die Menschen dieser Zeit wohl doch den Kelten zuzurechnen, also gleichsam Proto-Kelten sind.

Hockergräber, Hügelgräber, Urnenfelder – worin, außer in den Bestattungsformen, unterschieden sich die Menschen dieser Epochen? War es das immer gleiche Volk, das nur seine Begräbnisbräuche zu wechseln pflegte?

Die Schwierigkeit, Rassen, Stämme oder gar Völker zu unterscheiden, hat Hermann Müller-Karpe, Autor eines mehrbändigen Standardwerkes über die Vorgeschichte, in einem Aufsatz dargestellt: »Unsere Bodenfunde vermitteln uns kulturgeschichtliche Erkenntnisse. Ob und inwieweit daraus auch ethnische Verhältnisse und politische Geschehnisse zu erschließen sind, ist zwar ein verlockendes, aber überaus schwieriges Problem, das man jedenfalls nicht durch Pauschaltheorien zu lösen vermag, wie sie den Begriffen ›Fremdgruppen‹ ›Urnenfelderwanderung‹, ›HaB*-Unruhen‹, ›Knovizer Vorstoß‹ usw. zugrunde liegen.«

Vieles spricht übrigens ohnedies dafür, daß verschiedene Kulturstufen gleichzeitig nebeneinander bestanden, daß sich in einer Ecke des Landes die Leute ihr Werkzeug bereits sehr geschickt nach den feinen Methoden der Jungsteinzeit zurechtklopften, während ihre Zeitgenossen anderswo noch nach der primitiveren, unbeholfeneren Arbeitsweise der mittleren Steinzeit zu Werke gingen. So ist es vielleicht zu erklären, daß der im September 1991 gefundene, noch durchaus steinzeitlich wirkende Gletschermann aus dem Ötztal ein Kupferbeil bei sich führte.

Die Unterschiede solcher Steinschlägerei sind nicht zu übersehen; denn ein Acheuléen-Faustkeil, wie er in Pösing gefunden wurde, war in der Regel in einem einzigen Arbeitsgang mit neun Schlägen herzustellen, während ein Messer im Aurignacien, in der Zeit der »Roten von Mauern«, neun Arbeitsgänge und 251 Schläge erforderte.

Die Kenntnisse verbreiteten sich nur langsam, da die Geschicklichkeit oder Fingerfertigkeit, mit der neue Arbeitsmethoden und damit oft neue Lebensweisen übernommen wurden, bescheiden war. So konnten Campignien-Leute der mittleren Steinzeit durchaus in einem asynchronen Nebeneinander mit jungsteinzeitlichen Viehzüchtern leben. Sie waren zwar Zeitgenossen, doch Lothar Zotz nimmt an, daß die rückschrittlicheren Steinschläger dabei als eine geschlossene Gruppe »weitgehend isoliert« gelebt haben: als Hinterwäldler am Beginn des Metallzeitalters.

---

* Hallstatt B.

Jung-Siegfried im Dachauer Hinterland

Die frühesten Erdbewohner wären für alle Zeiten namenlos geblieben, wenn die Nachgeborenen nicht versucht hätten, Ordnung in die Menschheitsgeschichte zu bringen. Und so heißen die einen nach dem Ort, an dem sie gefunden wurden (Peking-Mensch, Neandertaler), andere bekamen den Namen des Werkzeugs, mit dem sie umgingen, oder des Metalls, das sie bearbeiteten (Steinzeitmenschen, Bronzezeitmenschen), wieder andere benannte man nach den bei ihnen gerade gebräuchlichen Bestattungssitten (Urnenfelderleute, Reihengräberleute). Und Lucy wurde Lucy, weil im Radio die Beatles gerade ihr »Lucy in the sky with diamonds« sangen, als sie 1971 entdeckt wurde.

Für die Mitte des ersten vorchristlichen Jahrtausends kann die Forschung dann erstmals mit einem authentischen Namen aufwarten – damals wohnten im bairisch-oberösterreichischen Raume die Illyrer.

In den Geschichtsbüchern heißen sie allerdings meist ganz anders. Dort kennt man sie – seit der schwedische Archäologe Hans Olof Hildebrand sie 1874 in einem Vortrag so genannt hat – als »Hallstattleute« oder als »Träger der Hallstattkultur«.

Entdeckt hat diese Vorfahren der neunundvierzigjährige oberösterreichische Bergrat (und vierundzwanzigfache Vater) Georg Ramsauer aus Hallstatt, der diesen wichtigen Moment in der Erforschung der Frühgeschichte auf unbeholfen-genaue Art und im schönsten Kanzleistil gleich selbst protokolliert hat: »Der Verfasser kam ... durch Öffnung einer Schottergrube im November 1846, womit er ein zerstörtes Skelett gefunden, zur Entdeckung des noch unbekannten Leichenfeldes, und zwar damit, daß er hierauf, in seinem Beisein und mit aller Sorgfalt einen Flächenraum von vier Quadrat-Klafter ausgraben ließ, womit er so glücklich war, sieben Skelette mit einigen Schmucksachen zu treffen und sich zugleich durch die Lage der Skelette, alle in ziemlich gleicher Richtung, das Gesicht gegen Sonnenaufgang gewendet, gestreckter Lage des Körpers, die Hände an den Leib oder an die Brust gelegt, einen ordentlichen Begräbnisplatz erkennen ließ ...«

Einen Platz, an dem schließlich 2000 Gräber gefunden wurden, die es erlaubten, hinfort eine eigene, zwischen Bronze- und Eisenzeit liegende »Hallstattkultur« zu definieren. Und als ihre Träger die im Bairisch-Österreichischen sitzenden Illyrer zu benennen. Wer diese Illyrer aber nun eigentlich waren und woher sie kamen, ist nicht so leicht zu sagen. Julius Pokorny hat gemeint, man könne ihre Geschichte etwa um 1500 v. Chr. in der Lausitz beginnen lassen, wo sie als friedliche Ackerbau- und Handwerkerbevölkerung in Dörfern lebten und ihre verbrannten Toten in Urnen bestatteten.

Wie so viele andere Völker begaben auch sie sich eines Tages auf eine Wanderschaft, die nach Meinung der Sprachforscher auf dem Balkan endete. Baiern und das angrenzende Österreich, so heißt es, wären gar nicht ihr Ziel gewesen, sie seien nur durchmarschiert auf dem Weg in Richtung Süden.

»Das ganze Gebiet der Ostalpen vom Jura bis nach Ungarn ist zweimal von illyrischen Eroberern überflutet worden«, meint Julius Pokorny. »Zum ersten Male in der späten Bronzezeit um 1100 v. Chr. durch die Träger der Urnenfelderkultur, die wir am besten als Proto-Illyrer bezeichnen können, die am Nordrand der Alpen mit den Erbauern der Hügelgräber, im Westen, vor allem in Südwestdeutschland und der Schweiz, mit den Bewohnern der Pfahlbauten verschmolzen, im Osten in den Alpentälern selbst aber wohl die erste Siedlerschicht überhaupt darstellen, und bis nach Oberitalien vordrangen.«

Ob das nun so vor sich ging oder nicht – und Pokornys These, daß die Urnenfelderkultur aus dem Nordosten importiert wurde, blieb nicht unwidersprochen –, Tatsache ist, daß viele Fluß- und Ortsnamen illyrischen und keltischen Ursprungs sind: Inn und Lech, Tölz, Gars, Partenkirchen oder Valepp und dazu noch die vielen Orte auf -hall.

Die illyrische Vergangenheit ist tief in den Brunnen des Vergessens gefallen, doch ihre Spuren sind nicht nur auf der Landkarte zurückgeblieben.

Von den Huosi, einem der fünf alten, im ersten Volksrecht genannten bairischen Geschlechter, hat man im vorigen Jahrhundert angenommen, daß sie illyrisch sprachen und keine Germanen waren.

Zum alten Huosigau gehörte neben der Gegend um Weilheim und Starnberg auch jenes Dachauer Hinterland, wo, wie man seit

Ludwig Thomas Tagen weiß, ein besonders eigenwilliger, pfiffiger, uriger Bauernschlag zu Hause ist. Ob man im *Wittiber*, im *Andreas Vöst* oder in den aus der Starnberger Gegend stammenden Bauern von Oskar Maria Grafs frühen Büchern, dem *Bayerischen Dekameron* und den *Kalendergeschichten*, spätgeborene Illyrer sehen kann – und ob sie dann gar mit dem heute noch reinsten illyrischen Volk, den Albanern, verwandt sind –, läßt sich leider keinem der alten Bücher entnehmen.

Einige Forscher sind allerdings nach dem eifrigen Studium alter Huosi-Namen fest davon überzeugt, daß dieses Völkchen letzten Endes schwäbische Ahnen hatte und wahrscheinlich sogar mit den Nibelungen versippt war. Wie aber die Wessobrunner Stukkateure, die Starnberger Fischer und die Dachauer Bauern – alles Nachkommen der Huosi – mit Jung-Siegfried zusammenhängen, muß erst noch einer herausfinden.

Ein reicher Herr fährt in die Grube

Die Vorgeschichtsforschung setzt auf Scherben, Schmuck und Skelette; sie haben die Beweislast durch alle Instanzen zu tragen. Die Spekulation darf sich höchstens, durch Fragezeichen neutralisiert, in einer Fußnote zu Wort melden. Wäre es anders, so gäbe es in den Debatten über die zerfetzten Skelette von Altheim einen Zusammenhang, der zumindest Kulturphilosophen bedenkenswert erscheinen könnte: Eine der ersten Fundstellen von Metall – unter den Trümmern des dreifachen Ringwalles lagen nämlich auch Flachäxte und Pfriemen aus Kupfer – ist zugleich das älteste bisher entdeckte Schlachtfeld auf bairischem Boden. Ist dieses Zusammentreffen wirklich nur Zufall, hat das eine mit dem anderen nichts zu tun? Ist es so unwahrscheinlich, daß mit dem Metall der Wohlstand und damit auch die Zwietracht, der Neid, die Mißgunst in der Welt erst richtig heimisch wurden?

Da ist es dann auch nicht überraschend, daß sich nach dem Aufkommen von Kupfer und Bronze aus den verschiedenen Grabbeigaben erstmals ein Unterschied zwischen arm und reich feststellen läßt. Die Spezialisten für diese Epoche fügen zwar tröstend und einschränkend hinzu, daß diese Gefälle damals nicht zwischen einzelnen Familien, sondern zwischen den verschiedenen Regionen bestand, es war aber nur eine Frage der Zeit, bis auch in den Siedlungen selbst die armen Schlucker neben den reichen Herren lebten.

Und das Geschäft mit Kupfer und Bronze gab dem Geschickteren, dem Rücksichtsloseren, dem Wagemutigeren reichlich Gelegenheit, seinen Besitz zu mehren. Welche imponierenden Ausmaße der Handel mit dem einzigen dazumal verhütteten Metall erreichte, zeigt das Beispiel der bei Salzburg gelegenen Minen von Mühlbach und Bischofshofen, wo während der späten Bronzezeit schätzungsweise 200 000 Tonnen Rohkupfer gewonnen wurden.

Einen, der damals ganz sicher zu den Großen und Mächtigen zählte, haben seine Leute nordöstlich des Chiemsees, in Hart an der Alz, feierlich beigesetzt: Zusammen mit seinen Waffen wurde er auf einen bronzebeschlagenen Wagen gebettet und verbrannt. Was die Flammen übrigließen – es war nicht mehr sehr viel –, wurde eingesammelt und zusammen mit etwas Gold, Bronze und ein paar keramischen Gefäßen in eine Grabkammer gelegt... wo es heute von einem Schuljungen entdeckt wurde.

Der Bub wollte im Mai 1953 eigentlich nur ein kleines Loch im Garten ausheben, als er in zwanzig Zentimeter Tiefe auf verbrannte, undefinierbare Bronzestücke stieß, die er in die Schule mitnahm.

Die Lehrerin vermutete, daß es sich hier um irgendwelche Überreste aus der Frühgeschichte handle. Sie informierte die zuständigen Stellen, und so konnte das »urnenfelderzeitliche Wagengrab aus Hart an der Alz« fachgerecht ausgegraben und interpretiert werden. Dabei gilt inzwischen als gesichert, »daß das Wagengrab von Hart einer Frühphase von Ha A zuzuweisen ist, d. h. der Zeit um 1200 v. Chr.«, wobei Ha A die erste Stufe der Hallstattzeit meint. Es war dies etwa die Zeit, in der Homers Helden in Troja kämpften.

Die Bronzeklumpen, so zeigte sich, waren drei Achsenkappen, Reste der Nabenbeschläge, Speichenschuhe und Vogelfigürchen. Das reichte zwar nicht aus, das Gefährt zu rekonstruieren, doch immerhin ließ sich feststellen, daß es mindestens zweieinhalb Meter lang war und vier Räder mit einem Felgendurchmesser von achtzig bis neunzig Zentimeter besaß.

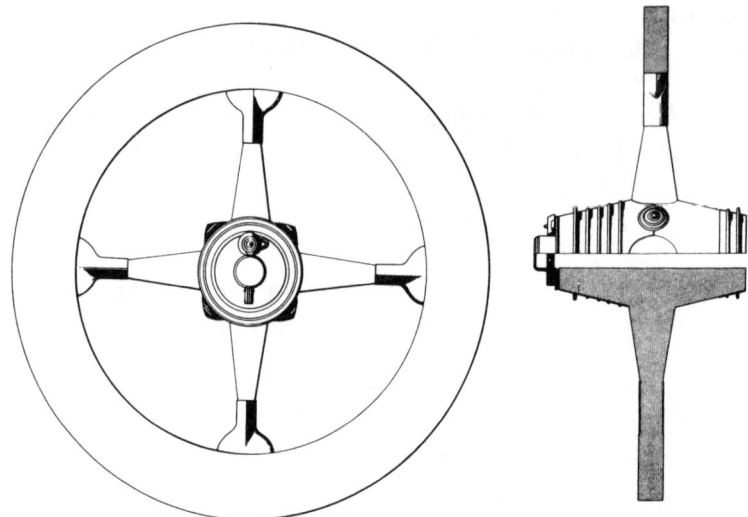

Aus wenigen kleinen Bronzeklümpchen, die ein Schulbub 1953 gefunden hat, wurde dieses Rad rekonstruiert. Es gehört zum bisher ältesten Wagen, der auf bairischem Boden ausgegraben wurde.

Noch weniger weiß man, warum der Harter Herr zur letzten Ruhe auf einen Wagen gelegt wurde. Bei den armseligen Straßenverhältnissen der vorrömischen Zeit spielte die vierrädrige Karre im Alltag der Menschen sicher keine große Rolle, und so nimmt die Forschung an, daß das verbrannte Gefährt, das da im Garten eines Siedlungshauses gefunden wurde, nur eine symbolische Funktion erfüllte und eine Art Opfergabe darstellte.

Inzwischen hat man auch anderswo in Baiern Wagengräber entdeckt, etwa in Poing, wo der Archäologe Stefan Winghart sogar vermutet, daß hier ein »spätbronzezeitlicher ›Fürst‹ von Poing« gefunden worden sei. Zu Beginn des Jahres 1995 schließlich stieß man beim Bau der deutsch-tschechischen Ölpipeline im Landkreis Pfaffenhofen auf zwei dieser Wagengräber.

Naheliegend wäre natürlich die Vorstellung, daß man die Toten mit diesem Wagen auf die Reise ins Jenseits geschickt habe. Doch das ist eine Hypothese, für die alle Beweise fehlen, und der kultische Hintergrund solcher Grablegungen bleibt daher ebenso im Dunkel wie der einer Kelheimer Bestattung, bei der einige Jahrhunderte früher, zu Beginn der Bronzezeit, ein etwa sechsjähriges

Kind mit dem Kopf voran in ein Vorratsgefäß gesteckt und begraben wurde.

Es wird noch vieler Funde und Forschungen bedürfen, ehe man sagen kann, ob an der Donau eine selbst für die damaligen Gebräuche ungewöhnliche Beerdigung stattfand oder ob gar ein Menschenopfer dargebracht wurde.

Mit welchem Scharfsinn Archäologen noch aus dem kleinsten Fund ihre Schlüsse ziehen können, zeigte Hermann Müller-Karpe an dem für den Laien unscheinbaren Überrest eines Schwertes, das im Harter Grab gefunden wurde:

Da die Knaufscheibe ein Loch besaß, folgerte Müller-Karpe, der Besitzer müsse es wie einen Skistock oder Gummiknüppel an einem Faustriemen getragen haben.

Ein Krieger hat sein Schwert allzeit fest in der Hand, warum sollte er es noch zusätzlich durch ein Band befestigen? Ganz einfach, meint der Archäologe, der Mann führte auch noch Pfeil und Bogen mit sich, und um nicht vor jedem Schuß seine Hieb- und Stichwaffe ablegen zu müssen, war sie durch einen Riemen an seine Hand gebunden. Solche Doppelbewaffnung aber war nur einem berittenen Krieger zumutbar.

Die Grabbeigabe beweist also: Der Mann, den sie in Hart an der Alz so prunkvoll verbrannten und bestatteten, war ein Reitersoldat!

DIE KELTEN

*»Ihr Anblick war furchterregend ... Sie sind hochgewachsen,
mit spielenden Muskeln unter weißer Haut. Ihr Haar ist blond,
aber nicht nur von Natur, sie bleichen es auch noch auf künstliche
Weise, waschen es in Gipswasser und kämmen es von der Stirn
zurück nach oben. So sehen sie schon deshalb Waldteufeln
gleich ...«*

Diodorus von Sizilien

Ahnen ohne Alphabet

Still und unbemerkt sind die Kelten einst ins Land gekommen, und ebenso still und unbemerkt sind sie fünfhundert Jahre später auch wieder daraus verschwunden. Doch dieses halbe Jahrtausend hat ausgereicht, die Baiern für alle Zeiten zu prägen und zu zeichnen. Vieles von dem, was heute als »typisch bairisch« gilt, geht auf dieses rätselhafte Volk zurück – die Freude am künstlerischen Gepränge wie am Dekorativen, das kraftmeierische Auftrumpfen und die melancholische Resignation; keltisch sind aber auch die jähen Umschwünge und die unberechenbaren Verwerfungen im bairischen Charakter, die Freude an der eigenen Kraft und die immerwährende Liebe zu dem im See ertrunkenen König Ludwig.

Doch wer will das keltische Erbe in der bairischen Seele nach mehr als zweitausend Jahren noch so genau nachweisen?

Die Spuren dieser zugewanderten Vorbevölkerung sind aber auch auf der Landkarte zu finden, denn bis zum heutigen Tag haben sich in Bayern alte keltisch-illyrische Ortsnamen erhalten – aus *Serviodurum* ist Straubing geworden, aus *Kambo* (was »krumm« heißt) wurde Cham, aus *Cambodunum* Kempten, aus *Ratisbona* Regensburg.

Und es gibt auch kaum ein größeres Gewässer in Bayern, das nicht seit mehr als zweitausend Jahren mit beinahe unverändertem, keltischem Namen zum Schwarzen Meer fließt: Donau, Abens, Alz und Amper, Lech und Loisach, Rott, Traun und Wertach.

Wer diese Erblasser waren, wie sie lebten und was sie dachten, hätten die Bayern natürlich gerne von ihnen selbst erfahren, doch wie die Steinklopfer und Bronzeschmiede vor und noch manche Generation nach ihnen, besaßen die Kelten keine Schrift; sie waren Analphabeten und konnten daher nicht einmal den Namen des eigenen Volkes der Nachwelt überliefern. Unter den vielen Funden, die in Manching gemacht wurden, war dann aber doch ein kleiner, unscheinbarer Tonscherben, in den das Wort »Boios« eingeritzt war. Von wem dieses wohl älteste schriftliche Zeugnis aus Baiern stammt, wer es im ersten vorchristlichen Jahrhundert geschrieben hat, bleibt unbekannt.

Zum Glück gab es aber damals bereits schreibkundige Griechen und Römer, die ihre Landsleute gerne und ausgiebig mit Nachrichten aus fernen, exotischen Ländern versorgten. Zum Beispiel mit Geschichten über ein Volk, das bei den einen Keltoi und Galatoi, bei den andern aber Celtae oder Galli hieß und das zu Herodots Zeiten, im 5. Jahrhundert v. Chr., an den Quellen der Donau saß – allerdings entsprang die Donau für den Vater der Geschichtsschreibung am Fuße der Pyrenäen...

Von Herodot und seinen Kollegen erfuhr die Nachwelt aber auch, daß diese Keltoi sehr großen Wert auf Reinlichkeit und saubere Rasur legten, »den Schnurrbart aber lange nach unten wachsen ließen«, daß sie sich die Haare bleichten und stärkten, daß sie feine Lederschuhe, doch keine Unterwäsche trugen, viel tranken und gerne rauften, daß sie leidenschaftlich und feurig waren, nackt und mit ungeheurem Lärm in die Schlacht zogen, befestige Städte bauten, das Eisen kannten und irgendwo im Westen und Norden lebten. Auf solche Weise gingen Herodot, Hekataios, Strabo, Cassio Dius, Plinius, Marcellinus, Lucanus, Horaz, der Feldherr Gaius Julius Caesar und viele ihrer Schriftstellerkollegen ins keltische Detail. Und endeten auch im Detail, denn keiner der antiken Autoren hat sehr viel anderes als mehr oder weniger seltsame Geschichten und Anekdoten zu berichten gewußt.

Diesen Kelten war allerdings auch nicht so leicht beizukommen, da sie sich zwar über einen großen Teil von West- und Mitteleuropa ausbreiten, doch nie einen zentral gelenkten Staat gründeten. Sie kamen weit herum in der Welt, doch nirgendwo gaben sie einem ihrer Führer die ganze Macht. Sie waren Föderalisten, die vor allem durch eine von Region zu Region nur wenig variierende Sprache verbunden waren und ansonsten am liebsten in Stammesverbänden zusammengluckten (die in den schottischen Clans noch heute weiterleben).

Gelegentlich, und vor allem in der Frühzeit, machten aber einige Gruppen wohl doch gemeinsame Sache und zogen hinaus ins feindliche Land; sie kamen nach Spanien und nach England, eroberten 387 v. Chr. Rom, plünderten knapp hundert Jahre später das Heiligtum von Delphi und zogen schließlich weiter bis in die Türkei, wo ihre Nachkommen, die Galater, um das Jahr 55 jenen Brief des Apostels Paulus erhielten, der sie ins *Neue Testament* einführte und sie dort bis heute weiterleben läßt.

Inzwischen wird den unternehmungslustigen Kelten noch eine sehr viel weitere und höchst unwahrscheinliche Reise zugemutet. Einige amerikanische Forscher wollen nämlich herausgefunden haben, daß Vertreter dieses Volkes bereits in grauer Vorzeit den Atlantik überquert und bei ihnen Visite gemacht haben.

Im Sommer 1975 berichteten einige Professoren, daß man in den Staaten Vermont und New Hampshire Felsinschriften in keltischer Sprache gefunden habe. Wenn es tatsächlich Kelten waren, die zwischen 2500 und 800 v. Chr. den Stein bekritzelt haben, purzeln gleich zwei Hypothesen auf einmal: Dann müssen nämlich diese als schreibunkundig verrufenen Barbaren ihr eigenes Alphabet besessen haben, und weder der Nordmann Leif Erikson (etwa 1000 n. Chr.) noch der Genueser Kolumbus (1492 n. Chr.) könnten das »Erstentdeckungsrecht« für Amerika für sich in Anspruch nehmen.

Aus der Pußta ins Gebirg

Begonnen hat das keltische Zeitalter irgendwann um das Jahr 500 v. Chr. im östlichen Frankreich und in Süddeutschland, und auf der Suche nach dem im Dunkeln liegenden Ursprung dieses Volkes wurde vor etlichen Jahrzehnten folgende Hypothese angeboten:

Zu den Hügelgräberleuten, die unter anderem im heutigen Baiern saßen, seien aus jener nordöstlichen Lausitzer Gegend, die man später etwas großzügig Preußen nannte, die Urnenfelderleute gekommen – und diese Mischung habe die Kelten ergeben.

Inzwischen fanden sich allerdings viele Argumente, die gegen diese, manch einen Baiern ohnedies schmerzende Ansicht sprechen. Ein Linguist, der vor einigen Jahrzehnten die Zusammenhänge der keltischen Sprachreste in Europa untersuchte, konnte denn auch keine Spuren der preußisch-bairischen Symbiose entdecken. Keltisch, meint er, war die wichtigste Sprache, »the most central language« im Europa jener Zeit (und gelegentlich wird ja auch die Ansicht vertreten, das Französische sei aus einer Vermischung des Keltischen mit dem Lateinischen entstanden). Trotzdem glaubt er nicht, daß dies alles in Frankreich und in Süddeutschland angefangen hat, er vertritt vielmehr die These: »Die älteste Heimat der Kelten, von der aus sie sich über ganz Westeuropa ausbreiteten, muß westlich des Landes gesucht werden, in dem die Thraker ursprünglich saßen – im heutigen Ungarn und in angrenzenden Gebieten.« Für den Augenblick ist damit also der Anspruch verwirkt, die große keltische Welle sei von Frankreich und Baiern ausgegangen, da helfen weder die Ausgrabungen von keltischen Städten noch Caesars *Gallischer Krieg*.

Selbst wenn der Philologe recht behielte und die Wiege der Kelten wirklich irgendwo in der Pußta oder auf dem Balkan gestanden hätte – groß und berühmt geworden sind diese Völker erst weiter westlich, und daß die zwischen Alpen und Donau lebenden Stämme dabei eine wichtige Rolle spielten, ist gewiß; auch wenn die antiken Autoren aus Baiern nichts berichteten – dort war für sie tiefe keltische Provinz, wenig einladend für Besucher und nicht sehr gewinnversprechend für Kaufleute.

Als es dann aber fünfzehn Jahre vor der Zeitenwende Krieg gab und aus dem keltischen Baiern eine römische Provinz wurde, waren endlich auch die Vindeliker – so hießen die Kelten südlich der Donau – einer kurzen Erwähnung wert: auf einem monumentalen Siegesdenkmal an der Côte d'Azur, in La Turbie. Dort sind, schmucklos in Stein gemeißelt, die Namen der besiegten Völker aneinandergereiht, und in dieser langen Renommierliste von 45 Namen finden sich auch vier vindelikische Stämme – die Consuaneten, Rucinaten, Likatier und Cattenaten.

Die Wissenschaft hatte hinterher und hat bis heute Mühe, dieses Quartett zu lokalisieren und in seine alten Quartiere einzuweisen: Die Consuaneten, nimmt sie an, lebten zwischen Isar und Inn, die Rucinaten zwischen Donau und Isar, die Likatier am Lech und die Cattenaten in Oberbayern, in der Gegend von München, dem Starnberger See und bis hinüber nach Rosenheim.

Die ersten Bewohner Baierns, die dem Namen nach bekannt sind, hatten also ein wenig ruhmvolles historisches Entree, und ihre offizielle Geschichte beginnt auf diese Weise mit einer so totalen Niederlage, daß die erste Nennung von keltischen Stämmen zugleich auch die letzte ist.

Geschichte wird zwar immer von den Siegern geschrieben, in diesem Falle war das aber unvermeidlich, da die Besiegten ja nicht

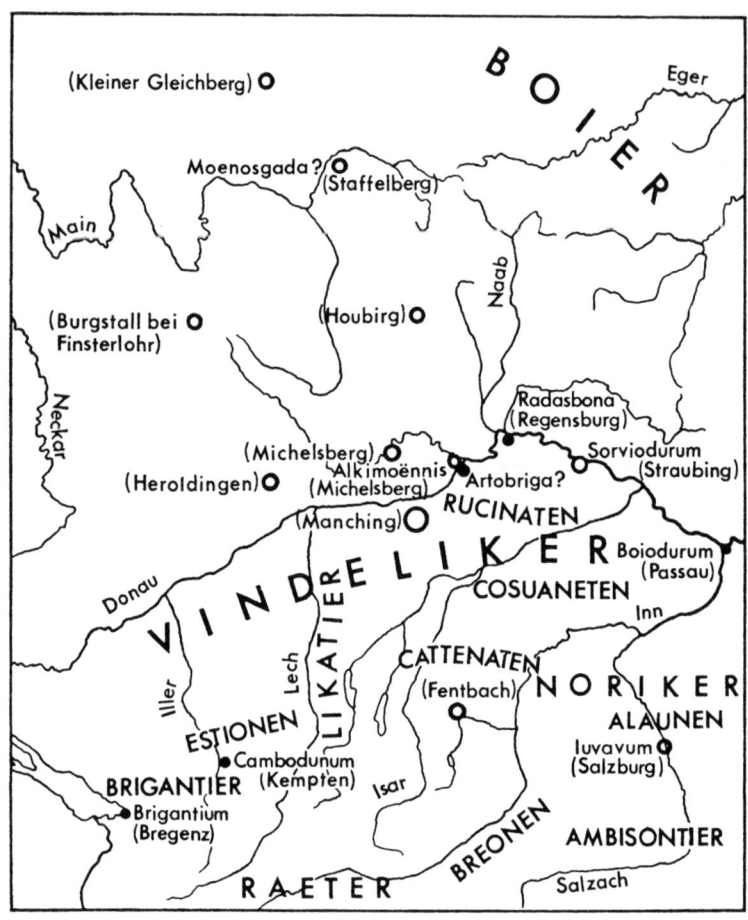

*So etwa muß die Landkarte jenes keltischen Baiern ausgesehen haben,
das im Sommer des Jahres 15 v. Chr. von den Römern erobert wurde
(Kreise: oppida; Punkte: Orte mit keltischem Namen).*

einmal die Buchstaben kannten, mit denen sie der Nachwelt
Kunde von ihrem Untergang hätten geben können. Und so behaupten die Römer – und kein Vindeliker konnte ihnen widersprechen –, daß die Niederwerfung dieser Stämme die Sache eincs
kurzen Sommers war: Im Frühjahr des Jahres 15 v. Chr. zogen die
Soldaten los, und am 1. August wurde an der Donauquelle das
letzte Gefecht ausgetragen.

So jedenfalls berichten es die Sieger. Vielleicht wurde die Donauquelle in diese Schlachtbeschreibung aber auch nur hineingemogelt, um vor den Daheimgebliebenen möglichst glaubwürdig zu erscheinen – schließlich hatte ihnen Herodot doch einstmals erzählt, daß man die Kelten am Ursprung dieses Flusses fände.

Man hat sie gefunden und hat sie geschlagen. Nirgendwo in Baiern wurden Beweise dafür entdeckt, daß sie den vordringenden Römern Widerstand geleistet hätten – da war kein Vercingetorix weit und breit. Allerdings zog hier auch kein Caesar in die Schlacht, der seine Heldentaten fein säuberlich registrierte und vielleicht auch noch ein bißchen ausschmückte.

Beim Feldzug gegen die süddeutschen Kelten hatten zwei kaiserliche Stiefsöhne eine Chance bekommen, sich zu profilieren, und wie wäre solch brüderlicher Wettstreit besser und gerechter zu inszenieren gewesen als durch einen Zweifrontenkrieg. Man schickte den siebenundzwanzigjährigen Tiberius an den Bodensee, wo er dann auch prompt eine Seeschlacht gewann – wahrscheinlich die einzige, die dieses Gewässer je erlebte. Mit sieggeschwellter Brust zog der Prinz weiter und erreichte angeblich in einem einzigen Tagesmarsch die siebzig Kilometer Luftlinie entfernte Donauquelle, wo er wiederum eine große, die entscheidende Schlacht schlug.

Für seinen dreiundzwanzigjährigen Bruder Drusus war dieser Krieg offensichtlich etwas strapaziöser, denn der mußte sich von Süden her quer durch die Alpen kämpfen. Vom Etschtal, wo er die keltischen Venosti und Isarci bezwang, zog er über einen der Alpenpässe ins Inntal, um bei Innsbruck die Breuni, wenig später die Genaunes und schließlich, im bairischen Oberland, die vindelikischen Stämme zu unterwerfen. Die Wildheit der Alpenvölker soll dabei, wie der Geschichtsschreiber Florus berichtet, so groß gewesen sein, daß die Frauen selbst ihre Kinder töteten. Sie schmetterten die Kleinen zuerst mit aller Kraft auf den Boden und schleuderten die Leichen dann den Angreifern ins Gesicht.

Den Siegeszug des mächtigen Römerreiches konnten aber auch sie nicht aufhalten, und so ging in jenem Sommer die Herrschaft der Kelten nach einem halben Jahrtausend zu Ende. In Baiern regierten von nun an die Militärs.

Es mußten erst, nahezu zweitausend Jahre später, die Archäologen kommen, um das vergessene Volk neu zu entdecken, und ein Kaiser, der ein Buch über den Feldherrn Gaius Julius Caesar schreiben wollte, machte damit den Anfang. Weil aber dieser Kaiser Napoleon III., ein Neffe des großen Korsen, über ein ganzes Volk regierte, konnte er von Anfang an großzügig operieren und eine ganze Schar von Archäologen ausschicken, die nach den alten, bei Caesar genannten Keltenstädten suchen mußten. Der Aufwand der französischen Majestät zahlte sich aus, denn 1866 wurden die Forscher tatsächlich fündig – sie stießen auf jenes legendäre Bibracte, das den Römern so viele Schwierigkeiten bereitet und den Galliern immerwährenden Ruhm eingebracht hat. Ehe die Festung aber gründlich erforscht werden konnte, hatte der Kaiser seine Krone verloren und war zu Schiff nach England. Doch immerhin, er hatte das Stichwort gegeben, und so ging die Suche nach dem rätselhaften Volk der Kelten weiter. Und der Zufall half bei dieser Suche kräftig mit.

Ein paar Jahre vor der patriotischen Tat des dritten Napoleon waren nämlich an einem verlandeten Uferabschnitt des Neuenburger Sees, in der Nähe des Dorfes La Tène, viele keltische Schwerter, Fibeln (Gewandschließen) und Geräte gefunden worden – zuletzt zählte man mehr als zweieinhalbtausend Einzelstücke, die sich hier im Laufe von vielen keltischen Generationen angesammelt hatten.

Nun verfügte man also über Gegenstände aus mehreren Jahrhunderten einer Kultur, doch niemand konnte sagen, wie das alles zusammengehörte, was da altkeltisch und was jungkeltisch war. Den Königsberger Museumsdirektor Otto Tischler ließ die Sache nicht mehr los, er wollte endlich Ordnung in die Keltenzeit bringen, und dafür eigneten sich nach seiner Meinung gerade die Funde vom Schweizer See besonders gut. Im *Correspondenze-Blatt der deutschen Gesellschaft für Anthropologie, Ethnologie und Urgeschichte* veröffentlichte er 1885 als Ergebnis seiner tüfteligen Arbeit das Schema: La Tène I, La Tène II und La Tène III... eine Epoche hatte ihren Namen bekommen.

Damit ließ sich die Zeit vom fünften bis zum ersten vorchristlichen Jahrhundert zunächst ganz gut einteilen. Doch jetzt, da die

Das Osttor von Manching, wie Archäologen es zweitausend Jahre nach seiner Zerstörung rekonstruiert haben.

Kelten einmal im Forschungsgespräch waren, fand sich immer mehr Gerät aus jenen Tagen. Im Jahre 1902 meinte der damals gerade dreißigjährige Paul Reinecke, das alles ließe sich noch etwas genauer gliedern, und so erstellte er ein differenziertes A-D-Schema (wie er es auch für andere kulturgeschichtliche Epochen postulieren sollte): La Tène A entsprach dem 5., La Tène B dem 4., La Tène C dem 3. und 2., La Tène D schließlich dem 1. Jahrhundert v. Chr.

Eine Arena im Donautal

Reinecke bekam bald Gelegenheit, seine Einteilung an einem praktischen Beispiel zu erproben, denn von etwa 1907 an war er in der Nähe von Ingolstadt mit der Erforschung einer im 2. vorchristlichen Jahrhundert erbauten Keltenstadt beschäftigt, die nach dem nächstgelegenen Ort, und weil man ihren keltischen Namen ja ohnedies nicht wußte, Manching genannt wurde.

Von dieser Siedlung waren zunächst nur die verschütteten, überwachsenen Reste eines großen Walles zu sehen, den die Bauern für Teufelswerk hielten – oder, wenn ihn denn schon Menschen errichtet hatten, für ein Monument aus der Römerzeit.

Doch was sollte diese riesige Arena im flachen Donautal, welchen Sinn konnte eine so mächtige Schutzmauer haben, wenn sie keine Gebäude umschloß?

Ein neugieriger Gymnasialprofessor aus Regensburg war bereits 1818 der Sache nachgegangen und schließlich fest davon überzeugt gewesen, die Überreste jenes römischen Heerlagers von *Vallatum* entdeckt zu haben, das nach antiken Beschreibungen in der Nähe von Manching zu suchen war.

Dem Lehrer folgten Jahrzehnte später die Militärs. Allen voran der Vorstand des topographischen Bureaus der kgl. bayer. Armee, der Generalmajor Karl Popp.

Als oberster Kartograph des Heeres war er gewohnt, ein Gelände genau zu rekognoszieren und alle Besonderheiten sofort zu registrieren. Ihm war bei einem Besuch in Manching aufgefallen, daß die Tore des Ringwalls mit ihren zurückspringenden Flanken genauso konstruiert waren wie die der Keltenfestung auf dem Michelsberg bei Kelheim. Die Sache hielt er einer genaueren Überprüfung wert...

Die Arbeit des Generals, der auch nach seiner Pensionierung noch eifrig der ältesten bairischen Geschichte hinterherforschte, wurde vom Kaserneninspektor Brumann aus der nahe gelegenen Festung Ingolstadt fortgesetzt. Im Gegensatz zu den früheren Besuchern gab sich der Inspektor aber mit der Inspektion allein nicht zufrieden, und so begann er, unterstützt vom Historischen Verein Ingolstadt, im Jahre 1887 in Manching zu graben.

Das Projekt war jedoch schon bald sehr viel größer als der Ingolstädter Etat, nur München konnte hier noch helfen. Was aber wußte man in der Landeshauptstadt von der großen Mauer? Im Zweifelsfalle nicht sehr viel, denn noch das *Geographisch-Historische Handbuch* aus dem Jahre 1895 berichtete über Manching nur, daß es ein Pfarrdorf mit Post, Eisenbahn, Gendarmerie-Station, Schule, Telegraphenstation und 1168 Einwohnern sei.

Um Mäzene zu gewinnen und zu überzeugen, fügte Brumann seinem untertänigsten Bittgesuch eine selbstverfaßte kleine Schrift bei, in der er Manching gleichzeitig als das römische *Vallatum* und »die größte Keltenburg Deutschlands« anpries.

Das Gesuch ging zur rechten Stunde in München ein, denn kurz vorher war bei der Königlichen Akademie der Wissenschaften ein Posten für die Erforschung der Urgeschichte Bayerns in den Etat aufgenommen worden, und so findet sich unter dem Jahr 1890 auch die Eintragung: »Brumann Fr., Kaserneninspektor in Ingol-

stadt, zur Schürfung auf dem Schloßberg bei Manching (Vallatum)... 100 Mark.«

Im darauffolgenden Jahr waren sogar zweihundert Mark bewil-
ligt worden, doch am Rande des Haushaltsbuches der Akademie
findet sich der Vermerk: »Rückersetzt im Jahre 1893, weil unver-
wendet.«

Während sich der Kaserneninspektor (der ohnedies nur am
mittelalterlichen Burgstall zu Manching geschürft hatte) wieder
seinen eigentlichen Pflichten zugewandt hatte, schaute sich ein
Gymnasialprofessor namens Fink ein kleines Stück weiter östlich
um, beim sogenannten Römerwall. Die Münchner bewilligten
ihm 1893 einhundert Mark, ein Jahr später sogar zweihundert und
waren schon bald davon überzeugt, daß Fink »durch Entdeckung
des ersten größeren Grabfeldes der La-Tène-Epoche in Bayern
das alte Rätsel des ›Vallatum‹, des größten Ringwalles in Süddeutschland, löste«.

Die Geldgeber ahnten allerdings nicht, daß unter der Oberfläche noch für Generationen von Forschern Arbeit lag und daß es
sich hier wahrscheinlich um die größte frühgeschichtliche Siedlung in ganz Europa handelte. Die erste Ausbeute machte bereits
Eindruck: Für nur dreihundert Mark hatte der Gymnasialprofessor Fink die Ehre der Kelten gerettet, indem er sie – und nicht die
Römer – als Erbauer des Walles identifizierte. Genau betrachtet
hatte der Schulmeister aber nur bewiesen, was einige Fachleute
ohnehin vermutet hatten, seit im Jahre 1888 der pensionierte
Hauptmann Hugo Arnold, ein im ganzen Reich geschätzter Fachmann für Römerstraßen, die Überreste der alten, verfallenen
Mauern inspiziert hatte.

Denn ausgerechnet der Experte für Römisches hielt von der
römischen Vergangenheit dieser Anlage gar nichts. Er wußte nur
zu genau, was Caesar über die befestigten Keltenstädte im heutigen Frankreich – über die sogenannten oppida – geschrieben hatte,
und für ihn gab es daher keinen Zweifel, daß Manching eine solche
Stadt gewesen war, ja, daß diese Stadt sogar »den Zufluchtsort für
einen ganzen Stamm darstellte«.

Dieses Manching könnte ja sogar die Hauptstadt »des ganzen
Reiches der Vindeliker überhaupt gewesen sein«, meinte Paul
Reinecke noch ein halbes Jahrhundert später. So ganz sicher

schien er seiner Sache aber nicht gewesen zu sein, sonst hätte er den Artikel, den er im Januar 1938 in den *Münchner Neuesten Nachrichten* veröffentlichte – und in dem er diese Vermutung aussprach –, nicht unter dem Namen seiner Frau erscheinen lassen.

Ob Fluchtburg oder Hauptstadt – die Beweise konnten nur mit dem Spaten erbracht werden, und so haben sich die Archäologen vor dem letzten Krieg und dann wieder seit den fünfziger Jahren systematisch in den Manchinger Untergrund hineingearbeitet, zwischen 1955 und 1974 allein in dreizehn Grabungskampagnen. Schon nach den ersten Untersuchungen war dabei festgestanden, daß die Mauer einst eine große Handelsstadt umschloß, die mindestens fünftausend, möglicherweise aber auch zehntausend Einwohner hatte.

Mehr als zweitausend Jahre lang zerfiel, verwitterte und verwahrloste der Ort und wurde schließlich im wahrsten Sinn des Wortes dem Erdboden gleichgemacht. Hätte sich nicht wenigstens der sieben Kilometer lange und ursprünglich etwa vier bis fünf Meter hohe Ringwall dem Zerstörungsprozeß widersetzt, so wäre diese Siedlung wohl auf alle Zeiten verloren gewesen.

Doch selbst von der eingestürzten, nur noch an die drei Meter hohen Mauer ist nur etwa die Hälfte erhalten. Die Menschen des frühen Mittelalters zeigten nämlich wenig Respekt vor dem alten Gemäuer: Sie räumten einen Teil des eingestürzten westlichen Walls beiseite und bauten aus seinen Steinen ihr Dorf Mandechingen. Die Soldaten der sechs Kilometer entfernten Festung Ingolstadt folgten noch 1879 diesem schlechten Beispiel und setzten ihr Außenfort VIII an den Ortsrand des damals bereits mehr als tausend Jahre alten Manchings – direkt über die Keltenmauer.

Der westliche Teil des Walls war auf diese Weise schon kräftig angeknabbert, und nun kamen 1936 auch noch die Ingenieure des Reichsluftfahrtministeriums und projektierten quer durch das keltische Siedlungsgebiet und über einen Teil des Ostwalls hinweg eine Betonpiste für ihre Flugzeuge. Ehe sie große Flächen der alten Stadt umpflügten und unter Zement begruben, durften die Wissenschaftler schnell noch ein bißchen herumsuchen und Scherben sammeln; viel Zeit blieb da freilich nicht mehr, denn die Luftwaffe drängte, der Krieg stand vor der Tür.

Der Architekt aus Gallien

Karl-Heinz Wagner war gerade dreißig Jahre alt geworden, als man ihm eine Aufgabe übertrug, wie ein Archäologe sie sich schöner nicht wünschen kann: Er bekam im März 1938 die Möglichkeit (und das Geld), den keltischen Wall in jener Nordostecke, wo bald Militärmaschinen zum Start rollen sollten, gründlich zu untersuchen.

Auch hier war die alte Mauer eingestürzt und überwachsen, doch Wagner, der sechs Jahre später in Rußland fiel, fand in mühseliger Kleinarbeit heraus, wie die Bauleute in den letzten vorchristlichen Jahrhunderten zu Werke gegangen waren. Zunächst hielten sie sich ganz genau an das Vorbild ihrer gallischen Brüder und errichteten eine Mauer in jenem »Fachwerkstil« aus Holz und Stein, den Caesar im siebten Buch seines *Bello Gallico* ausführlich und mit so viel Gespür für die technischen Einzelheiten beschrieben hat, daß der Leser noch heute merken kann, wie sehr ihn diese Fortifikationen beeindruckt haben.

Der »*murus Gallicus*«, die gallische Mauer von Manching, war ein drei Meter breites und gut vier Meter hohes Holzkastenwerk (vergleichbar dem Traggestell einer Tribüne), das an der Außenfront mit Kalksteinen vertäfelt wurde. Im dahinterliegenden Holzgestell wurden dann Steine eingefüllt und mit Erde so zugeschüttet, daß von der Innenseite eine leicht ansteigende – und leicht zu besteigende – Rampe entstand.

War schlecht und schlampig gebaut worden, hatte es Schwierigkeiten mit Belagerern gegeben, oder war dieses Gebäude nur altersschwach geworden? Eines Tages jedenfalls wurden größere Reparaturen fällig, die man auf eine ebenso einfache wie aufwendige Weise vornahm. Statt sich mit Flickwerk zu begnügen, zogen die Ur-Manchinger vor der brüchigen alten einfach eine stabile neue Mauer hoch: Sie rammten Pfosten in die Erde, errichteten dazwischen eine Steinwand und schütteten den Graben, der auf diese Weise zwischen alter und neuer Mauer entstanden war, mit Erde auf.

Das alles konnte Karl-Heinz Wagner an den Trümmern der vindelikischen Mauer »ablesen«, doch die Frage, warum der zweite Wall soviel weniger kunstvoll aufgeschichtet wurde, wußte

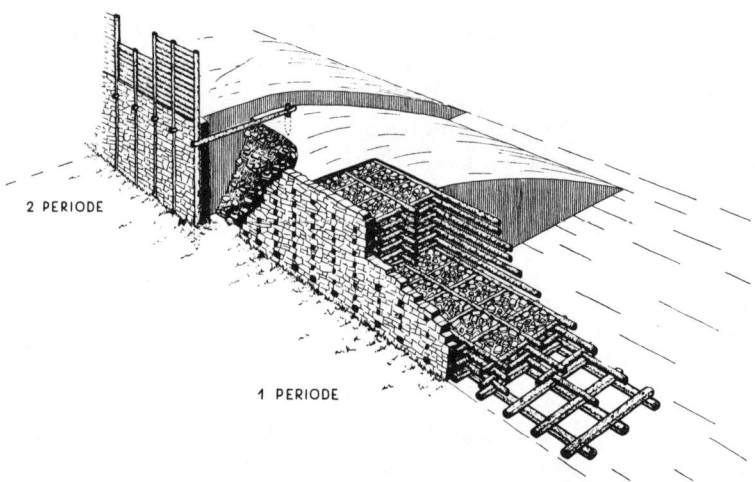

2 PERIODE

1 PERIODE

Zweimal bauten die Kelten die Manchinger Stadtmauer. Im Jahre 1938 hat Karl-Heinz Wagner herausgefunden, wie sie dabei vorgegangen sind. Auf dieser Zeichnung sind die beiden Bauabschnitte dargestellt.

auch er nicht zu beantworten. Vielleicht hatten die Bauherrn des alten Manching, wie der ehemalige Präsident des Deutschen Archäologischen Instituts Werner Krämer meint, einen Architekten aus Gallien engagiert, der ihnen einen »*murus Gallicus*« hinstellte und nach getaner Arbeit wieder abreiste. Der Plan dieses Bauwerkes war aber so einfach, daß die bairischen Kelten ganz bestimmt keine zugereisten Experten gebraucht hätten, um es in der Originalform wiederherzustellen.

So haben vielleicht nur die Fuhrleute, die Arbeiter oder das Geld für die gigantische, aufwendige Reparaturarbeit gefehlt. Oder tat Eile not, da die Verteidiger erst in der Stunde der Gefahr bemerkt hatten, daß ihr Schutzwall brüchig und nur bedingt abwehrbereit war?

So überraschend wäre das nicht, denn die Kelten mögen manche Fähigkeiten besessen haben, eines waren sie ganz sicher nicht – große, phantasievolle Architekten. Offensichtlich haben sie ja bis zu ihrem letzten Tag nicht herausgefunden, daß man Häuser auch aus Stein bauen kann. Sie beließen es bei ihren schnell verwitternden Holzhütten und imponierten ansonsten – zumindest in Manching – durch gewaltige Erdbewegungen.

Experten, die wissen wollten, in welchen Dimensionen die Bauleiter von Manching gedacht haben, rechneten aus, was die Fuhrleute da so transportierten. Zunächst einmal mußten sie an die 420 000 Kubikmeter Erdreich herbeischaffen, was mehr als 50 000 Lastwagenladungen entspricht (und doch nur ein Sechstel von dem ausmacht, was für den Bau der Cheopspyramide an Steinen gebraucht wurde).

Ehe man aber mit der Aufschüttung des Walles beginnen konnte, mußten die Zimmerleute das Gestell bauen – 17 000 Kubikmeter Holz wurden dafür geschlagen; allein die Eisennägel, die diesen sieben Kilometer langen Holzrahmen zusammenhielten, wogen 84 000 Kilogramm (und würden heute vier Eisenbahnwaggons füllen)!

Dann kamen die Maurer und verlangten für die Außenseite des Walles noch 7000 Kubikmeter behauene Steine, die man wahrscheinlich per Schiff aus der Gegend von Neuburg/Donau holte. Und als die Mauer dann endlich stand, wurden die Spediteure noch einmal ausgeschickt: Um das Holzgerüst zu füllen, mußten aus etwa 30 Kilometern Entfernung auf zweifellos holprigen Wegen und mit schlichten Wagen die benötigten rund 70 000 Kubikmeter grober, unbehauener Steine herbeigeschafft werden. »Wenn man auf das Gewicht geht«, rechnet Hermann Noelle in seinem Manching-Buch, »und es für einen Kubikmeter mit einer halben Tonne ansetzt, denn der Stein war ja nicht kompakt, sondern lose geschüttet, dann ergibt sich eine Transportlast von etwa 120 000 Tonnen. Wenn heute ein Fuhrpark 100 Lastwagen zu je 10 Tonnen dafür einsetzte, so müßten diese Lastwagen 120mal den Weg machen.«

Die große Mauer war den Manchingern aber immer noch nicht sicher genug, und so machten sie sich daran, gleich auch die Landschaft zweckmäßig zu verändern. Die Donau floß ohnedies – anders als seit der Regulierung im frühen 19. Jahrhundet – in einer großen Schleife bis nahe an die Nordseite des Walls heran; um aber auch noch die Westseite zu schützen, gruben die Kelten der Paar, die als kleiner Nebenfluß bei Manching in die Donau mündet, ein neues Bett. Dabei leiteten sie dieses Gewässer, das ursprünglich in nordöstlicher Richtung mitten durch ihre Stadt lief, so geschickt nach Norden um, daß es stellenweise wie ein Verteidigungsgraben an der hohen Mauer entlanglief.

Die Vindeliker haben sich mit diesem *oppidum* sehr viel mehr Mühe gemacht, als ihre Landsleute in anderen Gegenden. Die erklommen nämlich einfach – wie zum Beispiel auf dem Michelsberg bei Kelheim – luftige, unzugängliche Höhen, die sie dann zu mächtigen Bergfestungen ausbauten, oder sie setzten sich – wie in Passau – auf eine Halbinsel, die durch zwei Flüsse und eine einzige Quermauer geschützt wurde.

Daß die so sehr auf Sicherheit bedachten Kelten im Donautal ausnahmsweise einmal ins Flachland gingen, hatte einen höchst einleuchtenden Grund: Wer in Manching lebte, brauchte nicht einmal das Haus zu verlassen, wenn er gute Geschäfte machen wollte, denn zwischen den vier Himmelsrichtungen wurde nichts gehandelt, das nicht an dieser Stadt vorbei mußte; der Nord-Süd-Verkehr lief ebenso über das *oppidum* wie jene Ost-West-Straße, die von den Kelten – auf daß ihnen auch ja kein Geschäft entgehe – gleich direkt durch die Stadt geleitet wurde.

Und wenn sich die Vindeliker auch sonst zumeist als Bauern auf ihren Feldern abrackerten, in der großen Stadt Manching saßen sie wie die Spinne im Netz und warteten auf die durchreisenden Kaufleute. Hier gaben die Geschäftsleute und die Handwerker den Ton an.

Die Gunst des Ortes wußten natürlich auch die Römer zu nutzen, und so bauten sie nach dem Untergang der Keltenstadt nur wenige Kilometer von den Ruinen entfernt das Kastell von Oberstimm, in dessen Nähe 1986 die im Schlamm versunkenen Überreste von zwei Schiffen gefunden wurden. In der Zeit um 90 nach Christus waren sie, gerudert von jeweils zehn Mann, auf der Donau unterwegs gewesen. Später, als das Besatzungsleben riskanter wurde, ließen sich die Römer innerhalb der Wallanlagen, auf den Trümmern der zerstörten Stadt Manching nieder und gründeten jene im Verhältnis zur alten Keltenstadt bescheidene Straßenstation Vallatum, die erst vor einigen Jahrzehnten lokalisiert werden konnte.

Selbst die Straßenbauer unseres Jahrhunderts folgten noch den alten Trassen und führten die wichtigste deutsche Nord-Süd-

Verbindung, die Autobahn Hamburg–Nürnberg–München, bei Ingolstadt, auf Sichtweite von Manching, über die Donau.

Die Potemkinsche Mauer von Manching

Paul Reinecke war zu seiner Zeit wohl doch ein bißchen unvorsichtig, ganz sicher aber voreilig gewesen mit seiner Behauptung, Manching könnte die Hauptstadt des Vindelikerreiches gewesen sein. Als er nämlich diese These zur Diskussion stellte, war das Beweismaterial noch dürftig. Es mußte schon noch einiges aus der Erde geholt werden, wenn Manching mehr als eine beliebige keltische Siedlung gewesen sein sollte.

Genaueres, Gesichertes fanden die Ausgräber erst 1955, als sie wieder einmal vor den Flughafenbauern herarbeiten mußten. Diesmal waren es die Amerikaner, die auf dem zerbombten Gelände des ehemaligen deutschen Fliegerhorsts ein Quartier für ihre Maschinen errichten wollten. So zogen die Archäologen viele lange, schmale Gräben – insgesamt mehr als sieben Kilometer –, sammelten mancherlei Funde und registrierten vor allem die vielfachen Verfärbungen des Bodens. Als sie schließlich alles in den rechten Zusammenhang gebracht hatten, stand endgültig fest, was Reinecke 1938 vermutet hatte: daß Manching eine große keltische Siedlung gewesen war; die größte, die man nördlich der Alpen bisher ausgegraben hat... und darum vielleicht doch die Hauptstadt.

Auf den 380 Hektar, die vom Ringwall umschlossen wurden, hätte man mühelos jede einzelne der großen Städte des Mittelalters unterbringen können, das Nürnberg der Dürerzeit so gut wie Göttingen, Trier oder das von einer fast kreisrunden Mauer umgebene Nördlingen (dieses übrigens gleich ein paarmal).

Sie sind beim Mauerbau nicht kleinlich gewesen und haben einen Wall hingestellt, der in seinen Ausmaßen selbst den Vergleich mit römischen und griechischen Anlagen nicht zu scheuen brauchte.

Er glich allerdings ein klein wenig auch den Dörfern, die Fürst Potemkin für seine Kaiserin errichten ließ, da ein jeder, der dieser beinahe drei Mann hohen Mauer ansichtig wurde – und gar wenn er sie in eineinhalbstündigem Fußmarsch umschritt –, dahinter eine imposante Stadt erwarten durfte. Trat er aber schließlich durch eines der vier Tore, so sah er zunächst nichts weiter als einen an die vierhundert, fünfhundert Meter breiten Anger, auf dem das Vieh weidete. Erst hinter den feuchten, moosigen Wiesen, die wegen ihres hohen Grundwasserspiegels für eine Besiedlung ungeeignet waren, lag dann die Stadt.

Und weil die Holzhäuser in dieser feuchten Gegend sicher schnell verfielen und sich überdies auch mühelos einreißen ließen, hatten die Manchinger Zimmerleute über Arbeitsmangel nie zu klagen. Im Laufe der Jahrhunderte wurde lustig drauflos gebaut, und wo zunächst eine kleine Hütte stand, errichteten die Erben ein großes Gebäude, wo ein Bau von Südwesten nach Nordosten ausgerichtet war, entschied sich die folgende Generation für eine Südost-Nordwest-Richtung.

Die Ausgräber mußten versuchen, im natürlichen Kiesuntergrund, der siebzig Zentimeter unter der jetzigen Oberfläche beginnt, die durch verfaulte Pfosten entstandenen schwachen Verfärbungen des Bodens aufzuspüren und genau aufzunehmen, um auf diese Weise etwas Ordnung in das Bau-Chaos zu bringen. So fanden sie bisher große und kleine Häuser, Straßen, Abfallgruben und Handwerksbetriebe. Und obwohl zunächst nur an die zwei Prozent der Anlage (oder acht Prozent des Stadtgebietes) freigelegt wurden, konnten die Archäologen unendlich viele kleine Gegenstände aus Metall, Keramik und Glas bergen, dazu noch eine große Zahl von Knochen – insgesamt mehr als eine Million Fundstücke bis zum Beginn der sechziger Jahre!

Daß es in den verschütteten Trümmern der Manchinger Altstadt viel zu entdecken gab, hatte bereits ein Zwischenbericht gezeigt, der 1959, nach wenigen Grabungsjahren, veröffentlicht wurde. Danach waren von den Archäologen registriert worden: weit über 100 000 Scherben, 334 ganz erhaltene oder leicht ergänzbare Gefäße, 276 000 identifizierbare Tierknochen, 146 Stück farbige Glasarmbänder, 70 Glasringperlen, über 100 Bruchstücke von Schwertern, 40 Lanzenspitzen und 300 bestimmbare Fibeln.

Auf der immer noch sehr kleinen Grabungsfläche wurden aber auch etwa vierhundert verstreut herumliegende Leichen gefunden. Unzulässigerweise hochgerechnet auf die 380 Hektar große Anlage, ergäbe das etwa 15 000 Einwohner. Übrigens recht kleine

Menschen, denn mit einer Durchschnittsgröße von 1,60 Meter
waren die Vindeliker etwa genauso groß wie die Neandertaler –
und damit ein gutes Stück kleiner als der Durchschnittsbayer
unserer Tage. Heutzutage würde ihn sogar die Bayer*in* noch um
etliche Zentimeter überragen. Da viele der Knochen und Schädel
Hieb- oder Stichverletzungen aufwiesen, nahm man an, die Römer hätten irgendwann nach dem Jahre 15 das *oppidum* mit Gewalt eingenommen. Funde zeigen aber an, daß die befestigte Stadt
bereits um die Mitte des ersten vorchristlichen Jahrhunderts zerstört worden war. Durch wen? So hätten die einziehenden Römer
also nur ein verwüstetes Areal vorgefunden? Sie haben nichts
darüber berichtet. Der Sieg zwischen Alpen und Donau zählte in
der fernen Hauptstadt wohl wenig. Im Norden nichts Neues,
wird man auf dem Kapitol gesagt haben und zur Tagesordnung
übergegangen sein. Die Kelten waren kein Problem mehr, nachdem man nun auch die Vindeliker besiegt hatte.

Mit seiner reichen Ausbeute ist Manching die besterforschte
Keltensiedlung Europas und ... und doch noch immer ein riesen-
großes Puzzle für Archäologen, die sich sogar einen eigenen
Haustierspezialisten aus München holten, um zu erfahren, was
die keltischen Frauen auf den Tisch des Hauses gebracht haben.

Die halbe Million Knochen und Knöchelchen, die aus den mehr
als zweitausend Jahre alten Abfallgruben hervorgeholt wurden,
verrieten, daß die Manchinger vor allem Rindfleisch aßen (42 Prozent aller Knochen stammten nämlich von Kühen und Kälbern),
dann kam Schweinefleisch (32 Prozent), gelegentlich gab es Schaf-
und Ziegenfleisch (20 Prozent) und sehr viel seltener auch Hüh-
ner, Pferde und – Hunde. Alles Getier, das einstmals durch Manchings Straßen lief und auf Manchings (nassen) Wiesen weidete,
war kleiner als das hochgezüchtete Vieh der Gegenwart. Eine
Keltenkuh maß beispielsweise zwischen 95 und 120 Zentimeter
(gegenüber 130 bis 140 Zentimeter zweitausend Jahre später).

In einem albumgroßen, dicken Buch mit nahezu zweihundert
Tabellen hat Joachim Boesseneck mit seinen Leuten ausgerechnet,
daß den Knochenfunden der Jahre 1955 bis 1961 ein Lebensge-
wicht von 66 595 Kilogramm Rindern, 34 838 Kilogramm Schwei-
nen, 17 083 Kilogramm Schafen und 11 233 Kilogramm Pferden
entspricht. In einer anderen Statistik wurde nachgezählt, wie viele

Tiere man demnach zur Schlachtbank geführt hat. Das Ergebnis: mindestens 2315 Rinder, 2600 Schafe oder Ziegen, 2400 Schweine und 230 Pferde.

Neben mehr als sechstausend Haustier-Überresten fanden sich aber auch noch Knochen von einem Elch, zwei Bären, zwei Seeadlern, fünf Kolkraben, fünf Wildschweinen, sechs Rehen, vierzehn Hirschen und mancherlei anderem Wildgetier. Insgesamt 86 Stück.

Dieses bescheidene Ergebnis bedeutet: Nur 0,2 Prozent aller Knochen stammten vom Wild, und dieser geringe Anteil wurde auch durch spätere Untersuchungen bestätigt.

Das war nun eine Entdeckung so recht nach dem Geschmack kombinierfreudiger Wissenschaftler. Wenn derart wenige Rehe und Wildschweine gegessen wurden, sagten sie, dann hat es wohl auch nur wenig Wild gegeben. Doch warum sollte der Tierbestand rings um das *oppidum* so auffallend gering gewesen sein? Dafür gibt es nur eine Erklärung – die Wallbauern haben alle umliegenden Wälder rigoros abgeholzt und auf diese Weise den Tieren ihren Lebensraum genommen. Und die Folgen dieser ökologischen Untat, dieser Umweltzerstörung im letzten vorchristlichen Jahrtausend, sind noch heute an dem so erstaunlich niedrigen Anteil von Wildknochen bei den Manchinger Funden abzulesen.

Muß man aber unbedingt schlecht leben, nur weil das Wildbret knapp ist?

Den Manchinger Kaufleuten und Handwerkern ist es, wie viele Funde beweisen, sehr gut gegangen. Dafür sprechen zum Beispiel die aus den Trümmern geborgenen Weinamphoren, in denen schon im alten Vindelikien italienischer und griechischer Wein nach dem kalten Norden geliefert wurde, wobei die Handelsleute gelegentlich eine Amphore Wein gegen eine Sklavin gaben. Zumindest behaupten das antike Gerüchte.

Solche Tauschgeschäfte sind allerdings schwer vorstellbar, da die bairischen Kelten bereits Geld kannten und Geld besaßen. Sigmund von Riezler sagte ihnen sogar nach, daß sie ein »goldsüchtiges und mit Gold prunkendes Volk« gewesen seien. Wie ein Symbol solcher Prunkesfreude läßt sich da jenes 70 Zentimeter hohe Bäumchen mit goldenen Blättern und Früchten deuten, das 1984 in arg ramponiertem Zustand bei den Manchinger Ausgrabungen gefunden und am Römisch-Germanischen Zentralmuseum in Mainz restauriert wurde. Seine ungefähre Gestalt hat dieses Bäumchen dabei wohl wieder bekommen, und in ihr wird es in der Prähistorischen Staatssammlung zu München gezeigt, doch was es den Kelten vor mehr als zweitausend Jahren bedeutete, bleibt unbekannt. Wahrscheinlich, meinen Kenner der keltischen Welt, hatte es kultische Bedeutung.

Keine Frage, vom Geschäft haben sie einiges verstanden, schließlich waren ja sie es gewesen, die nördlich der Alpen die ersten Münzen prägten, die sogenannten »Regenbogenschüsselchen«.

Zwei arme Teufel und vierzehn Pfund Gold

Das Märchen weiß immer die richtige, glückliche Lösung, doch was machen zwei oberbayerische Tagelöhner, wenn sie bei der Feldarbeit auf einen vierzehn Pfund schweren Goldschatz stoßen? Die Halbbrüder Max Hintermeier und Georg Eder aus Knodorf bei Irsching, denen dieses Glück an einem Apriltag des Jahres 1858 widerfahren ist, haben da nicht lange überlegen müssen: Was würde denn der Wirt denken, wenn zwei wie sie plötzlich mit Goldfuchsen ihre Zeche bezahlten? Und wie sollten sie den Leuten im Dorf erklären, wo mit einemmal das Geld für ein neues Sonntagsgewand hergekommen ist? Nein, die etwa tausend Münzen waren zuviel für zwei arme Teufel.

Doch wenn sie schon nicht für den kleinen Reichtum geboren waren, dann wollten sie wenigstens herausbekommen, was diese Goldstücke wert waren, und so boten sie zunächst einmal im nahegelegenen Geisenfeld einem erfahrenen Wechsler vier ihrer Münzen zum Verkauf an und bekamen anstandslos acht Gulden dafür.

Das ermutigte die beiden Tagelöhner. Sie gingen mit ein paar Goldstücken nach Ingolstadt und suchten einen Goldschmied auf. Der aber gab gar siebeneinhalb Gulden für jeden dieser seltsamen Taler. Beim Kurz- und Schnittwarenhändler Weiß kauften sie für dieses Schatzgeld Jankertuch.

Einige Wochen lebten der Eder und der Hintermeier mit ihrem Säckchen voller Gold, doch an einem Junisonntag wollten sie die seltsame, ein bißchen unheimliche Geschichte ins Reine bringen. Sie suchten den Gutsbesitzer Weinzierl in Großmehring auf und legten die vierzehn Pfund Gold auf den Tisch.

Damit war die Sache amtlich geworden und der Landrichter Ritter von Grundner aus Ingolstadt mußte nunmehr alles sehr genau zu Protokoll nehmen. Auf diese Weise erfuhr man auch in München, daß bei Drainagearbeiten, sechs Kilometer nordwestlich von Manching, alte Goldmünzen entdeckt worden seien.

Die Regierung des Freiherrn von der Pfordten antwortete kurz und bündig, daß sie zwei Drittel des Schatzes für die Regierung in München fordere, der Rest könne dann in Irsching verbleiben.

Hätte es nicht den ehrbaren und gewieften Ingolstädter Landrichter gegeben, wäre der keltische Münzenfund sang- und klanglos in der auch damals nimmersatten Staatskasse verschwunden. Der Herr von Grundner aber sah die Dinge anders – und schrieb das auch in einer dringenden Petition nieder. Daß er Erfolg hatte, ist im Schlußbericht über den Irschinger Goldfund nachzulesen. Dort steht, daß 85 von insgesamt 917 Goldmünzen an das kgl. bayer. Münzkabinett und 1 Münze an den Gutsbesitzer Weinzierl in Großmehring gegangen seien, daß 301 Goldstücke verkauft wurden (3 Münzen übrigens an den Dichter Joseph Victor von Scheffel, 12 an Albert, den Gemahl der Königin Viktoria von England) und daß man 530 keltische Prägungen – unvorstellbar aus heutiger Sicht – eingeschmolzen habe.

Vom Gesamterlös – insgesamt 7235 Gulden – erhielten: der Bauer Ignaz Pflugmacher, auf dessen Grund der Schatz gelegen hatte, 1200 Gulden; die Pfarrgemeinde Irsching für den Bau eines Schulhauses 2000 Gulden; die Tagelöhner Max Hintermeier und Georg Eder 4035 Gulden.

Ein Topf voller Goldstücke, der mitten auf freiem Feld vergraben wurde, ist sicher kein alltäglicher Fund. Als man aber einige Zeit später mehr über die Manchinger Keltenstadt wußte, ließ sich der Schatz als Besitz eines mächtigen Herrn deuten, »eines Stammesfürsten, der im Ringwall saß« und auf der Flucht sein Hab und Gut schnell los werden wollte. Hinterher, nach dem Abzug der räuberischen Feinde, konnte aber weder er noch irgendeiner der Seinen zu dem Versteck zurückkehren. Und so wartete das viele Geld, bis der Hintermeier und der Eder mit der Schaufel kamen.

Der vindelikische Staatsschatz, wie gelegentlich vermutet wurde, wird's dennoch nicht gewesen sein, da ja knapp hundert Jahre früher bereits in Gagern bei Friedberg ein ähnliches Depot von »Regenbogenschüsselchen« entdeckt worden war. Der Besitzer, nimmt man an, hat seinen Schatz um die Mitte des ersten vorchristlichen Jahrhunderts verbuddelt. Zu der Zeit also, als Manching – von wem? – zerstört und auch das beim späteren Kloster Niedernburg gelegene keltische Passau – warum? – aufgegeben wurde. Eine Erklärung wird freilich angeboten: All diese Funde, schreiben die Autoren M. Egger, Th. Fischer und L. Kreiner im *Archäologischen Jahr 1988*, seien »Zeugen vom katastrophalen Untergang der keltischen Zivilisation durch die von Norden eindringenden Germanen«.

Anders als in den Zeiten dieser frühen Schatzfunde, weiß man inzwischen mit keltischem Geld gut umzugehen. Man kennt die verschiedenen, häufig griechischen Münzen nachempfundenen Prägungen und weiß die zum Teil nur punktkleinen oder hemdknopfgroßen Goldstücke einzuordnen. Dabei haben mehrere Funde den Bestand und die Kenntnisse in den vergangenen Jahrzehnten bedeutsam vermehrt. So fand man 1966 in Stöffling bei Seebruck ein ganzes Nest von mehr als 700 Münzen. Zwanzig Jahre später stieß man im oberpfälzischen Großbissendorf nur wenige Zentimeter unter der Erdoberfläche auf 377 Münzen (und das entsprach zwei Kilogramm Gold). Der bayerische Staat zahlte für diesen raren Schatz, unter dem sich auch viele bis dahin unbekannte Prägungen fanden, etwas mehr als eine Million Mark.

Die Nachricht von diesem Handel vernahm ein Niederbayer, der seit einiger Zeit in seinem Garten zu Wallersdorf bei Landau immer wieder kleine verschmutzte Metallstückchen gefunden hatte; schließlich waren es an die zweihundert. Er befragte den Kreisarchäologen, mit dessen Assistenz daraufhin der Garten gründlich umgegraben wurde. Zuletzt lagen dann mehr als dreihundertfünfzig prägefrische »Regenbogenschüsselchen« von je 8 Gramm auf dem Tisch. Auch hier machte der bayerische Staat sein Tauschgeschäft: er gab gut eine halbe Million Mark und konnte 1988 das keltische Geld-Depot seiner Prähistorischen Staatssammlung aufstocken.

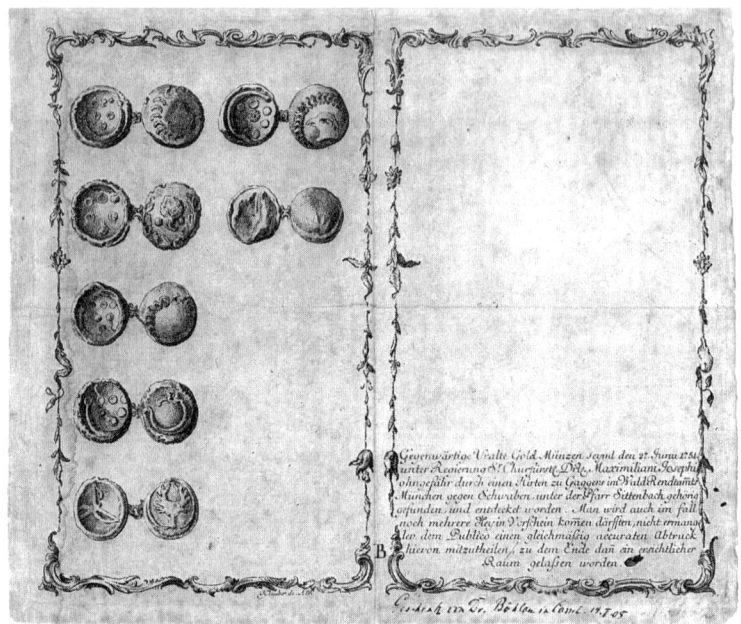

Die Entdeckung eines keltischen Geldschatzes im Sommer 1751 bei Gagern hat man als so sensationell empfunden, daß man ihn dem Volke in einem Flugblatt vorstellte.

Der Goldregen aber scheint kein Ende zu nehmen. So fand man bei Sontheim, westlich von Memmingen, 349 »Regenbogenschüsselchen«, hinzu kamen im Ammerseegebiet 24 Goldmünzen, die keltische Verbindungen zu Italien belegten. Im Jahre 1992 schließlich wurden in einem Waldstück bei Teisendorf 158 Münzen gefunden. Um den großen keltischen Goldschatz noch weiter zu mehren, zogen zuletzt noch die Mäzene auf. Eine Architektin stiftete mit ihrem Nachlaß das Geld, damit ein Fund keltischen Geldes gekauft werden konnte, und auch der Münchner Bau- und Brauherr Josef Schörghuber ließ sich dazu überreden, eine Sammlung von 767 keltischen München zu kaufen – und der Prähistorischen Staatssammlung als Dauerleihgabe zu überlassen.

90

Gewiß wollten die Menschen auch schon zur Manchinger Zeit ihren Besitzstand mehren. Und nicht immer auf die lautere, anständige Weise. Wenn das Gold so knapp ist, sagten sich einige raffinierte Kelten, warum sollte man es dann mit beiden Händen ausgeben? Wäre es da nicht vernünftig, das rare Metall lieber ein bißchen zu strecken – zum Beispiel indem man ihm ein wenig Silber beimengt oder den Goldmünzen einen Kern aus billigerem Metall gibt? Die Falschmünzer der letzten vorchristlichen Jahrhunderte kann man leider nicht mehr fragen, und so bleibt auch ungeklärt, ob Manchinger Schmiede in diese krummen Geschäfte verwickelt waren. Etwa als Zulieferer von Silber, Kupfer oder Eisen, das dem Münzgold dann heimlich beigemischt wurde.

Angewiesen wären sie auf so ein Zubrot sicher nicht gewesen, denn ihr Handwerk hatte im *oppidum* wahrhaft goldenen Boden, da ein Teil des Eisens, das sie verarbeiteten, direkt vor dem (südlichen) Stadttor lag. Die vierzig Stellen, an denen sie nachweislich Rasenerz (d. h. von sumpfigen Gewässern ausgeschiedenes Erz) gewannen und verhütteten, dürften aber den Bedarf kaum gedeckt haben, und so werden sie wohl auch bei ihren eisenschürfenden Landsleuten auf dem weiter donauabwärts gelegenen Michelsberg eingekauft haben.

Zwischen Donau und Altmühl, hoch auf einem Bergrücken über Kelheim – dort wo seit 1863 die Befreiungshalle steht –, hatten sich Kelten eine ihrer wehrhaften Bergstädte gebaut. Zu der geschützten Lage kam auch hier ein eigenes Erzlager draußen vor dem Tor. Selbst heute sind im Gelände westlich des patriotischen Rundbaus noch Tausende von Gruben und Mulden zu erkennen, aus denen das Eisen gewonnen wurde.

Diese Schürfmulden, die es auch anderswo im Lande gibt, haben den Forschern des vorigen Jahrhunderts keine Rätsel aufgegeben. Was, so meinte man damals, könnten diese Kraterlandschaften denn anderes sein als Verteidigungsanlagen; und da die Gruben ja immer noch bis zu zwölf Meter Durchmesser und drei Meter Tiefe erreichten, mußten sie einstmals für die angaloppierenden Reiterheere ein schwer zu überwindendes Hindernis gewesen sein...

So fabelhaft diese frühen Völker mit dem Eisen aber auch umgehen konnten – und die La-Tène-Zeit heißt ja auch Eisenzeit –, irgendwie hatten sie mit der Technologie ihre Probleme. Was nämlich aus ihren primitiven »Hochöfen« kam, hat die Probe im Kampf nicht durchweg bestanden, und so waren die keltischen Krieger während der Schlacht immer mal wieder damit beschäftigt, ihr kriegerisches Werkzeug geradezubiegen, da jeder kräftige Hieb das weiche Metall ihrer Waffen und Rüstungen deformieren konnte.

Einige Männer, die vor dem Untergang Manchings mit ihrer Arbeit nicht mehr ganz fertig wurden, haben der Wissenschaft allerdings weiter geholfen als alle Gold- und Waffenschmiede zusammen: Purpurfarbene Brocken gegossenen Rohglases, die unter dem Schutt entdeckt wurden, bewiesen nämlich (fast) zweifelsfrei, daß sich die Vindeliker ihren Glasschmuck durchaus selber herstellen konnten und daß sie keineswegs, wie von den Wissenschaftlern lange angenommen wurde, geduldig warten mußten, bis die aus fernen Ländern angereisten Kaufleute vorbeikamen und ihnen einige schöne Stücke verkauften.

Die in Manching ausgegrabenen tiefblauen, honiggelben, jadegrünen oder rotvioletten Ringe, Perlen und Armreife verraten noch heute, wie geschickt und kunstvoll diese Vor-Baiern mit dem Glas umzugehen wußten und daß sie würdige Vorläufer jener Glasbläser waren, die es seit dem 14. Jahrhundert ein Stück weiter östlich, im Bayerischen Wald, zu großer Meisterschaft gebracht haben.

»Über den nichtsnutzigen Käse...«

Die alten Manchinger sind unbestritten die Stars der bairischen Kelten-Szene. Auf sie sind die Scheinwerfer gerichtet, ihnen gräbt man hinterher, sie zeigt man vor.

Es könnte in jenem letzten vorchristlichen Halbjahrtausend ja auch tatsächlich so gewesen sein, wie es jetzt aus Scherben, Knochen, Waffen, Schmuckstücken, Werkzeugen und dem Verwirrspiel von Häusergrundrissen rekonstruiert wird. Wenn Lücken bleiben, lassen sich Funde aus anderen keltischen Regionen einbauen – und Caesars *Gallischer Krieg* ist bei alldem ein guter, in

zweitausend Jahren vielfach bewährter Kitt, der das Ganze zu-
sammenhält...

Aber waren die Kelten wirklich so, wie sie jetzt in den Büchern
beschrieben werden? Waren die Unterschiede zwischen den iberi-
schen und den schottischen, den französischen und den bairischen
Kelten so gering, daß man sie alle zusammen in einen Topf werfen
und kräftig verrühren darf, um zuletzt *die* Kelten präsentieren zu
können?

Ist es erlaubt, die Handwerker und Kaufleute aus Manching
vorzuzeigen, wenn nach den *bairischen* Kelten gefragt wird? Die
Metropole an der Donau war reich und groß, das aber ist keineswegs typisch für Vindelikien, wo man zumeist auf einsam gelegenen Höfen lebte. Diese Siedlungen sind – im Gegensatz zum
oppidum von Manching – noch immer (und vielleicht für alle
Zeiten) versunken und verschüttet.

Nur die Legende weiß noch, daß die Kelten einstmals tüchtige
und erfindungsreiche Bauern gewesen sind, die so manches Nütz-
liche für die Landwirtschaft ersannen, zum Beispiel die Sämas-
chine, den Pflug mit zwei Rädern, das Silo, die künstliche Dün-
gung, das Holzfaß und die Sense.

Besonders berühmt war in der Alten Welt der keltische Käse,
den sich selbst die römischen Kaiser der nachchristlichen Jahrhunderte (als die Kelten längst römische Untertanen waren) als
eine hochgeschätzte Delikatesse – und in zwanzig verschiedenen
Sorten – an ihren Hof kommen ließen.

Einem der römischen Regenten, dem gutmütigen Antonius
Pius, wurde diese Vorliebe dann allerdings zum Verhängnis. Er
starb, zumindest behauptete das nahezu fünfzehnhundert Jahre
später Johann Peter Lotichius in seinem Traktat »Über den
nichtsnutzigen Käse« *(De casei neguitia...)*, am übermäßigen
Genuß des aus seinen nördlichen Provinzen importierten Käses.
Allerdings war der Kaiser im Jahre 161 n. Chr., als ihm der impor-
tierte Käse den Tod brachte, bereits hoch in den Siebzigern gewesen, und vielleicht ist das edle Milchprodukt ganz unschuldig in
falschen Geruch gekommen.

Daß das »alleinstehende« Bauernhaus die charakteristische Sied-
lungsform im alten Baiern war, zeigt zum Beispiel die kurz vor

dem Dreißigjährigen Krieg in allerhöchstem Auftrag erstellte *Generalbeschreibung Baierns*, in der im einzelnen ausgewiesen wurden: 104 Stifte und Klöster, 34 Städte, 93 Märkte, 593 Grafen, Freiherrn und Ritter, 1400 Hofmarken, 4700 Dörfer und Weiler sowie 4130 Einzelhöfe. Alles zusammen: 120 816 Feuerstellen. Und auch noch dreihundert Jahre später, um die Wende vom 19. zum 20. Jahrhundert, wurden in Ober- und Niederbayern neben den Städten 3326 Dörfer, 5832 Weiler und 9106 Einödhöfe gezählt.

Die Bajuwaren haben sich also nicht aneinandergeklammert und engverschachtelt Haus an Haus gebaut. Sie haben Wert darauf gelegt, daß einer den anderen in Ruhe ließ, daß man Abstand wahrte und sich nicht gegenseitig auf die Nerven ging.

Neuerdings heißt es zwar, diese Einödhöfe seien nichts weiter als eine »Folge mittelalterlicher Ausbautätigkeit« und hingen daher direkt mit der Erschließung des Landes zusammen. Sehr viel mehr spricht aber eigentlich dafür, daß die Baiern das Wohnen in abgelegenen Höfen von den keltischen Vorfahren übernommen haben, die sich – soweit man das heute noch feststellen kann – ihre Nachbarn am liebsten auf Distanz hielten.

Durch die Vorliebe für das Einzelgehöft sind die Baiern zwar einsilbiger und im Ausdruck gelegentlich vielleicht auch etwas umständlicher und unbeholfener geworden als andere Stämme – vielleicht denken sie aber auch nur ein bißchen länger nach, ehe sie sich äußern –, ungesellig wurden sie deswegen jedoch noch lange nicht; das beweisen die vielen Wirtshäuser, die lange Tradition des »Hoagartens« (bei dem großen bairischen Sprachforscher Johann Andreas Schmeller übersetzt: »trauliche Zusammenkunft mit Nachbarn oder Freunden außerhalb des eigenen Hauses in oder außer einem Hause«) sowie die Pflege der geselligsten aller Künste, der Musik.

Obwohl also an »Kommunikationszentren« kein Mangel war, lassen sich die alten bairischen Wohngebräuche natürlich auch anders interpretieren. Ein Eduard Kriechbaum (er praktizierte als Arzt in jenem Braunau am Inn, das Hitlers Geburtsort war) meinte in einem 1935 zu Leipzig erschienenen Buche: »Die weitverbreitete Gepflogenheit der bairischen Bauern, in der ›Einöd‹ zu leben, ist vielleicht eine Stammeseigenart – andererseits hat das

Wohnen in Einzelhöfen und kleinen Weilern den Hang zur Eigenbrödelei, der den Bajuwaren immer wieder vorgeworfen wird, verstärkt. Neben dieser Eigenschaft fand auch das zähe Festhalten am Überlieferten, der stark ausgeprägte konservative Sinn in den Einödhöfen den stärksten Rückhalt.«

Und weil sie nun mal am Überlieferten festhielten, blieben sie auch in der Wahl der Baumaterialien ihren keltischen Ahnen treu. Im frühen Mittelalter verwendeten sie für Kirchen und Burgen durchaus schon Steine, ihre eigenen Bauernhäuser dagegen mauerten sie erst seit dem 18. und 19. Jahrhundert – und selbst da nur sehr zögernd und nicht ohne sanften Druck von oben – aus Ziegelsteinen.

Dabei hatten sie doch die Kunst des Steinbaus von den römischen Besatzungstruppen schon frühzeitig gelernt. Seltsamerweise (und weil sie halt, wie gesagt, am Überlieferten hingen) beließen sie es zunächst dabei, nur das einschlägige Vokabular zu übernehmen: Kalk, Ziegel, Mörtel, Schindel, Mauer und Türe sind von lateinischen Wörtern abgeleitet, ebenso die Ausdrücke Küche, Fenster, Söllner und Kemenate.

Koexistenz der Götter

Von den aus Baumstämmen gezimmerten, mit Stroh und Schilf gedeckten keltischen Bauernhöfen ist nichts übriggeblieben. Wäre man nicht in der Stadt Manching auf die sehr spärlichen, kaum noch identifizierbaren Spuren alter Häuser gestoßen, so hätte niemand geglaubt, daß diese primitiven Bauten gelegentlich eine Länge von vierzig Metern und mehr erreicht haben.

An die Siedlungen der keltischen Bauern erinnern heute nur noch die sogenannten »Viereckschanzen«, von denen man vor der Einführung der Luftbildarchäologie 1980 im Alpenvorland einhundertfünfzig kannte; seither sind noch etwa siebzig weitere Anlagen hinzugekommen. Lange Zeit war es eine heißdiskutierte Streitfrage, ob diese siebentausend bis zehntausend Quadratmeter großen Gevierte mit ihren aufgeworfenen niederen Erdwällen als Fliehburgen, als Viehweiden oder als Kultstätten dienten.

Seit man aber in den späten fünfziger Jahren die in der Nähe des Starnberger Sees gelegene Doppelschanze von Holzhausen freige-

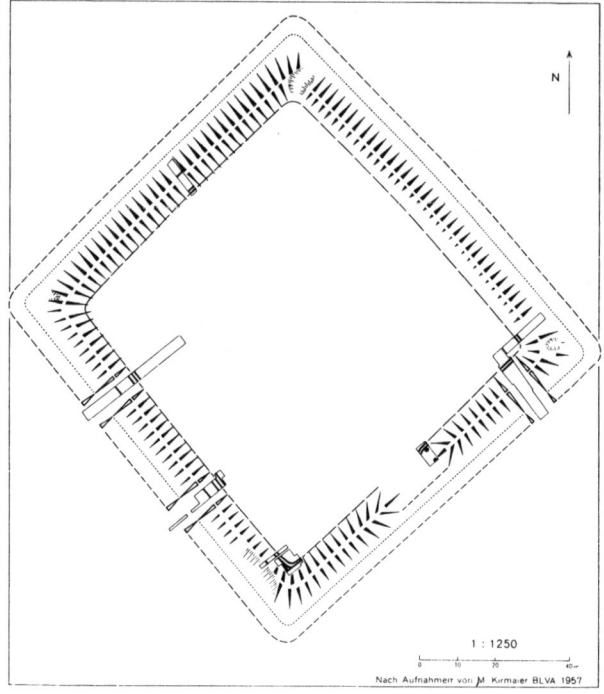

1 : 1250

Nach Aufnahmen von M. Kurmaier BLVA 1957

*Grundriß der Viereckschanze von Holzhausen, die im Jahre 1957
erforscht wurde.*

legt hat, scheint der Fall geklärt: Es wurden dort nämlich tiefe
Opferschächte gefunden, die offensichtlich Geschenke für die
über- bzw. unterirdischen Mächte aufnehmen sollten.

Daß die keltischen Ur-Baiern ihren Göttern auch Blutopfer
darbrachten, hatten ja schon die Ausgräber von Manching mit
Entsetzen festgestellt, als sie unter dem großen Osttor die Leiche
eines sechsjährigen Kindes fanden, das die Erbauer des Ringwalls
ihren Göttern geopfert und wie einen Talisman in der Verteidi-
gungsanlage vergraben hatten.

Mit Göttern, die so grausame Opfer verlangten, wollten es sich
die Römer verständlicherweise nicht verderben, und so versetzten
sie einen Teil dieser Hoheiten sehr vorsichtig in ihr eigenes Pan-
theon. Den keltischen Heilgott Grannus zum Beispiel, der im
Voralpenland besondere Verehrung genoß und dem im schwäbi-

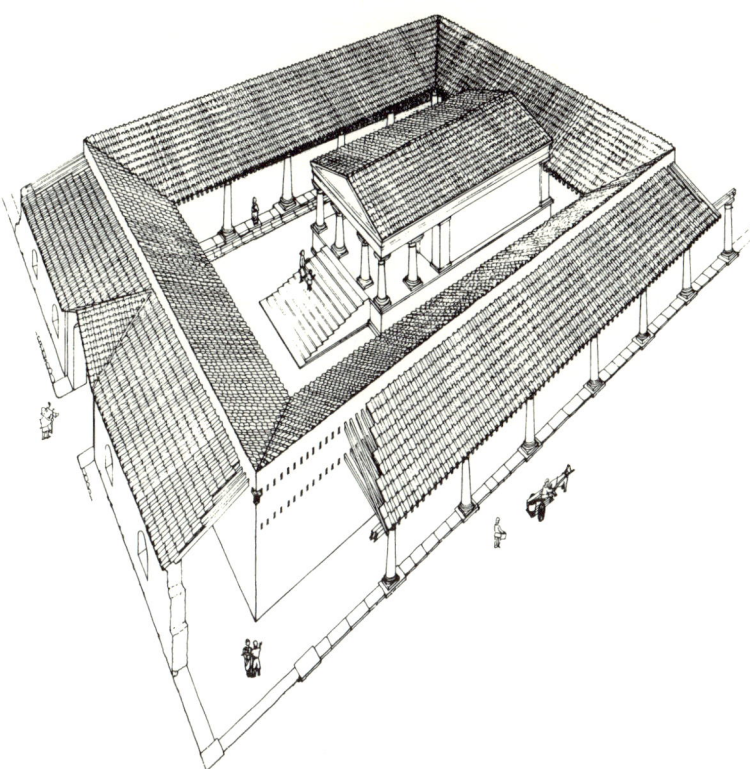

Archäologische Überreste erlaubten es, den aus dem 2. Jahrhundert n. Chr. stammenden Tempelbezirk von Faimingen, Landkreis Dillingen, zu rekonstruieren.

schen Faimingen (dem Phoebiana der Römer) ein großes Heiligtum geweiht war, haben sie nicht einfach gegen ihren in langer mythologischer Tradition bewährten Gott Apollo ausgetauscht – im Zeichen der Koexistenz wurden die einander so ähnlichen Herren zusammengespannt und unter dem Namen Apollo Grannus verehrt.

Diesem behutsamen Umgang mit den Göttern der Besiegten ist es zu danken, daß heute wenigstens noch einige Namen keltischer Gottheiten bekannt sind und man zum Beispiel von dem am Chiemsee verehrten Bedaius, von der Quellgottheit Sirona und vor allem von der wahrscheinlich bedeutendsten keltischen Götterdame, von Epona weiß. Diese im Damensitz auf einem Pferd

reitende Göttin bekam im Himmel dieses Bauern-Volkes einen
Ehrenplatz eingeräumt und wurde so zu einer Vorreiterin des
katholischen Pferdeheiligen St. Leonhard.

So groß die Verehrung der Epona und ihres Pferdes aber auch
gewesen sein mag, das berühmteste Kelten-Tier in Baiern ist heute
ein Stier; ein 11½ Zentimeter langer Bronzestier, den ein Mädchen im November 1948 auf einer Wiese bei dem Dorf Weltenburg gefunden hat und der inzwischen als »Stier von Weltenburg«
zu einer Kostbarkeit der Prähistorischen Staatssammlung in München geworden ist.

Der Künstler hatte beim Modellieren allerdings keine sehr
glückliche Hand. Oder hat er während der Arbeit ein bißchen an
die große Epona gedacht? Sein Stier ist jedenfalls schlank wie ein
edles, hochbeiniges Pferd, und hätte er seiner kleinen Plastik nicht
noch massive Hörner aufgesetzt, so wäre dieses Tier schwerlich
als Stier durchgegangen.

Das gepflügte Rautenwappen

Die Vindeliker waren das letzte keltische Volk auf dem europäischen Festland, das von den Römern besiegt und vernichtet
wurde, und außer in Baiern hat sich keltisches Erbe nur noch in
Irland, in den abgelegeneren Regionen der britischen Insel, in
Wales und Schottland sowie in der Bretagne des heldenhaften
Asterix erhalten. Wie sehr selbst heute noch bei weit auseinander-
liegenden Nachkommen der Kelten die alten Traditionen leben-
dig sind, zeigen die charakteristischen bairischen und schottischen
(Kraft-)Sportarten und die Eigentümlichkeiten der beiden miteinander verwandten und doch grundverschiedenen Trachten.

Nur wer die Geschichte zerebral zu bewältigen versucht und
wer glaubt, sie aus Schlachten- und Regentenlisten verstehen zu
können, wird es Zufall nennen, daß die Anwartschaft auf Schott-
lands Krone über einen jahrhundertelangen Umweg und durch
eine dynastische Bagatelle – die Heirat Ludwigs III. von Bayern
mit der Erzherzogin Therese von Österreich-Este im Jahre 1868 –
an das Haus Wittelsbach überging.

Die große Bedeutung dieser nicht einlösbaren Erbfolge in einer
imaginären Welthistorie hat Carl Amery 1974 in seinem »schot-

Der Stier von Weltenburg – eine 11,5 Zentimeter lange Bronzeplastik aus der jüngsten La-Tène-Zeit (Prähistorische Staatssammlung München).

tisch-bairischen Tiefsinnsroman« *Das Königsprojekt* gezeigt, wo schließlich sogar ein bayerisches Expeditionsheer gen Schottland fährt, um dort Korrekturen vorzunehmen, wo die Historie vom rechten Weg abgeirrt ist.

Wer solchen bavaro-keltischen Träumen gerne nachhängt, könnte sich auch über die Herkunft des Rautenwappens einige neue Gedanken machen. Durch Erbschaft, so heißt es immer, sei im Jahre 1247 das Wappen der niederbayerischen Grafen von Bogen mit seinen einundzwanzig »Wecken« den Wittelsbachern zugefallen.

Mit dieser Feststellung schließen die Patrioten ihre Spekulationen meist vorschnell ab, und die Frage, woher denn die Bogener diese heraldische Kuriosität bezogen haben, wird gar nicht mehr gestellt. Dabei würde die Spur dieses eigenwillig gewürfelten Musters tief in die keltische Vergangenheit zurückführen. Jedenfalls war der Geschichtsschreiber Markus Welser zu Beginn des 17. Jahrhunderts fest davon überzeugt, daß schon auf den Panzerröcken der keltischen Krieger die weißblauen Rauten geprangt haben. Eine Kronzeugin wäre dann auch noch jene kelto-skythische Amazone Hippolyte, deren Brustpanzer angeblich ebenfalls in den Baiernfarben gerautet war.

Nach all dem gab es für den karrierebewußten »kgl. bair. Legationsrat und ersten Reichs-Herold« Vinzenz Pall von Pallhausen 1810 keinen Zweifel mehr: »Blau und weiß waren die Nationalfarben der alten Bojer, so wie sich die Schwaben von jeher durch Gelb, die Franken durch Rot, die Sachsen durch Schwarz und die alten Cimbrer... durch Weiß ausgezeichnet haben.«

Die Kelten sollen aber noch weiter gegangen sein: Die Begeisterung für das rhombische Wappengebilde war bei ihnen angeblich so ausgeprägt, daß sie ihre Felder in Diagnonalen beackerten bis – ein Rautenmuster entstanden war.

DIE RÖMER

»...der Limes (nicht ›der Main‹) ist unsere Schicksalslinie, die Schicksalslinie unserer Dualität.«

Wilhelm Hausenstein

Eroberer aus dem Süden

So recht werden es die Kelten wohl nicht verstanden haben, warum eines Tages die römischen Truppen über die Berge kamen und mit Waffengeklirr ins Land marschierten. In ihrer Voralpen-Provinz war nämlich nichts zu holen, was es anderswo nicht reichlicher und schöner gegeben hätte, und wenn man darüber klagte, daß Kelten gelegentlich brandschatzend und plündernd die norditalienischen Städte heimsuchten – das waren aber nicht sie, sondern irgendwelche wilden Bergstämme; dafür konnte man doch die Vindeliker nicht verantwortlich machen. Im übrigen hatten die zwischen Ostalpen und Inn sitzenden keltischen Brüder, die Verwandten aus Noricum, auch längst bewiesen, daß man mit ihresgleichen Verträge schließen und Handel treiben kann. Und war der norische König nicht hundert Jahre zuvor sogar ein Verbündeter und Waffengefährte der Römer gewesen?

Nein, die Vindeliker werden nicht gemerkt haben, daß ihr Land lediglich zum Aufmarschgebiet degradiert wurde, zu einer Pufferzone zwischen dem großen römischen Reich und dem rauhen Norden.

Allerdings hätte es mit den offensichtlich recht unkriegerischen Bavaro-Kelten auch ohne die römische Invasion ein böses Ende genommen, da die Germanen schon seit langem versuchten, ihren Landbesitz nach Süden hin auszudehnen. Bis in die Maingegend hatten sie sich bereits vorgearbeitet, und die Donau war ihr nächstes Ziel...

Daraus aber wurde nichts mehr, denn vorher kam ja im Jahre 15 v. Chr. aus Rom das kaiserliche Brüderpaar anmarschiert und sicherte sich mit beherztem Zugriff die ganze Provinz, in der es offensichtlich auch früher bereits kriegerische Unruhen gegeben hatte. Dafür spricht der Untergang der großen Keltenstadt Manching um das Jahr 50 vor Christi, und das lassen auch die vielen versteckten und erst in unserem Jahrhundert entdeckten keltischen Münzschätze vermuten.

Fürs erste hatten also die großen Blonden das Nachsehen. Baiern blieb ihnen verschlossen. Und das war gut so, denn die Männer aus den norddeutschen Gauen hatten damals noch einiges nachzuholen; sie waren keineswegs auf der Höhe der Zeit.

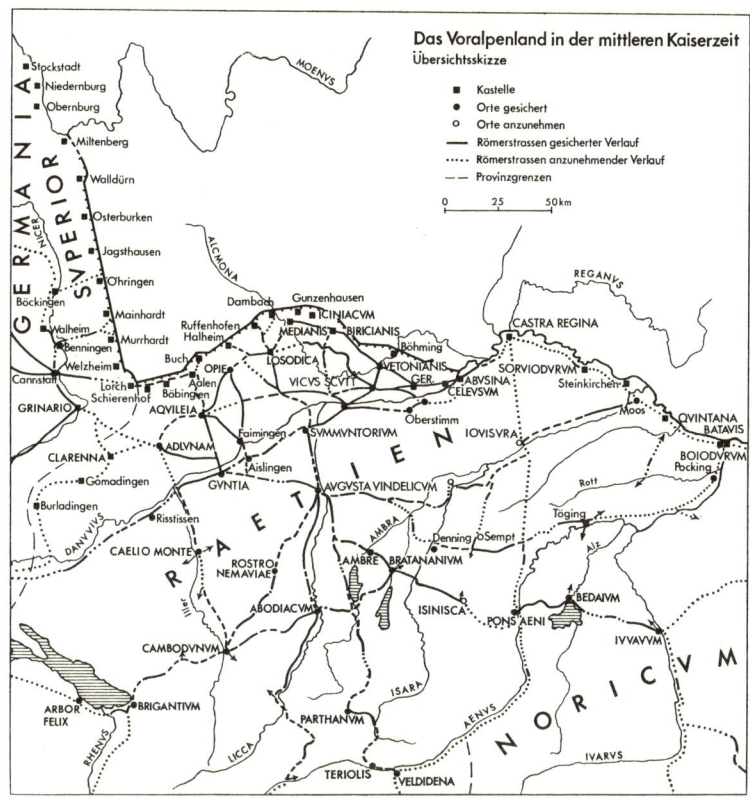

Das Voralpenland in der mittleren Kaiserzeit
Übersichtsskizze

■ Kastelle
● Orte gesichert
○ Orte anzunehmen
— Römerstrassen gesicherter Verlauf
···· Römerstrassen anzunehmender Verlauf
— — Provinzgrenzen

0   25   50 km

Die römischen Legionen hingegen konnte man – zumindest im Vergleich mit den germanischen Heerhaufen – weitgereist und weltgewandt nennen, und mit ihnen kam jene mediterrane Zivilisation über die Alpen, die das Land und seine Bewohner für alle Zukunft und bis zum heutigen Tag prägen sollte. Römische Straßenbauer erschlossen das Land, und Wein wurde angebaut; die Soldaten brachten die Schrift und zuletzt, kurz vor dem Ende der römischen Herrschaft, auch eine junge Religion, das Christentum.

Hundertfünfzig Jahre nach dem Einmarsch der kaiserlichen Truppen konnte Tacitus in seiner *Germania* schon eine klare Trennungslinie zwischen der römischen Besatzungszone (aus der inzwischen die Provinzen Raetia und Noricum geworden waren) und dem germanischen Gebiet ziehen: »Germanien insgesamt ist von den Galliern, den Raetern und Pannoniern durch die Ströme Rhein und Donau ... abgegrenzt.«

Dem künftigen Baiern wurde hier, kurz vor Beginn des 2. Jahrhunderts n. Chr., zum erstenmal eine Sonderstellung zugewiesen; das politisch noch nicht gegliederte Norddeutschland war vom römischen Süddeutschland durch eine Grenze getrennt.

Zu den wertvollsten Mitbringseln der Römer gehörte zweifellos die Schrift, von der die Eingeborenen – ebenso wie von der Steinbauweise – nur sehr zögernd und erst nach einer Gewöhnung von mehreren hundert Jahren den rechten Gebrauch machten.

Es waren zu ihnen allerdings auch keine Dichter gekommen, sondern nachruhmsüchtige Krieger und Beamte, die nicht müde wurden, allüberall im Lande Gedenk- und Grabsteine zu setzen, die ihre Namen für alle Zeiten festhalten sollten.

Friedrich Vollmer hat sich 1915 darangemacht, die in Bayern erhaltenen Inschriften, die *Inscriptiones Baivariae Romanae*, zu sammeln. Als er schließlich alles zusammengetragen hatte, konnte er mit seinen mehr als 570 Funden ein (von der ersten bis zur letzten Seite lateinisch geschriebenes) Buch von 253 großformatigen Seiten füllen!

Angesichts dieser altrömischen Freude an der Selbstdarstellung war es unvermeidlich, daß die ersten Bewohner Baierns, die aus der Anonymität hervortraten, lateinische Namen trugen. Natürlich ließ zunächst einmal und vorneweg der amtierende römische Militärgouverneur seinen Namen in Stein meißeln. Er hieß C. Vivius Pansa und führte die Amtsbezeichnung *legatus pro praetore in Vindolicis*.

Später, als der Ruhm des Jahres 15 v. Chr. verblaßte und die Provinz den Römern einige Sorgen machte, verlor auch das Leben der Regenten von seinem Glanz. So weiß man von Pansas Nachfolgern sehr oft nur Ungenaues und Vages; das sich langsam anbahnende Ende des römischen Reiches hinterließ auch in der Liste der kaiserlichen Statthalter in Baiern seine chaotischen Spuren: Schon aus den Jahren 167/168 ist nur noch bekannt, daß der höchste römische Beamte im Lande *procurator* war und einen Namen trug, der auf -*us* endete. Um 294 herrschte in der Provinz ein *praeses*, doch wie er hieß, woher er kam und wohin er ging, steht nirgendwo geschrieben. Schließlich wird irgendwann zwischen 507 und 511 noch ein Servatus als *dux Raetiarum*, als Befehlshaber beider Raetien genannt, aber dies war dazumal, was Baiern betraf, ganz sicher ein Titel ohne Mittel, da sich die Römer zu dieser Zeit nämlich längst über alle Berge hinweg abgesetzt hatten. Es sollten ja auch nur noch ein paar Jahrzehnte vergehen, ehe zum erstenmal die Bajuwaren genannt werden.

Sicher, wenn ein Legionär genügend Sold gespart oder ein Kaufmann gute Geschäfte gemacht hatte, konnte er sich und den Seinen einen Grabstein setzen lassen, zumeist aber waren es die höheren Chargen, deren Name in Stein oder Bronze festgehalten wurde. Der des Legaten M. Helvius Clemens Dextrianus zum Beispiel, der sich 179 n. Chr. als Vollender der römischen Stadt Regensburg feiern ließ, und der eines C. Saturius, den man als Erbauer der Kastelle von Günzburg, Eining und Kösching auf Gedenktafeln verewigte.

Wie groß der Abstand zwischen einem Mächtigen in der raetischen Provinz und dem Kaiser in Rom aber dennoch war, zeigt die Regensburger »Stadtgründungsurkunde« – eine mehrere Meter lange, in Stein gemeißelte Inschrift aus dem Jahre 179 n. Chr. –, in der erst ganz zuletzt der Name des Stadt-Erbauers genannt wird:

»Kaiser Marcus Aurelius Antoninus, Sohn des göttlichen Pius, Bruder des Verus, Enkel des göttlichen Hadrian, Urenkel des göttlichen Traian, des Parthersiegers, Ururenkel des göttlichen Nerva, der Erlauchte, Sieger über Germanen und Sarmaten, Oberpriester, im 36. Jahr seiner tribuzinischen Gewalt, Feldherr zum 9. Male, Consul zum 3. Male, Vater des Vaterlandes, und Kaiser Lucius Aurelius Commodus, der Erlauchte, Sieger über Sarmaten und alle Germanen, Sohn des Kaisers Antoninus, Enkel des göttlichen Pius, Urenkel des göttlichen Hadrian, Ururenkel des Traian, des Parthersiegers, Ururenkel des göttlichen Nerva, im 4. Jahr seiner tribuzinischen Gewalt, Feldherr zum 2. Male, Consul zum 2. Male, haben den Wall mit den Toren und Türmen errichten lassen durch die III. Italische Legion unter der Leitung des kaiserlichen Provinzstatthalters Marcus Helvius Clemens Dextrianus.«

Mehr als ein halbes tausend römischer Inschriften ist (zumeist in arg ramponiertem Zustand) erhalten geblieben, und als sie endlich mühsam entziffert und behutsam ergänzt waren, was erzählten sie da – sie nannten Namen, beschworen Götter, beklagten Tote,

DIE RÖMER

rühmten Großes, doch über das besetzte Land erfuhr man so gut
wie nichts. Die Römer feierten sich und die Ihren; wie es aber
zwischen Donau und Alpen damals aussah, wer dort lebte, wie
man dort lebte, hat keiner aufgeschrieben.
Das herauszufinden blieb der Neugier und dem Spürsinn späterer Jahrhunderte vorbehalten.

Zweihundert Mark für den armen Bruder

Aventin, der gelehrte Wirtssohn aus Abensberg, hat sich zwar
schon im frühen 16. Jahrhundert ein bißchen um die römische
Vergangenheit gekümmert – schließlich war das Kastell von Eining nur wenige Kilometer von seinem Geburtsort entfernt –, er
hat auch für seine *Bayerische Chronik* römische Münzen gesammelt und Inschriften zusammengetragen, doch nach ihm fand es
zunächst niemand mehr besonders wichtig oder reizvoll, diesem
frühen Kapitel der bairischen Geschichte weiter nachzuspüren.
Eine Hinterlassenschaft an beschrifteten Steinen, einige beiläufige Hinweise antiker Autoren auf Vorgänge im ehemaligen Vindelikien und dazu noch ein paar alte, legendenhafte Berichte
waren alles, was man an Material über diese frühen Zeiten vorweisen konnte.
So wenig es auch war, es reichte aus, den Römern das erste
Kapitel in der *Historia Bavariae* einzuräumen, und selbst heute
noch wird aus mancherlei Gründen (zum Beispiel wegen des
größeren Fundreichtums) den Legionären und Verwaltungsbeamten aus dem Süden meist mehr Aufmerksamkeit geschenkt als
beispielsweise dem ersten bairischen Herzogsgeschlecht der Agilolfinger, das vom 6. Jahrhundert an über Baiern herrschte.
Offiziell und ernsthaft hat die Erforschung der frühesten bairischen Historie eigentlich erst am 14. Oktober 1885 begonnen, als
der Münchner Anthropologie-Professor Johannes Ranke, ein
Neffe des berühmten Historikers, seine vor- und frühgeschichtliche Sammlung dem bayerischen Staat schenkte und damit den
Grundstock für die Prähistorische Staatssammlung legte.
Wenige Monate später wurde bei der Königlichen Akademie
der Wissenschaften in München eine »Kommission für die Erforschung der Urgeschichte Bayerns« ins Leben gerufen, die über

einen eigenen kleinen Etat für Ausgrabungen verfügte – jährlich viertausend Mark (die zunächst fast ausschließlich dazu verwendet wurden, römische Altertümer zu bergen und zu konservieren).

Bereits vor der Gründung dieser Kommission hatte es für die Untersuchung des Kastells von Eining, wo ein junger Pfarrer, Dr. Schreiner, den Spuren der Römer nachging, kleines Geld gegeben.

»Der Pflug«, hieß es später dazu in einem sprachlich recht eigenwillig angelegten Bericht der Akademie zu München, »brachte Scherben römischer Gefäße, Ziegelbrocken und Stücke Wandbewurfes an den Tag, und die Äcker zeigten, in dem, in regelmäßiger Anordnung in relativ schmalen Linien, geringeren Wachstum des Getreides, für das geschärfte Auge die Umrisse unter der Ackerkrume liegenden Mauerwerks. Ein zufälliger Umstand – der Bruder des Pfarrers, ein einfacher Landmann, war ohne Stelle und Arbeit im Pfarrhaus bis auf bessere Zeiten aufgenommen – veranlaßte Herrn Dr. Schreiner, die ersten Grabungen, um jenen zu beschäftigen, ausführen zu lassen. Das Glück und die sorgfältige Wahl des Ortes führte sofort unter solchen ›versengten‹ Ackerstellen auf die Mauern eines umfänglichen Gebäudekomplexes mit relativ wohlerhaltenen Hypokausten*, Badanlagen und zahlreichen Kleinfunden.«

Die Anthropologische Gesellschaft und der Historische Verein in München gaben dem Eininger Ausgräber je einhundert Mark und konnten damit für sich den Ruhm in Anspruch nehmen, als erste bayerische Amtsstellen Geld für Ausgrabungen gestiftet zu haben. Dem Beispiel folgten andere Behörden bald nach, und so flossen im Laufe von fünf Jahren immerhin mehr als vierzehntausend Mark nach Eining.

Das Altertum in Bayern hatte seinen Etat, die Archäologie war institutionalisiert.

Bis dahin war die Beschäftigung mit der Vorgeschichte des Landes nicht sehr viel mehr als eine durch Aufrufe animierte patriotische Angelegenheit gewesen. Zwei Jahre nach der Einführung der Monarchie hatte König Max seine Untertanen ermahnt,

---

* Antike Heizanlage unter einem Raum.

*Um das Jahr 80
n. Chr. bauten die
Römer an der Donau
ihr Kastell Abusina-
Eining. Knapp zwei-
hundert Jahre später
wurde in eine Ecke
der Befestigung ein
kleines Kastell (K) ge-
baut, unter dessen
Trümmern der Ge-
schichtsschreiber
Aventin einen Kaiser-
altar fand.*

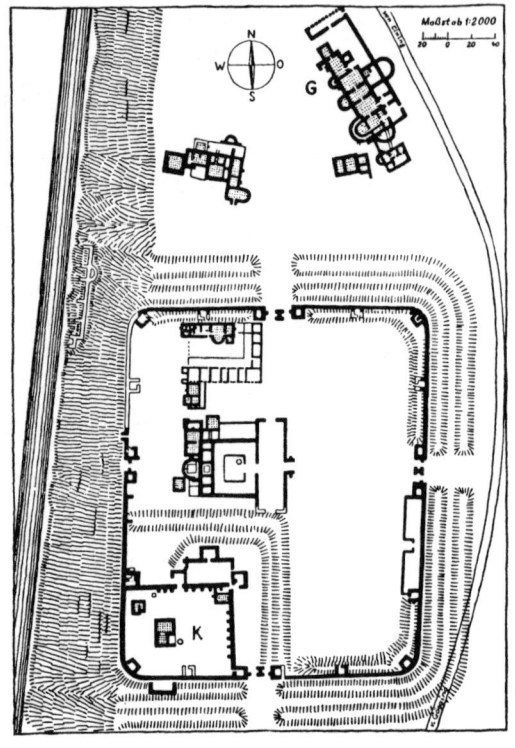

Münzfunde gewissenhaft anzuzeigen. Der Finder, so hieß es, erhalte »nicht allein den vollen Geldwert, den das Gefundene nach Wiegung und Abschätzung von Sachverständigen hat, auf der Stelle ausbezahlt«, sondern auch noch eine angemessene Belohnung. Ähnliche Aufrufe wurden regelmäßig wiederholt; vor allem während der Regierungszeit von Ludwig I. (die 1848, nach dreiundzwanzig Jahren zu Ende ging).

In einem dieser Erlasse machte sich Ludwig 1830 Sorgen, daß alte bairische Kostbarkeiten ins deutsche Ausland exportiert werden könnten. Es sei in Zukunft auf die »Erhaltung geschichtlicher Überreste und altertümlicher Kunstwerke« zu achten, heißt es, »zumal da die Anlegung und eifrige Betreibung artistischer und antiquarischer Sammlungen in Norddeutschland, namentlich des Museums in Berlin, Bayern diesfalls schon manche beklagenswerte Einbuße zugefügt hat und es noch damit bedroht«.

Die Archäologie blieb trotz dringender königlicher Ermahnungen eine Sache von Einzelgängern. Anno 1789 – in Frankreich begannen sie gerade ihre Revolution – nahmen zwar die bairischen Akademiemitglieder Ildephons Kennedy O.S.B., ein Schottenmönch aus Regensburg, und Lorenz Westenrieder an der Untersuchung von dreißig alten Hügelgräbern bei Geiselbullach teil, doch das war eine Ausnahme. Und so gruben die Altertumsfreunde auf eigene Faust und nach ihren eigenen (zumeist recht dilettantischen) Methoden: Der Pfarrer J. Fr. Epser untersuchte 1771 auf seine gutgemeinte Weise eine Höhle in der nördlichen Alb, der 1819 verstorbene Geistliche Rat Ignaz Pickel trug in der Eichstätter Gegend alte Grabhügel ab, der Landrichter J. V. Klökkel stieß 1807/1808 in der Gegend des römischen *Pons Aeni* auf eine Töpferei ...

Es wurde sorglos geschürft und gebuddelt, und als der Historienmaler Julius Naue 1889 im Auftrag der »Kommission für die Erforschung der Urgeschichte Bayerns« ein – preußischen Vorbildern nachempfundenes – *Merkbuch vorgeschichtliche Denkmäler und Alterthümer auszugraben und aufzubewahren* herausgab, konnten Raubgräber und Amateure diese Schrift noch weitgehend ungestraft als Leitfaden für ihr unwissenschaftliches Treiben benutzen.

Das änderte sich erst – dann allerdings sehr schnell und gründlich –, als 1908 das »Generalkonservatorium der Kunstdenkmale und Altertümer Bayerns« (das 1916 in »Landesamt für Denkmalschutz« umbenannt wurde) mit Gewissenhaftigkeit und Fleiß die ganze bayerische Vergangenheit in seine Hände nahm.

Zuvor freilich hatte man die eigene Geschichte noch an die preußische Hohenzollernmajestät verraten: Etwa im Jahre 1884 waren bei Bad Reichenhall fünfhundert Gräber aus der Bajuwarenzeit entdeckt worden; die daraus geborgenen Funde – sie bewiesen unter anderem die Verbindung dieser Alt-Baiern zu den Langobarden – wurden 1890 in einem Grabungsbericht vorgestellt, ein Jahr später in Berlin gezeigt – und für 30000 Goldmark an Kaiser Wilhelm II. verkauft. Mehr als die Hälfte dieses Bajuwarenschatzes ging im Krieg verloren, der Rest aber liegt weiterhin an der Spree.

Der verlorene Sommerfeldzug

Durch Zufallsfunde und systematische Grabungen ist die Forschung den Vor- und Ur-Baiern inzwischen nähergekommen, wie es aber zum Beispiel in den ersten Jahrzehnten nach dem Einmarsch der römischen Truppen im Voralpenland aussah, ist dennoch bis heute kaum bekannt, und so gibt es zum Beispiel aus Neros Zeit, den Jahren zwischen 54 und 68, keine Nachrichten aus Raetien. Es hat sich wohl auch nicht sehr viel getan im alten Vindelikien, und offensichtlich hatten die Eroberer wenig Lust, die ganze keltische Provinz zu besetzen. Zunächst ließen sie sich nämlich nur im Westen nieder, zwischen Iller und Lech, und es verging viel Zeit, ehe sie auch weiter ostwärts ihre Militärlager aufschlugen. Für den Schutz der Grenzen mußten ja auch noch keine großen Anlagen errichtet werden, denn kriegerisch ging es damals anderswo zu, droben im rheinischen und niedersächsischen Norden etwa, wo der Baierneroberer Drusus so manchen schweren Strauß gegen Germanenstämme ausfechten mußte, ehe anno 9 v. Chr. ein Sturz vom Pferd seinem Leben ein Ende machte.

Wer also nicht unbedingt durch ruhmreiche Taten oder heldenhaftes Sterben in Rom auffallen wollte, konnte mit einer Stationierung in Vindelikien ganz zufrieden sein. Die keltischen Jugendlichen waren in römische Uniformen gesteckt und in eine der fernen Provinzen geschickt worden, die daheim gebliebenen Landeskinder aber verhielten sich so ruhig und still, wie es von den ansonsten so freiheitsliebenden, rebellischen Kelten niemand erwartet hätte. Im Sommerfeldzug des Jahres 15 v. Chr., schrieb der Historiker Strabo, seien die Vindeliker besiegt worden, »seitdem zahlen sie nun schon dreiunddreißig Jahre lang in aller Ruhe ihren Tribut«.

Sie zahlten und fanden schon bald auch nichts mehr dabei, ihren Kindern römische Namen zu geben. Warum auch, wo doch der größte Teil ihres Landes seit etwa 45 n. Chr. ein Teil der großen Provinz Raetien war, die damit von Graubünden und Tirol bis nach Passau und Regensburg reichte.

Auf solche Weise und vornehmlich aus »verwaltungstechnischen Gründen« wurde das Baiern der Zeitenwende mit einem seiner alten Handelspartner verbunden. Den Namen Raetien, so heißt es, hätten die Römer nämlich von jenen in Tirol lebenden Etruskern genommen, die sich Rasina nannten. Gerade mit diesen ihren südlichen Nachbarn aber scheinen die Kelten schon lange vor dem Überfall der Römer Handel getrieben zu haben; zumindest lassen etruskische Waren, die in den verschiedensten Ecken Süddeutschlands gefunden wurden, solche Geschäftsverbindungen vermuten.

Möglicherweise waren die Beziehungen über das Gebirge hinweg aber noch sehr viel enger, als man für gewöhnlich annimmt, vielleicht gab es sogar verwandtschaftliche Kontakte. Livius jedenfalls notierte in einer seiner Schriften, daß die Raeter – und somit auch die keltischen Vorbewohner Baierns – ein verwildertes Etruskisch sprächen.

Die Besatzungstruppen aus dem Süden mußten sich auf Karten verlassen, die das Land abenteuerlich verzerrt und deformiert wiedergaben. Das südlich der Donau gelegene Gebiet stellte sich ihnen zweifellos sehr viel anders dar als den Kartographen späterer Jahrhunderte, und so war es für die Militärgouverneure ganz natürlich (und wahrscheinlich gab es für sie auch ethnische Gründe), daß sie das spätere Baiern anders einteilten als die Regierenden des Mittelalters und der Neuzeit. Der Inn wurde zur Grenze, und alles was östlich davon lag – das Land rings um den Chiemsee und um Salzburg also – wurde dem alten keltischen Noricum zugeschlagen, das unter dem gleichen Namen auch noch den größten Teil des heutigen Österreich mit einschloß.

Schmelztiegel Raetien

Es war ein buntes Völkergemisch, das da während der römischen Jahrhunderte in Raetien lebte. Neben Kelten und Römern gab es Besatzungssoldaten aus allen Provinzen des großen Imperiums. In Straubing waren zum Beispiel die aus dem Orient stammenden kanathischen Bogenschützen stationiert (und wahrscheinlich verwendeten deren Offiziere bei Paraden jene prunkvollen Gesichtshelme, die 1950 in Straubing gefunden wurden). In Passau wiederum lagen Bataver vom Niederrhein, die den Donau-Übergang beschützen mußten. Es sind meist Zufallsfunde, die über die

Herkunft einer Einheit Auskunft geben. Auf diese Weise erfuhr man, daß bei Rosenheim zumindest eine Zeitlang dalmatische Soldaten stationiert waren und daß sich auf der Fränkischen Alb Breuker-Kohorten aus Kroatien und in Künzing thrakische Reiter vom südöstlichen Balkan aufhielten. Nach Baiern abkommandiert waren aber auch Truppen aus der Gegend von Alexandria, Aquitanier aus den westlichen Pyrenäen, Kanathener aus Syrien und Lusitanier aus dem heutigen Portugal. Und weil man im Allgäuischen die Knochen von einigen Kamelen fand, kann man für diese Gegend Truppen aus Nordafrika annehmen.

Ein Zugereister, ein Helvetier, war schließlich auch der erste Besatzungssoldat, dessen Name beinahe zweitausend Jahre überdauert hat. Er hieß Cattaus und wurde am 15. Juni des Jahres 64 n. Chr. ehrenvoll aus der Armee entlassen. Dies ist in der nur zur Hälfte erhaltenen Militärurkunde nachzulesen, die ihm, seiner helvetischen Frau Sabina, dem Sohn Vindelicus und der Tochter Materiona das römische Bürgerrecht verlieh.

Diese nach Hans-Jörg Kellner »früheste Urkunde aus Bayern« war im Jahre 1842 südlich von Traunstein, bei dem kleinen Ort Geiselprechting, zufällig gefunden worden.

Die verschiedenen Völker und Rassen scheinen sich ganz gut vertragen zu haben, und noch heute sind vielen Bayern die Spuren der langen und friedlichen Besatzungszeit ins Gesicht geschrieben. Bei dem Niederbayern Franz Stuck, der um die Jahrhundertwende auch in seinen Bildern der römischste unter Deutschlands Malern war, zeigte sich das so deutlich, daß Anton Sailer am Anfang seiner kleinen Stuck-Biographie der Herkunft dieses weiland Malerfürsten nachsann: »›Niederbayerische Dorfschönheit von römischem Legionär vergewaltigt!‹ Mit dieser Schlagzeile etwa hätten Zeitungen – wenn es sie in der Zeit der Römerherrschaft über Vindelikien schon gegeben hätte – von einem Vorfall in dem spitzen Winkel zwischen Isar und Donau berichten können, in dem die eigentliche Spur von Stucks Herkunft zu vermuten bleibt... Belanglos bleibt dabei, auf welche Weise das Paar zusammenfand – doch ohne Folgen kann das nicht geblieben sein. Wie anders wäre sonst zu erklären, daß viele Generationen später in einem Sohn Niederbayerns altrömisches Blut wieder virulent wurde...«

Die Fraternisierung hat mancherlei Früchte getragen, und niemand kann heute noch Karl Gotthart Lamprecht verstehen, der 1891 in seiner *Deutschen Geschichte* ganz fest davon überzeugt war, daß das besetzte Land ein Janusgesicht gezeigt habe: »Neben dem ausgeklügelten Luxus des römischen Offiziers und Großkaufmanns stand unvermittelt die erbärmliche Unkultur des heimischen Barbaren; fern blieb man harmonischer Mischung.«

Das war leichtfertig hingeschrieben, da es selbst heute, mehr als hundert Jahre später, noch kaum möglich ist, so fein und so genau zwischen Stationierungstruppen und Einheimischen zu unterscheiden. Was die Bewohner Raetiens trieben, wie sie lebten und wovon, ist noch kaum erforscht.

Neben den Bauern, den keltischen und den aus der Armee entlassenen römischen, wird es auch Handwerker gegeben haben, zum Beispiel Waffenschmiede, Schuhmacher, Schneider, Schreiner, Maurer und Töpfer. Vor allem die Spuren von Geschirrmachern hat man inzwischen entdeckt, und in der bei Rosenheim gelegenen Ortschaft Westerndorf St. Peter wurde im Spätherbst des Jahres 1975 ein römischer Töpferofen gefunden.

Obwohl die »*Terra sigillata*«-Macher, die Verfertiger des »römischen Porzellans«, im südlichen Teil Deutschlands ein gutes, blühendes Gewerbe vertraten – man kennt bisher die Namen von etwa hundert Töpfern –, war diese Brennstätte, die ein Baggerführer beim Kabelverlegen 70 Zentimeter unter der Oberfläche entdeckt hat, erst der zweite solche Ofen. Der erste, im Jahre 1860 ebenfalls in Westerndorf St. Peter gefundene Töpferofen, hat allerdings die Zeit nicht überdauert. Er war zu einer Zeit entdeckt worden, als man sich für die ferne Vergangenheit nur dann interessierte, wenn man ihr in Büchern begegnete.

Inzwischen hat die Archäologie jedoch ganze Berge von historischem Material zusammengetragen, die es Hans-Jörg Kellner, dem hervorragenden Kenner des römischen Baierns, 1967 erlaubten, im Spindlerschen *Handbuch der bayerischen Geschichte* dem Professor Lamprecht mit guten Argumenten zu widersprechen: »Aus einheimischen keltischen Bevölkerungsteilen, römischen Chargen, Beamten und Kaufleuten sowie Soldaten aus allen Teilen des Imperiums mit ihrem Anhang entwickelte sich spätestens im Laufe des 2. Jahrhunderts nach Christus eine recht einheitliche romanische Provinzbevölkerung, der jedoch immer lokale Eigenheiten in Tracht, Sitte u. a. erhalten blieben.«

Die Römer werden dabei den Ton angegeben haben; sie zeigten, was man trug und was man aß, wie man baute und wie man wohnte: Das Vorbild in allem war die ferne Hauptstadt.

Die Kelten, so scheint es, nickten dazu mit dem Kopf und paßten sich an. Ihre eigene Kultur blieb im Hintergrund und blühte im Verborgenen; dort aber um so dauerhafter – nämlich bis auf den heutigen Tag.

Imperialer Pomp zwischen Holzhäusern

In den ersten Jahren und vielleicht sogar Jahrzehnten mußten die römischen Soldaten auf manch vertraute Bequemlichkeit verzichten und auch noch mit Garnisonen vorlieb nehmen, die nach Landessitte aus Holz gebaut waren.

Diese Quartiere sind längst zerfallen, verrottet, verschwunden, und die Ausgräber haben nur dann eine Chance, Spuren der ältesten römischen Besatzung auf bairischem Boden zu entdecken, wenn zufällig militärische Ausrüstungsgegenstände gefunden werden (wie kurz vor dem Ersten Weltkrieg in einer Kiesgrube des Augsburger Stadtteils Oberhausen, wo ein ganzes Waffenarsenal zutage kam).

Die hohen Herren der Provinz- und Militärverwaltung mochten sich mit der keltischen Architektur allerdings nicht anfreunden, und wenn sie in Raetien auch etwas bescheidener gelebt und gebaut haben als etwa in der römischen Rheinprovinz, so war doch ein wenig vom kaiserlichen Pomp und der imperialen Macht auch in der Residenz des Statthalters zu spüren.

Immerhin diente einem Mann wie Quintus Octavius Sagitta, der kurz nach der Zeitenwende als erster *procurator* in Augsburg residierte, ein Stab von tausend Mann, während weitere fünfhundert Soldaten zu seiner Bewachung abkommandiert waren.

In der ehemaligen Hauptstadt am Lech ist der alte Glanz versunken, die antike Vergangenheit liegt zum Teil sieben Meter unter der heutigen Oberfläche begraben. Bei Bauarbeiten stößt man daher immer wieder auf Spuren der »splendidissima Raetiae provinciae colonia«, der so umgemein glänzenden Hauptstadt der

Provinz Raetien, wie Tacitus im Jahre 98 schrieb. So stieß man bei den Vorbereitungen zum Bau von fünf Wohnhäusern 1993 in der Pfäffchengasse auf die Reste des Statthalterpalastes und fand im darauffolgenden Jahr bei den Bauarbeiten für ein Krankenhaus auch noch etliche Überbleibsel vom römischen Lechhafen.

Wer wissen will, wie es in einer großen raetischen Stadt ausgesehen hat, kann es in *Cambodunum* erfahren, der Vorläuferin der heutigen Stadt Kempten, deren nur fünfunddreißig Zentimeter unter der Oberfläche liegenden Reste seit 1885 ausgegraben werden. Die Mauerreste, die dabei gefunden wurden, zeigen deutlich, daß es einstmals, als die ersten Steinhäuser in Baiern errichtet wurden, in dieser Stadt ein Forum, zehn Meter breite Straßen, Tempel, Thermen und zweistöckige Häuser gab.

Die Steinbauweise blieb nicht auf die Städte beschränkt, und daß die Römer zumindest zeitweise auch auf dem Lande ins Große gingen, entdeckten die Archäologen im Jahre 1915 zu Burgweinting bei Regensburg, wo ein ganzer Gutshof mit seinen weitläufigen Anlagen ausgegraben wurde. Vierhundert Meter lang war die Mauer, die das ganze Anwesen mit seinen zehn Steinbauten einfaßte. Die hier im fruchtbaren Gäuboden ihre Landwirtschaft betrieben, waren sicher nicht typisch für die bäuerliche Bevölkerung ihrer Zeit, und sie lebten auch kaum weniger bequem als die Städter – der Hof war gepflastert, die Wohnhäuser besaßen die übliche römische Fußbodenheizung und waren unterkellert.

Ein noch überzeugenderes Beispiel für den aufwendigen Lebensstil der vornehmen Südländer ist bereits seit dem Jahre 1856 bekannt. Damals wurde nämlich in Westerhofen bei Ingolstadt ein Haus ausgegraben, das ein Mosaikboden mit Ornamenten und Jagdszenen schmückte – ein Bild von nicht weniger als siebzig Quadratmetern. Wer hier wohnte, ist nach mehr als zweitausend Jahren und nach der wenig sachkundigen Erforschung des Anwesens nicht mehr herauszufinden, aber die Hypothese, daß dies das Jagdschloß oder die Sommerresidenz eines Regenten der raetischen Provinz gewesen sei, geht vielleicht nicht allzuweit an der Wirklichkeit vorbei.

Die Regel für ländliches Bauen werden Burgweinting und Westerhofen aber, wie gesagt, kaum gewesen sein, denn einige

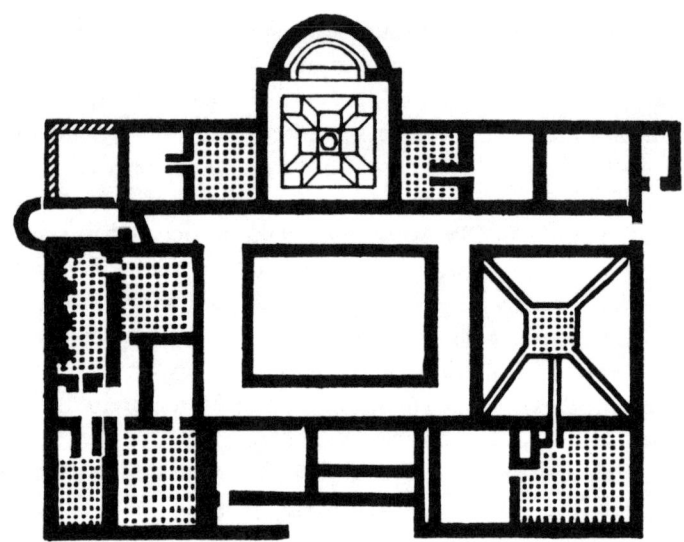

Die Villa von Westerhofen (Grundriß im Maßstab 1:500) gehörte wahrscheinlich zu den luxuriösesten Bauten des römischen Baierns. In ihren Überresten wurde 1856 auch ein berühmtes Mosaik gefunden.

hundert archäologische Funde deuten darauf hin, daß die Bauern in der römischen Zeit geradeso wie vor ihnen die Kelten in Einzelhöfen wohnten, in *villae rusticae* (und möglicherweise waren die meisten dieser Bauern ohnedies romanisierte Kelten).

Daneben gab es natürlich immer noch – und sicher in der Mehrzahl – Holzhäuser in der überlieferten Bauweise. Später, als die Legionäre abgezogen waren, verfiel auch das, was bis dahin gebaut worden war, und es herrschte offensichtlich ein so großes Desinteresse an dieser importierten Architektur, daß zuletzt nur noch ein einziges römisches Bauwerk wenigstens ein bißchen über den Erdboden ragte: das Prätorianertor in Regensburg.

Einen Beweis dafür, daß aber selbst noch in der Spätzeit der römischen Besatzung in Holz gebaut wurde, gibt ein Bericht, in dem der neapolitanische Mönch Eugippius das Leben des heiligen Predigers Severin erzählt hat.

Der Geistliche war irgendwann zwischen 455 und 480 auch in das zwischen Straubing und Passau gelegene Römerstädtchen Quintanis gekommen. »Die dortigen Ortsbewohner«, schreibt

Eugippius, »hatten außerhalb der Stadtmauer auch ein aus Holz gebautes Gotteshaus: dieses wurde von tief eingerammten Baumstämmen und gabelförmigen Stützbalken getragen und schwebte so in seiner ganzen Ausdehnung über dem feuchten Grund. An Stelle eines Steinbodens gab es hier einen geglätteten Bretterboden, den der Wasserschwall zu bedecken pflegte, so oft er über die Ufer stieg.«

In dieser Pfahlbaukirche, die Severin auf wunderbare Weise überschwemmungssicher machte – er schlug Kreuzzeichen in die Balken und sprach zur Donau: »Mein Herr Jesus Christus gestattet es nicht, daß du dieses Kreuzzeichen übersteigst« –, begab sich eine der merkwürdigsten Geschichten im Leben dieses Heiligen:

Als er die Kirche betrat, sah er die aufgebahrte Leiche des Presbyters Silvinius. Auf die Bitte der Gläubigen hin erweckte Severin den Toten, doch der ins Leben Zurückgerufene zeigte sich für dieses Geschenk keineswegs dankbar, denn alles, was er seinem Retter zu sagen hatte, war dies: »Ich beschwöre dich beim Herrn, mich nicht länger hier festzuhalten und der ewigen Ruhe zu berauben, in deren Genuß ich mich schon sah.«

Sagte es, legte sich zurück und starb für immer.

Krieger mit Gärtchen und Ehebett

Aus den entlegensten Ecken des Weltreichs wurden die Leute nach Raetien geholt, doch vor den Nachbarn im Norden verschloß man die Tür. Eine Ausnahme, schreibt Tacitus im einundvierzigsten Kapitel seiner *Germania*, gab es nur »für die Völkerschaft der Hermunduren, die uns Römern treu ergeben ist; darum sind sie die einzigen Germanen, die nicht nur auf dem Uferstreifen (der Donau), sondern auch im Innern unseres Landes und in der so prachtvollen Niederlassung (Augsburg) der Provinz Raetien Handelsverbindungen haben. Überall dürfen sie ohne Wachen die Grenze überschreiten; und während wir den übrigen Stämmen nur unsere Waffen und Feldlager zeigen, haben wir ihnen die Häuser und Gutshöfe aufgetan, denn nach so etwas haben sie kein Verlangen.«

So sah es Tacitus um das Jahr 98 n. Chr. Später verloren die Römer, von Vielfrontenkriegen und inneren Unruhen geschwächt, ein bißchen die Übersicht, und manches spricht dafür, daß die Germanen nicht nur von außen das Reich berannten, sondern daß sie es auch von innen her systematisch unterwanderten. Und die römischen Kaiser haben ihnen dazu reichlich Gelegenheit gegeben.

Septimius Severus, der 193 den Thron bestieg und achtzehn Jahre später als einer der letzten römischen Imperatoren im Bett starb, machte den Anfang. Er war einst selbst als Oberfehlshaber an der Donau stationiert gewesen und wußte daher nur zu gut, daß der Dienst an der germanischen Grenze nicht zu den attraktivsten Kommandos gehörte. Um den Soldaten das Leben ein wenig angenehmer und den Aufenthalt in den abgelegenen Garnisonen schöner zu gestalten, erlaubte er seinen Legionären, nach Dienstschluß die Kasernen zu verlassen und bei ihren Frauen zu nächtigen. Das mag für die Geburtenstatistik, die Blutauffrischung und die Stimmung bei der Truppe von Vorteil gewesen sein, die Verteidigungsbereitschaft der römischen Armee wurde dadurch aber ganz sicher nicht erhöht.

Septimius' Neffe Alexander Severus ging um das Jahr 235 sogar noch einen Schritt weiter: Wenn die Krieger schon ihre Familien mitbringen durften, warum sollten sie dann nicht auch noch ein eigenes kleines Äckerchen bestellen? So erhielten die in römischen Diensten stehenden Soldaten Grundbesitz zugeteilt (was diese allerdings nicht hinderte, den Gönner wenig später mitsamt seiner Mutter zu ermorden).

Von der weichen Welle profitierten auch die unterworfenen Völker, vor allem Caracalla hatte dafür gesorgt: Im Jahre 212 – Alexander Severus war damals erst ein paar Jahre alt – riß er kurzentschlossen die Schranken zwischen römischer Reichs- und Provinzialbevölkerung nieder und gab allen freien Untertanen die Bürgerrechte.

Und wenn sie schon römische Bürger sind und das römische Imperium verteidigen, so soll ihnen auch eine Laufbahn in der Armee offenstehen, sagte Kaiser Konstantin gut hundert Jahre später und befahl, daß es Germanen in Zukunft möglich sein sollte, auch einen Offiziers- oder Generalsrang zu erreichen. Odoaker, der germanische Heerführer und Sohn eines Skirenfürsten, hat das später dann ein bißchen übertrieben, als er im Jahre

476 den kaum volljährigen Kaiser Romulus Augustulus in ein idyllisches Exil am Golf von Neapel schickte und selbst die Herrschaft übernahm. Das Imperium Romanum bestand zwar noch weiter – darauf legte der Germane Odoaker sogar besonderen Wert –, doch die großen Zeiten waren endgültig vorbei.

Die zunehmende Toleranz der römischen Verwaltung hat der aus nördlichen Landen einsickernden und eindringenden Bevölkerung (die schon damals gern in Baiern blieb) die Einbürgerung erleichtert.

Erst in neuerer Zeit haben die Archäologen bei einer genauen Analyse von Gräbern aus der späten römischen Kaiserzeit (zum Beispiel in Neuburg an der Donau) herausgefunden, daß die Germanen gar nicht erst gewartet haben, bis ihre Krieger die raetische Provinz eroberten. Schon lange vor dem Abzug der Legionäre schlugen sie südlich der Donau ihre Quartiere auf, und manches deutet darauf hin, daß die südländischen Grundbesitzer mit den illegal ins Land gekommenen Barbaren sogar Verträge abgeschlossen haben. Wenn es schon keine Rettung mehr gab, so wollte man mit den neuen, fremden Nachbarn doch wenigstens in geordneten Verhältnissen leben.

Ein Rhetor namens Eumenius aus dem gallischen Autun beschrieb noch um die Wende vom 3. zum 4. Jahrhundert, wie überall im Lande Scharen gefangener Barbaren herumsäßen. »Sie wurden unter die Provinzialen verteilt, um die Stätten, welche sie vielleicht einst selbst verwüstet hatten, wieder anzubauen. Mir pflügt nun der Chamave und der Friese, mir arbeitet im Schmutze seines Berufes jener schweifende Räuber, bringt Vieh und Getreide auf meine Märkte zum Verkauf. Zur Rekrutierung eilt er herbei und wünscht sich, Soldat zu werden.«

Durch den eifrigen Gebrauch von besitzanzeigenden Fürwörtern spiegelte sich der ansonsten so kluge Römer eine Überlegenheit vor, die damals eigentlich schon nicht mehr bestand. Allüberall im Lande gab es nämlich Kelten, die den Römern gleichgestellt waren, und viele der von Eumenius so geringgeachteten Barbaren und halbfreien Handlanger mußten das eben noch so mächtige und stolze Imperium vor seinen Feinden beschützen. Um die Mitte des 3. Jahrhunderts kamen selbst die Angehörigen jener in Regensburg stationierten III. Legion, die den verpflichtenden

Beinamen »die Italische« führte, nur noch zum kleineren Teil aus Italien; der große Rest war durch Rekrutierungskommandos irgendwo in den Provinzen gesammelt worden oder stammte aus Raetien selbst.

Viele dieser Beute-Römer mögen darüber nachgedacht haben, ob sich das *mourir pour Rome* eigentlich lohne, ob man sich nicht besser mit den künftigen Herren arrangieren, vielleicht sogar mit ihnen kollaborieren solle.

Das Mündel war dem Vormund gleichgestellt, und wenn Kaiser Caracalla durch seine großzügige Geste auch vor allem die Zahl der steuerpflichtigen Bürger erhöhen wollte, so bewirkte diese fiskalische Manipulation doch auch, daß der Unterschied zwischen Einheimischen und Zugereisten bis zur Unkenntlichkeit verwischt wurde. Wer über Geld oder Grund verfügte und Bares auf den Tisch legen konnte, hatte auch als Kelte oder ehemaliger Sklave keine Schwierigkeiten, in den niederen Adel aufzusteigen, und Freigelassene konnten selbst in der Finanzverwaltung Karriere machen.

Amseln à la Romana

Die Römer hatten in vielen Küchen gegessen und die Delikatessen der Welt kennengelernt; im alten Baiern gab es da nicht viel hinzuzulernen. Und da sich die Legionen aus der Gegend verpflegen mußten, in der sie stationiert waren, aßen wohl auch die Soldaten kaum anderes als ihre keltischen Lieferanten.

Ein beiläufiger, unverbindlicher Beweis dafür wurde im Sommer 1967 in der Nähe von Rosenheim, am Innübergang von *Pons Aeni* (dem heutigen Pfaffenhofen) gefunden. Dort zeigte die Sichtung von römischem Abfall, daß auch die kaiserlichen Soldaten – ähnlich wie einst die Kelten von Manching – vor allem Rind serviert bekamen (60 Prozent der Knochen stammten nämlich von Kühen), mit großem Abstand folgten der Schweinebraten (25 Prozent), sowie Schaf- und Ziegenfleisch (9,5 Prozent). Eine ähnliche Zusammensetzung zeigten auch die Knochenfunde in anderen römischen Lagern.

Seither haben sich die Eßgewohnheiten in den bajuwarischen Landen stark verändert: Von den 78,5 Kilogramm Fleisch, die der statistisch ermittelte Durchschnittsbayer des Jahres 1970 verzehrte, stammten 51,2 Prozent vom Schwein und 30,3 Prozent vom Rind oder Kalb; der Anteil an Schaffleisch war auf 0,2 Prozent zurückgegangen.

Die in der raetischen Provinz stationierten Zivilisten und Krieger mußten zumeist mit der landesüblichen Hausmannskost vorliebnehmen, doch gelegentlich brachten ihnen Importeure die Erinnerung an Gaumenfreuden vergangener Zeiten und ferner Regionen zurück. Auch in der Münchner Gegend, in einem Wald bei Weßling (wo sich in den 1760er Jahren der »Bairische Hiasl«, der legendäre Räuber Matthias Klostermayer, nach seinen Beutezügen gelegentlich versteckt haben soll), fanden die Archäologen 1974 bei der Ausgrabung eines Wehrdorfes so mancherlei, was einen Erforscher der römischen Vorzeit entzücken kann: eine nahezu eineinhalb Meter breite Befestigungsmauer, Gräber und ergiebigen Brandschutt... alles Überreste aus der spätkaiserlichen Zeit des 3. bis 5. Jahrhunderts.

Da nichts ungeprüft bleibt, wenn die professionellen Ausgräber am Werk sind, wurde auch der weiland kaiserl.-röm. Komposthaufen gründlich durchwühlt. Dort aber lagen neben den üblichen Rinder- und Schweineknochen auch die Überbleibsel von – Weinbergschnecken. Sie sind, wie die an anderen Orten gefundenen Reste von Austern, Fröschen sowie von Amseln und Drosseln, Beweisstücke dafür, daß man im alten Raetien das Besondere zu schätzen wußte (wenn auch gelegentlich – wie zur Empörung vieler Zeitgenossen noch im Italien unserer Tage – auf Kosten der Singvögel).

Die wundersame Verwandlung eines Viermäderlhauses

Wie für Soldatenbestand und Speisezettel haben die Römer auch für ihren Götterhimmel bei den unterworfenen Völkern Anleihen gemacht, und mit den Kampf- oder Stationierungstruppen und den Verwaltungsbeamten wanderten die Götter kreuz und quer durchs ganze Reich. Der Himmel war so weit gespannt, daß sich selbst ein so fremdländisches Wesen wie der persische Sonnengott Mithras in Baiern verehren ließ.

Als die vielen römischen, griechischen und orientalischen Gottheiten nordwärts über die Alpen zogen, waren ihre Tage aber bereits gezählt, denn etwa um die Zeit des römischen Einmarsches hatte in einer der mehr östlich gelegenen Provinzen des Imperiums ein Gott das Licht der Welt erblickt, dessen Aufstieg parallel zum Untergang des römischen Reiches verlaufen sollte, und spätestens im 4., 5. Jahrhundert war dann die neue, die christliche Religion auch bereits in der raetischen und norischen Provinz bekannt.

Die Zeugnisse davon sind spärlich, da dieser neue Glaube ja gezwungen war, im Untergrund zu leben, und so sind es auch zwei Opfer der Christenverfolgung, die das Bestehen von frühen Christengemeinden auf bairischem Boden dokumentieren. In Regensburg weiß man nur, daß eine Sarmannina für ihren Glauben starb; auf dem Gedenkstein, der ihren Namen überliefert, steht keine Jahreszahl und nichts über die Todesart. Die Augsburger sind da besser dran, denn Legenden und ein bis ins frühe 4. Jahrhundert zurückreichender Heiligenkult haben die Erinnerung an ihre Stadtpatronin Afra wachgehalten.

Die Dame Afra führte ein Leben, das den Männern sehr viel wohlgefälliger war als Gott – sie betrieb nämlich in der raetischen Hauptstadt Augsburg ein kleines Bordell mit drei Mädchen, und sie wäre auch sicher in Frieden und Freuden gealtert, wenn sich da nicht eines Tages ein Fremdländischer in die stille Herberge gestohlen hätte.

Daß der Mann in das Milieu nicht paßte, zeigte sich sehr schnell. Als ihm nämlich zur Begrüßung ein kleines Mahl bereitet wurde, sprach er ein Tischgebet, und dann erfuhren die vier verblüfften Frauen, daß sich ein Bischof aus Spanien vor den Christenverfolgern zu ihnen geflüchtet habe und daß sein Name Narzissus sei. Das Beispiel des hohen Gastes hat Afra und ihre Mitarbeiterinnen so tief beeindruckt, daß sie sich auf der Stelle zu der verbotenen Lehre Christi bekehrten.

Das Schicksal, dem sich Narzissus durch die Flucht ins Freudenhaus entzogen hatte, erteilte dafür Afra, ihre drei Freundinnen Digna, Eumenia und Euprepia sowie Afras Mutter Hilaria, die in Augsburg ebenfalls ein Bordell betrieb: Sie alle wurden im Jahre 304 bei lebendigem Leibe verbrannt.

Die Lebensgeschichte Afras, die seit neunhundert Jahren im Heiligenkalender der katholischen Kirche steht, besitzt den besonderen Zauber alter Legenden. Danach war sie eine Tochter des Königs von Zypern, die nach dem gewaltsamen Tod ihres Vaters von der eigenen hochgeborenen Mutter zur Liebesdienerin in Rom bestimmt worden war.

Getreu dem caesarischen Motto »Lieber in der Provinz die Erste als in Rom die Zweite« träumte die junge Zypriotin eines Nachts, sie sei Königin der fernen Stadt Augsburg, die allerdings nicht irgendein Provinznest war, sondern – so jedenfalls nannte sie Tacitus – die strahlendste Stadt der raetischen Provinz. Und zu diesem Glanz trug für einige Zeit ganz sicher auch Afra mit ihrem Viermäderlhaus bei.

Obwohl sich die Jugendgeschichten der hl. Magdalena und des hl. Augustinus nicht sehr viel moralischer lesen, wollte der Benediktinerpater Romuald Bauerreiß den Makel käuflicher Liebe von der Augsburger Stadtheiligen nehmen. Die Sache mit dem Venusdienst, meinte er im ersten Band seiner *Kirchengeschichte Bayerns*, sei nichts weiter als ein Lesefehler, der das in einer alten Heiligenbeschreibung vorkommende Wort *veneria* – unzüchtig, sinnlich – unzulässigerweise mit dem unmittelbar vorausgehenden Namen der Afra zusammenkoppelte.

Üble Nachrede scheint das bittere Los der Augsburgerinnen zu sein, denn tausend Jahre nach der Bekennerin Afra wurde noch über eine andere junge Dame aus dieser Stadt viel Unschönes behauptet.

Es endete damit, daß die derart Verleumdete, die Augsburger Baderstochter und spätere (heimliche) wittelsbachische Prinzengattin Agnes Bernauer, auf Befehl ihres Schwiegervaters in der Donau bei Straubing ertränkt wurde.

Die Geschichte der Bernauerin ist oft besungen, erzählt und auf der Bühne nachgespielt worden, doch in den Augen des Volkes galt Afra, die als eines der letzten Opfer der Christenverfolgungen starb, natürlich als die Verehrungswürdigere. Schon bald nach ihrem Tod war das Grab zu einem vielbesuchten Wallfahrtsort geworden, und die so grausam ermordete vormalige Sünderin sollte in der allerfrühesten Geschichte der Bajuwaren auch noch eine weitere Rolle spielen...

Doch vorher mußten die Römer abziehen. Die aber ließen sich verständlicherweise sehr viel Zeit und gaben ihre Stützpunkte auch keineswegs freiwillig auf. Nach einem Aufenthalt von mehr als fünfzehn Generationen fühlten sie sich nicht mehr als Besatzung, sondern als eingeborene Bürger eines Landes, das ja erst durch sie den Anschluß an die Zivilisation gefunden hatte.

Viele dieser römischen Söldner werden auch gar keine andere Heimat mehr gekannt haben. Sie waren hier geboren wie schon ihre Väter und Mütter; sie hatten hier ihre Frauen und ihre Grundstücke; sie wohnten und aßen in ihren eigenen Häusern und fanden, daß es sich – wenn die Germanen nicht gerade wieder wild geworden waren – hinterm Limes ganz gut leben ließ.

Eine Mauer quer durch Deutschland

Eigentlich hätten die Römer damals, als sie vor den Toren der Stadt *Augusta Vindelicorum* den Scheiterhaufen für ihre Landsmännin Afra errichteten, ganz andere Sorgen haben müssen, denn in jenem Jahr, 304 n. Chr., war die ruhige Etappenzeit schon längst vorbei, die Grenze war unsicher, die Völkerwanderung hatte begonnen.

Bis knapp vor die erste Jahrhundertwende hatten sie ihren Machtbereich noch an einigen Stellen erweitern können (in Baiern nur bis knapp über die Donau hinweg), doch dann war mit dem Vorwärtsmarschieren endgültig Schluß – Rom hatte in dieser Ecke der Welt seine weiteste Ausdehnung erreicht und mußte nun sehen, wie sich die eroberten Gebiete sichern ließen.

Nördlich der Donau, wo die Germanen keine hohen Berge erklimmen oder tiefe Gewässer überqueren mußten, hielten die Truppen starke Garnisonen für den geeigneten Schutz. Kaiser Hadrian ließ sich durch die wehrhaften Kastelle und Wachtürme aber nicht blenden. Als er im Jahre 121 auf einer seiner weiten Reisen auch die raetische Provinz besuchte und die an der Grenze liegenden Truppen inspizierte, sah er zunächst vor allem das, was zwischen den einzelnen römischen Stützpunkten lag – es war weites, freies Land, offen für jedweden Angriff.

Dagegen, sagte der Kaiser, hilft nur ein kräftiger, hoher Zaun, und so wurden in den folgenden Jahren die vielen gefährlichen

Zwei Versuche, sich vor den Germanen zu schützen: der obergermanische (oben) und der raetische Limes.

Lücken in der Grenzbefestigung durch einen Palisadenzaun geschlossen, der zuletzt über fünfhundert Kilometer lang war und von Hienheim-Eining (an der Donau) bis in die Gegend von Remagen (am Rhein) reichte.

Das Leben in der germanischen Nachbarschaft blieb aber trotzdem gefährlich. Daran änderte sich auch nichts, als die schnell verrottenden, leicht brennbaren hölzernen Wehrtürme und die geflochtenen Schutzzäune durch Steinbauten ersetzt wurden.

Der Imperator aus Rom, der an allen möglichen Ecken und Enden seines gefährdeten Reiches Mauern bauen ließ, war aus Raetien sehr schnell wieder abgereist – nicht ohne vorher noch eine Münze zur Erinnerung an seine Visite prägen zu lassen –, aber die Sage hat ihm die siebzehn Jahre, die er noch leben sollte, nicht gegönnt. Sie erzählt nämlich, Kaiser Hadrian sei bei Hienheim gestorben und von seinen Soldaten in einem goldenen Sarg donau-

Die Jaspisgemme mit der Darstellung der Göttin Minerva zierte einen eisernen Fingerring, der auf dem Gelände des zum Kastell Eining gehörenden Lagerdorfes gefunden wurde.

aufwärts in die Gegend des Kastells von Eining gebracht worden. Dort habe man ihn mitsamt seinem Schatz unter einer Eiche zur letzten Ruhe gebettet.

Immer wieder ist nach diesem kaiserlichen Gold gegraben worden, und man war gelegentlich auch ganz sicher, *die* Eiche gefunden zu haben ... doch den goldenen Sarg hat bisher noch niemand entdeckt.

Wie wäre das auch möglich gewesen, da Hadrian ja erst im Jahre 138 n. Chr. in seiner Villa am Golf von Neapel in den Armen seines Adoptivsohnes Antonius sanft entschlafen ist und in einem Mausoleum am Tiber beigesetzt wurde.

Altrömischer Drill

Auch Aventin, der nur wenige Kilometer von Hienheim entfernt geboren wurde und der recht gerne Geschichtchen erzählte, hat von diesem kaiserlichen Schatz nichts gewußt. Er berichtet nur, daß Hadrian bei der Truppeninspektion seine Soldaten in voller Montur die Donau durchschwimmen ließ – sehr zum Staunen der »Teutschen«, denen dieser militärische Drill so fremd war, daß sie sich darüber nachgerade entsetzten und »das maul offen vergaßen«.

Auf halbem Weg zwischen Hienheim und dem Kloster Weltenburg, am linken Donau-Ufer, erinnert noch heute eine Hadrian-Säule und der Ortsname Haderfleck (Hadriansfleck) an den Kaiser aus Rom, der Baiern durch eine Mauer vor den Germanen schützen wollte.

Zunächst war das auch nicht allzu schwierig, und als im Jahre 162 n. Chr. die in der Gegend Frankfurt–Darmstadt hausenden Chatten in die römischen Reviere eindringen wollten, konnten sie auch noch mühelos zurückgeschlagen werden.

Fünf Jahre später marschierten dann die Markomannen an der ungarisch-österreichischen Donaugrenze auf, und diesmal mußten die Römer vierzehn Jahre lang kämpfen und Truppen aus fernen Ländern zur Verstärkung herbeiholen, ehe sie die Lage wieder einigermaßen in den Griff bekamen.

Raetien, vor allem dessen östlicher Teil, war zunächst sicher, aber konnte der Grenzwall die Provinz im Ernstfall auch tatsächlich schützen? Die Feldherren waren sich da offensichtlich nicht ganz sicher, und so verlegten sie die sechstausend Mann der kurz zuvor gegründeten III. Italischen Legion nach Regensburg und bauten außerdem das Straßennetz weiter aus, damit Truppen und Nachschub schneller rollen konnten. Im Jahre 180 n. Chr. standen schließlich zusammen mit der Legion rund 16 500 Soldaten sowie 3000 Kavalleristen am Limes und harrten des Feindes.

Etwa hundert Jahre hat die aufwendige, mehrfach verstärkte Anlage den Angriffen aus dem Norden einigermaßen standgehalten, doch sie konnte schon damals die feindlichen Stämme nicht daran hindern, immer mal wieder in Raetien einzufallen. Im Jahre 233 n. Chr. – ein Großteil der römischen Truppen war zum fernen

Mit leicht deformiertem Mund ins Jenseits: Römische Gesichtsurne aus dem Gräberfeld von Pförring.

persischen Kriegsschauplatz abkommandiert worden –, nutzten die Alamannen die Gunst der Stunde zu einem entscheidenden Schlag: brandschatzend und plündernd überrannten sie den Limes, zerstörten die Kastelle und drangen bis in die Gegend von Kempten vor.

Dieser Feuersturm des Jahres 233, der sich durch viele archäologische Funde nachweisen läßt, war der Anfang vom Ende, und um das Jahr 260 n. Chr. sind die Römer aus den Gebieten nördlich der Donau, aus den späteren bairischen Orten Pförring, Pfünz, Weißenburg und Nassenfels ruhmlos abgezogen.

Aber auch die Hoffnung, durch diese Frontbegradigung wenigstens die Donaugrenze halten zu können, erwies sich als trügerisch, die Legionen waren zu schwach, den anstürmenden Germanenstämmen noch länger Widerstand zu leisten – Rom lag in der Agonie, ein Weltreich ging in die Brüche.

An der östlichen Grenze, zwischen Regensburg und Passau, waren die Verteidiger in einer sehr viel günstigeren Position, da ein breiter Fluß sie von den Angreifern trennte, ein »nasser Limes«. Hier, am rechten Donauufer, reichten ein paar gut befestigte Kastelle aus. Meinten die Römer.

Die Suche nach geeigneten Standorten für die Militärlager war dabei sehr einfach – die Truppen brauchten nur dort zu bauen, wo sie zuvor zerstört hatten: an den alten Keltenplätzen. Zum Beispiel an der strategisch wichtigen Stelle, wo Donau, Inn und Ilz zusammenfließen, auf jener spitz zulaufenden Landzunge, die schon Menschen der mittleren Jungsteinzeit bewohnt und später die Kelten für ihr *oppidum Boiodurum* (Stadt des Boio) gewählt hatten.

Der Platz hatte sich diesen Siedlern als ein großes, an zwei Seiten von Flüssen geschütztes Dreieck dargeboten. So brauchten sie nur noch an der Westseite eine ihrer berühmten keltischen Mauern hochzuziehen, um sich dahinter dann verschanzen zu können. So sicher und uneinnehmbar das alles auch aussah – eines Tages wurde die Niederlassung dennoch erobert. Der Keltenfürst Boio, so geht die Sage, habe sich aus Verzweiflung über diese Niederlage und um der römischen Gefangenschaft zu entgehen, in die Flammen der brennenden Stadt gestürzt.

Im Jahre 1918 kam Paul Reinecke auch nach Passau (denn von den frühen Epochen und Stätten bajuwarischer Geschichte ließ der Hauptkonservator am Bayerischen Landesamt für Denkmalspflege keine aus). Er grub sich in den Untergrund der Dreiflüssestadt und entdeckte dabei, daß die vom Nibelungenbischof Pilgrim kurz vor dem Jahr 1000 erbaute Mauer auf dem Schutt einer römischen Befestigung stand, die selbst wieder über den verkohlten Resten eines ursprünglich an die zwei Meter breiten Keltenwalls hochgezogen worden war.

Die siegreichen römischen Legionäre hatten zunächst nicht daran gedacht, ihr Lager auf den Trümmern der von ihnen bezwungenen Stadt zu errichten, da mußten erst gefährliche Zeiten kommen. Sie ließen sich vielmehr – und auch das erst im achten oder neunten nachchristlichen Jahrzehnt – auf dem anderen, dem rechten Inn-Ufer nieder, wo sie, im Angesicht der zerstörten Stadt *Boiodurum*, ein Lager bauten, das sie... *Boiodurum* nannten.

Der Inn hat die Nordseite dieses in der Provinz Noricum gelegenen Römerkastells in den seither vergangenen gut anderthalb Jahrtausenden hinweggespült, doch die kärglichen verbliebenen Reste verrieten noch, daß die militärische Anlage 142 auf 95 Meter gemessen und der Wall somit eine Fläche von etwa 1,3 Hektar umschlossen hat.

Der »Verteidigungsauftrag« für die Besatzung von *Boiodurum* war klar: Sie mußte darüber wachen, daß die jenseits der Donau liegenden streitbaren Barbaren nicht in römisches Gebiet eindrangen. Man beargwöhnte sich und gab sich gelegentlich auch ein bißchen kriegerisch – dem Handel hat das alles freilich wenig Abbruch getan, und schon damals verdiente die Straße von Passau nach dem böhmischen Prachatitz jenen Namen, der ihr im Mittelalter gegeben wurde und den sie bis in die Tage des Eisernen Vorhangs behalten hatte – »der Goldene Steig«.

Auch in den ersten nachchristlichen Jahrhunderten, werden es (wie vorher in den Keltenzeiten) vor allem die aus der Gegend von Hallstatt stammenden Salzkaufleute gewesen sein, die bei *Boiodurum* über Inn und Donau setzten. Doch ob sie nun mit Salz aus- oder mit böhmischen Waren einreisten, die Passauer Zöllner machten jedesmal ein gutes Geschäft.

Die schwimmenden Legionäre vom Niederrhein

Als das Leben immer gefährlicher wurde, und die Handelspartner vom anderen Donauufer sehr viel häufiger mit dem Säbel als mit ihren Münzen rasselten, waren die Römer froh, in die alte, von ihnen zerstörte Keltenstadt übersiedeln zu können. So zog um das Jahr 140, zur Zeit jenes Kaisers Antoninus Pius, dem zwei Jahrzehnte später der Keltenkäse im Halse steckengeblieben sein soll, die neunte Bataver-Kohorte auf den Passauer Altstadthügel und baute jene wehrhafte Mauer, die Reinecke etwa achtzehnhundert Jahre später entdecken sollte.

Daß die römischen Befehlshaber ausgerechnet batavische Hilfstruppen in Passau stationierten, war wohlüberlegt, denn diese Söldner vom Niederrhein – Truppen aus dem heutigen Holland, aus der Gegend von Utrecht, Arnheim und Leiden – besaßen, wie Tacitus im vierten Buch seiner *Historien* schreibt, »eine auserlesene Reiterei, die besonders die Schwimmkunst pflegte, so daß sie gewöhnt war, ohne Waffen und Pferde abzugeben, in geschlossenen Schwadronen den Rhein zu überqueren«.

Weil aber auch an Donau, Inn und Ilz von Nutzen sein konnte, was in der batavischen Heimat so großen Eindruck gemacht hat, wurden tausend rheinische Jungs – denn eine Kohorte zählte etwa tausend Mann zu Pferd und zu Fuß – nach dem Süden abkommandiert. Eigentlich hätte es sich ja nun angeboten, das Lager nach der alten, zerstörten Stadt zu benennen, doch *Boiodurum* II lag ja bereits jenseits des Flusses, in der Provinz Noricum, und so mußte sich die amphibische Spezialeinheit einen neuen Namen einfallen lassen. Warum nicht der fernen niederrheinischen Heimat in der Fremde ein Denkmal setzen? sagten sie sich und nannten ihre Garnison *Batava*; daraus wurde in spätrömischer Zeit *Batavis*, dann *Pazza* und schließlich – Passau.

Bei all ihrer Tüchtigkeit zu Wasser und zu Lande konnten aber auch die Bataver nicht verhindern, daß das römische Weltreich selbst in diesem östlichen Teil der Provinz Raetien brüchiger und die Grenze für die Germanen immer durchlässiger wurde. Ringsum im Lande fielen die Kastelle, die »Passauer« aber hielten die Stellung.

Allerdings war ihr erstes Lager bei der alten Keltenstadt damals, im 4., 5. Jahrhundert, längst aufgegeben.

Nach der Ankunft an Donau und Inn hatten sie sich zunächst nämlich draußen vor dem alten Keltenwall niedergelassen; sie wollten ihren militärischen Stützpunkt nicht über dem Schutt einer zerstörten Stadt bauen. In den Zeiten wachsender Gefahr flüchteten sie dann aber doch reumütig auf den leichter zu verteidigenden Altstadthügel, wo sich vor ihnen schon die Kelten sicher gefühlt hatten. Und wie diese – ja sogar an der gleichen Stelle – zogen jetzt auch sie eine starke Mauer hoch.

Von der einstmals stolzen, vielgerühmten »*Cohors IX Batavorum*« war nach ein paar hundert Jahren nur noch ein »*Numerus*

Batavinus« übriggeblieben – ein Häuflein Aufrechter auf verlorenem Posten. Ursprünglich, als Rom noch über den Erdkreis herrschte, hatte ein *Numerus* dreihundert Mann gezählt, doch jetzt, im 5. Jahrhundert, war die Passauer Garnison stark geschrumpft und bestand nur noch aus vielleicht vierzig Mann.

Vom alten Kastell *Boiodurum*, dem ersten römischen Lager am gegenüberliegenden Innufer, ist in jener Zeit schon gar nicht mehr die Rede.

Menschenleer war das rechtsinnische Ufer deswegen aber keineswegs, und Eugippius weiß im zweiundzwanzigsten Kapitel seiner kleinen Heiligenlegende, daß Severin »außerhalb der Stadtmauer von Batavis, in einer Ortschaft namens Boiotro, jenseits des Inns« eine kleine Klause für ein paar Mönche errichtet habe.

Das war im Jahre 511 n. Chr. im fernen Neapel aufgeschrieben worden. Spuren dieses frühen Klosters glaubt man 1976 bei Grabungen in der St.-Severins-Kirche gefunden zu haben. Bereits zwei Jahre zuvor, im November 1974 war bei Arbeiten für einen neuen Kindergarten im Stadtteil Beiderwies tatsächlich die Stelle entdeckt worden, wo einst die »Ortschaft Boiotro« gestanden hatte. Offensichtlich war da aber doch mehr gewesen als ein kleines Kloster, denn die Archäologen haben vier Meter dicke Mauern und die Fundamente einiger Wehrtürme ausgegraben.

Weit größeren Eindruck als diese Fortifikationen, die etwa einen Kilometer weiter innaufwärts lagen als das Kastell von *Boiodurum*, machte ein Brunnen von 1,50 Metern Durchmesser und 4,60 Metern Tiefe. Mit dieser Anlage, die durch Granitplatten sorgfältig abgedeckt war, und in der das Wasser noch eineinhalb Meter hoch stand, haben die Archäologen den, wie es heißt, »ältesten noch wasserführenden Brunnen der Bundesrepublik« gefunden.

Zwischen *Boiodurum* I und *Boiodurum* II, Batava-Batavis und Boiotro warten noch mancherlei Rätsel auf ihre Lösung.

Der »Schatz« im Kupferkessel

Sehr viel klarer sieht man inzwischen in dem donauaufwärts gelegenen Künzing, im alten römischen Kohortenkastell von *Quintana* (auch wenn es für den Laien dabei so gut wie nichts zu sehen

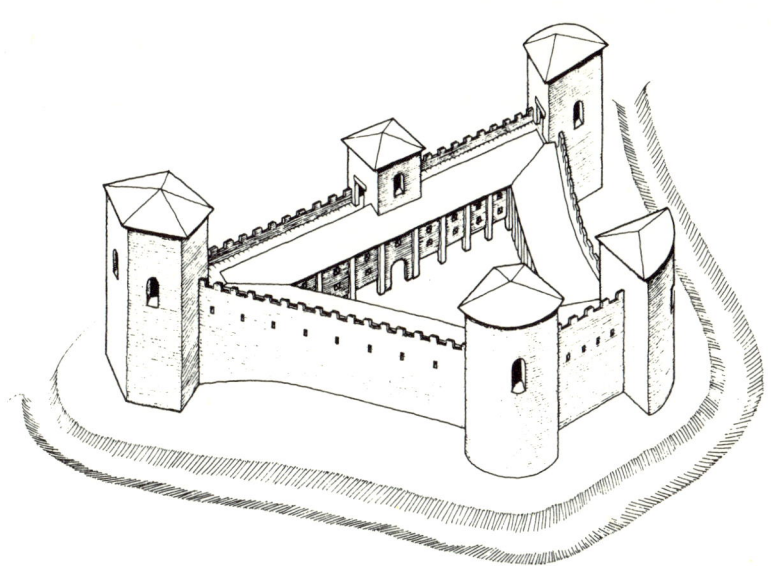

So, meinen Archäologen, habe wohl die römische Festungsanlage Boiotro auf dem rechten Innufer bei Passau ausgesehen.

gibt, da von der alten wehrhaften Anlage nur einige kaum aufspür-
bare Reste übriggeblieben sind).

Etwa zu der Zeit, als sich die Römer ihr Inn-Kastell von *Boio-*
durum bauten, errichteten sie auch runde dreißig Kilometer weiter nördlich ein Heerlager. In den Jahren nach 1958 hat Hans
Schönberger nachgewiesen, daß die Legionäre ihren 160:136 Meter großen Stützpunkt zunächst mit einer massiven Wand aus
Holzbohlen umgaben, die von innen her durch einen aufgeschüt-
teten Erdwall abgestürzt war. Damit diese Anlage aber noch
imposanter und die Holzmauer höher wirkte, zogen sie rund um
das Geviert noch einen Graben. Um das Jahr 120 n. Chr. hatten
die Krieger dann offensichtlich das Gefühl, ihr Schutzwall (der
inzwischen sicherlich auch ein bißchen baufällig und morsch geworden war), könnte den Feind nicht mehr so recht abschrecken.
Also schaufelten sie einen zweiten Graben und verstärkten die
Holz-Erde-Mauer bis zu einer Stärke von vier Metern.

Einige Jahrzehnte später, ungefähr zu der Zeit, als die Bataver
nach Passau kamen, machten die Quintaner ihrer alten Verteidi-
gungsanlage aber endgültig den Garaus – sie rissen die Holzmauer

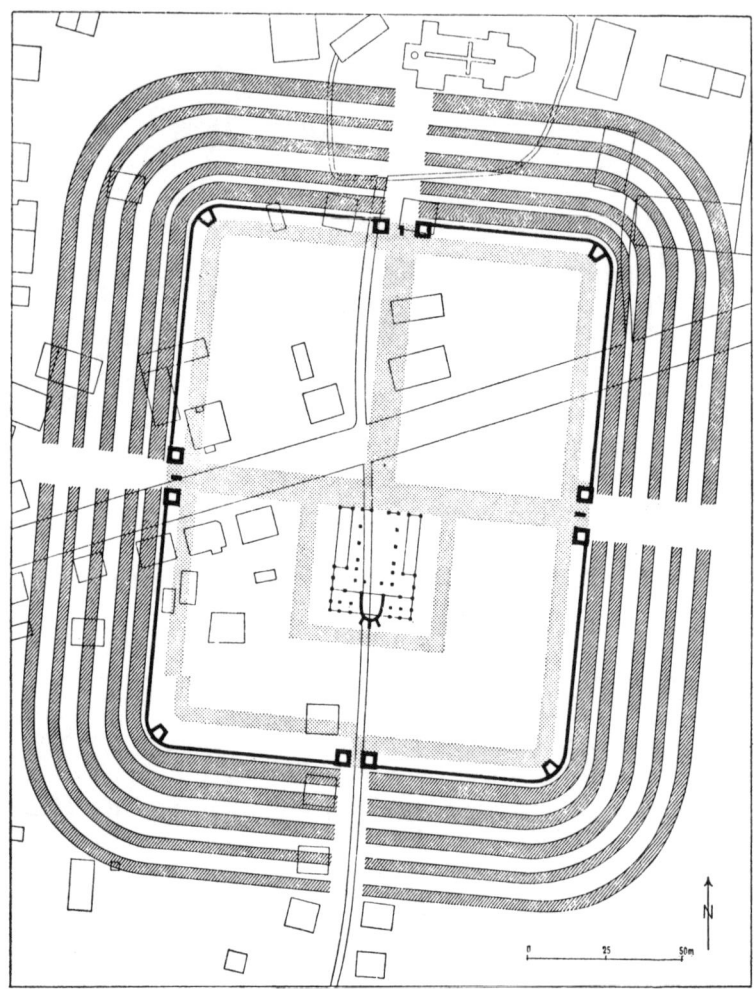

Fünf Wälle und ein Kastell: Quintana-Künzing. Im Mittelpunkt dieser Anlage – die dünn gezeichneten Umrisse skizzieren die Lage des heutigen Dorfes Künzing – befanden sich das Fahnenheiligtum und die Unterkunft der Offiziere. Die Holzbaracken der Legionäre standen in den freien Feldern zwischen den punktiert gezeichneten Lagerstraßen.

ein und errichteten statt dessen eine stabile, mit Erde angeschüttete Steinmauer, vor der sie in ihrer Angst nicht weniger als fünf Schutzgräben aushoben.

Damit ist Künzing übrigens das bisher einzige Römerkastell auf dem Festland, das sein Heil in derart vielen Gräben suchte; ähnlich tiefgestaffelte Anlagen kennt man sonst nur von der britischen Insel.

Das Ende kam trotzdem erstaunlich rasch, denn schon um das Jahr 240 scheinen die Truppen aus dem wällereichen *Quintana* abgezogen zu sein; daß dieser Abmarsch Hals über Kopf erfolgte, verrät ein wohlassortiertes Waffenarsenal, das erst 1962 unter den spärlichen Überresten des Kastells von *Quintana* entdeckt wurde.

Hier lagen in der ehemaligen Waffenkammer verschüttet: 14 Kurzschwerter, 52 Dolche (zum Teil mit Scheiden), 35 Lanzenspitzen, 10 Bolzen von Wurfgeschossen, 1 Kettenpanzerhemd, Beinschienen, 1 Standartenspitze, 32 Kreuzhauen, 12 Breithakken, 6 Beile, 7 Pionieräxte, 34 Haumesser, 27 Balkennägel, 65 Zeltpflöcke und 29 Fesseln mit Kastenschlössern und Ketten, die ausgereicht hätten, um sechzig Gefangene zu fesseln.

Daß die römische Herrschaft im Lande nördlich der Alpen bedroht war und ihrem Ende entgegenging, hatten andere Orte bereits einige Jahre früher erfahren. Im Jahre 233 waren die Alamannen über den Limes hinweg bis in die Gegend des Bodensees und bis Kempten und Weilheim vorgedrungen. Einen Beweis dafür liefern die vielen Münzschätze, die offensichtlich in aller Eile vergraben und nie mehr wieder geholt wurden.

Damals wurde wohl auch durch Alamannen oder andere germanische Stämme der Gutshof in Harting bei Regensburg überfallen, dessen Überreste man Mitte der achtziger Jahre beim Bau eines BMW-Werkes entdeckt hat. Im Katalog des bei der Fabrik eingerichteten Archäologischen Museums wird der grausige Fund, der hier gemacht worden war, so beschrieben: Eroberer »überfielen das Anwesen, töteten die Bewohner mit Schwert- oder Axthieben und skalpierten die Frauen. Mehrere Personen erhielten – tot oder gefesselt auf dem Boden liegend – einen stumpfen Schlag quer über die Stirn. Im Verlauf einer anschließenden Zeremonie (verbunden mit kultischem Kannibalismus?) zerstückelten die Germanen mindestens 13 Personen und warfen Teile der Leichen in die beiden Brunnen.« Und dort wurden sie sechzehnhundert Jahre später gefunden. Wie wenig vorbereitet die Soldaten auf diesen Überfall waren, zeigte sich besonders

Bairische Löwen aus der Römerzeit. Bei Gauting, wo eine ihrer Straßen die Würm querte, wurden diese Teile einer Bronzestandarte gefunden.

deutlich in den Überresten des bei Eichstätt gelegenen, inzwischen teilweise rekonstruierten Kastells zu Pfünz, dem Vetoniana der Römer. Hier, wo knapp fünfhundert Breuker stationiert waren, hatten die Wachen nicht einmal mehr die Zeit, ihre Schilde zu ergreifen, und Archäologen fanden einen Gefangenen, der mit den noch angelegten Fußfesseln in seiner Zelle verbrannt war.

Für die Soldaten der etwa 76 n. Chr. errichteten Garnison Straubing, dem Sorviodurum der Kelten, war das Ende ihres Kastells ebenfalls mit dem Alamanneneinfall von 233 gekommen. Auch hier wurden die Römer offensichtlich überrascht und so blieb nicht einmal mehr die Zeit, ein wertvolles Sammelsurium von Metallgegenständen, das in einem 42 Zentimeter hohen Kupferkessel gesammelt war, rasch an einem sicheren Platz zu deponieren.

Wer immer sich im Jahre 233 dieses Gutes angenommen hatte – ob ein gewissenhafter Soldat oder ein beutegieriger Marodeur –, er

Römische Parademaske (3. Jh. n. Chr.), die im Oktober 1950 bei Bauarbeiten in Straubing gefunden wurde (Gäubodenmuseum Straubing).

war damit nicht weit gekommen und hatte zuletzt wohl nur noch den Wunsch, wenigstens sein Leben zu retten. So wurde der Kübel drei Kilometer vom Kastell entfernt in einer nicht sehr tiefen Grube verscharrt.

Seit seiner Entdeckung gehört der Inhalt dieses Kupferkessels – er besteht aus 7 ehemals vergoldeten orientalischen und hellenischen Gesichtshelmen, 1 Hinterkopfstütze, 5 verzierten Beinschienen, 8 Kopfschutzplatten für Pferde, 7 Götterfiguren, 11 Sockeln für Statuetten, Waffen, Werkzeugen und Schlüsseln – zu den ungewöhnlichsten, kostbarsten und berühmtesten Überbleibseln aus der von Kriegswirren geschüttelten spätrömischen Kaiserzeit.

Begonnen hat die Geschichte des »Straubinger Schatzfundes« am Nachmittag des 27. Oktober 1950, einem Freitag, als die Bauarbeiter der Straubinger Firma Will bei Aushubarbeiten für eine Klärgrube etwa vierzig Zentimeter unter dem Boden auf einen umgestürzt im Boden steckenden Kupferkessel stießen. »In unbezwinglicher Neugier, was wohl in dem Kessel enthalten sei«, schlugen sie zunächst mit der Spitzhacke ein Loch. War's ein Schatz, der ihnen hier entgegenschimmerte, waren sie vielleicht auf Gold gestoßen?

In ihrer Aufregung kamen sie nicht auf den nächstliegendsten Gedanken, diesen geheimnisvollen Kübel erst einmal aus der Erde zu hieven. Statt dessen rückte ein Arbeiter der Sache mit einer Blechschere zu Leibe, und schon bald war die Öffnung so groß, daß man Stück für Stück herauszerren konnte. Gold war's freilich nicht, der Traum vom großen Schatz blieb unerfüllt...

Josef Keim, ein verdienter Straubinger Heimatforscher, hat das nun folgende turbulente Wochenende mit all seinem hektischen Hin und Her genau protokolliert:

Zuerst tauchte gegen 15.30 Uhr der für die Arbeiten verantwortliche Ingenieur Tenderich am Fundort auf. Er sammelte alle (noch) vorhandenen Römerstücke geschwind in einen Korb und eilte dann weg, um dem Straubinger Kreisbaumeister Himmel zu erzählen, was da ans Licht gekommen war. Während er noch beim obersten Baumenschen im Landkreis zum Rapport weilte – der Kessel war ja auf einer kommunalen Baustelle entdeckt worden –, kam der Bauunternehmer Will an den »Tatort«, inspizierte die bronzenen Stücke und expedierte den wohlgefüllten Korb zunächst einmal per Auto in seine Wohnung.

Vom Kreisbaumeister verständigt, war inzwischen aber bereits der für Archäologisches zuständige Dr. Hundt unterwegs zum Ort des Geschehens. Er legte das noch immer in der Erde steckende Gefäß weiter frei, wobei er darauf achtete, daß er die Lage auch jener wenigen Gegenstände, die neben dem metallenen Behälter im Boden steckten, peinlich genau registrierte; doch es wurde früh dunkel an diesem 27. Oktober, und so mußte der Kupferkessel vorerst dort bleiben, wo er seit mehr als sechzehnhundert Jahren verborgen gewesen war.

Nachdem er die Fundstelle mit Dachpappe und Erdreich abgedeckt hatte, inspizierte Hundt in der Willschen Villa den Inhalt des Korbes und notierte die einzelnen Objekte.

Bereits zu diesem Zeitpunkt stand fest, daß hier eine bedeutende Hinterlassenschaft der Römer entdeckt worden war. Noch am Freitagabend ging ein Telegramm an das Landesamt für Denkmalspflege in München ab.

Am nächsten Tag hatte sich die Geschichte längst herumgesprochen, und so zogen mit den Ausgräbern auch bereits Pressefotografen und sogar die Wochenschau zur Klärgrube. Unter dem Surren der Kameras wurde am Morgen des 28. Oktobers 1950 der Kupferkessel geborgen – »eine Arbeit, die bei der herrschenden Kälte kein reines Vergnügen war«.

Nachmittags, die Aktion war inzwischen abgeschlossen, wurden alle ausgebuddelten Gegenstände im Hof des Bauunternehmers Will zusammengetragen, um »Fotografen und Interessenten in großer Zahl« vorgestellt zu werden.

Der Straubinger Oberbürgermeister wollte in seiner Begeisterung all den bronzenen Reichtum schnell ins Stadtmuseum an der Fraunhoferstraße abtransportieren lassen, doch während er sich über den sensationellen Neuzugang freute und Interessenten diese Paradestücke und Götterstatuetten von allen Seiten bestaunten und fotografierten, kam der Landrat von einer Dienstreise aus München zurück und setzte durch, daß der »Straubinger Schatzfund« fürs erste ins Gebäude des Landratsamtes gebracht wurde.

Inzwischen ist der polierte und restaurierte Inhalt des Kupferkessels längst schon dort untergebracht, wo ihn der Bürgermeister von Anfang an haben wollte: im Straubinger Gäubodenmuseum.

Wie in Straubing und an vielen anderen Orten, so hat man in der Zeit der Alamannenstürme auch vor dem Kastell von Weißenburg ein Loch gegraben und darin, zusammen mit Eimer, Sieb und Kessel, mit einem Klappstuhl, mit Schalen, Beschlägen, Kannen und Küchengeräten einen ganzen bronzenen Götterhimmel versteckt. Mehr als hundert Figuren und Gebrauchsgegenstände insgesamt.

Und wie im ehemaligen Sorviodurum, so sind auch hier, im 1889 entdeckten Alenkastell von Biriciana, fast zweitausend Jahre vergangen, bis dieser Schatz im Jahre 1979 entdeckt wurde. Durch einen Studienrat, der auf seinem Grundstück »Am Römerbad« ein Spargelbeet anlegen wollte. Es war etwa 15 Uhr an diesem 19. Oktober, als er in etwa 30, 40 Zentimeter Tiefe auf zerklumpte, unansehnliche Metallgegenstände stieß. Er schaufelte weiter, rief schließlich auch noch seine Familie herbei, damit alles schnell und unauffällig vor sich gehe, und obwohl es nahegelegen hätte – und

Mehr als zwanzig Bronzestatuetten des 2. Jahrhunderts n. Chr. – unter ihnen diese Statuette eines Genius – gehören zum berühmten römischen Schatzfund von Weißenburg.

das Gesetz es wohl auch vorschrieb –, das Landesamt für Denkmalspflege zu informieren, ging man auf der Flur Nr. 897/6 hastig zu Werk, um nur ja möglichst viel von dem versteckten Gut zu bergen.

Zuletzt, nachdem die Besitzer des nur 150 Meter von der Weißenburger Römertherme entfernten Fundortes ihre Beute auch noch heimlich bei Sotheby's in London losschlagen wollten, bekam der bayerische Staat dann doch noch, was ihm von Gesetzes wegen von allem Anfang an zugestanden hatte. Und die Erbengemeinschaft der drei Grundstückseigentümer, die hartnäckig zu verhandeln gewußt hatten, bekamen für den – wie Hans-Jörg

Kellner und Gisela Zahlhaas in ihrer Monographie schrieben –
»größten Schatzfund seiner Art nicht nur in Bayern, sondern auch
in der Bundesrepublik« den Betrag von 1,8 Millionen Mark.

Zusammen mit den 1977 entdeckten und in ein Freilichtmu-
seum umgewandelten römischen Thermenanlagen sind die Götter
vom Spargelfeld die kostbare Sehenswürdigkeit aus Weißenburgs
römischen Tagen.

Die gar schreckliche Angst des Königs Gibuld

Die Römer haben in Baiern während ihres fünfhundertjährigen
Aufenthalts zweifellos so manches zuwege gebracht, doch in den
zeitgenössischen Büchern ist darüber so gut wie nichts zu lesen.
Erst aus den Jahren des ruhmlosen Untergangs gibt es ein schrift-
liches Zeugnis, ein literarisches Dokument – eine Heiligenlegende
in 46 Kapiteln: Im Jahre 511 beschrieb der Mönch Eugippius, ein
Zeitgenosse des heiligen Benedikt, das Leben seines Lehrers, des
»hochheiligen Gottesdieners Severin«, der in der zweiten Hälfte
des 5. Jahrhunderts in der Gegend von Linz und Passau dreißig
Jahre lang missioniert und das Ende der römischen Herrschaft
miterlebt hat.

Die ganze Front war damals bereits in Auflösung begriffen, und
zuletzt wurden sogar die Bewacher von den Grenzwällen abgezogen. Die Donauanwohner hatten resigniert, das Land war den
räuberischen Angreifern aus Ost und Nord wehrlos ausgeliefert.

»Nur die Abteilung zu Batavis«, heißt es im zwanzigsten Kapitel des Eugippius-Buches, »hielt sich noch so gut sie konnte. Von
ihr waren etliche Mann nach Italien aufgebrochen, um für ihre
Kameraden die letzte Löhnung zu holen.«

Die Barbaren hatten die Wege in den Süden aber längst in ihrer
Hand, und so endete die Reise für die Geldboten tödlich. »Eines
Tages aber las der hl. Severin in seiner Klause: da schloß er
plötzlich sein Buch und begann laut schluchzend zu weinen. Er
forderte die Leute, die bei ihm waren, auf, unverzüglich an den
Fluß zu eilen, der, wie er erklärte, zu dieser Stunde mit Menschenblut besudelt werde. Und alsbald kam die Nachricht, daß die
Leichen der erwähnten Wehrmänner vom ungestümen Wogen-
drang an Land geworfen seien.«

Die Nöte und Bedrängnisse der Passauer waren dem Prediger gut bekannt, denn die Bewohner dieser Stadt baten ihn immer wieder um Hilfe, »vornehmlich wegen der beständigen Einfälle der Alamannen, deren König Gibuld ihn [Severin] ungemein verehrte und hochschätzte«.

Nur er, so scheint es, konnte die beutegierigen germanischen Krieger am Überfall hindern. Als Gibuld wieder einmal diese Gegend heimsuchte, »verließ [Severin] den Ort und ging ihm entgegen, damit er die Stadt durch seinen Einmarsch nicht schwer belästige«. Bei diesem Zusammentreffen, schreibt Eugippius, redete Severin »mit so fester Entschlossenheit auf den König ein, daß dieser vor ihm ganz heftig zu zittern anfing. Daraufhin machte Gibuld kehrt und bekannte vor seinen Truppen, daß ihn nie im Kampfe noch sonst in einer bedrohlichen Lage ein so furchtbares Schlottern befallen habe«.

Ganz so groß wird die Angst und das Kniezittern des Alamannen wohl nicht gewesen sein – in den Heiligenlegenden der alten Zeit liebt man die kräftigen Farben und harten Kontraste –, aber immerhin: Der König zog ab und schickte freiwillig siebzig Gefangene zurück.

Das Schicksal von *Batavis* war dennoch besiegelt, und es bedurfte keiner prophetischen Gaben, um das vorauszusagen – die Zeichen waren unübersehbar: Wer hätte verhindern können, daß die Verwaltung in dem seit Beginn des 4. Jahrhunderts ohnedies zweigeteilten Raetien zusammenbrach? Wer hätte den Gotenkönig Radagais aufhalten können, als er im Jahre 405 n. Chr. mit seinen zweihunderttausend Mann quer durch Raetien gen Italien marschierte? Und wo waren die einstmals so stolzen römischen Krieger, als Attila mit seinen Hunnen quer durch Europa westwärts ritt?

Severin wurde nicht müde, die kleinen Christengemeinden immer wieder vor dem nahen Ende zu warnen. Als ihn die Einwohner von Boiotro (der Innstadt des modernen Passau) einmal baten, er möge für sie beim Rugierfürsten Feban – in den Geschichtsbüchern heißt er Feletheus – die Handelserlaubnis erbitten, erwiderte der Gottesmann:

»Die Stunde steht bevor, da diese Stadt *[oppidum]* so wie die anderen oberen Ortschaften öde und von der Einwohnerschaft verlassen dastehen wird. Wozu ist es da noch vonnöten, sich um Handelsangelegenheiten in Orten zu kümmern, wo sich künftighin kein Kaufmann wird zeigen können?«

Und unter Tränen, so schreibt sein Biograph, prophezeite Severin: »Ich erkenne, daß diesen Ort, wenn ich nun von ihm scheide, bald ein vernichtender Schlag ereilen wird; Christi heilige Stätten, ich vermag es nur unter Seufzen vorzubringen, werden weit und breit von Menschenblut triefen...«

Mit dieser Weissagung ließ er die Bataver stehen, bestieg ein Schiff und fuhr hinab ins Österreichische, in sein bei Krems gelegenes Kloster Favianis. »Er war kaum fortgefahren, da stürmte Hunumund in Begleitung einiger weniger Barbaren in die Stadt Batavis, wie es der Heilige vorausgesagt hatte; und während fast die ganze Einwohnerschaft mit Erntearbeiten vollauf zu tun hatte, hieb der Feind die vierzig Mann des Ortes nieder, die zu dessen Bewachung zurückgeblieben waren.«

Wieder einmal hatten die Germanen Passau heimgesucht. Das Ende war jetzt zum Greifen nahe, und etwa um die Mitte der siebziger Jahre des 5. Jahrhunderts zogen die Römer endgültig ab. Rheinländische Soldaten hatten die Stadt einst auf keltischen Fundamenten gebaut, Thüringer kamen nun, sie zu zerstören und alle Einwohner zu töten, die nicht geflüchtet waren.

Die große Prophezeiung des hl. Severin

Der Bericht vom Untergang der Stadt Passau, das siebenundzwanzigste Kapitel der *Vita Sancti Severini*, ist die einzige Schilderung, die es über das armselige Finale der raetischen Provinz gibt:

»Zur nämlichen Zeit verließen die Ortsbewohner von Quintanis, zermürbt von den unausgesetzten Überfällen der Alamannen, ihre Wohnsitze und wanderten in die Stadt Batavis aus. Doch den Barbaren blieb deren Zufluchtsstätte nicht unbekannt. Dies reizte ihre Angriffslust noch mehr, da sie meinten, nunmehr auf einem Beutezug die Bevölkerung zweier Ortschaften zugleich ausrauben zu können. Da gab sich der hl. Severin ganz dem Gebete hin, ermutigte die Römer vielfach durch gnadenreiche Beispiele und prophezeite, man vermöchte die Feinde durch Gottes wirksamen Beistand niederzuringen;

doch würden alle, die seine Weissagungen mißachten, nach dem Siege den Untergang finden.

Gefestigt durch die Vorhersage des ehrwürdigen Mannes, stellten sich die Römer samt und sonders in Erwartung des verheißenen Sieges zur offenen Feldschlacht gegen die Alamannen, weniger mit weltlichen Waffen als mit den Gebeten des heiligen Mannes gerüstet. Beim Anprall der Streitkräfte wurden die Alamannen geschlagen und ergriffen die Flucht, worauf der Gottesmann also zu den Siegern sprach: ›Liebe Söhne, haltet den glänzenden Sieg in diesem Kampfe nicht eurer Stärke zugute: wisset vielmehr, daß euch Gottes Hilfe jetzt deshalb die Freiheit sicherte, damit ihr in der knappen Zeitspanne, die euch gewissermaßen als Waffenstillstand gewährt ist, von hier aufbrechet. Sammelt euch darum und begebet euch mit mir hinab nach der Stadt Lauriacum!‹ ...

Da sich aber die Leute von Batavis zum Verlassen ihrer heimischen Scholle nicht recht entschließen konnten, warf er noch die Bemerkung hin: ›Wenngleich wir auch die Stadt unseres Reiseziels beim Einbruch der Barbaren unverzüglich werden räumen müssen, so laßt uns doch jetzt von hier ebenfalls abwandern!‹

So mahnte er, und die meisten richteten sich danach; einige aber zeigten sich unzugänglich, und diese Verstockten entrannen nicht dem Feindesschwert. Wer nämlich wider die Warnung des Gottesmannes dort verblieb, wurde von den hereinstürmenden Thüringern in der gleichen Woche niedergemetzelt oder in die Gefangenschaft geschleppt und mußte so für seine Verstocktheit büßen.

Nach der Zerstörung der Ortschaften im oberen Donauraum übersiedelte die ganze Bevölkerung, die der warnenden Stimme des hl. Severin Gehör geschenkt hatte, in die Stadt Lauriacum.«

Dort erreichte sie dann im Jahre 488 n. Chr. – Severin war inzwischen gestorben – Odoakers Befehl, alles aufzugeben und nach Italien heimzukehren.

Die Siedlungen waren zerstört, die letzten Römer nach *Lauriacum* – das spätere Lorch – geflohen. Baiern hatte damit endgültig aufgehört, Teil des Römerreiches zu sein. Ein in Augsburg gefundener Grabstein aus der Zeit um 400 n. Chr. ist das späteste Zeugnis, das aus den lateinischen Tagen erhalten geblieben ist.

Das alte Keltenreich Vindelikien war sicher keine Perle im Kranz der vielen römischen Provinzen gewesen, und doch haben sich die Römer hier ganz wohl gefühlt – wären sie sonst beinahe ein halbes Jahrtausend lang im Lande geblieben?

Hätten die Germanen nicht so energisch gedrängt und wäre zu Hause in Rom nicht alles drunter und drüber gegangen – wer weiß, vielleicht säßen sie heute noch hier herum und Bayern wäre dann das, wofür es manche Norddeutsche ohnedies halten: Italiens nördlichste Provinz.

DIE HERKUNFT

»Extra Bavariam nulla vita, et si est vita, non est ita.«
»Außerhalb Bayerns gibt es kein Leben – und wenn, dann doch nicht dieses.«

Alte Inschrift

Einem Pilger wird übel mitgespielt

In der alten Welt war viel Bewegung; ganze Völker machten sich auf die Suche nach einer neuen Heimat, und schier alles, was einen Namen vorweisen konnte, hat sich an diesen Wanderungen beteiligt – Kimbern und Teutonen, Langobarden, Burgunder und Goten, Quaden, Rugier, Wandalen, Heruler, Markomannen...

Und unter all den vielen, längst vertrauten Stämmen und Völkern, die zwischen dem 3. und 6. Jahrhundert mit ständig wechselnden Wohnsitzen genannt werden, taucht plötzlich um das Jahr 550 n. Chr. ein Name auf, den bis dahin noch kein Schriftsteller genannt hatte: »*Regio illa Suavorum ab oriente Baibaros habet*«, heißt es im fünfundfünfzigsten Kapitel der *Gotischen Geschichte* des Jordanis – »östlich der Schwaben besitzen die Baiern ihr Land«.

Ein paar Jahrzehnte danach, irgendwann zwischen 565 und 570 n. Chr., wird dieser Stamm dann von einem drittrangigen Poeten noch einmal erwähnt; und dieser Mann weiß nun schon ein bißchen mehr und hat offensichtlich seine Erfahrungen gemacht.

Der wenig später zu Bischofsehren gelangte Priester Venantius Fortunatus reiste damals von Ravenna zum Grab des heiligen Martin in Tours und verfaßte über diese Reise ein gleichsam seitenverkehrtes Gedicht: Er beschrieb nämlich, schön die Stationen aneinanderreihend, seinen langen Pilgerweg von Tours nach Ravenna. Über Rhein und Donau kommt er nach Augsburg, wo er am Grab der hl. Afra betet.

Und weiter geht die Fahrt... doch kurz hinter Augsburg, irgendwo in der Gegend des heutigen Pfaffenwinkels, muß man dem frommen Mann übel mitgespielt haben, sonst hätte er schwerlich schon im Vorwort seiner Dichtung alle künftigen Pilger gewarnt: »Wandre hin über die Alpen, wenn dir der Baier nicht den Weg versperrt« – »*neque te Baioarius obstet*«. Nahezu anderthalb Jahrtausende später, im Sommer 1992, hat der dazumal amtierende Häuptling der Bayern diesen Satz bekräftigt und der in München versammelten Presse erklärt, daß es nicht ratsam sei, sich mit den Bewohnern des Landes anzulegen (und beispielsweise mit Trillerpfeifen zu demonstrieren), denn die Bayern seien es gewohnt, kräftig hinzulangen.

Anders als dem Venantius Fortunatus, der ja zu hohen kirchlichen Würden aufstieg, ist dem Politiker sein Satz über die Bayern nicht bekommen. Seine (Partei-)Freunde haben nämlich schnell dafür gesorgt, daß er zum Häuptling a. D. wurde. Als solcher zog er sich grollend in seine Heimat zurück – in den Pfaffenwinkel.

In der römischen Spätzeit waren die Sitten verwildert, und es dauerte eine geraume Zeit, bis beim jungen Stamm der Baiern wieder Zucht und Sitte herrschten. Ein historisch nicht verbürgter, legendärer Herzog Theodo soll damals durch eine Verordnung darauf gesehen haben, daß sich, wie Aventin schreibt, »das frech gemüet der Baiern, so bisher der krieg gewohnt hetten«, wieder besänftige. (Auch wenn das Wort »frech« im damaligen Sprachgebrauch »kühn« oder »mutig« bedeutete, so war der Umgangston doch sicher rauh, und auch das *Nibelungenlied* weiß einige Jahrhunderte später an zwei Stellen davon zu singen, daß der Straßenraub in Baiern an der Tagesordnung sei.)

Die Bajuwaren hatten also kaum die Bühne der Geschichte betreten, als sie auch schon – und sicher nicht nur dem Venantius Fortunatus gegenüber – jenes Mißtrauen zeigten, mit dem sie Fremden bis zum heutigen Tage begegnen. Der Eidgenosse Ludwig Gottfried hat das, was der Priester aus dem 6. Jahrhundert festgestellt hatte, in den Zeiten des Dreißigjährigen Krieges noch einmal bestätigt: »Die Bayerisch nation«, so ließ er wissen, sei »unfreundlich gegen die frembden wie die erfaren, so durch ihr Land reysen«.

»Außerhalb Baierns ist kein Leben...«

Keiner hat beobachtet, wie die Bajuwaren gewandert sind (ja, ob sie überhaupt gewandert sind), keiner weiß, woher sie kamen. Und während andere Stämme, wie etwa die Burgunder und die Langobarden, viele hundert Kilometer marschieren mußten, ehe sie ihre endgültigen Quartiere erreichten, sind die Baiern – wie der Igel im Märchen – immer schon da, von Anfang an: Der erste Historiker, der von ihnen berichtet, findet sie bereits in den Gebieten, die sie bis zum heutigen Tag bewohnen.

Es wird für diesen seßhaften Stamm also wohl doch etwas daran sein an dem alten Spruch: »*Extra Bavariam nulla vita, et si est*

vita, non est ita«, was nicht weniger heißt, als daß außerhalb
Baierns kein Leben sei, und wenn, dann doch nicht dieses.

Das war übrigens auch die Meinung des großen Abtes Gode-
hard aus Niederaltaich. Als ihm nämlich der Kaiser 1022 das eben
frei gewordene Bistum in Hildesheim antrug, winkte er ab: »Lieber in Baiern ein Abt, als da droben ein Bischof. Und wenn ich
denn schon unbedingt Bischof werden sollte, dann halt auch
wieder ein Bischof in Baiern.«

So lebt dieses Volk seit bald eineinhalb Jahrtausenden zufrieden
und behäbig, doch auch ein wenig stolz (gelegentlich vielleicht
allzu stolz) und selbstgefällig innerhalb uralter Grenzen, in einer
Region, die man »das altbaierische Fünfeck« nennt und die weitgehend der ehemaligen römischen Provinz Raetia II entspricht.
Das Gebiet wird im Süden eingefaßt durch Salzach und Inn sowie
durch den zwischen Berchtesgaden und Füssen liegenden Teil der
Alpen; die Westgrenze bildet der Lech; im Norden markieren die
Donau zwischen Lechmündung und Regensburg sowie die Ver-
längerung dieser Linie bis Waldmünchen (etwas ungenau) die
Grenze zwischen Baiern und Bayern. Die fünfte und letzte Seite
dieses Fünfecks bildet schließlich der Böhmerwald zwischen
Waldmünchen und Freyung.

Dank der emsigen bairischen Kolonisierung in den frühen Jahrhunderten ist die Lage aber doch noch etwas komplizierter und
das asymmetrische Fünfeck ist eigentlich nur das Kernstück und
der verbliebene Rest jenes größeren Baierns, dessen Entstehung
Sigmund von Riezler 1878, am Anfang seiner *Geschichte Baierns*,
unübertrefflich knapp und genau beschrieben hat: »Oberbaiern,
Niederbaiern, Oberpfalz und Regensburg, die bairischen Teile
von Mittelfranken, Österreich ob der Enns, Salzburg und
Deutschtirol bilden die alten Stammlande, in denen sich die Baiern
im Laufe des 6. Jahrhunderts festgesetzt haben. Von dort aus
breiteten sie sich allmählich weiter nach Osten aus. In das 8. Jahrhundert fällt in der Hauptsache die Besiedelung von Kärnten und
Steiermark, in das 9. und 10. die Ostmark, in das 11. und 12.
vornehmlich, wie es scheint, die Einwanderung in Ungarn und
Böhmen. Mit der Kolonialisierung des Egerlandes, die wahrscheinlich am Schluß des 11. und in den ersten Jahrzehnten des
12. Jahrhunderts erfolgte, hat die räumliche Ausbreitung des

Das Welt-Bild der Alten war etwas verzerrt: So stellten sich die Römer zu Ende des 4. Jahrhunderts das Gebiet nördlich der Alpen vor – links der Bodensee, rechts die Stadt Augsburg, Augusta Vindelicorum *(Ausschnitt aus der* Tabula Peutingeriana, *heute Nationalbibliothek, Wien).*

Stammes ihren Höhepunkt und Stillstand erreicht, und kaum ist dies geschehen, so nimmt seine schon vorher beginnende politische Zersplitterung größere Ausdehnung an.«

Es gab in den frühen Jahrhunderten ein kleines Hin und Her, das hat sich indes schnell gelegt, und genaugenommen leben die Bajuwaren seit vierzehnhundert Jahren unverrückt und unverändert in ihrem Lande, das sich rückblickend leicht beschreiben läßt. Denn die einzige größere territoriale Veränderung begab sich um die Wende vom 18. zum 19. Jahrhundert, als dem weiland altbairischen Stammesherzogtum der Agilolfinger einiges Land zugeschlagen wurde – Baiern expandierte ins Schwäbische und Fränkische und wurde Bayern.

Die Grenzverschiebungen der napoleonischen Zeit lassen sich auf den Landkarten mühelos nachweisen, das Gebiet der Baiern ist von dem der Franken und Schwaben leicht zu trennen. Schwierig aber wird es, wenn es darum geht, dem Ur-Baiern zwischen Donau, Lech und Alpen seine ersten Bewohner zuzuweisen. Über diese Frage geraten die Frühgeschichtler ins Stottern, ins Debattieren, ins Streiten ... oder enden in achselzuckender, stiller Resignation. Denn auf die Frage, woher die Baiern gekommen sind und warum sie hundert, zweihundert Jahre nach den Römern plötzlich wie selbstverständlich in diesem Lande sitzen, gibt es zwar viele und auch sehr kühne Thesen, doch keine wirklich präzise Antwort.

Römische Hatz auf die Bajuwaren

Im Mittelalter hat man so manche Fabel über die Herkunft der bairischen Altvordern gekannt, erzählt und mit anderen abenteuerlichen Legenden verbunden – zuletzt aber lief es dann immer darauf hinaus, daß sie beinahe schon seit Noahs Zeit zwischen Donau und Alpen heimisch gewesen seien. Eines Tages, so hieß es, marschierten jedoch die Römer in Baiern ein, eroberten das Land und vertrieben die Einwohner.

Aventin, der im frühen 16. Jahrhundert beim Stöbern nach alten Quellen »al winkel durchschloffen und durchsuecht« hat, wird sicher auch auf die *Salzburger Annalen* gestoßen sein, in denen zu lesen war, daß die Baiern im Jahre 508 in ihre ursprüngliche Heimat zurückgekehrt seien.

Beim Abensberger wird daraus ein heldenhafter und ruhmreicher Feldzug, dessen Beschreibung sich in einer sorgfältig retuschierten neudeutschen Fassung so liest:

> »Vor Christi Geburt haben die Römer, weiland Herren der ganzen Welt, unsere Lande und Heimat zum römischen Reich gebracht, haben die alten eingeborenen Landleut erwürgt, vertrieben, verjagt, haben diese Lande bis in das fünfhundertundfünfunddreißigste Jahr mit Gewalt innegehabt. Nach dieser Zeit sind die Baiern wieder aufgekommen und der Römer allmählich Herr geworden, sind aus dem alten Baiern vom Nordgau aus dem böhmischen Wald über die Donau in das alte römische Reich über die alten Christen hergefallen, haben sich und ihre Vorvordern also wieder an den Römern gerächt; also kehret sich das Blättlein um, also geht's in der Welt zu, eins auf das andere. Wir haben nun diese Lande bei tausend Jahre (nit viel mehr) mit guter Ruhe ersessen; wenn aber der Türke also zu uns herankriechen und allmählich heranrücken und wachsen will und wir solches nit bedenken und zu Herzen nehmen (wie denn leider bisher geschehen ist), müssen wir wieder, fürchte ich (Gott gebe, daß ich fehle; ich will gerne in diesen Worten gelogen haben), diese Lande

räumen und uns wieder über die Donau ins alte Baiern auf den rauhen Nordgau und in den finstern Wald aufmachen...«

Der Weg in die böhmischen Wälder ist den Baiern erspart geblieben, auch wenn damals noch gut hundertfünfzig Jahre vergingen, ehe sich das »Blättlein« wendete und die Türken 1683 vor Wien endgültig geschlagen wurden.

Das gleiche Schicksal soll der Baiernherzog Theodo II. anno 520 n. Chr. den alten Römern irgendwo am Inn bereitet haben – in der Nähe Rosenheims, in *Pons Aeni*, meinen die Archäologen heute (soweit sie diese Schlacht nicht überhaupt für einen patriotischen Wunschtraum halten). Bei Aventin, im dritten Buch seiner *Chronik*, geht das nicht mit einem einzigen Kampf ab. In seinem Bericht schlägt Herzog Dieth (so nennt er Theodo) die Römer gleich neunmal – bei Ötting, bei »Rod dem closter« (was wohl Rott am Inn sein soll), bei Rosenheim und Beuren »dem g'schlos«, auf der »Perlacher haid« zwischen München und Wolfratshausen, »im pirg« bei Mittenwald, bei Sterzing »im pirg«, bei Brixen, bei Clausen und bei »Potzen«.

Große Feldschlachten können das schwerlich gewesen sein, da nach der Tegernseer Gründungsgeschichte, in der dieser Befreiungskrieg gegen die Römer ebenfalls beschrieben wird, nur tausend vornehme bairische Recken von auserlesener Schönheit und Tapferkeit ausrückten, um das Land südlich der Donau für ihre Landsleute zurückzuerobern.

Die kaiserlichen Legionäre waren damals den größten Teil des Baiernlandes ohnedies schon los, und nun hatten sie auch noch ihre letzten Schanzen verloren. Sie mußten abziehen; das Voralpenland war wieder – und diesmal endgültig – bairisch.

Sammelplatz der Amazonen

So ähnlich hatte man es auch schon um 1490 bei einem Vorläufer Aventins lesen können, in der *Bayerischen Chronik* des Landshuter Frühmessers Veit Arnpeck, in einem für den heutigen Geschmack recht abenteuerlichen Deutsch. Theodo, hieß es da, »hat widerkehrt in sein land. etlich Römer hat er ausgetriben, etlich sind selb williglich in wälsche Land gezogen. es ist auch kein gemainer auszug in Bairen füran nie mer beschehen. darnach haben auch die Bairen das römisch her, die vermainten sy zu bestreiten, bei Ötting mandlich darnidergelegt und gejagt.« Der herzoglich-bairische Hofhistoriograph Johannes Aventinus gab einen ausführlicheren Bericht. Er schrieb: »Da also die Römer und christen, so oft von den Baiern und irem fürsten, herzog Diethen, geschlagen wurden, kain glück gar hetten, verzagten si gar, mainten, si künten noch möchten vor dem wilden herzog Diethen, der so grossen sig het, nit genesen noch vor im sicher sein. Es kam ain landsflucht in si, raumten die land heraus umb die Thonau alle under dem Inn hinab bis an die Drab und Sau... Dise land alle verliessen damals die Römer aus forcht herzog Dieths und fluhen in Italien und Wälschland, trauten in die land nit mêr zu behalten.«

An die neun Schlachten des Herzogs Dieth will heute niemand mehr so recht glauben; die alten Chronisten hatten ohnehin immer etwas ungenaue Vorstellungen von diesem Römerkrieg. Was dem einen Theodo und Ötting, ist einem anderen Adelger und der Haselbrunn bei Brixen. Die Anhänger dieser Version (die derjenigen Aventins übrigens gar nicht so sehr widerspricht) haben auch den Ausspruch überliefert, den der siegreiche Adelger nach der letzten Schlacht getan haben soll.

Er nahm, so heißt es, seinen Speer, stieß ihn mit aller Kraft in den Boden und sprach dabei Worte wie in Erz gegossen oder in Marmor gemeißelt:

> Daz lant han ich gwunnen
> den Beîern ze êren
> Diu marke diene in immer mêre.

Legendensüchtige Patrioten wissen sogar, wo Herzog Adelger also gesprochen hat: Der Haselbrunn, sagen sie, war bei einem Wirtshaus Ziggeler zwischen Brixen und Clausen.

Es ist im 15. und 16. Jahrhundert noch vieles geglaubt worden, worüber der aufgeklärte Leser an der Wende vom zweiten ins dritte Jahrtausend nur lächeln kann.

So hat der größte unter den frühen Geschichtsschreibern, eben jener Johannes Turmair aus Abensberg, im fünfundsechzigsten Kapitel seiner Baiern-Chronik allen Ernstes behauptet, die Amazonen – in seiner Schreibweise heißen sie »Mäzen« – hätten sich, von Böhmen kommend (wie die Baiern selbst) »in dem land unter dem Lech gegen aufgang der sunnen so man iezzo Nider- und Oberbaiern haist gesamlet«. Von hier aus seien sie sodann unter »ir hauptmannin frau Häcs« gen Asien aufgebrochen.

Diese schöne Geschichte hatte er offensichtlich ziemlich unbesehen vom römischen Schriftsteller Honoratus übernommen, der im späten 4. Jahrhundert die Wildheit der Raeter und Vindeliker damit erklärte, daß er ihnen amazonische Vorfahren zuwies.

Nun hat der Aventin mancherlei phantastische Geschichten gewußt und etliches auch durcheinandergebracht, zuletzt aber war er doch wohl stets der Meinung, die Deutschen seien die Größten auf dem weiten Erdenrund, und unter den Deutschen wiederum die Baiern (die er gelegentlich – eingedenk armenischer Zeiten – kurz Arnmenner nennt, so wie das Land zwischen Inn und Save für ihn ja auch das Arnmennerland heißt).

Die nüchternen Forscher späterer Jahrhunderte wollten sich auf so leichtgläubige Naturen wie Honoratus oder Aventin nicht verlassen und recherchierten lieber auf eigene Faust. Und was haben sie nicht alles zusammengetragen, wie viele Thesen und Theorien über die Herkunft der Baiern wurden da nicht entwickelt. Und wieder verworfen.

Ein »b« zeugt wider das »o«

Zunächst einmal gingen die Worttüftler ans Werk und machten sich ihre Gedanken über den Namen dieses Stammes – über das (im Akkusativ stehende) *»Baibaros«* des Jordanis und das *»Baioarius«* des Venantius Fortunatus.

Die Front für den Gelehrtenstreit war von Anfang an abgesteckt: Das »b« des Jahres 550 zeugte wider das »o« des Jahres 565. Die Geschichte wurde freilich sehr schnell komplizierter, denn in einer sehr alten Jordanis-Handschrift heißen die östlichen Nachbarn der Schwaben *Baioarii* (oder, da das Wort ja im Akkusativ Plural steht, *Baioarios*). Damit aber sind sie enge Verwandte der *Baioarii* (Singular: *Baioarius*) des Fortunatus.

Der Fall schien klar, die Akte geschlossen: Das »o« hatte über das »b« obsiegt.

So einfach, protestierten da die Liebhaber des »b«, dürfe man sich diese Sache nun aber doch nicht machen, schließlich findet sich ja die »o«-Fassung in einem Manuskript, das nichts anderes ist als eine Abschrift der ...»b«-Fassung.

Da hat also wohl ein Mönch beim Kopieren ein bißchen geschludert, und die ganze Affäre ist nicht viel anders zu werten als die den Philologen seit langem bekannte Lautverschiebung von »o« und »u« (mit der es später ja auch der Baiern-Name noch mehrmals zu tun bekam). Und weil die mittelalterlichen Schreiber auch die Angewohnheit hatten, das »w« gelegentlich durch ein »b« zu ersetzen, wurden aus den *Baiwari* immer mal wieder auch *Baibari*.

Aber wer weiß, vielleicht hat der »o«-Mönch als besonders aufmerksamer Abschreiber nur einen Irrtum seines Vor-Schreibers korrigiert; möglicherweise wußte er genau, daß dieses »b« nicht in den Namen hineingehörte...

Sehr wahrscheinlich ist das freilich nicht, denn viele Jahrhunderte lang gab es keine verbindliche Schreibweise, und niemand konnte sich daher auf die Orthographie verlassen. Da wurde mit den Vokalen jongliert, und die Konsonanten hat man munter hin- und hergeschoben. Und man hat spekuliert!

Noch 1789 zum Beispiel meinte der in München lebende Notar und Amateurhistoriker Johann Martin Maximilian Einzinger von Einzing (der trotz seines wohlklingenden Titels eines »Heiligen Römischen Reiches Ritter, dann Kaiserlicher und Kurbaierischer Pfalz- und Hofhistoriograph« ein armseliges Leben führte), daß die Heimat der Baiern »in ihren ältesten Zeiten *Burum* geheißen und die Baiern *Buri* genannt worden sind«. Der Weg von den *Buros* zu den *Baiern* ist für Einzinger kurz. Daß Tacitus diesen suebischen Stamm irgendwo im Westbeskidischen, Oberschlesischen ansiedelte, störte da nicht weiter.

Der hochgelehrte, vielbelesene Korbflechterssohn Johann Andreas Schmeller hielt von solchen haltlosen Hypothesen nicht viel. Er bekam es mit den Baiern in der ersten Hälfte des 19. Jahrhunderts ja auch auf eine ganz andere, sehr viel mühseligere Weise zu tun – er trug nämlich für sein *Bayerisches Wörterbuch* aus alten Codices viele der einstmals gängigen Baiern-Fassungen zusammen. »Bis ohngefähr ins 12. Jahrhundert«, resümiert er, »finden

sich abwechselnd die Formen Baiuuarii, Bagoarii, Bauguarii, Bau-
cueri, Bauocarii, Baugarenses, Bacuarenses etc.«

Hinter dem »etc.« verbergen sich Schreibweisen wie: Baiuvarii,
Baiuwarii, Baiovarii, Baugaurii, Bawarii, Bawari, Paiwari, Peigira,
Peiarin, Beigern, Begeren, Beiwerii, Bayärlant.

In der Handschrift C des *Nibelungenliedes* aus der Zeit um
1250 begegnet uns dann aber bereits eine sehr vertraute Form:
Bayer.

Um die Verwirrung der ersten bajuwarischen Jahre noch zu
vergrößern, lieferte das Ausland schon sehr früh seine eigenen
Versionen: Baegdhvare war die einigermaßen abenteuerliche Va-
riante, die der angelsächsische König Alfred der Große im 9. Jahrhundert wählte; in den Niederlanden schrieb man ein paar Jahrhunderte später Bayuire, in den skandinavischen Ländern aber
Baigara, Byiarar oder Beiarar – und immer war Baiern gemeint.
Die Niedersorben, notierte Schmeller, sagen sogar Baworska –
Baiern –, wenn sie Deutschland meinen!

Wie es einstmals kreuz und quer ging mit diesem Eigennamen
eines Stammes, zeigen beispielsweise die zeitgenössischen Chroniken, in denen über das größte Desaster der frühen bairischen
Geschichte berichtet wird, über die Schlacht von Preßburg, bei
der am 4. Juli 907 Markgraf Luitpold und ein großer Teil seiner
Gefolgsleute im Kampf gegen die Ungarn fielen. Boii werden da
die Baiern genannt, und dann auch wieder Baioarii, Baiorii, Baio-
warii, Baiovarii, Baugaurii, Bauworii, Bawarii, Baarii und Bawa-
rie.

Ordentlich und gewissenhaft werden die Schreiber erst im Mittelalter, wo – so Schmeller – vom 14. bis ins 18. Jahrhundert »die
Form Bayrn die herrschende« wird.

Der gekaufte Buchstabe

Es gab aber noch eine andere sehr wichtige Frage: Woher kommen die Worte Bayern, Bajuwaren, Baibari, Baioari, Baiuuarii,
Bagoarii ... denn überhaupt?

Wieder steht der Wirtssohn aus Abensberg mit seiner Erklärung bereit, und wieder ist es eine fabel-hafte Geschichte, die er zu
erzählen weiß. Da sei einstmals, so schreibt er im ersten Buch

seiner *Chronik*, die Gegend östlich der Schweiz dem Sohn des Königs Alman als Erbe zugefallen. Und weil dieser junge Mann aus hohem Hause »Baier« geheißen habe, seien Land und Leute »Baiern« genannt worden. »Von dan noch auch das Behamerland, darin er und die Baiern gewont, die stat Baierbing (nachmals Marboding, ietzo Prag) gepaut haben, den nam behalt: haist ganz Baiernhaim, das ist der Baiern Heimat, spricht der g'main man kurz, von leicht der zungen wegen... Behaim das ganz wort Baiernhaim.«

Kaiser, Könige, Fürsten und Gelehrte, klagt Aventin, hätten sich freilich diesen Namen für ihre Zwecke zurechtgebogen und »brauchen in den alten briefen und anderen schriften Baioaria, Baoarius, zu zeiten Baioarius, Baioaria«.

Später ist dann noch ein anderes Wort in Gebrauch gekommen und hat des Aventins Zorn erregt. »Bavarus«, schreibt er, sei ein neuer Name, weder lateinisch noch deutsch, sondern von den »kuchenlateinern« erdacht. Er sei nur ersonnen worden, »damit man der Baiern gespottet hat, sam si das b kauft haben zu dem ›Avarus‹ so im latein ›geitig‹ (geizig) haist«.

Andere haben diesen ernstgemeinten Kalauer auch noch geglaubt und neu gedeutet – Abraham Örtel alias Abraham Ortelius zum Beispiel, der 1570 in seinem *Theatrum Orbis Terrarum* allen Ernstes behauptete: »Der Name Bavaria ist – durch Hinzufügung eines Buchstabens – von dem von den Hunnen zurückgelassenen Volksstamm der Awaren abgeleitet.«

Ein paar hundert Jahre später wären Örtel und seine Kollegen mit einer so simplen, unsauberen Etymologie sicher nicht mehr durchgekommen. Da brüteten die Philologen nämlich über den Handschriften und spürten mit detektivischem Eifer dem alten Namen nach. Und sie fanden sehr schnell heraus, daß nur ein phonetischer Zufall das traute Miteinander von Awaren und Bawaren verursacht hatte.

Der sibirisch-tatarische Stamm der Awaren – ein weitgereistes, verwegenes Nomaden- und Reitervolk – hatte zwar 526 n. Chr. in Böhmen die Quartiere der gen Ungarn abziehenden Langobarden eingenommen, doch mit den Bajuwaren jenseits der Donau wurden in den folgenden Jahrhunderten nur selten gutnachbarliche Beziehungen gepflegt. Und genau dreihundert Jahre nach ihrer

Ankunft in Böhmen mußten sie für die ständigen Überfälle auf Baiern teuer bezahlen, denn Karl der Große hat sie aus der Geschichte »hinausgeworfen«, ausgelöscht, vernichtet.

Im Jahre 826 werden die Awaren zum letztenmal genannt.

Die abstruse und abenteuerliche Geschichte vom gekauften b wurde schnell wieder vergessen, die awarische Herkunft war unter »Bajuwarologen« kein Thema mehr.

Was aber wäre geschehen, wenn sich beispielsweise in den zwanziger Jahren unseres Jahrhunderts die Forscher darauf geeinigt und die Beweise vorgelegt hätten, daß die lange gesuchten Vorfahren der Baiern ein wildes slawisches Völkchen sind, das sich, hinter einem labialen Konsonanten versteckt, ins germanische Lager eingeschlichen hat? Wie wären die Rassentheoretiker und Funktionäre des Dritten Reiches damit fertiggeworden?

Daß man notfalls alles Mißliebige aus einer Ahnentafel hinausmendeln kann, zeigte im Jahre 1939 ein angesehener Geschichtsforscher, der zur Freude der Regierenden behauptete, »alle in Böhmen und Mähren sitzenden Germanensplitter« hätten zur Entstehung des Baiernstammes beigetragen. Es gab zwar keine Beweise für diese Hypothese, doch dem Stamm war damit gedient. Was hätte man auch mit awarischen oder hunnischen Baiern in einem Staate angefangen, der alles verachtete oder vernichtete, was nicht germanisch war? Wären die Bajuwaren etwa aus dem deutschen Reichsverband ausgestoßen worden?

Sicher nicht, und vielleicht wäre man, wenn es das damalige Reich nicht so schnell hinweggerafft hätte, ohnedies wieder auf jene »Blut und Boden«-freundliche etymologische Ableitung zurückgekommen, die sich Karl Jakob Spener 1716 für seine *Deutsche Geschichte* ausgedacht hat.

Diesem Spener klangen die Wörter Baier und Bauer nämlich so verwandt, daß er beide zusammenspannte und gar nicht erst fragte, ob die Sprachwissenschaft seinem Wortspiel zustimme. Sie hätte wohl abgelehnt, denn das Wort »Bauer« hatte ja selbst mancherlei Wandlungen durchgemacht – vom althochdeutschen *gibûro* über *gebûre* zu *gebaur* – ehe es sich schließlich in der Nachbarschaft von »Baier« wiederfand.

Auf der Suche nach Baia

Was der gotische Geschichtsschreiber Jordanis, der geistliche
Herr Venantius Fortunatus und viele Autoren nach ihnen schrieben (oder abschrieben), hatte zu tun mit den Baiwari, den Baiwar-
jôz. Die Endung -uara, sagten die Sprachkundigen, bedeutete in
germanischen Zeiten soviel wie Gefolgsleute und Heergefährten,
-warjôz aber hieß Einwohner. Wissenschaftlich formuliert, etwa
in der *Enzyklopädie des Altertums*, liest sich das so: »Die ältesten
ethno-sozialen Benennungen mit dem Kompositionsglied -war-
jôz beinhalten vorwiegend geographische Namen.«
    Bajuwaren wären demnach die Bewohner einer Gegend, die
Baia heißt. Den Namen, so nimmt man an, haben sie sich nicht
selbst gegeben; so wurden sie wahrscheinlich nach einer Wanderschaft in der neuen Heimat von ihren Nachbarn genannt, von
Freunden oder Feinden.
    Damit fing das Diskutieren, das Streiten und das Raten erst
richtig an; jetzt mußte man nämlich herausfinden, wo dieses Land
lag. Und wer sich in der Bajuwarenforschung einen Namen machen wollte, suchte sich irgendwo in der alten Welt sein eigenes
Baia. Der 1260 gestorbene päpstliche Legat und Passauer Dom-
herr Albert von Behaim – ein Mann von Einfluß und recht zwei-
felhafter Reputation – fand sein Baia in einer bei Neapel gelegenen
Stadt. Deren Bewohner seien, als ihre Häuser zerstört worden
sind, nordwärts über die Alpen gezogen und hätten ihrer Heimat
den alten, ihnen wohlvertrauten und lieben Namen gegeben.
    Gute Dienste bei der Baia-Suche leistete der aus Alexandria
stammende Geograph, Astronom und Mathematiker Ptolemäus,
der um 150 n. Chr. im zweiten Band seiner *Einführung in die
Geographie* behauptet hatte, daß unterhalb des Lunawaldes, in
der Nachbarschaft der Quaden, »ein großes Volk, die Baianer, bis
zum Donaufluß« säße. Baianoi heißen diese Leute im Griechischen, doch in einer schlechten Handschrift dieses ptolemäischen
Textes ist das »n« durch ein »m« ersetzt; der Stamm wird jetzt
Baiamoi genannt und klingt damit beinahe wie das (damals noch
ganz unbekannte) Wort Böhmen – und im Böhmischen lag ja auch
das Revier, in dem Ptolemäus seine Baianer siedeln ließ. Gerade
Böhmen aber hat die Phantasie der Baia-Sucher und der Baiern-

forscher, wie schon Aventin gezeigt hat, immer wieder beschäftigt. Schuld daran trägt, neben der nachbarschaftlichen Lage, vor
allem eine mysteriöse Figur, die ungefähr im 8. Jahrhundert
n. Chr. gelebt hat und unter dem Namen »Geograph von Ravenna« berühmt wurde.

Dieser Anonymus erwähnte ein Land Albis und fügte wie
beiläufig hinzu: »Von ihm heißt ein beträchtlicher Teil Baia.«

Nirgendwo sonst, bei keinem anderen Schriftkundigen, bei keinem Erdbeschreiber, kommt dieses Baia vor, auf keiner Landkarte
ist es verzeichnet. Der kleine Satz mußte daher seit alters ausrei-
chen, das Land und mit ihm die Heimat der ptolemäischen Baianer, der Baia-Leute, der Baia-warjôz zu orten.

Mit Albis sind die Nach-Forscher des Ravennaten noch einigermaßen klar gekommen; dieses Land, so meinten sie, sei Böhmen,
und den Namen Albis habe es von der Elbe. Jetzt mußte eigentlich
nur noch der »beträchtliche Teil« ausgemacht werden.

In der Slowakei und im nordwestlichen Ungarn könnte man ihn
lokalisieren (und dafür plädierten die meisten Forscher); aber wer
weiß, vielleicht lag er im Karpatischen, in Südböhmen oder in
Nordböhmen (wo ja die Elbe fließt); oder gar zwischen Sudeten
und Bodensee (wie Alois Schneider 1926 vermutete)?

Gelegentlich sind die Baia-Sucher aber auch in die Ferne ge-
schweift, und der damals bereits einundsiebzigjährige hannover-
ische Staatsarchivdirektor a. D. Bruno Krusch gelangte dabei 1928
zum Entsetzen manch eines Baiern weit nach Norden hinauf, bis
an die Elbmündung, in die Gegend von Hamburg.

An einer Flußmündung wird Baia wohl gelegen haben, darin
stimmte der Linzer Archivar Ignaz Zibermayr 1944 seinem Kollegen zu, aber er konnte sich nicht vorstellen, daß der Geograph von
Ravenna damit die Elbbucht gemeint hatte. Er, Zibermayr, suchte
seine *Bai* (gleich Bucht) sehr viel weiter südlich, für ihn kam da
nur die Mündung der Donau ins Schwarze Meer in Frage... und
schließlich hatte man das Baiernland früher ja gelegentlich auch
Istrien genannt, und die Ister waren bei den alten Römern die
untere Donau.

Die beiden Gelehrten, die so fest daran glaubten, daß Baia etwas
mit einer Bai zu tun haben müsse, fanden mit ihren Ansichten

wenig Anklag, und kurioserweise wurde Zibermayr sogar heftiger widersprochen als jenem Manne, der die Bajuwaren aus Deutschlands hohem Norden kommen ließ. Die Begründung war einfach und überzeugend: Hätten sich die Scharen von der Donaumündung aus gen Baiern bewegt, so wären sie Goten gewesen (denn nur Goten waren in dieser Gegend anzutreffen) – was sich aber um die Mitte des 6. Jahrhunderts n. Chr. im Alpenvorland festsetzte, mag allen möglichen Stämmen angehört haben, ein gotisches Völkchen war es sicher nicht.

Aber wie gut kannte der »Geograph von Ravenna« die Welt? Wußte er, wie die Städte, die Länder und die Meere zueinander lagen? Schließlich hat ja noch Shakespeare in seinem »Wintermärchen« behauptet, daß Böhmen am Meer liegt. Und bekanntlich verwechselte Reichspräsident Hindenburg das oberösterreichische mit dem böhmischen Braunau.

Die bairischen Entwicklungshelfer

Einen anderen Frühgeschichtler hat es sogar noch weiter und sehr viel abenteuerlicher herumgetrieben, bis hinauf nach Norwegen. Dort war im Jahre 1927 bei Bergen ein Runenstein aus der Zeit um 200 bis 350 n. Chr. gefunden worden, auf dem das Wort Baij*R stand. Es ließ sich zwar nicht leugnen, daß über die Lesart keineswegs Einigkeit herrschte, aber in den Hitlerjahren konnte man bei einem germanischen Fund schon mal ein Auge zudrücken, und gar in diesem Fall, wo über der Schrift auch noch »ein gewaltiges Hakenkreuz« von einem halben Meter Durchmesser prangte.

Ivo Striedinger, der 1937 in der *Zeitschrift für bayerische Landesgeschichte* über diese Entdeckung berichtete, tat den damals hochfavorisierten Blondschädeln allerdings nicht die Ehre an, sie als Stammväter der Baiern zu deklarieren, eine so schöne und wünschenswerte Genealogie das auch ergeben hätte: 350 n. Chr. – Baiern in Norwegen, 550 n. Chr. – Baiern in Baiern.

Striedinger ließ sich auf die naheliegende Wanderung nicht ein, sondern drehte den Spieß um und vermutete, daß die Baij*R-Männer vielleicht nach Norwegen kamen, um den Germanen das Runenschreiben beizubringen.

So erfreulich das für einen Baiern auch klingen mag – von der kühnen Hypothese, die Baiern seien einst als Entwicklungshelfer gen Norden gereist, um den Bildungsnotstand der künftigen »Herrenrasse« zu beheben, wird nicht viel zu retten sein.

Die steinerne Inschrift ist keine Visitenkarte, weder die von abziehenden noch von anreisenden Baiern. Und wenn dieser Stamm ins Voralpenland eingewandert ist, dann sicher von Osten oder Südosten her, doch niemals aus dem Norden. Die Zugereisten aus dieser Himmelsrichtung trafen erst eineinhalb Jahrtausende später ein, als die Bajuwaren das Land längst schon kolonisiert und zum sogenannten »deutschen Himmel« gemacht hatten.

Inzwischen hat man sich für die bekanntermaßen »einhäusigen« (für die des Bairischen Unkundigen: stubenhockerisch-seßhaften) Bajuwaren schon wieder einen neuen Wanderweg ausgedacht. Sie, die in ihrer Frühzeit immer nur vor der eigenen Haustüre kolonisiert haben – im 9. Jahrhundert sogar ein Gebiet, das so groß war wie ihr eigenes Heimatland –, sollen aus dem Böhmisch-Bairischen nordwärts gezogen und übers Meer hinweg gen Britannien gesegelt sein. Weil nämlich am Ostabhang des Böhmerwaldes, in der Nähe des Osser, ein Flüßchen namens Angel entspringt, das in Richtung Pilsen plätschert und schließlich in die Beran mündet (seit 1945 natürlich unter anderem, tschechischem Namen), könnten die *Angel*-Sachsen – und damit auch die Engländer –, Nachkommen ausgewanderter Angel-Anwohner sein.

Stammvater dieser waghalsigen (und wissenschaftlich nicht haltbaren) These war wohl der niederbayerische Krieger Berndobler, der 1916 in britische Gefangenschaft geraten war. Von seinen »Gastgebern« hörte er, daß sie *foam* sagten, wo er das Wort »Foam« (hochdeutsch: Schaum) verwendete. Stutzig geworden und von der Langeweile des Gefangenenlebens auf die seltsamsten Gedanken gebracht, fand Berndobler noch andere bairisch-englische Entsprechungen: »Goaß« und *goat* (Ziege, Geiß), »lusen« und *listen* (zuhören, lauschen), »Gagumer« und *cucumber* (Gurke), »Gfrett« und *fret* (Ärger, Verdruß). Dazu noch die englischen Konjunktive und Partizipalkonstruktionen, die alle nach dem gleichen umständlichen Schema gebaut werden, das auch der Baier so liebt (zum Beispiel *I would think* und »I dat moana« – Ich würde meinen)... nein, es gab keinen Zweifel, das Bairische – und da vor allem der Dialekt der Niederbayern – und das Englische besitzen eigenartige Gemeinsamkeiten. Philologen haben sich der Geschichte angenommen und (spaßeshalber?) die Frage aufgeworfen, ob die Engländer womöglich von den Niederbayern abstammen. Mehr als eine amüsante Spekulation ist freilich nicht dabei herausgekommen, und die Ur-Baiern werden in Wahrheit weder nach Norwegen noch nach Britannien gereist sein.

Der englische Mönch Beda, den sie den Verehrungswürdigen nannten, hat vor weit mehr als tausend Jahren geschrieben, daß die Angel-Sachsen im 5. Jahrhundert mit nur drei Schiffen über die Nordsee gekommen seien. Es wären demnach also nicht sehr viele Männer gewesen, die aus den böhmischen Wäldern aufbrachen und in die weite Welt hinauszogen. Der Rest, so ließe sich weiter spintisieren, verlor bald die Wanderlust. Er kam nur bis ins Donautal und bildete dort den ruhmreichen Stamm der Bajuwaren...

Böhmische Heimat und keltische Väter

Wandern mußten die Baiern in jedem Fall; anders, so glaubte man, können sie gar nicht in ihre künftige Heimat gekommen sein. Die Legendenbildner des Mittelalters, doch auch die Herren Krusch und Zibermayr haben ihnen dabei weite Märsche zugemutet und standen mit dieser ihrer Ansicht ziemlich alleine da, denn im allgemeinen waren sich die Historiker darin einig, daß die Ur-Baiern einst seitab von Donau und Waag gehaust haben und auch keine fernen Ziele ansteuerten, als sie um die Mitte des ersten Jahrtausends aufbrachen und westwärts zogen. Da sie nicht von Fernweh getrieben wurden, dauerte diese Wanderschaft für sie dann auch gar nicht lange – nach einhundert, zweihundert Kilometern (vielleicht auch ein kleines bißchen mehr) waren sie schon am Ziel: Sie überschritten die Donau – und damit war die Reise in die weite Welt auch schon wieder zu Ende. Sie blieben in Baiern.

So galt für sie bereits in der frühesten Zeit der berühmte Aventin-Satz: »pleibt gern dahaim; raist nit vast auß in frembde land.«

Den ohnehin naheliegenden Gedanken, daß die Neusiedler des 6. Jahrhunderts aus dem Böhmischen stammten, hat als erster Jonas von Bobbio ausgesprochen, und wie sein Zeitgenosse aus

Ravenna mit dem Worte Baia, so hat er mit einem kleinen Satzteilchen die Diskussion über weit mehr als tausend Jahre hinweg in Schwung gehalten. Für die Glaubwürdigkeit dieses Zeugen sprach, daß er aus dem in der Gegend von Pavia gelegenen Kloster Bobbio kam, das eine bairische, eine Agilolfinger-Prinzessin, gegründet hatte.

In seiner legendären Biographie des heiligen Kolumban hatte Jonas geschrieben, der Missionar Eustasius sei »*ad Boias, qui nunc Baioarii vocantur*« gekommen – zu den Boiern, die man jetzt, etwa in der Zeit um 611, Baioarii nennt. (Die Bekehrungsarbeit haben sie ihm, wie dieser Schrift zu entnehmen ist, nicht leicht gemacht, denn, so heißt es, er »unterwies sie mit großer Mühe *[multo labore]* nach den Grundregeln des Glaubens«.)

Diese eher beiläufige Anmerkung über den Namenswechsel hat für die meisten Autoren alle bairischen Familienschwierigkeiten schnell und problemlos beendet: Die Baiern waren der Keltenstamm der Boiern, der seinen Namen nur leicht verändert hat.

Von dieser Herkunft, über die es später noch sehr viel Ärger geben sollte, ist auch bei jenem Aventin zu lesen, der ja wohl selbst wie ein Kelte ausgesehen hat, wenn man der Beschreibung seines Zeitgenossen und ersten Biographen, des Caspar Brusch aus Eger, glauben darf: »Von Person ist er eher ein dürrer, hagerer, in Essen und Trinken sehr mäßiger Mann gewesen, von ziemlicher Länge, bleicher Farbe, mit einem roten Bart, der ihm unter dem Kinn stund, item mit blondem, schlichtem Haar.«

Die Namensänderung der Boiern, meinte Aventin, sei einfach damit zu erklären, daß ja schon das Wort Boii in Wirklichkeit Baier gemeint habe. In seinen eigenen, kraftvollen, umständlichen Worten klingt das so: »Nunmêr am aller ersten vor allen dingen sind die gelerten, der alten geschicht erfarnen des ainmündig und ainhellig, das die Baiern von den alten Kriechen und Römern, historien- und der ganzen welt und sonderer gegenden beschreibern, in römischer und kriechischer sprach Boii genant werden. Unser vorvordern nach außweisung der alten reimen und schriften haben etwas gröber dan ietzo und ganze wort geredt, die auf dem land kurz Boier und ganz Boiger, die in den stetten Baiger ganz für Baier gesprochen. Es ist noch heutigen tag der brauch, das der pauersman o wo der burger a spricht…«

*»Von Person ist er eher ein dür-
rer, hagerer, in Essen und Trinken sehr mäßiger Mann gewesen«: Johannes Turmair, genannt Aventin (1477–1534),
Baierns erster großer Ge-
schichtsschreiber.*

Der Weg von den Boiern in Böhmen zu den Baiern in Baiern ist
phonetisch und geographisch so kurz, daß ihn jeder Forscher
hätte gehen können. Wäre da nicht die leidige Sache mit den
Kelten gewesen: Gibt man nämlich den Baiern die keltischen
Boier als Vorfahren, so endet es unausweichlich bei keltischen
Baiern, und das wiederum würde bedeuten, daß sie mit den (keltischen) Franzosen näher verwandt wären als mit den (germanischen) Deutschen.

Nimmermehr, wetterte Riezler 1878, sieben Jahre nach dem
deutschen Sieg über Frankreich. Auf diesen Gedanken konnte
man nur kommen, so argumentierte er, weil der Mönch aus Bobbio Baiern und Boier verwechselt hat. Zunächst wäre durchaus
noch kein Schaden entstanden, weil der Irrtum nur in Heiligenlegenden weitergereicht worden sei. »Seine Einführung in die bairische Literatur rührt erst von der übelberatenden Gelehrsamkeit
der Landeschronisten des 15. und 16. Jahrhunderts, zuerst von
Veit Arnpeck. Am meisten zu seiner Einbürgerung hat dann
Aventin beigetragen, und länger, als sonst wohl wahrscheinlich
gewesen, war der falschen Hypothese dadurch das Leben befri-
stet, daß undeutsche Gesinnung in den Tagen des Rheinbundes sie
begünstigte und politisch verwertete.«

Noch viele Jahrzehnte später, kurz vor dem deutschen Zusam-
menbruch im Jahre 1945, stimmte Ignaz Zibermayr in diese vater-
ländische Klage ein und schrieb, daß sich der bobbianische Irrtum

»auch politisch unheilvoll für das deutsche Volk auswirkte – das schmähliche Bündnis Baierns mit Napoleon suchte noch hierin seine Rechtfertigung. Doch damals, in den Tagen der Fremdherrschaft, wurde der bairische Volksstamm im Kampfe gegen seine Staatslenker seiner germanischen Abstammung sich bewußt.«

Die Frage nach der Herkunft der Baiern war also unterderhand – und nicht erst nach dem 70er Krieg – zur hochpolitischen Affäre geworden. Die Philologen hatten das Nachsehen, und selbst der hochgerühmte Aventin, der diese ganze Geschichte einst als ein Aussprachenproblem hatte abtun wollen, wurde des schändlichen Verrats geziehen.

Ein mittelloser Notar macht sich Gedanken

So richtig angefangen hat das alles gegen Ende des 18. Jahrhunderts. 1777 veröffentlichte zum Beispiel der Regensburger Stadtsyndikus Georg Gottlieb Plato (der eigentlich Wild hieß) eine Schrift, die den Baiern andere Ahnen zusprach: »*Muthmaßungen, daß die Bajarii nicht von den gallischen Bojis, sondern von den Langobardis abstammen und ein Zweig dieser Nation seyen.*«

Darauf antwortete zwei Jahre später Johann Martin Maximilian Einzinger von Einzing mit einer Gegenschrift, in der er einfachheitshalber die These seines Gegners gleich noch einmal in den Titel packte: »*Kritische Prüfung über die letzthin in Druck erschienene Muthmaßungen, daß die Bajoarii nicht von den gallischen Bojis, sondern von den Longobardis abstammen und ein Zweig dieser Nation sind.*« Nun wies sein juristisches Studium den 1725 zu Passau geborenen Einzinger nicht gerade als einen Fachmann für die älteste Geschichte aus, doch da ein Notarius zu jener Zeit wenig Arbeit (und daher auch entsprechend wenig Geld) hatte, blieben ihm genug freie Stunden, sich mit den verschiedensten Themen zu beschäftigen... und dreiundzwanzig Bücher zu schreiben. »Es drängt sich der Gedanke auf«, hieß es dazu 1804 im *Lexikon aller Schriftsteller, welche Baiern im achtzehnten Jahrhundert erzeugte oder ernährte*, »daß ihn die Armut zu einem so fruchtbaren Schriftsteller machte«.

Wenn er aber auch in den frühen bairischen Angelegenheiten nur Amateur war, so sah dieser Einzinger doch ganz deutlich, daß die *Muthmaßungen* des Herrn Plato den Bajuwaren das »kostbare Kleinod ihrer uralten Abkunft« rauben wollten.

Nein, dieser Regensburger Beamte – in Einzingers Schrift wird er verächtlich immer nur »Herr Verfasser N.« genannt – hat es sich zu leicht gemacht. »Weder Aventin, noch ein anderer bajerischer Scribent, der demselben in Dingen von diesen uralten Zeiten blindlings gefolget, ist für uns ein hinlänglicher Zeuge: gleichwie aber der H. Verfasser N. von demselben einen Gebrauch machen in Fällen, wo er ihn für sich nutzen kann, also könnten wir uns zwar auch gleichrechtlich desselben bedienen: doch, da uns gleichzeitige Schriften das Wort sprechen, so werden wir in gegenwärtigen Blättern des Aventins niemalen mit einem Worte gedenken: der Herr Verfasser N. stehet in dem irrigen Wahne, daß alle ältere Quelle in der Historie für uns längst schon ausgetrocknet seyn. Aus diesem herzerhebenden Grunde spricht er den bajerischen regenten den königlichen Titel, das königliche Recht, und die Allianz mit Franken völlig ab. Er siehet alle Unternehmungen der agilulfingischen Regenten für bloße Anmaßungen der Landeshoheit, für Mißbräuche des herzoglichen Amtgewaltes, und für ungegründete Ansprüche an. Unterdessen wird der H. Verfasser N. gleich einem auf seine Füße hinabblickenden Pfaue seine Flügel fallen lassen, sobald er in dieser kritischen Prüfung die ächte Abkunft der Bajern von den gallischen Boiern bewiesen ersehen wird.«

An der Tatsache, »daß der weltberühmte Stamm der uralten gallischen Bojer in den heutigen Bajern noch lebet und fortblühet«, ließ er nicht rütteln. Das aber war nun ganz im Sinn aller Franzosenfreunde und jenes Monsieur Blanc, der 1680 in Paris den Mund recht voll genommen und behauptet hatte, die Geschichte Baierns sei »die Geschichte eines Volkes, das seinen Ursprung, seine Religion und seine großen Erfolge Frankreich verdankt«.

Es war einst ein leidenschaftliches Theoretisieren und Debattieren, wobei die Argumente nicht immer sehr genau und sachlich gegeneinander abgewogen wurden, und nicht jeder, der sich zu Worte meldete, war (wie Andreas Kraus in seinem Aufsatz über »Die Abstammung der Bayern in der Historiographie des 18. Jahrhunderts« gezeigt hat) für diesen Disput qualifiziert.

Auch dann nicht, als sich die Baierische Akademie der Wissenschaften anno 1794 – fünf Jahre nach Beginn der Französischen Revolution – die Frage durch ein Preisausschreiben lösen ließ (wobei sie listigerweise ihre keltenfreundliche Einstellung in der Formulierung des Themas schon deutlich machte): *Wann, und wie lange wurde Baiern in öffentlichen Schriften Noricum genannt; welche Länder enthielt es und verlor es während dieser Benennung?*

Vinzenz Pall von Pallhausen, dem der erste Preis zuerkannt wurde, war keine Leuchte der Wissenschaften, doch er war schlau und spürte sehr genau, was die Münchner Akademie zu lesen wünschte; und vielleicht entsprachen seine Thesen ja auch wirklich seiner Ansicht. Pallhausens Schrift, meint Kraus, »arbeitet zwar mit Kunstkniffen, die jeder Kritik Hohn sprechen«, doch sie liefert auf der 61. Seite den gewünschten Beweis, daß Baiern bis zur Abtrennung der Ostmark (im Jahre 1156) offiziell Noricum geheißen habe. Justament das aber entsprach den »politischen Absichten der führenden Kreise«.

Dieser Herr von Pallhausen, anno 1759 als der bürgerliche Vinzenz Pall zu Freising geboren, scheint übrigens schon immer gewußt zu haben, daß man so liegt, wie man sich bettet. Bereits mit sechsundzwanzig Jahren war er geheimer Kanzelist und durfte sich, obwohl er nie eine Universität besucht hatte, sieben Jahre später gar »Geheimer Registrator bei der Staatsregistratur« nennen. Im gleichen Jahr noch (mit einunddreißig Jahren) wurde er in den Reichsadelsstand erhoben.

Die Karriere des Vinzenz Pall Edlen von Pallhausen war damit aber noch nicht zu Ende: Im Dezember 1798 gehörte er als Gesandtschafts-Registrator der bairischen Delegation beim Kongreß von Rastatt an (wo die Abtretung des linken Rheinufers an Frankreich aktenkundig gemacht wurde), ein Jahr später wurde er Mitglied der Baierischen Akademie der Wissenschaften, 1808 Ritter des Civilordens der bairischen Krone, Königlicher Legationsrath und erster Reichs-Herold.

Nach seinem Tode – er starb 1817 als königlich-bairischer Geheimer Staats-Archivar – wurde er im *Lexikon verstorbener Schriftsteller des achtzehnten und neunzehnten Jahrhunderts* auch noch als Autor von zwanzig Büchern gefeiert.

Streit um der Langobarden Bart

Dieses ganze theoretische Gerangel mochte sich anhören wie eine leidenschaftliche Diskussion über ethnische Fragen oder wie ein Streit um der Langobarden Bart. In Wirklichkeit ging es den Pamphletisten meist nur darum, die Sonderstellung Baierns innerhalb eines deutschen Staatenverbandes zu betonen oder zu leugnen, je nach der politischen Einstellung.

Und mit dem Reich hat sich Baiern in der Tat schon immer ein wenig schwergetan – es hat zumeist einen hohen Preis für seine Zugehörigkeit gezahlt, ja, sogar sehr oft, wie es bairisch-direkt heißt, »ganz schön draufzahlt« (und nicht nur bei dem spektakulären Fall der ehemals Kgl. bayr. Staatsbahn, die am 1. April 1920 vom Reich übernommen wurde, ohne daß bis heute der Kaufpreis von 2,2 Milliarden Goldmark bezahlt worden wäre).

Einstmals, im 18. Jahrhundert, bauten manche Autoren auf die Boier; sie sollten den bairischen Anspruch auf Selbständigkeit und auf einen eigenen König rechtfertigen. Besonders engagiert hat sich dabei der Einzinger von Einzing, der ein Jahrzehnt vor dem Ausbruch der Französischen Revolution drucken ließ:

»Allein unsere Beschäftigung ist es in gegenwärtiger kritischer Prüfung gründlich anzuzeigen, daß die Tradition, die uralte Tradition, welcher Aventin und andere bloß nachgeschrieben zu haben scheinen, durch die unterschiedliche und öfters fabelhaften Erzehlungen zwar verunstaltet, in der Hauptsache jedoch aber gegründet sey. Wir werden bestimmen die ächte Art und Weise, wie die heutigen Bajern von den Bajuariern, und die Bajuarier von den gallischen Bojern ordentlich abstammen; wir werden es bestimmen in einer chronologischen Ordnung und logikalischer Verknüpfung, und zwar bloß aus Urkunden und Schriftstellern, die aufs wenigst vor dem zehenden Jahrhundert ihr Daseyn schon gehabt. Es ist auch hohe Zeit vorhanden, daß einer diesem höchstwichtigen Geschäffte sich unterziehet. Wirklich machet man schon aus der Ungewißheit dieser Abkunft den Schluß, daß Bajern niemals ein eigenes, freyes, und unabhängiges Reich, und niemals ein eigener König in Bajern gewesen sey, sondern daß jederzeit auswärtige Könige, nämlich die Römer, Ostgothen, und Franken in Bajern geherrschet, und nur einen Herzog, so ihr Vasall war, unter einer vorgeschriebenen Formel, gleich einem Statthalter, darinne gehalten haben.«

Nicht ganz dreißig Jahre nach der Niederschrift dieser Sätze hatte Baiern von den keltischen Franzosen einen eigenen König bekommen. Aber da war der arme Herr von Einzing bereits tot.

Neun Jahre nach Ausbruch der Französischen Revolution, also 1798, hat auch Lorenz von Westenrieder in seinem »Abriß der bayerischen Geschichte« die Boier als Ahnherrn eingeführt. Ohne Angaben von Quellen – er verweist im ohnedies dürftigen Literaturverzeichnis fast nur auf eigene Werke – erzählt er, die Kelten seien einst »aus Nordasien die Donau hinauf über den Rhein nach dem heutigen Frankreich oder Gallien gezogen«. Erst »unterhalb dem heutigen Bordeaux im Pays de Buch, in einer damals ganz mit Wäldern und Gesträuch überwachsenen Gegend« hätte die Wanderschaft ein Ende gefunden. Nach dieser Landschaft aber habe man die Ankömmlinge »Boier, Boarn, das ist Waldbewohner« genannt. Man fände, schreibt Westenrieder, von dem Volk noch »einige Überbleibsel in dieser Gegend unter dem Namen les Büyes«.

Aber Westenrieder kennt noch ganz andere Märchen: Etwa 3400 Jahre nach der Weltschöpfung – das bedeutet für ihn 600 Jahre vor Christi Geburt – seien die Kelten unter Führung zweier Prinzen gen Osten aufgebrochen. Prinz Bellowes zog mit seinen Anhängern über die Alpen bis an den Po, während Prinz Sigower mit seinen Kelten dem Vogelflug in den hercynischen Wald, also etwa in die Gegend der deutschen Mittelgebirge und des Böhmerwaldes gefolgt sei. Dort ließen sich diese gallischen Zuwanderer »in der Gegend nieder, welche von ihnen den Namen Boienheimat, Boiohemum, Böhmen« erhielt.

Das große, das glückhafte Finale stand ihnen freilich noch bevor: »Mit dem Jahr 554 oder 555« – woher nur weiß Westenrieder all das so genau? – »nimmt die Geschichte der Boier, welche in der damaligen verdorbenen Mundart Bajobari, Baiuuarii, Bavocari, nachmals Bavari, Boarn, Bayern genannt wurden, ihren Anfang.«

An der Wende vom 18. zum 19. Jahrhundert mag man das geglaubt haben, und sogar noch 1837, im 31. Band der Gesammelten Werke, hat man diese Legende nachgedruckt.

Die Boier-These hat indes selbst nach der Ausrufung des Königreichs im Jahre 1806 nichts von ihrer Brisanz verloren, obwohl niemand mehr ernsthaft daran zweifelte, daß der Stifter all dieser Verwirrung, jener Jonas von Bobbio, keinerlei politische Absichten verfolgt, sondern nur, ganz ohne böse Nebengedanken, zwei beinahe gleichklingende Vokale durcheinandergebracht hatte.

Der kgl. bayr. Oberstabs-Arzt Dr. Anton Quitzmann, ein Anti-Kelte mit einem höchst wilden, keltischen Temperament, hat 1860 noch einmal erklärt, warum nicht sein kann, was nicht sein soll. »Mit welchem Recht«, schreibt er in seinem Buch über *Die heidnische Religion der Baiwaren*, »behauptet man also die Baiwaren seien Kelten? Nicht eine einzige ihrer Sagen oder Sitten läßt sie weder an die frühern keltischen Bewohner des Süddonaulandes noch überhaupt an keltische Volksgenossen anknüpfen, während all ihre religiösen Bräuche und Mythen sie auf das Engste mit denen der Germanen und Nordleute verbunden zeigen. Die erste Schlußfolgerung also, welche sich uns aus der bisher geführten Untersuchung über die Religion der heidnischen Baiwaren ergibt, ist die Überzeugung, daß dieselben nicht dem Hauptstamm der Kelten, sondern nur dem der Germanen angehört haben können, so hin mit Letzteren einerlei Ursprung und Kulturentwicklung nachweisen lassen.«

Bei ihrem passionierten Eintreten für die germanischen Urahnen haben die streitbaren Herren ganz übersehen, daß sie mit einigem Glück zwar die böhmischen Boier aus dem Stammbaum vertreiben können, die keltischen Vorbewohner des Baiernlandes aber nie loswerden, wie immer sie es auch anstellen mögen.

Es wurde lange und leidenschaftlich gestritten, aber ganz zuletzt hatte dann doch wahrscheinlich jener Herr Michaelis recht, der schon 1759 in weiser, achselzuckender Bescheidenheit gemeint hatte: »Es ist ungewiß, ob die alten Boiern, oder Boii, ursprünglich Teutsche oder Gallier gewesen sind.«

Zeuß und die Baiern-Frage

Warum sollten eigentlich nur die Boier für die Vaterschaft in Frage kommen? In den Völkerwanderungsjahrhunderten tummelten sich in Mitteleuropa und in den Grenzgebieten Baierns so viele Stämme, daß sich schier jeder an den Baiern interessierte Amateurhistoriker seine eigene Theorie zurechtbasteln konnte. So saßen 1839, beim Münchner Universitätsprofessor Neumann, die Vorfahren der Baiern nur deswegen weit im Osten, am Don, weil ein Geschichtsschreiber im Jahre 876 die germanischen Boisker dort mitten im skythisch-slawischen Revier angetroffen hatte. Diese einmalige kurze Erwähnung und der ähnlich klingende Name reichten aus, den als reiseunlustig verrufenen Bajuwaren diesen langen Marsch von Charkow nach München zuzumuten.

Irgendwie scheint der Name des Baiernstammes auf die Wort-Klauber oder Wort-Deuter bis zum heutigen Tag eine besondere Faszination auszuüben, und sicher wird es auch in Zukunft noch mancherlei etymologisches Hin und Her geben. Was ließe sich zum Beispiel aus der Tatsache machen, daß die Böhmerwäldler ihre bairischen Nachbarn noch bis zum Jahre 1945 »Boier« genannt haben! (Nur ist es halt leider vielfach nachgewiesen, daß in diesen »weiterischen« Gegenden das »a« sehr gern zum »o« verfälscht wird.)

Die modernen Wissenschaftler sind für solche Spielchen allerdings nicht zu haben, sie sehen alles nüchterner als ihre Vorfahren, und so heißt es etwa in einem Aufsatz von Hans Zeiß aus dem Jahre 1936, der Name Bajuwaren, »der nach allgemeiner Auffassung ›Männer von Böhmen‹ bedeutet«, müsse schon »geraume Zeit vor der Abwanderung des Volkes nach Baiern aufgekommen« sein. »Dieser Name knüpft an die Landesbezeichnung Boiohemum an, die bekanntlich von den keltischen Urbewohnern Böhmens ausgeht.« So knapp, so sachlich, so wenig emotionsgeladen ging das jetzt.

Ob die ebenso heißgeliebten wie heftig abgelehnten Boier-Kelten mehr gaben als den Namen, ist dann eine andere Frage.

Der Medicus Quitzmann hatte wohl recht gehabt, als er 1873 über »diese Sucht nach etymologischer Namensverwandtschaft« klagte, die »die bairische Geschichtsschreibung seit 400 Jahren auf der dürren Heide unfruchtbarer Wortklauberei im Kreise herumgeführt, indem sie ihre besten Kräfte daran verschwendete, das Unmögliche wenigstens wahrscheinlich zu machen und die keltischen Bojer als Stammväter der germanischen Baiern erscheinen zu lassen«. Der dilettierende Militärarzt übersah freilich Zeuß.

Während noch heftig über die keltischen Boier diskutiert wurde und Philologen wie Historiker gelegentlich auch eine Quadratur des Kreises versuchten – indem sie die keltischen Boier mit germanischen Nachfahren bedenken wollten –, brütete der von mancherlei Gebrechen geplagte Kaspar Zeuß »auf scharfsinnige Weise« eine Theorie aus, die viele Anhänger finden sollte – mehr als jede andere Abstammungsgeschichte:

Zeuß, soeben als Geschichtslehrer ans Gymnasium von Speyer berufen, entdeckte 1839 die Urahnen der Bajuwaren (wie einige Jahrzehnte vor ihm schon der Landshuter Professor Konrad Mannert) in jenem Stamme der Markomannen, der im Jahre 9 n. Chr. aus der Maingegend nach Böhmen gezogen war, wo er zusammen mit anderen Völkern und Völkerteilen – mit Thüringern, Semnonen, Sueben und den berühmten keltischen Boiern – unter König Marbod ein Reich gegründet hatte.

Bei Zeuß, dem Maurersohn aus Vogtendorf bei Kronach, der trotz seiner immensen Bildung aus gesundheitlichen Gründen die erwünschte, verdiente und endlich auch erreichte Professur nicht behalten konnte, wird die These zu einem geschliffenen Stück deutscher Prosa: »Seit der Name der Markomannen erlischt, erscheint das Volk von Beheim, wie wenn es seines Namens beraubt nach einem neuen suchte, zuerst unter dem großen Namen der Thüringer, dann der Franken, bis es mit einem neuen Einzelnamen, der an das alte Vaterland erinnert..., vor seinem ehemaligen Grenzwald steht, in einem Raume ausgedehnt, der zeigt, daß es von einem zahlreichen Geschlechte stammt.«

Zeuß war fest davon überzeugt, daß die Markomannen-Erben ihre Namen der alten böhmischen Heimat und nicht irgendeinem Stamme verdanken. So erklärt er auch am Anfang seines Buches ohne weitere Vorrede: »Auffallend, der Name Baier, Baiovarius, allein schon gibt, nach den Gesetzen der deutschen Sprachwissenschaft zergliedert, die Herkunft des Volkes an, das er bezeichnet; und dennoch rät und mutmaßt man über diese noch heute hin und her, als wollte man es recht handgreiflich machen, daß deutsche Altertumsforschung ohne sprachwissenschaftliche Beihülfe nur halbe Arbeit ist.«

Die moderne Sprachwissenschaft macht es in der Tat deutlich. Sie nimmt nämlich das germanische Baiaheim, koppelt es mit

-*warjôz* (gleich Bewohner, Männer), schleift das Mittelglied heraus – was in der Wortgeschichte oft genug passierte – und schon werden aus den Bai(a)-heim-warjôz, den Männern aus Böhmen, die Bai(a)-warjôz, die Bajuwaren. (Und wo bleiben die Frauen dieser namengebenden Männer? Steht, da *die* Bajuwarin ja ein zweigeschlechtliches Paradoxon ist, eine von emanzipierten Damen initiierte Namensänderung bevor?)

Und es paßt ja auch eins zum andern: In einem römischen Militärhandbuch des Jahres 410 n. Chr. werden die im Böhmischen sitzenden Markomannen zum letzten Mal genannt (und der Mönch Eugippius, der über die Jahre 453 bis 488 n. Chr. schreibt, erwähnt sie schon nicht mehr); ums Jahr 550 n. Chr. ist in der Goten-Geschichte des Jordanis dann erstmals von einem Stamm zu lesen, der westlich der ehemaligen markomannischen Reviere wohnt und den seine Nachbarn Baibari nennen (was ja nach neuerer Deutung »Leute aus Böhmen« heißt).

Gut hundert Jahre vergehen also zwischen dem Verschwinden der Markomannen – wohin? – und dem Auftauchen der Bajuwaren – woher? –, Zeit genug, um den Umzug nach dem Westen vorzunehmen, den Namen zu wechseln und in der neuen Heimat Fuß zu fassen.

Die letzten Fußkranken des Hunnenheeres

Für diese kurze Wegstrecke können die des Wanderns ja nicht ganz unkundigen Markomannen aber doch keine hundertvierzig Jahre gebraucht haben! Wie soll man diese Trödelei erklären? Helmut Preidel hatte 1928 dafür nur die eine Erklärung, daß die ihres Reiches beraubten Markomannen ihre endgültigen Quartiere zwischen Donau und Alpen nicht direkt angesteuert haben; zunächst einmal, so meinte er, seien sie nach Nord-Nordost gezogen und im großthüringischen Reich aufgegangen.

Beweisen läßt sich da nicht allzuviel, doch immerhin scheint festzustehen, daß die zwischen 531 und 534 n. Chr. erfolgte Besetzung der Stadt Regensburg in direktem Zusammenhang mit der Zerstörung des Thüringerreiches stand.

Die Baiern wären demnach Markomannen mit einer kurzen thüringischen Vergangenheit.

Das gibt einen Sinn und ist plausibel. Wenn man sich an die böhmischen Markomannen hält.

Ein Mann namens Ludwig Schmidt tat das nicht und setzte statt dessen auf deren ungarische Stammesbrüder. Diese seien als germanische Untertanen der Hunnen im Jahre 451 n. Chr. auf den Katalaunischen Feldern mit dabei gewesen und hätten, als die Schlacht verloren war, den langen Rückmarsch in die Heimat vorzeitig abgebrochen – und so seien sie in Baiern hängengeblieben.

Ob dieses Häufchen glückloser Krieger die letzten Fußkranken des Hunnenheeres waren oder aber ein Trupp besonders Schlauer, die mit raschem Blick erkannt hatten, daß es sich hier gut leben ließ, verschweigt die These aus dem Jahre 1937.

Immerhin könnte mit solchen verwandtschaftlichen Beziehungen vielleicht die seltsame Gewohnheit erklärt werden, daß Ungarn und Baiern bis zum heutigen Tag die Vor- und Zunamen in der umgekehrten Reihenfolge plazieren, daß sich der Josef Meier aus Plattling als Meier Josef und der Imre Horvath aus Debrecen als Horvath Imre vorstellen; der Bajuware übrigens zumeist im »Bescheidenheitskonjunktiv«: »I waar da Meier Josef...«

Mit dieser bairisch-magyarischen Spekulation hätte sich auch der Wiener Sprachforscher Karl Julius Schroer anfreunden können, der 1863 einigermaßen verdutzt war, als er bei seiner Arbeit in den ungarischen Bergen gelegentlich ein bairisch eingefärbtes Deutsch hörte.

Es ist allerdings ziemlich sicher, daß diese Ungarn erst später ins Land gekommen sind und sich nicht etwa von Ur-Bajuwaren ableiten können, die bei der Auswanderung über die Donau hinweg zurückbleiben mußten.

Sehr viel näher stehen den ältesten Einwohnern Baierns jene Südtiroler, die in den »*sette comuni*«, in den sieben Gemeinden hinter Trient noch heute das fast unverfälschte Altbairisch der Agilolfingerzeit sprechen. Bei diesen Nachkommen bairischer Einwanderer, den sogenannten Cimbern (zu deren Förderung in München ein eigenes Cimbern-Kuratorium gegründet wurde), lesen sich die »zehen Ghebot« noch heute so:

Ich pin din herre got
hab net koan andarn Got voar main!

Nüz net Gottes namen umesüscht!
Gedenk zu hailigen de vairtaghe!
Er en vater und de muter!
Töt net!
Tü net schantekot!
Stiel net!
Küt net vaschez gazeughe!
Desiderar net z'waib vun den andarn!
Desiderar net z'gut vun den andarn!

Nun hatten die markomannischen Ahnen von Anfang an auch ihre erbitterten Feinde, und sagten zum Beispiel die Vertreter der einen Partei: Markomannen und Baiern – und nur sie – pflegten den seltsamen Brauch, ihren Toten Eier mit in die Gräber zu geben, so konterte die gegnerische Seite mit dem Hinweis, daß aber das Bairische und das Schwäbische die gleichen sprachlichen Wurzeln hätten...

Eifriger vielleicht als andere sammelten die Anwälte der suebisch-alamannischen Sache ihre Argumente, um dann schließlich durch Indizienbeweis den Baiern schwäbische Vorfahren zu schenken.

Einer dieser Ahnenforscher, der Schwabe Heinz Fischer, hat 1974 mit bewundernswertem, zitatsüchtigem Fleiß alles zusammengetragen, was er über die ur-alten Bajuwaren finden konnte. Er hat addiert und addiert, und als er zuletzt die Summe zog, kamen – Schwaben heraus.

Niemand kann bestreiten, daß sich die Alamannen in der spätrömisch-frühbairischen Zeit tatsächlich zwischen Donau und Alpen herumgetrieben haben – und vom 3. Jahrhundert an machten sie sich dadurch einen Namen, daß sie mehrmals brandschatzend und plündernd ins römisch besetzte Baiernland einfielen. Das Exklusivrecht, im bajuwarischen Stammbaum an der untersten Wurzel zu sitzen, haben sie jedoch nicht. Neben ihnen gäbe es noch eine Liste von längst vergangenen und verschwundenen Anwärtern auf die Vaterschaft, da aber weder Boier noch Heruler, weder Langobarden noch Markomannen direkte Nachkommen besitzen, die ihre Sache vor dem bairischen Tribunal vertreten können, treten nur die Alamannen-Erben in den Zeugenstand.

DIE HERKUNFT

In den frühen 1980er Jahren war dies zum Beispiel der damalige Privatdozent Wolfgang Hartung gewesen. Er befragte »die Sachgüter des Archäologen, die schriftlichen Quellen des Historikers, Namen und Begriffe des Sprachwissenschaftlers«, doch was er auch zur Hand nahm, alles stützte seine These, daß im Stammbaum zwar mancherlei Vor-Väter auftraten, daß sich darin aber niemand an Bedeutung mit den Alamannen messen könne. Bisher, meinte er, sei das nie recht gewürdigt worden, da die nach Osten weisenden Funde »weit überschätzt« worden seien, während man die Verweise nach dem Westen zu gering geschätzt habe. Und wenn man dann einmal nach Westen geblickt habe, sah man die Franken, deren Einfluß zu hoch und falsch gedeutet worden wäre.

Für das fünfte und das sechste Jahrhundert gelte, daß »Alamannen und Franken angesichts der jeweils vorgefundenen Grabbeigaben nicht zu unterscheiden sind«. Und doch steht für Hartung fest: »Vom Donautal zwischen Schretzenheim, Bittenbrunn, Regensburg und Straubing über Altenerding, den Münchner Raum (zum Beispiel Aubing), Sindelsdorf und Gelting im Süden... zieht sich ein Horizont alamannischer Gräberfelder hin, der alamannische Besiedlung nach 500, mancherorts schon nach 450 einsetzend, beweist«. Die Franken aber seien nicht vor 536 in wichtigen Rollen aufgetreten.

Hartungs Lehrer, der 1993 verstorbene Münchner Professor Karl Bosl, war zuletzt der gleichen Meinung: »Die Alamannen«, meinte er in einem 1984 veröffentlichten Vortrag, seien bei der Stammesbildung »das herausragende germanische Hauptkontingent« gewesen. Ein Dutzend Jahre zuvor, in seiner *Bayerischen Geschichte*, war er sich dieser Herkunft noch nicht sicher gewesen: »Wir wissen nichts von einer bayerischen Einwanderung unter einem Heerkönig, auch nichts von einer Landnahme. Lassen wir alle Hypothesen beiseite... dann bleibt keine andere Annahme als die, daß die Bayern im wesentlichen das keltoromanisch-römisch-germanische Mischvolk sind, das sich in den Süddonaulanden seit dem Abzug der Römer (um 480) noch mit germanischen Elementen angereichert haben mag, ein ›Stamm‹ aber erst durch die Franken wurde...« Statt an eine »unbewiesene Einwanderung germanischer Stämme aus dem Osten« glaubte er nun an »eine West-Ost-Bewegung der Alamannen«.

178

So wären sie also gut zweihundert, zweihundertfünfzig Jahre nach ihrem heftigen, die römische Provinz Raetien erschütternden und die Provinz verwüstenden Einfall als friedliche Siedler zurückgekehrt, um gleichsam Baiern zu gründen. Diese Vorstellung hat bisher wohl mehr Skepsis als Anklang gefunden.

Aber in der nun schon so lange anhaltenden Diskussion über die Herkunft der Baiern – sie ist neben der Frage, wie König Ludwig II. im Sommer 1886 umkam, das zweite große Rätsel in der baierischen Geschichte – sind immer wieder neue Wendungen möglich.

Und wer weiß, vielleicht haben die Sueben tatsächlich ein wenig stärker zur Entstehung des Baiern-Stammes beigetragen als andere, kleinere Völkerschaften. Quitzmann zumindest hat es ihnen schon 1873 gerne bestätigt, um nur ja die Verwandtschaft mit den soeben besiegten (keltischen) Franzosen loszuwerden: Man dürfe, schrieb er, »mit ziemlicher Wahrscheinlichkeit annehmen, daß die Baiwaren in Tradition und Kult mit den Donausueven am innigsten übereinstimmen«.

Auf diesem Umweg bekämen die Baiern dann, zusammen mit den semnonischen Urahnen der Sueben, ihre Stammväter aus Preußen geliefert, da die Semnonen ja einst in Brandenburg und Mecklenburg losgezogen waren. (Und die kurze Herrschaft der Baiern über Brandenburg im Mittelalter wäre somit, wenn man dieses kühne Gedankenspiel mutig zu Ende führt, eine Rückkehr in die alte, sehr alte Heimat gewesen.)

Die schwäbischen Wüstensöhne

Wer alle weiten Umwege vermeiden und die schwäbischen Baiern direkt aus dem Ungarischen ins Land zwischen Alpen und Donau holen will, kann sich auf einen berühmten Schriftsteller berufen, auf den anno 79 n. Chr. beim Ausbruch des Vesuvs ums Leben gekommenen Natur- und Erdbeschreiber Plinius. Er hatte einmal ganz beiläufig von einer »*deserta Boiorum*«, einer Boischen Wüste geschrieben. Und wie schon beim Geographen von Ravenna und seinem Albis-Baia, so ging nun auch hier das Rätselraten los: Was hatte Plinius gemeint, wo lag seine Wüste?

Die überzeugendste Antwort, die darauf gegeben wurde: Diesen Namen könnte das zwischen Leitha und Raab gelegene Gebiet erhalten haben, als sich dort im ersten nachchristlichen Jahrhundert die aus Böhmen vertriebenen Boier niederließen. Später dann, in der vorhunnischen Zeit, waren diese keltischen Flüchtlinge verschwunden, suebische Stämme hatten ihre Plätze eingenommen – und den Namen bei der Auswanderung nach dem Westen mitgenommen: Die schwäbischen Männer aus der Boischen Wüste wurden zu den ersten Baiern... Sagen jedenfalls Historiker, die den Bajuwaren gern alamannische Ahnen bescheren wollen. Sie sehen eine reizvolle Aufgabe und eine patriotische Herausforderung darin, das Baia des Geographen von Ravenna mit dieser ungarischen *deserta Boiorum* gleichzusetzen.

Ganz ist ihnen das bis heute noch nicht gelungen, doch allzuweit ab von der Boischen Wüste sucht eigentlich niemand mehr nach dem Lande Baia. Es könnte, sagt der eine Frühgeschichtler, in der Nähe der Kleinen und der Weißen Karpaten liegen; man sollte es nördlich des Donauknies suchen, meint ein österreichischer Experte; man muß nur ein kleines Stückchen weiter nach Norden gehen und ist in Böhmen, meldet sich ein dritter zu Wort.

Einer wollte sich freilich nicht entscheiden und war 1961, nach gründlichem Studium aller Beweisstücke, fest davon überzeugt, daß die Baiern ein doppeltes Ursprungsland hätten. Die ersten Siedler, behauptete Erich Zöllner, kamen aus Ungarn und den Karpaten; diesen frühen Zugereisten folgte in der ersten Hälfte des 6. Jahrhunderts – in der Zeit also, in der die Baiern erstmals in Büchern auftauchen – ein zweiter Schub aus Böhmen, der auch den Namen mitbrachte.

Wenn schon die unbestreitbaren verwandtschaftlichen Beziehungen zu den Schwaben ausreichten, um Vaterschaftsansprüche anzumelden, dann mußte freilich den Langobarden das gleiche Recht eingeräumt werden, denn kein anderes Volk stand den Baiern in seiner frühen, der Agilolfingerzeit so nahe und war ihm so freundschaftlich-eng verbunden, und darum hat Schmeller in seinem Wörterbuch ja auch behauptet, die Baiern wären Verwandte der nach Süden abgewanderten Langobarden.

Sehr früh schon, und zunächst vor allem durch den bairischen Herrn Plato, alias Wild, waren die »Männer mit den langen Beilen« (so die »Aufschlüsselung« des Namens Langobarden) in die bairische Ahnengalerie geraten. Weil sich in dieser Familiengeschichte aber ein paar Ungereimtheiten fanden, kamen später etliche Autoren mit revidierten Fassungen auf den Markt. Danach könnte es zum Beispiel so gewesen sein, daß die Langobarden ein Doppelvolk waren, dessen eine Hälfte sich mit dem Herzogtitel nach Baia abgesetzt hatte (wobei Baia für die Vertreter dieser Hypothese, für Alois Schneider und Robert Holtzmann, von den Sudeten bis zum Bodensee reichte und Baiern einschloß), während die andere Hälfte in Ungarn wohnte. Diese aber hatte das Sagen, bei ihr residierte der König. Die agilolfingischen Herzöge, die mehr als zweihundert Jahre lang über Baiern herrschten, hätten ihr Amt dann nicht, wie (fast) allgemein angenommen wird, von den Franken bekommen, sondern als Erbe aus Pannonien mitgebracht.

Es könnte aber auch ganz anders gewesen sein. Die Bajuwaren wären danach zwar keine Langobarden, aber mit diesem Volk so eng verbunden und von ihm so abhängig, daß sie nach ihrem Auszug selbst noch in der neuen Heimat, in Baiern, unter langobardischer Oberhoheit standen. Und diese Hörigkeit könnte bis zum Jahre 543 gedauert haben, das heißt, bis der mächtige Langobardenkönig Wacho starb.

Die Beweislage all dieser Geschichten ist höchst dürftig, und die Thesen-Bastler verfügen immer nur über ein paar geographische Begriffe, mit denen sie jonglieren, oder einige wenige Namen, die sie miteinander kombinieren. Die Archäologie jedenfalls läßt sie allesamt im Stich, und kein Kapitel der bairischen Historie ist so arm an Fundstücken wie ausgerechnet die angenommene Einwanderungszeit, das frühe bis mittlere 6. Jahrhundert.

Das wenige Material, mit dem sich die Forschung herumplagt, ist überdies so vieldeutig, daß es offensichtlich sogar für einander widersprechende Ansichten Argumente liefert. Während der eine Historiker fest davon überzeugt ist, daß Langobarden und Baiern dicke Freunde gewesen sind (und diese Ansicht wird von sehr vielen Forschern geteilt), kann ein anderer durchaus die Vermutung äußern, genau das Gegenteil treffe zu.

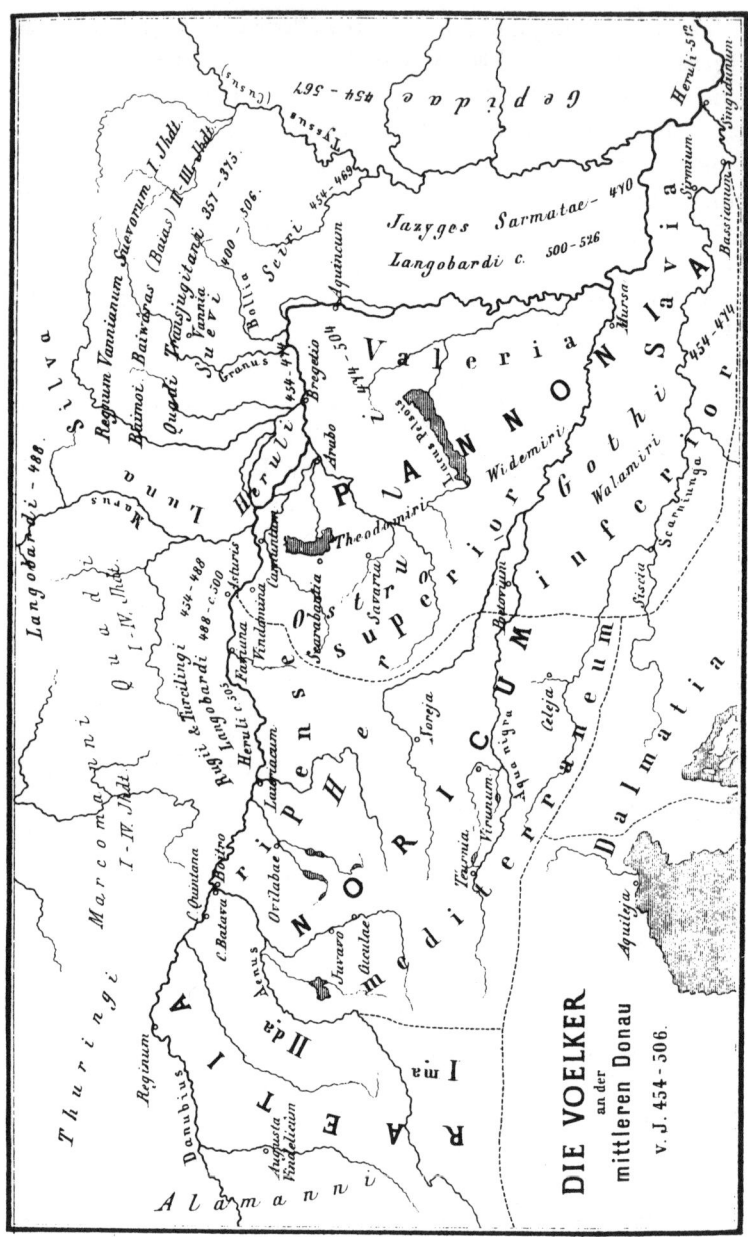

Ein kartographischer Versuch aus dem 19. Jahrhundert, den alten Stämmen und Völkern ihre alten Quartiere zuzuweisen.

Ein Kind mit vielen Vätern

Es wurde viel, es wurde klug und es wurde gelegentlich auch wild spekuliert, doch jeder Forscher, der mit einer neuen These vor das Publikum trat, mußte damit rechnen, schon am nächsten Tag irgendwo die Gegen-These zu lesen.

Sicher schien eigentlich nur, daß die Bajuwaren aus Ost-Südost ins Land gekommen sind, aus einer Gegend also, die in der Völkerwanderungszeit eine belebte Durchgangsstrecke war.

Eines Tages ließ sich dann aber beim besten Willen nicht mehr leugnen, daß dieses Kind mehrere, vielleicht gar viele Väter haben müsse und daß in diesem komplizierten Vaterschaftsprozeß kein einzelner Stamm mit einem Alleinzeugungsanspruch auftreten könne.

Gefragt wurde jetzt, ob sich in diesem Land nicht von Anfang an so einiges vermischt habe – schließlich hat es ja auch wohl nach dem Abzug der Römer in Raetien noch Menschen gegeben. Römer und andere.

Die reichen Herren werden damals das Land, in dem sie nichts mehr galten, schnell verlassen haben, doch was durften sich die Ärmeren südlich der Alpen erhoffen? Sie hatten keine Besitzungen, auf die sie sich zurückziehen konnten, und ihr Erspartes reichte sicher nicht aus, um sich neu anzukaufen. Und was war mit den vielen römischen Bürgern, die in der raetischen Provinz geboren waren und das ferne Heimatland nur vom Hörensagen kannten? Sie werden im Land geblieben sein; sie und ihre Nachkommen.

In Urkunden des 8. und 9. Jahrhunderts – und somit viele Generationen nach Odoakers Rückzugsbefehl aus dem Jahre 488 – tragen sie jedenfalls noch immer ihre alten römischen Namen; allerdings sehr oft mit dem Zusatz »Leibeigner« (*mancipium*), »Knecht« oder »zinspflichtiger Römer«.

Von den neuen Herren haben diese Zurückgebliebenen nicht viel erhofft, und so zogen sie sich still und unauffällig in die abgeschiedeneren Berggegenden zurück. Dort erinnern noch heute die mit »Wall« gebildeten oder auf -*walch* endenden Ortsnamen (Wallgau, Wallberg, Walchensee, Straßwalchen) an diese frühen welschen Bewohner.

Das geschulte Auge des Philologen kommt aber auch anderen Ortsnamen auf die lateinische Spur; in der Salzburg-Reichenhaller Gegend etwa in Straß (*strata*), Gols (*collis*), Plain (*plagio*), Gnigl (*cunicolo*), Anif *(Anava)*, Marzoll (*Marcius*) oder Muntigl (*Monticulus*). Seit den römischen Herrschaftstagen waren lateinische Wörter in die deutsche Sprache eingegangen, die mit dem Hausbau oder dem Anbau von Wein zu tun hatten. Jetzt, in den bajuwarischen Zeiten, als sich die weiland Herren des Landes bergwärts zurückgezogen hatten, lieferten sie auch noch das Vokabular für die Almwirtschaft (wie Senner, Käse, Alm usw.).

Inzwischen gibt es längst keinen Zweifel mehr, daß im Baiern des 6. bis 8. Jahrhunderts (und wahrscheinlich auch noch lange Zeit darüber hinaus) römische Siedlungen bestanden. Dem aus Hamburg stammenden Rechtsprofessor Felix Dahn war das schon 1881 klar. Die dunklen Augen, das dunkle Haar und der brünette Teint vieler Baiern lassen sich gar nicht anders als mit gallo-romanischen Vorfahren erklären, meinte Dahn. Und der mußte es schließlich wissen, da er ja ein paar Jahre zuvor seinen *Kampf um Rom* – und damit einen der großen Bestseller der Gründerzeit – vorgelegt hatte.

Auf den Gedanken, die Südländer seien allesamt über die Berge gezogen und in ihr altes Reich heimgekehrt, waren die Frühgeschichtler ja auch nur gekommen, weil sie in den spätrömischen Gräbern Baierns die traditionellen Beigaben für die Toten vermißten. Wären noch ehemalige Legionäre und Beamte im Lande gewesen, so wurde argumentiert, sie hätten ihre Angehörigen sicher nach alter Weise bestattet.

Heute sieht man in diesem Wandel der Bestattungssitten aber einen deutlichen Beweis dafür, daß die im Lande verbliebenen Welschen inzwischen so arm waren, daß für die Toten nichts mehr übrigblieb. Außerdem hatte das Christentum den alten Brauch, die Verstorbenen für ihre Reise ins Jenseits mit Gaben auszustatten, ohnehin verdrängt.

Viele Völker und ein Staat

Niemand macht heute den Römern ihren Platz im frühen Baiern noch streitig. Die Vorstellung, daß eines Tages Ur-Baiern in ein leeres Land gekommen seien, hat man aufgegeben, und ob sie nun mit dem Spaten der Geschichte hinterhergraben oder aus alten Handschriften neue Einsichten herauslesen wollen – die Forscher sind sich einig (soweit sich Forscher je einig werden können), daß das älteste Baiern ein Vielvölkerstaat gewesen ist, ein wahrer Schmelztiegel der Stämme. Jetzt, schrieb der bis vor einigen Jahren in Regensburg lehrende, aus Bremerhaven stammende Kurt Reindel zu diesem Thema, hat »sich, im großen gesehen, eine Auffassung durchgesetzt, die mit einem namengebenden böhmischen ›Traditionsträger‹, daneben aber mit einer recht heterogenen Zusammensetzung der Bajuwaren rechnet«.

Im Spindlerschen *Handbuch der bayerischen Geschichte* hat der gleiche Autor die einzelnen Zuzügler dann fein säuberlich aufgezählt: Sueben, Markomannen und Thüringer, dazu noch die Naristen-Varisten aus der Oberpfalz, eine alamannisch-juthungische Vorbevölkerung, Heruler, Skiren, Rugier sowie »hunnische Bestandteile«. Letztere will man vor allem im Chiemgau und bei Ruhpolding gefunden haben.

In den versteckten Bergschluchten und entlegenen Dörfern der Alpen ist der Tübinger Geschichts-Ordinarius Heinz Löwe aber auch noch auf andere Spuren gestoßen. Dort, schrieb er 1949 in einem Aufsatz über die »Herkunft der Bajuwaren«, habe sich »ein von der Romanisierung kaum erfaßter illyrischer Stamm bis ins 8. Jahrhundert auch innerhalb des bajuwarischen Herzogtums als geschlossene Einheit erhalten: die Breonen...«

Zu all diesen verwirrend vielen Rassen und Völkern und Stämmen kamen schließlich auch noch die Slawen – zwar etwas später, erst in der zweiten Hälfte des 6. Jahrhunderts, doch waren sie im nördlichen, nordöstlichen Baiern dann immerhin so stark vertreten, daß Karl der Große den Bau von eigenen Slawenkirchen anordnete.

An diese Zuwanderer erinnern vor allem noch die auf *-wind*, *-winden* und *-windisch* endenden Ortsnamen, doch selbst ein Dorf wie Pösing (dort also, wo im Oktober 1961 der Faustkeil aus der Altsteinzeit gefunden wurde) hatte um das Jahr 900 einen slawischen Bevölkerungsanteil, und als König Arnulf 896 der Kirche zu Roding eine Schenkung machte, wurden die den freien Slawen gehörenden Güter zu Pösing davon ausgenommen. Die Spätankömmlinge aus dem Osten werden sich mit den länger Ansässigen gar nicht so schlecht verstanden haben, da man sie »Winida« und »Winden« nannte, was angeblich »Befreundete« heißt. Das von Slawe abgeleitete Wort »Sklave« wurde jedenfalls nicht von den bairischen Nachbarn geprägt, sondern kam erst über das Romanische in die deutsche Sprache.

Die alte heroische Vorstellung, daß da ein großer Stamm mit Mann und Roß und Wagen (sowie einer Schar von Weibern und Kindern) über die Donau ins Baiernland gezogen sei und seine Fahne gehißt habe, ist so ziemlich auf der (Forschungs-)Strecke geblieben. Auch wenn Aventin und etliche seiner geschichtsschreibenden Kollegen von Schlachtenlärm zu berichten wissen, wird sich der Einzug in die neue Heimat wohl eher in aller Stille und ohne Kriegsgeschrei und Waffengeklirr vollzogen haben.
Eher denkt man heute, daß kleine Heerhaufen oder Familiengruppen des Weges gekommen und irgendwie in Baiern hängengeblieben sind. Da die Römer alle Mühe hatten, ihr Leben und die letzten kärglichen Überreste ihres Reiches zu retten, wird es für die Neuankömmlinge nicht allzu schwer gewesen sein, die geeigneten Quartiere zu finden. Und um das Jahr 490 n. Chr. sind die welschen Besatzungstruppen ja ohnedies abgezogen.
Getreu dem sprichwörtlichen bairischen Lebens- und Überlebensmotto »Nur der Not keinen Schwung lassen«, nahmen die Mächtigen in Rom die Sache gar nicht weiter zur Kenntnis und sprachen nach wie vor von Raetia II, als wäre dort oben im germanischen Norden die Welt noch in Ordnung und als führten die Römisch-Kaiserlichen im Voralpenland noch immer das Kommando.
Unter den Siedlern wird es sicher gelegentlich Mord und Totschlag gegeben haben, doch zuletzt raufte man sich zusammen, lernte voneinander, handelte miteinander, heiratete untereinander, und aus all den vielen Völkern und Völkersplittern bildete sich in der ehemaligen Besatzungszone ein Stamm, der so eigen-

ständig und so unverwechselbar war, daß die Nachbarn (oder die neuen Regenten) das Land sehr bald schon nach diesen Leuten benannten.

Es müssen verträgliche Menschen gewesen sein, die da zwischen Alpen und Donau gehaust haben, denn nirgendwo wurden Spuren von Kämpfen entdeckt. (Übrigens auch kaum Helme aus der Bronzezeit. Dies, so wird gelegentlich behauptet, sei ein Beweis dafür, daß es in Baiern auch in den früheren Zeiten ruhiger zugegangen sein muß als anderswo in der Welt.)

Indizienbeweis auf dem Friedhof

Da es also keine Schlachtfelder zu erforschen gab und die schriftlichen Zeugnisse vieldeutbar und auch oft widersprüchlich waren, mußten die Archäologen den Spaten schultern und auf den Friedhof gehen. Nur dort konnten sie in der schwierigen Frage der bairischen Stammesbildung ein bißchen Klarheit gewinnen, nur diese Ruhestätten boten ihnen Forschungsmaterial.

Und dem 1994 verstorbenen Münchner Vor- und Frühgeschichtler Joachim Werner ist dabei 1962 etwas aufgefallen: Die ältesten Bajuwaren haben ihre Toten in Reihengräbern bestattet (was heißt, daß die Leichen samt ihren Beigaben stets in einer bestimmten Richtung ins Grab gelegt wurden). Weil die Baiern aber diese Bestattungsart von Anfang an pflegten, müssen sie diesen Brauch bereits aus ihrer Heimat mitgebracht haben. »Nach ihren Beigaben sind sie eng mit den alamannisch-fränkischen Reihengräberfeldern verbunden, ihr Formgut ist kennzeichnend für die merowingische Reihengräberzivilisation.«

Wo aber, fragte Werner nun weiter, gab es vor dieser bajuwarischen Zeit Reihengräberfelder? Östlich von Baiern, verteilt über ein großes Gebiet, das in Thüringen beginnt und in einem weiten Bogen durch Böhmen hinabführt bis nach Siebenbürgen.

Nachdem er das herausgefunden hatte, stellte der Vorgeschichtsforscher auch noch die naheliegende Frage, wie die dazugehörige Chronologie wohl aussehen könnte – und entdeckte, daß die Funde des sogenannten »östlich-merowingischen Reihengräberkreises« ziemlich genau zu der Zeit abbrechen, als sie in Baiern einsetzen, nämlich um das Jahr 530 n. Chr.

Diese Umsiedlung hatte nach Meinung von Joachim Werner zwei Gründe: Die Langobarden wanderten 526 von Böhmen aus südwärts nach Ungarn (das sie vierzig Jahre später wieder verließen, um nach Italien weiterzuziehen), und 531 wurde das Thüringerreich dem Frankenreich angegliedert. Den zwischen diesen beiden Völkern sitzenden Ur-Baiern blieb nichts anderes übrig, als ebenfalls auf die Walz zu gehen – und so kamen sie in die ehemals römischen Provinzen Raetia II und Noricum.

Die Leichen des 5., 6. und 7. Jahrhunderts haben ihm also den Indizienbeweis geliefert, daß die Baiern aus dem Osten zugewandert sind.

Daß sie am Ende ihrer Wanderschaft aber südlich der Donau kein menschenleeres Land vorfanden, daß dieses alte Baiern ein Schmelztiegel war, in dem sich die Völkerschaften mischten, ist spätestens seit der Mitte der sechziger Jahre bewiesen.

Damals – genauer: am 6. Juli 1965 – brachten Kinder dem Kreisheimatpfleger von Erding ein kleines Sammelsurium von Totenköpfen, einem Schwert und etlichen anderen verdreckten Fundstücken, die bei Ausschachtungsarbeiten für eine Versorgungsleitung auf dem südlichen Teil des Kletthamer Feldes zutage gekommen waren. Von 1966 an wurde das Gelände einige Jahre lang von den Archäologen immer wieder aufgesucht, und zuletzt stand fest (und wurde von Walter Sage in einem zweibändigen Werk belegt), daß man in Altenerding-Klettham einen Bajuwarenfriedhof entdeckt hatte, auf dem zwischen dem 6. und späten 7. Jahrhundert etwa 2200 Personen beigesetzt worden waren. Vergleichsweise junge Menschen, denn ein Bajuware, der seine Kindheit überlebt hatte – und die Kindersterblichkeit war groß –, hatte eine durchschnittliche Lebenserwartung von wenig über dreißig Jahren.

Reihengräberfelder gab es in Ost und West – dort früher, hier später; dort zumeist ohne, hier mit (relativ dürftigen) Beigaben. Über die Herkunft der Bestatter und der Bestatteten hätte man dadurch also kaum mehr erfahren, als daß es Germanen gewesen sind.

Die Untersuchung der Altenerdinger Skelette hat nun aber gezeigt, daß etwa ein Sechstel der Toten feinknochiger war als die

üblichen germanischen Leichen. Um diesen Unterschied gleich
richtig einzuordnen, sagte man von den weniger robusten Figuren, sie zeigten »mediterrangrazile Formen«.

Das aber läßt den Schluß zu, daß hier auch Römer begraben
wurden, die nicht mehr über die Alpen in den sonnigen Süden
ziehen wollten. Vielleicht waren es aber auch Besatzungskinder,
Besatzungsenkel oder -urenkel; immerhin hatten die Legionäre
und Beamten ja gut fünfzehn Generationen lang Zeit gehabt, der
einheimischen keltischen Bevölkerung in jeder Hinsicht nahe zu
kommen.

Auf dem Gottesacker war für alle Platz, und so konnte Walter
Sage fünf Jahre nach Beginn der Arbeit in Altenerding ein erstes
vorläufiges Fazit ziehen, das die Annahme eines rassischen
Durcheinanders im ältesten Baiern bekräftigte: »Noch wichtiger
scheint die uneinheitliche Zusammensetzung des Fundmaterials,
die anfänglich starke Einflüsse aus dem Osten und von Mitteldeutschland her widerspiegelte, während die von Anfang an vorhandenen westlichen Formen erst vom mittleren 6. Jahrhundert
an die dominierende Rolle spielen. Nimmt man dazu das Vorhan-
densein zweier recht unterschiedlicher anthropologischer Gruppen, von denen übrigens der ›mediterranen‹ fast keine mit voller
Bewaffnung beigesetzten Männer angehören, dann wird man den
Gedanken an die bajuwarische Landnahme im Sinne einer ein-
maligen geschlossenen Besetzung fast menschenleeren Landes
vollends in Zweifel ziehen müssen und statt dessen an die Entstehung des bairischen Stammes als politischer Einheit aus einer
Mehrzahl kleinerer Gruppen und Verbände, und zwar im heute
noch innegehabten Siedlungsraum denken...«

Was auf diesem großen Friedhof in der Nähe Münchens entdeckt wurde, haben Ausgrabungen an vielen anderen Stellen im
Lande bestätigt. Zum Beispiel beim Reihengräberfeld im Münchner Vorort Aubing, auf das man bereits 1938 beim Bau eines
Rangierbahnhofes gestoßen war.

Die Stadt München hat zehntausend Mark zur Verfügung gestellt, damit die etwa 350 frühen Bürger ordentlich (und wissenschaftlich zuverlässig) geborgen werden können. Während des
Krieges wurde dann zwar ein großer Teil dieses Friedhofes zerstört, doch die Untersuchung an den verbliebenen Gräbern

brachte bemerkenswerte Erkenntnisse. So zeigte sich z. B., daß die Aubinger des 6. bis 8. Jahrhunderts schon weltweite Kontakte pflegten, denn unter den zumeist einheimischen Schmuckgegenständen und Waffen, neben Fibeln, Ringen, Spangen oder Schwertknäufen, lagen auch rote Edelsteine aus Indien und Schneckengehäuse vom Roten Meer, die geschickte Handwerker zu Anhängern verarbeitet hatten.

Die meisten Römer waren, als diese vielen Oberbayern zur letzten Ruhe gebettet wurden, längst schon – und im ganz wörtlichen Sinn – über alle Berge. Viele werden zwar im Lande zurückgeblieben sein (und vor allem die Gegend um Salzburg war für sie offensichtlich ein Rückzugsgebiet), doch ihre ärmlichen Grablegen verraten, daß sie nicht zu den Wohlhabenden, den Mächtigen gehört haben.

Die römische Zeit war also zu Ende, und ein »dunkles Jahrhundert« lang gab es keine schriftlichen Nachrichten aus dem alten Raetien und künftigen Baiern. Erst seit die moderne Archäologie über Leichen geht, seit sie in bajuwarischen Friedhöfen nach Spuren sucht, wird dieses Dunkel lichter.

»Dame 19«

Auch für das frühe Auftreten der neuen, der fränkischen Herren lag der Beweis auf einem Friedhof. In Irlmauth, wenige Kilometer östlich von Regensburg, wo man im Dezember 1937 beim Kiesabbau auf ein Skelett stieß. Dieser ersten folgten noch viele weitere Leichen und zuletzt, im September 1940, waren neunundzwanzig Gräber entdeckt (zu denen in der Nähe noch neun weitere Tote kamen).

Als Bilanz gezogen wurde, blieben vor allem zwei Leichen übrig, mit denen sich die Forscher eingehender beschäftigten – das am 14. Januar 1939 entdeckte »reiche Frauengrab 19« und das seitab davon liegende »Kriegergrab 36«.

In der Inventurliste ist alles aufgezählt, was bei der ohne Sarg bestatteten »Dame 19« nach beinahe eineinhalb Jahrtausenden gefunden wurde: rechts und links vom Kopf Ohrringe, unterhalb des Kinns Bernsteinperlen und zwei Vogelfibeln, über dem linken Becken eine Schnalle, im Becken links zwei Bügelfibeln, am linken

Arm ein silberner Armreif, zwischen den Oberschenkeln eine
große Perle, zwischen den Unterschenkeln vermutlich der Ta-
scheninhalt: Nadel, Löffel, Messer, verschiedene Amulette, oberhalb der Ferse zwei Riemenzungen, zwischen den Füßen eine
Glasschale.

Die Beigaben verrieten, daß die »Dame 19« und der weitaus
weniger reich bedachte »Krieger 36« hochgestellte Persönlichkei-
ten gewesen waren, die aus dem Westen stammten und »höchstens
während zweier Jahrzehnte in der Regierungszeit Theudeberts I.
in der Nähe Regensburgs« gelebt hatten.

Da der Frankenkönig Theudebert im Jahr 534 die Regierungs-
geschäfte von seinem Vater Theuderich übernahm und bis 548
regierte, müßten also die beiden Irlmauther zwischen 530 und 550
n. Chr. gestorben sein.

Es gibt aus jener Zeit in der Regensburger Gegend so viele
Gräber und Friedhöfe, daß Ursula Koch darüber eine Doktorar-
beit mit reichem Bildmaterial abliefern konnte. Die Irlmauther
»Dame 19« nimmt in diesem Buch natürlich einen Ehrenplatz ein,
und das, was bei ihr gefunden wurde, ist in den Augen einer
Archäologin natürlich auch sehr viel mehr als nur eine Handvoll
Schmuck:

»Die Ausstattung dieses Frauengrabes ist nicht nur gegenüber den
andern Gräbern des Friedhofs außerordentlich reich, sondern hält
auch einem Vergleich mit den reichen alamannischen und fränkischen
Frauengräbern der Zeit stand. Als Kennzeichen der Damen der geho-
benen Gesellschaftsschicht in der ersten Hälfte des 6. Jahrhunderts
erwies sich der massive, silberne Kolbenarmreif, der wohl absichtlich
am linken Handgelenk getragen wurde. Denn auch die unter dem
Kölner Dom bestattete Dame aus königlichem Haus trug am linken
Handgelenk einen in der Form ähnlichen goldenen Kolbenarmreif.
Den goldenen Armreif als Würdezeichen kennt man bereits in der
Kaiserzeit. Die germanischen Fürsten des 5. Jahrhunderts und der
fränkische König Childerich trugen einen solchen goldenen Reif am
rechten Handgelenk. Wie die junge Kölner Adelige, die unter St.
Severin bestattet war und die einen silbernen Kolbenarmreif trug,
besaß auch die Irlmauther Dame mit dem Silberreif ein Bügelfibel-
paar, Ohrringe, Nadel und Wadenbinden mit silbernen Riemenzungen. Die Tracht entsprach der Mode; der Schmuck umfaßte alles, was
in dieser Zeit im merowingischen Reich zur Verfügung stand. Sil-

berne Riemenzungen an den Wadenbinden waren im 6. Jahrhundert nicht allgemein üblich, sondern auf einen bevorzugten Kreis beschränkt. Von den Schmuckstücken fallen auch die Ohrringe durch die Verwendung reinen Goldes aus dem üblichen Rahmen. Bedeutsam ist noch die Beigabe eines silbernen Löffels; er stellt ein weiteres Kriterium für den sozialen Rang der Irlmauther Dame dar. In der 1. Hälfte des 6. Jahrhunderts wurde der Silberlöffel im alamannisch-fränkischen Südwestdeutschland einigen vornehmen Frauen, die meist auch einen silbernen Armreif besaßen, beigegeben. Die Dame aus Grab 19 und der Herr aus Grab 36 von Irlmauth gehörten einer privilegierten Schicht im fränkischen Reich an.«

Das alles paßt zusammen und ergibt einen Sinn, denn Regensburg, das *Ratisbona* der Kelten und das *Castra Regina* der Römer, war die erste Hauptstadt Baierns.

Der Ehemann der Dame aus Grab 19 könnte daher als Botschafter oder als Bevollmächtigter des fränkischen Königs hierher entsandt worden sein. Obwohl das Land einen Namen und seinen eigenen Herzog besaß, bestimmten wahrscheinlich doch die Theudeberts, Theudebalds, Chlotilds (oder wie man so hieß am Frankenhof) die Richtlinien der bairischen Politik.

Etwa zu der Zeit, als man die Irlmauther zur letzten Ruhe bettete, verfaßte der vormalige Notar und spätere Geistliche Jordanis jene Gotengeschichte *De origine actibusque Getarum*, in der erstmals die Baiern genannt werden. Die damit in die Weltgeschichte Eingeführten saßen freilich bereits seit etwa hundert Jahren im Land.

Das weiß man, seit die Erforschung der Vergangenheit nicht mehr nur den gelehrten Wort-Klaubern überlassen ist, die die wenigen überlieferten alten Texte, in denen die Bajuwaren genannt wurden, immer wieder neu arrangierten und interpretierten. Auskunft kam nun von jenen, die gleichsam über Leichen, respektive deren Skelette gingen: von den Archäologen.

In Friedenhain, einem kleinen Fleck nahe dem nördlichen Donauufer, gegenüber der Stadt Straubing – und einstmals in Sichtweite zum römischen Kastell – waren kurz vor 1900 einige Urnen gefunden worden, wenig später hat man an der Stelle ein wenig gegraben und der ganzen Angelegenheit offensichtlich dann aber kein großes Interesse mehr gewidmet. Wäre es anders gewesen, hätte der Reichsarbeitsdienst beim Ausheben von Splittergräben im Winter 1944/45 nicht einen sehr großen Teil des Gräberfeldes zerstören können.

Als man sich hier mit dem Spaten sicheren Unterschlupf ergrub, lag die Entdeckung des etwa hundert Kilometer weiter östlich, bei Strakonice gelegenen Gräberfeldes von Přeštovice bereits ein Jahrzehnt zurück. Der Oberlehrer Dubský hatte dort im Jahre 1934 auf einer felsigen Anhöhe etwa fünfhundert Urnen gefunden. Die Menschen, die diesen Friedhof in spätrömischer Zeit angelegt, in der zweiten Hälfte des 5. Jahrhunderts aber wieder aufgegeben hatten, waren – an der Form der Beigaben ließ es sich nachweisen – Zuwanderer aus Nordböhmen gewesen.

Die Přeštovicer verschwinden also nach hundert, hundertfünfzig Jahren ... und tauchen in Friedenhain und bald auch an anderen Stellen in Baiern wieder auf. Bedřich Svoboda, ein Erforscher der Přeštovicer Funde erklärte dies 1963 so: »Irgendwann im 5. Jahrhundert haben die Menschen, wohl Elbsueben, die um 300 nach Südböhmen gekommen waren, dieses Land wieder verlassen und sind über den Böhmerwald hinüber abgewandert, wo wir ihnen in solchen Gräbern wie bei Straubing begegnen.« Freilich, meint er, sei es nicht erwiesen, daß die Friedenhainer »die ersten Boten von drüben, aus dem hinter dem Böhmerwald liegenden Böhmen darstellen«. Und wenn sie vielleicht auch nicht die ersten waren, so ließen sie sich doch im späteren Baiern bereits nieder, als das Land offiziell noch römisch war. Der Friedhof von Friedenhain wurde nämlich bereits zwischen 350 und 400 n. Chr. angelegt.

Und die Römer, von anrückenden Germanen bedrängt, verwehrten ihnen auch den Weg über die Donau nicht und nahmen böhmische Zugereiste auch in ihre Dienste. Einer der Beweise dafür, daß die zunächst links der Donau siedelnden Friedenhainer sich bald auch rechts des Flusses, nahe beim Kastell niederließen, wurde 1980 in der Straubinger Bajuwarenstraße gefunden. Beigaben bei den ältesten der mehr als achthundert Gräber waren nämlich die charakteristischen, ohne Scheibe, also mit der Hand geformten Schalen vom Typ Friedenhain/Přeštovice. Die Wissenschaft bindet diese beiden Ortsnamen durch einen Schrägstrich eng aneinander und zeigt damit die Zusammengehörigkeit.

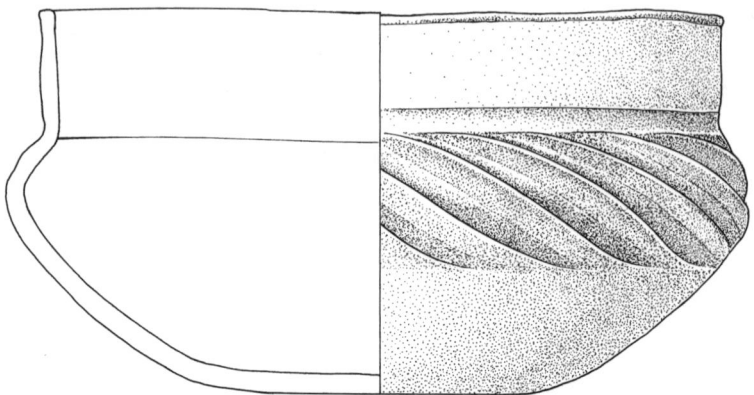

Urnen vom Typ Friedenhain/Přeštovice haben die Archäologen auf die Spuren jener »Männer von Böhmen«, der Baja-warjôz geführt, denen das Land und seine Bewohner bis heute den Namen verdanken.

So waren sie also angekommen, die Männer aus Böhmen, die Baia-warjôz. Während sie in Nord- und Südböhmen nur Station gemacht hatten, wurden sie hier seßhaft, und wenn die (recht überzeugenden) Thesen stimmen, wurde dieses Land nach ihnen benannt.

Früher als bisher angenommen wurde – nämlich nicht erst im frühen 6., sondern bereits im 4./5. Jahrhundert, waren also die Baia-warjôz gekommen, doch eine große Einwanderung hat es nicht gegeben. Sie sickerten gleichsam in das Land ein, und sie waren sicher keine sehr große Gruppe von Frauen, Männern und Kindern. Warum fiel aber unter all den vielen Stämmen und Völkerschaften justament den Germanen aus dem Böhmischen die Ehre zu, den Taufpaten für den entstehenden Stamm zu spielen?

Vielleicht weil sich die Gruppe nach ihrer Wanderschaft über die Further Senke hinweg, wie Gottfried Mayr 1974 schrieb, »in einem für die merowingisch-fränkische Herrschaft entscheidenden Gebiet befand«, weil sie sich nahe jener alten Metropole niedergelassen hatten, in der die Römer ein massives Kastell aus Stein gebaut hatten und von der aus die neuen Herrscher – sie kamen erst nach den Baia-warjôz nach Regensburg – das Land regierten.

So nahm also die Geschichte Baierns hundert Jahre früher als lange angenommen, ihren Anfang, und sie begann, wie die Reihengräberfriedhöfe zeigen, in den folgenden Jahrhunderten an vielen Stellen: bei Regensburg und Straubing also, doch auch in Kipfenberg, in Bittenbrunn bei Neuburg/Donau und mehr als zwanzig anderen Orten im Ingolstädter Raum; sie setzt aber sehr früh auch ein bei Altenerding, Steinhöring, Aubing, Feldmoching, Kirchheim und, wie der Germanenfriedhof von Sindelsdorf bei Benediktbeuern beweist, sogar im Vorgebirgsland.

So ist also zur Jahrtausendwende die causa »Bajuwaren-Herkunft« zu einem (vorläufigen) Abschluß gebracht. Es gibt weder Sieger noch Besiegte, das Ergebnis ist ein sowohl als auch: »So kann man also«, schrieben Thomas Fischer und Hans Geisler 1988 in einem Aufsatz, »in der Gruppe Friedenhain/Přeštovice die Baiovarii, die ›Männer aus Böhmen‹ sehen. Diese sind zwar nicht die ›Urbayern‹ schlechthin, sondern nur eine von vielen Gruppen, aus denen sich in Baiern das Volk der Baiern formierte.«

DER STAMM

»Das baiwarische G'schau offenbart eine wesentliche baiwarische Grundstimmung: dem Baiwaren ist sehr wohl in seiner Haut, er hat eine unverbildete Freude an sich selbst; denn der höchste Genuß ist ihm der Genuß des eigenen Daseins; er begehrt selten etwas von anderen, aber andere sollen auch nichts von ihm verlangen.«

Laurentius Freyberger

Die i-Baiern und die y-Bayern

Vor vierzehnhundert Jahren sind die Baiern zum erstenmal zwischen Donau und Alpen gesichtet worden, und bis zum heutigen Tag behaupten sie sich in dieser Gegend als jener höchst eigenwillige und eigenständige deutsche Stamm, der dem größten deutschen Bundesland seinen Namen gegeben hat. Sie selbst bewohnen allerdings nur die Hälfte ihres »Freistaates«, nämlich ein Gebiet von der Größe Baden-Württembergs. (Die andere Hälfte des Landes, der Norden und der Westen, gehört den Franken und Schwaben.)

Baiern, Franken und Schwaben fühlen sich in Bayern normalerweise als ein einig Volk von Brüdern, doch sobald es um die Stammeszugehörigkeit und um die älteste Geschichte geht, grenzen sich die Nachkommen der Bajuwaren von ihren nicht-bajuwarischen Landsleuten durch die Bezeichnung »Altbaier« deutlich und nachdrücklich ab. Die Stammesgrenze lassen sie dabei nach Süden hin offen, da sie sich ja mit den Südtirolern zu Recht sehr viel näher verwandt fühlen als etwa mit den Franken – obwohl 1148 in einem Brief an den Papst zu lesen war, daß Nürnberg »in Bayern liegt« und im 19. Jahrhundert der Germanist Karl Weinhold in seiner *Grammatik der deutschen Mundarten* behauptete, die Nürnberger sprächen ein fränkisch eingefärbtes Bairisch.

Die Geometer und die Volkszähler haben mit den »i«-Baiern kein großes Problem; sie wissen, wie man ihre Reviere absteckt und beschreibt. Doch wer kann genau sagen, was die Altbaiern von ihren Nachbarn unterscheidet? Woran erkennt man den »i«-Baiern?

Die Archäologen, denen die ältesten Baiern am Herzen liegen, können darauf keine präzise Antwort geben. Sie haben in den Gräbern des fünften und sechsten nachchristlichen Jahrhunderts zwar mancherlei gefunden, doch eines nicht – den typischen Bajuwaren, den Ur-Baiern, den Prototyp des künftigen Landesbewohners.

Den Frühgeschichtlern geht es da kaum besser. Sie stöberten jahrhundertelang in alten Papieren und hofften, unter den vielen ambulanten Völkerschaften auch jenen einen Stamm zu finden, der eines Tages von Osten kommend die Donau überschritten und dem Land seinen Namen gegeben hat. Aber auch diese eifrigen Forscher mußten kapitulieren, und statt eines Beweises hatten sie zuletzt nichts weiter als einen Korb voll Hypothesen.

Die Suche nach einem Stammvater ist inzwischen nicht mehr aktuell. Heute diskutieren die Fachleute statt dessen die Frage, wie viele und welche Zutaten eigentlich verquirlt wurden, ehe die Bajuwaren in die Geschichte eintraten.

Von den imponierenden Dimensionen des bairischen Gehirns

Natürlich wollen auch die Anthropologen bei der Erforschung dieses alten Stammes nicht abseits stehen, schließlich besaßen sie ja das Handwerkszeug, mit dem man Menschen – und damit auch Baiern – nach streng wissenschaftlichen Kriterien vermessen kann. Und so begann der Münchner Professor Johannes Ranke, der durch die Stiftung seiner Privatsammlung den Grundstock für die Prähistorische Staatssammlung gelegt hat, in den siebziger Jahren des vorigen Jahrhunderts, »die Schädel der altbayerischen Landbevölkerung« eingehend zu studieren.

Diese Exemplare erwiesen sich für den Gelehrten als so aufschlußreich, daß er darüber einen hochgelehrten Aufsatz von annähernd sechzig Seiten schreiben konnte. Was er da aber in vielen Tabellen festhielt und in einer sehr wissenschaftlichen Sprache darlegte, bestätigte eigentlich nur, was wohl ohnedies und selbst von Skeptikern als gesichert angenommen wurde: daß die Baiern einen Kopf besaßen und daß sich dieser Kopf von dem anderer arischer Rassen nicht sehr stark unterschied.

Eine Einsicht des hochverdienten Professors war freilich dann doch neu: »Innerhalb der ungemischten altbayerischen Landbevölkerung wechselt die Häufigkeit des Stirnfortsatzes ... nach der geographischen Lage der Wohnorte. Stirnfortsatz und Schläfenenge findet sich wesentlich häufiger bei der Bevölkerung des Gebirges als bei der des Flachlandes. Zumischung slawischen oder fränkischen Blutes zu der altbayerischen Bevölkerung hat auf die Häufigkeit der betreffenden Schädelanomalien keinen Einfluß. Die größere Häufigkeit derselben im Gebirge steht vielleicht mit dem dort häufigeren Cretinismus in ursächlicher Beziehung.«

*Der »Untergang des Abend-
landes«, 1927 im »Simplicis-
simus« durch Eduard Thöny
kommentiert: »Mit an hellen
Bier hot's o' g'fanga und mit
da Republik hot's aufg'hört.«*

Mit bairischen Köpfen kannte sich Ranke besonders gut aus, und als er festgestellt hatte, daß 83 Prozent der Bevölkerung kurzschädelig waren (was heißt, daß der Abstand Nasenbein – Hinterkopf dem von Schläfe zu Schläfe annähernd entspricht), wollte er auch noch wissen, wie groß die zu diesen Köpfen gehörigen Gehirne sind. Im zweiten Band seines Werkes *Der Mensch* veröffentlichte er 1887 das Ergebnis seiner Untersuchung von einhundert bairischen Männer- und genauso vielen bairischen Frauenschädeln. Der Kopf der männlichen Voralpenbewohner, so zeigte sich, hatte einen Inhalt von durchschnittlich 1503 Kubikzentimetern (die Frauen brachten es nur auf 1335 Kubikzentimeter).

Hermann Welcker, ein Kollege des Münchner Professors, hatte das gleiche Thema global angegangen und eine Tabelle aufgestellt, in der die Baiern ungleich besser wegkamen als bei Ranke: Mit 1540 Kubikzentimetern Gehirnsubstanz lassen sie alle Welt hinter sich – außer den Schweizern, die 3 Kubikzentimeter mehr vorweisen können. Der Rest folgt zum Teil weit abgeschlagen – die Kariben mit 1232, die Altrömer mit 1406, die Schweden mit 1426, die Unterfranken mit 1423, die Grönländer mit 1452, die Schleswig-Holsteiner mit 1467, die Hannoveraner mit 1494, die Hessen mit 1503, die Tschechen mit 1506, die Kroaten mit 1525 und die Engländer mit 1531 Kubikzentimetern...

Diese Zahlenreihe scheint auf den ersten Blick sehr gut zu dem zu passen, was das Frankfurter Institut für Internationale Pädagogische Forschung im Juni 1974 als Ergebnis einer weltweiten Untersuchung veröffentlicht hat: Unter zweihundertfünfzigtausend Testschülern aus aller Welt haben die Bayern um zwanzig bis fünfundzwanzig Prozent besser abgeschnitten als die übrigen Teilnehmer der Bundesrepublik. Und Bayerns Zehnjährige, die Superstars dieser im einzelnen sicherlich anfechtbaren Studie, hatten zuletzt nur noch die Japaner vor sich.

Da war also vom unbestechlichen Computer etwas attestiert worden, was sich die Bajuwaren selbst nicht anmaßen. Denn daß sie mit großen, womöglich gar mit überdurchschnittlichen Geistesgaben ausgestattet seien, das hatten sie an sich selbst eigentlich noch nie festgestellt.

Im 7. oder 8. Jahrhundert hieß es zwar einmal: »*Stulti sunt Romani, sapienti sunt Paioari; modica est sapientia in Romana, plus habent stultitia quam sapientis*« – was heißt: Dumm sind die Welschen, schlau sind die Baiern; winzig ist die Schlauheit im Welschland, mehr Torheit besitzen jene dort als Klugheit.

Doch dieses überhebliche Sprüchlein war ganz sicher der Jux eines frühmittelalterlichen Sprachlehrers, denn neben dem lateinischen Text stand für alle Lernwilligen auch noch eine althochdeutsche Übersetzung: »Tole sint Uualhâ, spâhe sint peigira; lucîc ist spâhî in Uualhun, merâ hapênt tolaheitî denne spâhi«. Und geschrieben wurde dies auch nicht in Baiern, sondern im nordhessischen Kloster Fulda (wenn auch, das läßt sich nicht leugnen, von einem bairischen Mönch).

Nein, die Baiern waren nie darauf erpicht, daß man sie für besonders gescheit hält – und sei es auch nur aus dem einen Grund, daß man sich halt mit seinem Vis-à-vis viel leichter tut, wenn man etwas unterschätzt und geistig nicht ganz ernst genommen wird. Die Intelligenz dieses Stammes verliert nie den Boden unter den Füßen; sie ist auf die praktischen Dinge dieser Welt ausgerichtet – und auf den Profit. Darum hört es der Baier am liebsten, wenn man ihn schlitzohrig, schlau oder »g'wappelt« (soviel wie »gewieft«) nennt.

Jener Intelligenz aber, die anderswo mit dem IQ gemessen wird, begegnet man südlich der Donau mit einem Mißtrauen, das sogar in Sprichwörter eingegangen ist: »Er mag noch so g'scheit sein«, heißt es da, »deswegen ist er noch lange kein Mensch«, oder: »Wer allzuviel weiß, der merkt oft nicht, daß es regnet.«

Drei Prozent echte Adlernasen

Das zweitgrößte Gehirn ist zwar ein gutes Argument in vielen Diskussionen – vor allem wenn es um die »doofen Baiern« geht –, aber selbst die leidenschaftlichsten und überzeugtesten Verfechter der bairischen Sache räumen ein, daß man die Intelligenz eines Menschen nicht wie die Kraft eines Automotors nach seinem Kubikinhalt messen kann. Hinzu kommt, daß die »Samples«, die Auswahlquote der Testpersonen, mit denen die beiden Schädelmesser operierten, nicht groß genug waren, um unanfechtbare, wissenschaftlich zuverlässige Ergebnisse zu erbringen. Es entbehrt übrigens nicht einer gewissen Pikanterie, daß es die von Ranke für die bairischen Bergbewohner ermittelte imponierende Gehirngröße schon einmal gegeben hat – beim Neandertaler.

Auch wenn man nicht gleich die kühnste Konsequenz aus den Gehirn-Statistiken zieht und die Bewohner des Voralpenlandes für klüger als die Menschen in allen anderen Teilen der Welt hält, so steht doch fest, daß das Haupt der Bajuwaren – wie das Haupt eines jeden anderen Stammes auf dem Globus – seine charakteristischen Maße und Formen besitzt. Sagen jedenfalls die Anthropologen.

An den charakteristischen Formen und Maßen des Voralpenschädels sollen wieder einmal, wie so oft in diesem Lande, die brünetten, kurzköpfigen Kelten schuld sein. Unter den römischen Besatzern habe sich daran nichts ändern können, denn auch sie waren ja kurzköpfig und zu guter Letzt hätten dann die zuwandernden Bajuwaren neue Köpfe ins Land gebracht, doch auch die paßten ihrer Form nach erstaunlicherweise zu den Schädeln der Vorbewohner. »Beachtenswert ist es«, schreibt Ranke, »daß die Bayern, welche der Annahme der Historiker nach aus keltischem Gebiete, das sie zeitweise besetzt hatten, aus Böhmen, in ihre heutigen Heimsitze gelangten, schon bei ihrem in den Reihengräbern zu verfolgenden Einzuge etwas mehr kurzköpfige Elemente aufweisen als die gegen den Rhein und direkt nach Süden vordrin-

genden Franken und Alamannen, bei denen in einigen Gräberfel-
dern kurzköpfige Formen so gut wie ganz fehlen.«

Bei dieser Vergangenheit war es unvermeidlich, daß die Baiern
halt ihren eigenen Kopf bekamen, und dies nicht nur in Form und
Inhalt – sie zählten (prozentual) weniger Blondschöpfe als irgendein anderes deutsches Land, und mehr Brünette gab es nur noch in
Baden.

Sehr viel Sorgfalt hat der Münchner Anthropologe vor allem
einem unübersehbaren Detail gewidmet: den bairischen Jung-
männernasen. Und weil er ein sehr genauer Forscher war, hat er
seine Ergebnisse präzise aufgeschlüsselt. Da gab es zunächst einmal die dinarischen Adlernasen – 31 Prozent der untersuchten
Exemplare. Sie teilte er ein in 3 Prozent »echte Adlernasen«,
1 Prozent »echte Adlernasen mit abwärts geneigter Spitze«, 3 Prozent »weniger stark gekrümmte Adlernasen«, 2 Prozent »Nasen
mit schwach adlernasenartig gekrümmtem Nasenrücken und
überhängender Nasenspitze«, 22 Prozent »gerade Nasen, aber mit
leichter adlernasenartiger Krümmung«. Der Rest, die noch verbleibenden 69 Prozent Baiernnasen, waren gerade Nasen (44 Prozent) und Stumpfnasen (25 Prozent).

Natürlich können die Experten aus solchen Ergebnissen kühne
Schlüsse ziehen – etwa der Art, daß das stumpfnasige Viertel der
bairischen Bevölkerung den Beweis im Gesicht trägt, daß der
Stamm einen starken Anteil slawischer Vorfahren besitzt.

Um dieses doch nach wie vor sehr rätselhafte Volk der Baiern
noch besser kennenzulernen, trug sogar die Deutsche Akademie
in Berlin ihr Scherflein bei. Mit ihren Mitteln ausgerüstet zog
H. A. Ried im Winter und Frühjahr 1926/27 durch die Miesbacher
Gegend, packte sein Werkzeug aus und begann mit Vermessungs-
arbeiten am lebenden Baiern. Als er fertig war und die Ergebnisse
in Druck gab, durfte als erwiesen gelten: Diese Gebirgler waren
etwas größer als die Badener, Schaffhauser und Unterelsässer,
konnten sich aber mit den Isländern und Norwegern nicht ganz
messen. Ihnen gewachsen – auf den Zentimeter genau – waren
ausgerechnet die nördlichsten Deutschen, die Friesen!

In seinen vielen Tabellen hat der fleißige Dr. Ried alles festgehalten, was die Leutevermesser so erfassen können: Der durch-

schnittliche Miesbacher aus der Zeit um 1927 maß 169,9 Zentimeter, wobei seine Sitzhöhe etwas niedriger war und die Beine etwas länger waren als es dem für Europa angenommenen Durchschnitt entsprach, die Frau war um 10,7 Zentimeter kleiner (und ihre Beine waren um 4,9 Zentimeter kürzer, ihre Kopfbreite um 6,9 Millimeter geringer); 0,8 Prozent der Männer und Frauen dieser Gegend hatten rotes, mehr als 32 Prozent braunschwarzes Haar; unter den Männern über 1,80 Meter waren 69,7 Prozent dunkelhaarig und 42,2 Prozent braunäugig; 86,9 Prozent der Männer und 95,2 Prozent der Frauen hatten glattes Haar, 37,4 Prozent der Männer und 26,7 Prozent der Frauen besaßen blaue, 30,3 beziehungsweise 39,2 Prozent braune Augen...

Zahlen, Zahlen, Zahlen – und was kam dabei heraus? Nur das, was man ohnehin schon wußte: daß der älplerische Baier ein Dinarier war.

Aufnordung erwünscht

Die tüftelige Maßarbeit an Nase und Schädel ist aus der Mode gekommen – vor allem seit Hitler selbst noch aus den Ergebnissen derartiger wissenschaftlicher Kleinarbeit seine mörderisch-perversen Konsequenzen ziehen ließ.

Genaueres über die Bajuwaren wäre solchen Zahlen ohnedies nicht zu entnehmen gewesen, da sich ja weder die Abgründe ihrer Seele noch die Dimensionen ihres Dickschädels mit dem Metermaß ergründen lassen. Und daß sie zu den Dinariern zählten, war ja längst bekannt, dafür sprachen der große Wuchs, das steile Hinterhaupt und die kräftige vorspringende Nase, die braunen oder schwarzen Augen und jene bräunliche Hautfarbe, die man für gewöhnlich einen »gesunden Teint« nennt.

Wie aber waren diese »dunklen Typen« in die Nachbarschaft der nordischen Jungs, der blauäugigen Germanen gekommen? Wo lag ihre Heimat? Die Suche führte den Balkan hinab – und die Dinarischen Alpen im balkanischen Westen gaben dieser zu den Europiden zählenden Rasse ja auch den Namen –, ging weiter quer durch die Türkei und endete schließlich in – Armenien.

Das war nun ein später und großer Triumph für den Dichter des *Annoliedes*. Wer konnte jetzt noch daran zweifeln, daß die Vorfahren der Baiern eines weit zurückliegenden Tages tatsächlich mit Sack und Pack, mit Weib und Kind vom Berge Ararat losgezogen waren!

Ganz so, wie es sich die Verfechter der armenischen Hypothese mit ihren dazumal noch recht bescheidenen Vorgeschichtskenntnissen gedacht haben, war das nun freilich auch wieder nicht vor sich gegangen. Als sich jenes Volkshäufchen mühsam nach Nordosten bewegte, hat man nämlich von den Bajuwaren noch ein paar tausend Jahre lang nichts geahnt und gewußt. »Das Eindringen der Dinarier wird vorgeschichtlich nur schwer festzustellen sein«, schrieb der Anthropologieprofessor Hans Weinert 1938 in seiner *Entstehung der Menschenrassen.* »Zu rechnen ist damit aber sicher im Neolithikum, weil während dieser Zeit in Vorderasien bereits die machtvollen Reiche bestanden, an deren Bildung die armenische Rasse beteiligt war.«

Im Laufe der Jahrtausende haben sich aus den weiland Armeniern mancherlei Stämme entwickelt – auch die Hessen lassen ihren Stammbaum ja gelegentlich bei den nur wenige hundert Kilometer westlich von Armenien beheimateten Hethitern beginnen –, doch die Bajuwaren haben die Erinnerung an ihre ursprüngliche Herkunft stärker bewahrt als andere Völker.

Dieses armenoide »Ahnenerbe« hat den Rassenfanatikern, die alle Deutschen am liebsten von Wotan persönlich herleiten wollten, einigen Kummer bereitet, und so haben sie sich schon lange vor der Machtergreifung der Braunhemden, ganz früh in der Weimarer Republik, überlegt, was mit den Süddeutschen – vor allem jedoch mit den Baiern – zu geschehen habe: Das nordische Blut, behaupteten sie, sei »erwünscht«, das nicht-nordische »mindererwünscht«; alles müsse getan werden, um die Geburtenzahl der nordischen oder wenigstens annähernd nordischen Menschen in Deutschland zu steigern; es gelte, auf allen Gebieten die Maßnahmen zu ergreifen, die der »Aufnordung« förderlich sind.

So etwa stand es zu Beginn der zwanziger Jahre in der *Rassenkunde des deutschen Volkes* von H. F. K. Günther. Und der um Deutschlands arische Reinheit besorgte Günther, der es im Hitlerreich mit seinen Rassebüchern zu staatlich gefördertem Anse-

hen und zu sensationellen Bestsellererfolgen brachte, hatte sich
ausgerechnet, wie schlimm es um die deutschen Südstaatler steht:
In der nördlichen Hälfte des deutschen Sprachgebiets sind stolze
70 Prozent nordischer Rasse, in der südlichen Hälfte immerhin
60 Prozent, in Deutsch-Österreich aber nur noch 25 bis 40 Prozent. Das hieß, daß in Süddeutschland im allgemeinen 40 Prozent
und in Österreich etwa 70 Prozent der Bevölkerung aus der Sicht
von Günther und Genossen »mindererwünscht« waren.

Kaum auszudenken, welche Vorzüge diese »Aufnorder« ihrem
Führer zugesprochen hätten... wenn dieser Vater aller Germanen
nicht gar so ungermanisch ausgesehen hätte. Außerdem zählte er
selbst ja auch zu den Dinariern. Am 24. Februar 1933 hatte er im
Münchner Ausstellungspark in einer Rede erklärt: »Ich bin meiner Geburt, meiner Herkunft und Abstammung nach ein Bajuware, und seit Bismarcks Zeiten ist in meine Hand als erstem
Bayern die erste Würde des Reiches gelegt worden.« Aber als er
das sagte, war Bayern noch nicht gleichgeschaltet, doch 43,1 Prozent der Wahlberechtigten gaben ihm knapp eine Woche später
ihre Stimme.

Stimmungsmenschen aus dem Süden

Die dinarischen Baiern unterscheiden sich natürlich nicht nur
durch das steile Hinterhaupt und eine größere Nase von den
blonden Recken im Norden, und auch da wußte Rassen-Günther
feinsäuberlich zu unterscheiden: »So scheint die dinarische Rasse
gegenüber der nordischen seelisch einfacher, minder reichhaltig
und an Möglichkeiten der Entfaltung beschränkter zu sein, insbe-
sondere ist sie minder vordenklich und eignet sich daher weniger
zu weiter ausgreifenden Unternehmungen... Die dinarische Seele
kommt gegenüber der nordischen gleichsam mit weniger Einzel-
empfindungen, weniger Abstufungen der Empfindungen aus. In
etwas ungeschlachter Weise lagern gewissermaßen die Empfindungen beim dinarischen Menschen nebeneinander. Der dinarische Mensch ist aber seinen Stimmungen gegenüber viel nachgie-
biger als der nordische, ja ausgesprochene ›Stimmungsmenschen‹
sind in der dinarischen Rasse nicht selten. Die dinarische Rasse
stellt am meisten einen tüchtigen, derben und zur Heiterkeit

geneigten Menschenschlag, der eine ausgesprochene Gabe des Witzes und der gröberen Schlagfertigkeit besitzt... Die Geselligkeit der dinarischen Rasse ist derb und geräuschvoll. Als Wesenskern möchte man rauhe Kraft und Geradheit nennen.«

Da waren die Dinarier ja gerade noch mal davongekommen. Schlimmer klang, was Günther den Ostisch-Alpinen vorwarf (und von ihnen gab es in Baiern genug): »Der Alpine ist vor allem Geschäftsmann«, beginnt die Denunziation. »Er ist als solcher fleißig, aber skrupellos, verschmäht keinen Trick, erniedrigt sich, um einen Pfennig zu verdienen. Er hat kein wahrhaftes Interesse außerhalb seiner selbst und seines Geldes, womit er nur sich selbst dienen will. Er kauft sich wohl Bildung, aber zu keinem innerlichen Nutzen. Er ist Geschäftsmann in allem, auch in der Liebe.« So wurden die Bajuwaren von einem Mann gesehen, der ihnen mit einem mehr als zweifelhaften Vorurteil entgegentrat und dem das Armenoide von vorneherein suspekt war.

Der südostdeutsche Menschenschlag mit seinen vielen Widersprüchen hat immer schon zu den verschiedensten Betrachtungen gereizt; der aus dem deutschen Norden stammende H. F. K. Günther war in dieser Hinsicht ein Spätling und konnte sich an das halten, was anderswo bereits geschrieben stand und den Autoren früherer Zeiten aufgefallen war, und so wurde bereits um die Mitte des 18. Jahrhunderts eine Dissertation über »Die bayerische Gestalt des menschlichen Schädels« geschrieben.

Sinnlich angelegte Idioten

Der Freisinger Bischof Arbeo, ein gebürtiger Südtiroler aus der Gegend um Meran, hatte schon im 8. Jahrhundert versucht, seine bairischen Schäfchen zu charakterisieren, doch viel scheint dem guten Hirten zu seiner Herde nicht eingefallen zu sein. In wortkargem Latein zeichnete er zwar ein höchst idyllisches Bild des Landes, doch über dessen Bewohner wußte er nur zu sagen, daß sie *»viri proceri et robusti«* seien, also »hochgewachsene starke Männer« (und versöhnlich fügte er noch hinzu: »doch gutmütig und handsam«).

Das klingt etwas kurz und allzu bündig, aber es ist wenigstens nicht unfreundlich. Ganz im Gegensatz zu dem, was etwa zur gleichen Zeit der Papst in Rom zu lesen bekam. Ihm hatte nämlich der Angelsachse Winfried im Jahre 742 in einem Brief geklagt, die Baiern seien »sinnlich angelegte Idioten«. So jedenfalls zitiert der ehrenwerte Sigmund von Riezler. In einer 1912 erschienenen Ausgabe von Winfried-Briefen klingt der Satz allerdings nicht ganz so hart (und meint auch nicht allein die Menschen südlich der Donau). Dort ist nämlich nur noch von den »ungeschlachten und einfältigen Menschen, den Alamannen, Bajuwaren oder Franken« die Rede, und das Prädikat bezieht sich auch lediglich auf die in der Tat naive Vorstellung dieser drei Stämme, daß in Rom die Sünden sehr viel schneller und leichter vergeben würden als nördlich der Alpen.

Sicher hatte der Kirchenmann, der unter seinem Bischofsnamen Bonifatius weithin bekannt (und heiliggesprochen) wurde, mit den heidnischen Baiern seine liebe Not, doch umgebracht haben nicht sie ihn, die so sehr geschmähten Bajuwaren, das blieb Stämmen vorbehalten, die hoch im Norden lebten, in Friesland.

Die Baiern-Schelte des »Apostels der Deutschen« ist vergessen, doch den Ruf besonderer Robustheit sind sie bis heute nicht losgeworden, auch wenn man über den *Homo Bavaricus* inzwischen sehr viel mehr und Genaueres weiß.

Den ersten und zugleich auch umfassendsten und treffendsten Bericht verfaßte Johannes Turmair, der seine Baiern vor gut vierhundertfünfzig Jahren im elterlichen Wirtshaus zu Abensberg von ihrer geselligsten wie auch von ihrer vulgärsten Seite kennenlernte.

Später studierte er in Ingolstadt (doch auch in Krakau, Paris und Wien), ging als Prinzenerzieher nach Burghausen und reiste schließlich als der gelehrte Aventinus ein paar Jahre lang in allerhöchstem Auftrag durchs Herzogtum, um Material für seine bairische Geschichte zu sammeln.

Nach vielfältigen Erfahrungen mit Hohen und Niederen kannte er seine Landsleute so gut, daß er sie mit ihren schönen und weniger schönen Zügen liebevoll und scharf zugleich porträtieren konnte... und diese kleine Charakterstudie aus der Zeit um 1526 – ein literarisches Meisterwerk von hohen Graden – ist bis heute die trefflichste und meistzitierte Beschreibung der Bajuwaren geblieben:

Baierifche Chronik
geteutfcht und gemacht durch
Johannem Aventinum

Titelblatt von Aventins Baierischer Chronik, *deren Niederschrift 1526 begonnen wurde.*

»Das bairisch volk (gemainlich davon zu reden) ist geistlich, schlecht und gerecht, gêt, läuft gern kirchferten, hat auch vîl kirchfart; legt sich mêr auf den ackerpau und das viech dan auf die krieg, denen es nit vast nachläuft; pleibt gern dahaim, raist nit vast auß in frembde land; trinkt ser, macht vil kinder; ist etwas unfreuntlicher und ainmüetiger als die nit viel auß kommen, gern anhaims eralten, wenig hantierung

209

treiben, fremde lender und gegent haim suechen; achten nit der kaufmannschaft, kumen auch die kaufleut nit vast zu inen. Und im ganzen Baierland sein dreierlai ständ, die da zu êren und verwaltung land und leut gepraucht werden. Der gemain man, so auf dem gä und land sitzt, gibt sich auf den ackerpau und das viech, ligt demselbigen allain ob, darf sich nichts on geschaft der öbrikait understên, wird auch in kainen rat genomen oder landschaft ervodert; doch ist er sunst frei, mag auch frei ledig aigen guet haben, dient seinem herren, der sunst kain gewalt über in hat, jerliche güld zins und scharwerk, tuet sunst was er wil, sitzt tag und nacht bei dem wein, schreit singt tanzt kart spilt; mag wer tragen, schweinspieß und lange messer. Grosse und überflüssige hochzeit, totenmal und kirchtag haben ist êrlich und unsträflich, raicht kainem zu nachtail, kumpt kainem zu übel. In nidern Baiern, so sich des rechtpuechs nit braucht, sitzen sie auch an der landschrannen und müessen urtail schepfen, auch über das pluet richten. Die von den stenden sein prelaten, adl, purger. Prelaten haben grosse mechtige reiche gotsheuser, solten tag und nacht zu bestimter zeit des gotsdienst mitsambt iren geistlichen brüedern ausswarten, got und sein heiligen loben, danken und für die fürsten (so solche clöster, pfrüend und stiften gestift haben) pitten. Man wil sprechen, sie sein reicher und vermügen mêr dan die andern zwên stend, man gibt in mêr gelts und guets dan den andern zwaien stenden mitsambt den fürsten und helts für mechtiger. Der adl wont auf dem land ausserhalb der stet, vertreibt sein zeit mit hetzen paissen jagen; reiten nit zu hof dan wer dienst und sold hat. Die burger regieren ir stet und märkt selbs, sein handwerchsleut wirt paurn, etlich kramer fragner oder fürkeufl, die armen tagwerker und taglöner. Ganz wenig haben ain auskommen von iren gülden und zinsen und jerlichem einkommen oder aufgeben und werden ›die von dem geschlecht‹ genant. Es sein auch wenig kaufleut, die grossen handl füeren. Die fürsten haben vollen gewalt von allen andern dingen, so land und leut antrift, zu handeln, und alle freffenlich sachen werden dergleichen zu hof vor den fürsten aussgericht, es sei dan sach, das man kriegen müeß oder steur und dergleichen anlegen sol oder zwitracht und uneinigkeit zwischen den herrn erwachsen und erstanden ist. Wo dergleichen groß seltsam ungewöhnlich sachen fürfallen, werden die stend alle drei an ein bestimbt ort auf ain aussgeschribnen tag in ein landschaft zam gevodert, ein ietlicher von den prelaten und dem adl erscheint für sich selbs, die burger und stet schicken einen oder zwen auß inen; alda wird ein ausschus gemacht und erwelt...

So vil sei nun, als die notturft und brauch der wârhaftigen rechtgschaffen geschicht eraischen, gesagt von der landschaft, sitten, breuchen der Baiern.«

Generationen von Baiern-Porträtisten haben sich an diesen kritischen Bericht gehalten; sie haben fleißig abgeschrieben, nachgeschrieben und – vergröbert. Zuletzt, nach allen Retuschen, kam dann meistens ein »Seppl« heraus, der durch Muskelkraft ersetzte, was ihm an Verstandesgaben fehlte. Was blieb, war ein einfältig grinsendes, bierdümpfeliges Wesen, das sich nur noch durch die trachtlerische Kostümierung von seinem Dackel unterscheiden ließ.

Der Baier aber, dieses ansonsten so selbstbewußte, phantasievolle und komödiantisch begabte Geschöpf, ist zuletzt auch noch stolz darauf, daß man sich so eingehend mit ihm beschäftigt. Darin liegt nun einmal seine Schwäche, daß er immer gestreichelt werden will, und wenn er sich auch oft abweisend und mürrisch gibt – in seinem tiefsten Innern möchte er halt doch von aller Welt gelobt und geliebt werden.

Große Sensibilität wohnt bei ihm neben auftrumpfender Derbheit, und es gehört sehr viel Menschenkenntnis dazu, diese komplizierte Seelenstruktur zu durchschauen.

Und da er außerdem auch gerne seine folkloristisch dekorierte Showseite betont, widerfährt dem »animalisch gefallsüchtigen Bayern« (so hat der Schriftsteller Oskar Maria Graf seine Landsleute genannt) selten – allzuselten seiner Meinung nach –, daß ihm jemand ein so schönes Sprüchlein ins Stammbuch schreibt wie der ehemals preußische Offizier Karl Ludwig von Knebel, der 1774 als Prinzenerzieher an den Weimarer Hof kam (und dort noch im gleichen Jahr den jungen Herrn Goethe mit Herzog Karl August von Sachsen-Weimar bekanntmachte).

Im Jahre 1784 bereiste dieser Knebel das bairische Land und schrieb nach Weimar: »Es ist hier Zeit, ein Wort von dem Charakter der Bayern zu sagen. Insgemein ist man von dem Vorurteil eingenommen, daß, was aus dieser Nation komme, grob, ungesittet und dumm sei. Ich meines Orts bin von dem Gegenteil überzeugt und bekenne, daß ich unter den Völkern deutscher Zunge keines gefunden habe, das mehr Anlage zu äußerer und innerer Wohlgebildetheit, Sittlichkeit, wahrer Menschlichkeit und Menschenverstand besitze als eben die Bayern. Ich könnte davon an jedem Fleck und Orte, den wir bereist, Proben geben; nirgends vom Gegenteil davon, da wir doch ganz Bayern durchschritten: so, daß ich noch gegen keine Nation größere innere Zuneigung gefühlt habe.«

Moral ohne Seife

Heute hält man vom Urteil eines reisenden Herrn sehr viel weniger als von den nüchternen Ergebnissen der Meinungsforscher, die eines Tages natürlich auch hören wollten, was Volkes Stimme denn so von den Bayern hält. »Wir haben ja in Deutschland die verschiedensten Stämme«, formulierten sie 1964 ihre Frage, »und jeder Stamm hat seine Eigenheiten. Was halten sie – einmal ganz allgemein gesagt – von den Bayern? Auf diesen Karten stehen verschiedene Eigenschaften. Was davon ist ihrer Ansicht nach typisch für die Bayern?«

65 Prozent der Bundesbürger machten ihr Kreuzchen hinter der Wortkombination »fromm, religiös«, es folgten »dickköpfig, stur« (56 Prozent) und »konservativ, am Althergebrachten hängend« (48 Prozent).

Die Bayern selbst – und zu den Bayern zählen hier natürlich auch die Franken und die Bewohner von Bayerisch-Schwaben – waren zwar ebenfalls der Meinung, daß sie zunächst einmal vor allem fromm und religiös seien (71 Prozent), doch fast genauso stark ausgeprägt, meinten sie, seien bei ihnen Eigenschaften, die durch die Adjektive »fleißig, arbeitsam, strebsam« umschrieben wurden (68 Prozent).

Das sahen die übrigen Bundesbürger nun allerdings anders. Für sie stand der bayerische Fleiß erst an fünfter Stelle (38 Prozent); 3 Prozent attestierten den Bewohnern des südöstlichsten Bundeslandes sogar einen ausgeprochenen Hang zur Faulheit (die Bayern selbst machten hier verständlicherweise nicht mit: das Wörtchen »faul« bekam bei ihnen – 0 Prozent).

Ein wenig von der bairischen Kontinuität ist aber auch in diesem Umfrageergebnis zu spüren, schließlich hatte ja schon Aventin seine Beschreibung der Bajuwaren mit der Feststellung begonnen: »Das baierisch volk... ist geistlich, schlecht und gerecht« (wobei die Formulierung »schlecht und gerecht« im heutigen Sprachgebrauch soviel wie »gut und gerecht« bedeutet). Dem

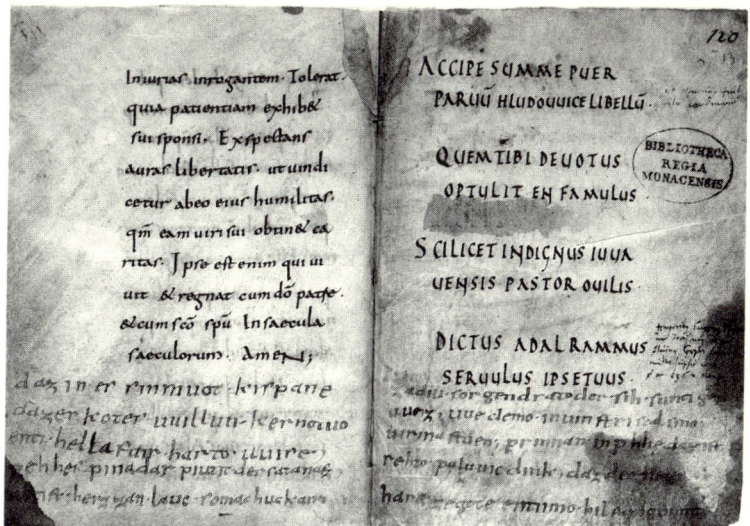

Verse vom Weltuntergang und Weltgericht wurden am Regensburger Hof auf den Rand eines lateinischen Textes geschrieben: Der Muspilli *aus dem späten 9. Jahrhundert.*

stimmte 1784 auch der vom aufklärerischen Zeitgeist angesteckte »Journalist« Johann Pezzl zu: »»Die Baiern sind die eifrigsten Katholiken von ganz Europa‹, sagt Herr Büsching in seiner Geographie. Nach der Menge ihrer Kirchen zu urteilen, scheint dieser Ausspruch nicht ganz unbegründet zu sein; denn sie haben in ihrem eben nicht sehr großen Lande nicht weniger als 28 709 Kirchen und Kapellen...«

Die Meinungsforscher staunen da gar nicht erst lange, sondern ziehen ihre gelegentlich recht seltsamen Schlüsse; der Zürcher Universitätsprofessor Gerhard Schmidtchen zum Beispiel fand: »Südlich des Mains ist der Unterschied zwischen Katholiken und Protestanten in der Körperpflege ganz drastisch und im Seifenverbrauch dokumentiert. Umgekehrt sind Katholiken in der Erziehung und der Moral überlegen.«

Mit der oft zitierten »bairischen Frömmigkeit« hat das nicht mehr viel zu tun. Wer deren Ursprünge verstehen will, muß weit zurückgehen in der Geschichte des Stammes, bis ins 9. Jahrhundert. Aus dieser Zeit kommen die ältesten literarischen Zeugnisse

der deutschen Sprache, das *Wessobrunner Gebet* (um 814) und
jenes althochdeutsche Gedicht, das unter dem Namen *Muspilli* in
die Germanistik eingegangen ist. In den einhundertdrei (bairischen) Stabreimen dieser nur fragmentarisch überlieferten Dichtung werden das Schicksal der Seele nach dem Tode, der Welten-
brand und das Weltgericht beschrieben. Ein bißchen farblos
klingt, was der unbekannte Dichter über das tugendhafte Leben
auszuführen weiß. Erst wenn es ins globale Chaos geht und die
Welt im Feuer gerichtet wird, läßt sich der Poet von seiner Phantasie mitreißen. Da beschreibt er, wie Elias mit dem Teufel kämpft,
wie das Blut des verwundeten Propheten vom Himmel tropft und
die Erde in Brand setzt: »so inprinnant die perga, poum ni kisten-
tit.enihc in erdu, aha artrucknent… mano vallit, prinnit mittila-
gart.« (Die Berge brennen, die Bäume verschwinden von der Erde,
die Flüsse vertrocknen, der Mond fällt, und schließlich brennt der
ganze Erdkreis.)

Ist es Zufall, daß diese ersten überlieferten Äußerungen der
Bajuwaren mit den letzten Dingen zu tun haben, mit dem Weltenanfang und dem Weltenende? Und daß die Verse der Regensburger *Muspilli*-Handschrift nicht gar so weit weg sind von den
Weissagungen des 1753 in Apoig im Bayerischen Wald geborenen
Matthäus Lang, genannt »Mühlhiasl«?: »Wird ein großer Krieg
kommen. Ein Kleiner fängt ihn an, und ein Großer, der übers
Wasser kommt, macht ihn aus… Die roten Hausdächer kommen,
und die schwarzen Kopftücher kommen ab. – Die Donau herauf
werden eiserne Hunde bellen. – Im Vorwald wird eine eiserne
Straße gebaut, und wenn sie fertig ist, geht es los. – Die Hoffart
wird die Menschen befallen. Sie werden Kleider in allen Farben
tragen, und die Weiberleut werden daherkommen wie die Gäns
und Spuren hinterlassen wie die Geißen. – Männlein und Weiblein
wird man schließlich nicht mehr auseinanderkennen… Aus Krieg
und Not wird keiner etwas sich merken. Wieder wächst der
Übermut. – Der Glauben wird so klein werden, daß man ihn unter
den Hut hineinbringt. Den Herrgott werden sie von der Wand
reißen und im Kasten einsperren… Wenn man die Leute, die
einem begegnen, nicht mehr versteht, ist es nimmer weit zum
schrecklichen Ende. – Die Rotjankerl werden auf den neuen Straßen hereinkommen. Aber über die Donau kommen sie nicht. – So

viel Eisen und Feuer hat noch kein Mensch gesehen … Denn alles
hat ein End, auch diese Welt.«

Wer hat Angst vor dem Weltuntergang?

Sie machen sich keine Illusionen, und da sie ja wissen, daß alles
einmal zusammenbricht, ist die Angst vor dem Weltuntergang in
Bayern weniger ausgeprägt als anderswo in Deutschland. Und
schließlich haben ihre legendären Ahnen ja einstens sogar die
Sintflut überlebt. Sollten sie sich jetzt kleinmütig und ängstlich
zeigen? Sie wissen die irdischen Dinge gelassen hinzunehmen.

»Was schreckt Sie am meisten?«, fragten die Demoskopen im
Rahmen einer ihrer unzähligen Erhebungen und legten eine Liste
mit unerfreulichen Begriffen wie Inflation, Wirtschaftskrise,
Lärmbelästigung, Radioaktivität, wachsende Kriminalität usw.
vor. 12 Prozent der Bayern, aber 19 Prozent der Bundesbürger
machten ihr Kreuzchen dabei hinter dem Wort »Weltuntergang«.

Dieses Ergebnis wurde regional noch weiter aufgeschlüsselt,
und dabei zeigte sich, daß 25 Prozent der Norddeutschen vor dem
Weltende Angst hatten, im Rhein-Ruhr-Gebiet waren es 20 und
in der Rhein-Main-Gegend noch 16 Prozent.

Vielleicht kommt diese bajuwarische Gelassenheit, diese oft
zitierte »Wurstigkeit« daher, daß man südlich der Donau bei aller
Lebensfreude das Leben selbst nicht überbewertet und von vorneherein auch keine allzu hohen Ansprüche stellt: »D'Hauptsach' is,
wenn's umgeht.«

Weltverbesserer haben es da natürlich schwer, und dem Fortschritt wird zunächst einmal mißtraut, denn fest steht ja ohnedies,
daß etwas Besseres selten nachkommt.

Für die Progressiven in der Bundesrepublik ist es zweifellos
eine alptraumhafte, eine schreckliche Vorstellung, daß da im Süden des Landes ein Völkchen lebt, das bedächtig und gemächlich
seines Weges geht und lieber ein klein wenig hinter den Zeitläuf-
ten hertrottet, als daß es mit kräftigem Schritt und allen anderen
voraus in eine vage Zukunft stolpert. Auf solche Weise kommen
die Bajuwaren selten in Versuchung, über dem jeweils Modernen
das Alte, Überlieferte zu vergessen. Zwischen Donau und Alpen
war man immer schon »nostalgisch«.

Kein Wunder also, daß sich hier das Neue ein bißchen langsamer durchsetzt und kritischer geprüft wird als anderswo – daß es aber dann, wenn es einmal akzeptiert ist, um so länger hält.

Das hat sicher auch damit zu tun, daß die Bewohner dieses Landes Augenmenschen sind, die mit dem Anschaulichen und Sinnfälligen sehr viel besser zurechtkommen als mit dem Abstrakten, Theoretischen. Der Aufbau von kühnen Denksystemen ist nicht ihre Stärke – doch ebensowenig das Systemzerstören und Systemüberwinden. Wenn sie sich aber dann doch einmal, wie 1848, von sich aus aufschwingen und eine Revolution anzetteln, um den König zu stürzen, so muß eine »Menschergeschichte« dahinterstecken – oder eine Bierpreiserhöhung.

Dieses – zumindest auf den ersten Blick – obrigkeitsfreundliche Wohlverhalten ist dabei gar nicht selbstverständlich, denn in den bairischen Adern rollt (wahrscheinlich ein Erbe der keltischen Vorfahren) ein kräftiger Schuß anarchischen, leicht aufwallenden Blutes. Mit ehrgeizigen, staatenstürzenden Zielen hat das allerdings wenig zu tun, es ist letztendlich so absurd wie der tiefsinnige Witz von den zwei am Wirtshaustisch revoluzzerisch-grantelnden Baiern: »Da hilft nix mehr«, sagt der eine, »da muß a Anarchie her.« Darauf sein Freund: »Recht hast, aber oane mit am starken Anarchen!«

Nicht, daß es dem Bajuwaren an Schneid fehlt und daß er nicht mal kräftig auf den Tisch haut, doch wenn's um die großen Dinge geht, resigniert er schnell (ohne daß er die Resignation zum Programm oder zur Weltanschauung macht). Er ist halt ein klein wenig phlegmatisch und läßt der Welt ihren Lauf. Die Strafe bleibt nicht aus, und so muß er sich am Ende mit dem abfinden, was anderswo ohne ihn, über ihn und sehr oft gegen ihn entschieden wird ... aber das ist dann wiederum ein guter Grund, zu granteln und zu schimpfen. Er hat es anno 788 hingenommen, daß die Franken seinen hochverdienten Herzog Tassilo absetzten und das Land endgültig unter ihre Herrschaft brachten, und er hat sich genau elfhundert Jahre später, trotz anfänglichen Widerstandes, dem preußisch-deutschen Kaiser bedingungslos ausgeliefert; am Ende war er auch noch stolz und glücklich, daß man ihm wenigstens einige belanglose Sonderrechte gelassen hatte. Die Bewohner des Freistaates haben schließlich auch untätig zugesehen, als ihnen im März 1933 ihr Braunauer »Stammesbruder« das ganze Bayernland aus der Hand wand. Von der politischen Vernunft der Baiern ist vielleicht tatsächlich nicht viel zu halten, und Georg von Vollmar, der in den 1890er Jahren die Sozialdemokratie in Bayern aufbaute, meinte, »die Politik wird (in Bayern) wesentlich mit dem Gefühl erfaßt, für Theorie fehlt fast der Sinn«. So mißt der Baier die Bedeutung eines Politikers auch vor allem an dessen Auftreten und das höchste Lob ist dann der Satz: »Der hat's eana gsagt!« Was er sagte und wem er etwas sagte, ist schon fast gleichgültig – nur das Maul muß er aufreißen und auf den Tisch muß er hauen. Auf solche Weise wurde der Politische Aschermittwoch, an dem die Politiker zum Mistabladen nach Niederbayern fahren, zum spektakulären, bundesweit registrierten Spektakel.

Am Vorabend der Münchner Machtübernahme war der Danziger Senatspräsident Hermann Rauschning bei Hitler, die Stimmung war gespannt. »In Bayern«, schreibt Rauschning dazu in seinen (wohl nur teilweise geflunkerten) *Gesprächen mit Hitler*, »hatte sich eine für den Nationalsozialismus höchst gefährliche Selbständigkeitsbewegung durchgesetzt. Hätte Bayern seine Stunde wahrgenommen und wäre vor allem der Kronprinz Rupprecht entschlossen gewesen, so hätte eine bayerische Monarchie allen nationalsozialistischen Bestrebungen ein frühes und kräftiges Ende gesetzt. Die deutsche Erneuerung wäre von ganz anderer Seite und in wesentlich anderer Form erfolgt.«

Hätte Bayern seine Chance wahrgenommen... So hatte nahezu anderthalb Jahrhunderte zuvor auch schon der Graf Montgelas geurteilt, als er die bairische Geschichte als eine Folge versäumter Gelegenheiten definierte. Es ist immer wieder jene bairische Passivität, die auch der Volksmund in vielen Sprichwörtern und Redensarten formuliert hat: »Weil's eh Wurscht is...«, »Oiwei auf oa Seitn hängt's net«, »Werd scho wieder wer'n«... Daneben besitzt dieser Stamm dann freilich auch noch ein Sortiment von Redewendungen, die genau das Gegenteil behaupten, die Eigensinn verraten und der Welt ringsum trotzen: »Dös war ja no schöner!« und »Jetzt erst recht!« oder »Jetzt erst recht net!«

Er weiß sich also durchaus aufzubäumen, der Bajuware, doch meist zur falschen Zeit und beim verkehrten Anlaß. Die Rebellion wird dadurch zur Pose, zur nobel-sinnlosen Geste.

Der brüllende Papierlöwe

Nach dem Zweiten Weltkrieg schien Bayern zunächst grimmig
entschlossen, im verbliebenen Rest-Deutschland – und zum Nutzen des Torsos – ein eigenständigeres Leben zu führen als in den
beiden vorausgegangenen Reichen. Am Anfang hatte das alles
auch noch Schwung, da lehnten die Abgeordneten des bayerischen Landtags im Sommer 1949 das Grundgesetz wegen seiner
zentralistischen Tendenzen mit 101:64 Stimmen ab (bejahten jedoch gleichzeitig die Zugehörigkeit Bayerns zur Bundesrepublik), da zogen neben 24 CSU-, 18 SPD- und 7 FDP-Abgeordne-
ten auch 17 Vertreter der Bayernpartei in den ersten Bundestag.

Das alles liegt weit zurück, die bayerische Politik hat sich längst
der Bonner Gangart und dem bundesdeutschen Tempo angepaßt,
auch wenn die MdBs zu Hause vor ihren Wählern im Trachten-
janker auftreten, bei Umzügen den Stopselhut tragen, in Bierzel-
ten den Tölzer Schützenmarsch dirigieren und ringsum freistaatli-
che Patrioten mimen. Niemand schließt sich da aus und selbst der
(in München sitzende) Generalsekretär jener Partei, die so oft mit
Bayern gleichgesetzt wird, kannte im Dezember 1972, nach Abschluß des deutsch-deutschen Grundvertrages, vor allem diesen
Einwand: daß »für uns Deutsche... an dem Tage, an dem das
Reich Bismarcks zerstört wird, zum Feiern kein Anlaß« besteht.
Als wäre dieses Reich für die Bayern so rundum erfreulich gewe-
sen und als hätte der Berliner Kanzler dieses Reich nicht durch
Blut und Eisen, durch List und Bestechung geschmiedet!

Das einstmals imposante Wappentier des Landes Bayern ist
längst zum Papierlöwen herabgekommen, und die in Bayern
wohnenden Baiern sind nichts weiter als eine zahme, exotisch
anmutende ethnische Minderheit, die sich offensichtlich damit
abgefunden hat, daß am Rhein und demnächst in Berlin die Musik
gemacht wird, nach der sie tanzen muß. Keine bairische (oder
bayerische) Patriotenpartei löckt wider den Stachel, keine Separa-
tistenvereinigung fragt, ob das alles so sein muß (und ob es so, wie
es ist, zum Nutzen Bayerns ist).

Nur der königstreue Schriftsteller Georg Lohmeier, der Erfin-
der eines televisionären »Kgl. Bayer. Amtsgerichts«, lud jahrelang
augenzwinkernd und hinterhältig grinsend jeweils am 18. Januar

freiheitshungrige Bajuwaren in das hinter Freising gelegene Wirtshaus von Gammelsdorf. Dort rezitierte er 1975 unter jubelndem Beifall seine »Gammelsdorfer Exclamationes«:

> »Der heutige Tag ist für einen bayerischen Patrioten ein Trauertag. Der eiserne Kanzler Bismarck hat am 18. Januar 1871 im Spiegelsaal zu Versailles das kleindeutsche Kaiserreich ausgerufen. Damit endete die Souveränität Bayerns – trotz der Reservatrechte –, die uns die Deutschnationalen noch bis 1918 belassen haben: das Recht Gesandte zu unterhalten, den Oberbefehl über das Heer in Friedenszeiten und die eigene Post- und Eisenbahnhoheit. Aber auch in dieser Bundesrepublik, trotz der Wohlfahrt und Friedlichkeit, fühlt sich ein bayerischer Patriot nicht ganz heimisch ... Unsere Berufspolitiker in Bonn mögen – wenn es sein muß durch Grundgesetzänderung (einmal zugunsten Bayerns) – um eine mögliche Zurückerstattung unserer bayerischen Reservatrechte, als einer europäischen Vorausgabe, sich heute schon bemühen. Dies sind ... die Hauptseufzer oder Gammelsdorfer Exclamationes vom 18. Januar 1975:
> 1. Wir wollen die bayerische Staatsangehörigkeit im bundesrepublikanischen Reisepaß vermerkt haben.
> 2. Wir wünschen ein bayerisches Staatsoberhaupt – wie ursprünglich in der Verfassung von 1946 vorgesehen –, und zwar nach dem bayerischen Legitimitätsprinzip den nächsten Agnaten des Hauses Bayern, da die Repräsentation uns wichtiger erscheint als das Regiment selber.
> 3. Allmähliche Zurückerstattung unserer anno 1919 weggenommenen Reservatrechte; insbesondere das Recht auf bayerische Briefmarken!
> 4. Die dringende monatliche Veröffentlichung der Zahl der Zuwanderer nach Bayern! ...«

So etwa sehen die Träume bayerischer Separatisten aus, von der Einlösung solcher Forderungen erhoffen sich manche Bürger des weißblauen Bundeslandes eine Erneuerung Bayerns, dessen Fehler es vielleicht gewesen ist, daß es immer zu bescheiden auftrat. Es hat aus der Tatsache, der älteste deutsche Teilstaat zu sein, erfreulicherweise nie einen Führungsanspruch abgeleitet. Unglücklicherweise hat es sich dann aber auch genau so passiv verhalten und sich viel zuwenig gewehrt, wenn andere deutsche Fürsten ihre Herrschaftsansprüche anmeldeten und durchsetzten.

Die Treffen von Gammelsdorf haben in der politischen Landschaft nichts verändert. Sie waren nicht mehr als eine hintersinnige Spintisiererei, ein großes vaterländisches »Komödispui«, bei dem freilich die vierte der Exclamationen nachträglich, nach vielen Anzeichen von Ausländerhaß, erschrecken läßt.

Andere europäische Minoritäten, die Elsaß-Lothringer, die Basken, Bretonen und Waliser, sind da bereits weiter: Sie haben im Sommer 1975 in Brüssel ein »Ständiges Büro der staatenlosen europäischen Nationen« eröffnet. In einem Kommuniqué hatten diese französischen, spanischen und britischen Unabhängigkeitsbewegungen dazu erklärt: »Als Bürger von drei zentralistischen Ländern sind wir der Ansicht, daß das Europa unserer Tage nicht nur auf den nationalen Grenzen beruhen sollte, die während der letzten paar Jahrhunderte sowie durch Kriege entstanden sind, die unsere Nationen erobert, annektiert oder geteilt haben. Wir rufen alle ›staatenlosen‹ Nationen auf, sich uns anzuschließen.«

Alle Versuche, Europa durch Verträge der großen Nationen zu schaffen, haben überzeugte Föderalisten eher verschreckt als begeistert, und die Hoffnung, in diesem neuen Europa könnten auch die speziellen Interessen der kleinen Vaterländer (und somit auch Bayerns) vertreten werden, erfüllen sich offensichtlich nicht.

Der letzte Baier

Im Jahre 1880 errechnete Sigmund von Riezler für den Baiernstamm eine »Seelenzahl« von neun bis zehn Millionen, »von denen nahezu zweieinhalb Millionen im Königreich Baiern, alle übrigen in der österreichisch-ungarischen Doppelmonarchie leben«. Die Zeugungsfreude und das (angesichts einer überdurchschnittlich hohen Unehelichengeburtsrate sicher sehr beachtliche) Zeugungsmalheur haben dafür gesorgt, daß die Zahl der Baiern wuchs und wuchs und nach der Rechnung des weiland kgl. bayer. Oberbibliotheksrates Riezler müßten sich in den vergangenen knapp einhundert Jahren die Baiern in Bayern sogar verdoppelt haben, da 1974 in den drei (altbairischen) Regierungsbezirken Oberbayern, Niederbayern und Oberpfalz fünfeinhalb der etwas mehr als zehn Millionen Bayern lebten. Jeder zweite Bayer wäre demnach ein Baier ... wenn in der Statistik neben den Eingeborenen nicht auch die Flüchtlinge der Jahre 1945/46 sowie die Zugereisten aus nördlichen deutschen Provinzen oder südeuropäischen Ländern mitgezählt worden wären.

In den späteren siebziger und in den achtziger Jahren haben Pille und Wohlstand dafür gesorgt, daß die Sterbezimmer besser belegt waren als die Geburtsstationen, und zeitweise schien es, mit den Bayern (und damit auch den Baiern unter ihnen) gehe es mählich zu Ende: Auf tausend Bayern, sagte das *Statistische Jahrbuch* des Jahres 1975, kommen 10,6 Geburten, doch 11,4 Todesfälle – der Freistaat gerät also mit 0,8 Einwohnern je tausend Bayern ins Minus.

Seit 1988 arbeiten die Statistiker wieder mit einem Pluszeichen und für das Jahr 1992 konnten sie bereits wieder einen Geburtenüberschuß von 13 193 Neugeborenen eintragen. Fast die gleiche Zahl fanden sie dann freilich in einer anderen Statistik – der Überschuß entsprach dem Anteil der ausländischen Geburten in Bayern. Deren Zahl war von 825 im Jahre 1960 auf 12 688 im Jahre 1992 angestiegen. Sie haben die Bayern davor bewahrt, sich wieder in die Nähe der Minuszahlen zu bewegen. Vielleicht war ja die große Münchner Lichterkette vom Dezember 1992 auch ein Dankeschön dafür, daß die Ausländer ihren Beitrag dazu leisten, daß es in Bayern mehr Wiegen als Särge gibt. Oder war es ein Hilfeschrei, die Gäste aus den fremden Ländern möchten den Bayern doch beistehen im Kampf gegen das Aussterben?

Das Bayerische Staatsministerium für Landesentwicklung und Umweltfragen, das seine Computer regelmäßig auch mit den unterschiedlichsten bayerischen Bevölkerungsstatistiken füttert und als Belohnung eine reichliche Zahl von Mutmaßungen (Hochrechnungen genannt) zurückerhält, sieht bereits, wie sich die aufsteigenden Kurven einstens auch wieder talwärts bewegen. Die 11,9 Millionen Bayern des Jahres 1995 werden noch knapp eine Million Zuwachs bekommen, doch mit den 12,8 Millionen des Jahres 2010 ist der Scheitelpunkt erreicht. Sagt der Computer. Von da an geht's bergab: 2030 ist man bei 12,5 Millionen und zehn Jahre später bei 12,0 (nach anderen Schätzungen bei 10,5) Millionen Einwohnern angelangt.

Aber ein Computer kann irren, und einst hat er ja pessimistisch vorausgesagt, daß Bayern – wenn seine Bewohner in der Zeugungsmüdigkeit des Jahres 1973 verharrten – in einem Jahrhundert auf 5,5 Millionen geschrumpft sein würde. Gar auf ein Viertel, nämlich auf 2,5 Millionen, müßte die Zahl absinken, wenn die

Geburtenfreudigkeit noch um weitere 30 Prozent abnehmen sollte. Aber das Gegenteil trat ein.

In die Trauergesänge über das Ende der Bajuwaren stimmen die beamteten Dompteure der großen Rechenmaschine nicht mit ein. Hier, beteuern sie, handle es sich um »keine Prognose, sondern lediglich um Fallstudien«, um ein: Was wäre wenn...

Ehe bajuwarische Staatsbedienstete sich solchen Rechenspielen hingeben konnten, mußten die Baiern ihren Staat aber erst bilden und sich auf den langen Weg durch die Geschichte begeben.

Daß aus vielen Völkersplittern ein Stamm wurde, der den Widrigkeiten vieler Jahrhunderte getrotzt und alle Stürme überstanden hat, ist nicht zuletzt einem Geschlecht zu danken, das nur wenig mehr als zweihundert Jahre geherrscht hat: den Agilolfingern.

DIE AGILOLFINGER

»Der Herzog aber, der dem Volke vorsteht, er war immerdar aus dem Geschlecht der Agilolfinger und soll es sein. Denn so haben es die Könige, unsere Vorfahren, jenen zugestanden, als sie denjenigen aus ihrem Geschlecht, der dem König treu und klug war, zum Herzog einsetzten, jenes Volk zu regieren.«

Lex Baiuvariorum

Garibald I. oder ein Bräutigam dritter Wahl

Es mag für diesen Garibald ja sehr ehrenvoll gewesen sein und wahrscheinlich hat man ihn auch gut dafür entlohnt, doch alle wußten Bescheid: Er war nur ein Lückenbüßer, ein Ehemann dritter Wahl.

Zunächst hatte seine Braut Waldrada nämlich mit dem Frankenkönig Theudebald Hochzeit gemacht. Für die Beteiligten und alle Welt war das eine angemessene (und politisch opportune) Verbindung, da auch die junge Dame aus einer noblen Familie kam – sie war eine Tochter des Langobardenkönigs Wacho.

Als der Ehemann nach etwa eineinhalb Jahrzehnten Ehe starb, gab es zunächst keine großen Probleme, da Chlothar von seinem verblichenen Neffen zusammen mit dem Frankenthron gleich auch die amtierende Königinwitwe mitübernahm. Zum Ärger der katholischen Kirche, der diese Verbindung zu inzestuös war. Der Franke mußte auf Waldrada verzichten und für die so plötzlich und wider Erwarten freigewordene Gattin geschwind ein neues Ehegespons suchen.

Es wird unter diesen Umständen nicht gerade eine Herzensverbindung gewesen sein, die da irgendwann zwischen 555 und 561 durch einen Ehevertrag besiegelt wurde, denn schließlich hatte Chlothar seiner ehemaligen Frau, der gleichermaßen verwitweten wie geschiedenen Waldrada, ihren dritten Mann ja förmlich zugeteilt. So jedenfalls sah es Mitte des 8. Jahrhunderts der langobardische Geschichtsschreiber Paulus Diaconus, der berichtete, der Frankenkönig Chlothar habe sie »*unis ex suis*« – »einem der Seinen« – gegeben, einem Mann »*qui dicebatur Garipald*« – »den sie Garibald nannten«.

Das hört sich zwar an, als hätte da ein fränkischer Niemand in die erste Familie des Landes eingeheiratet, aber ganz so wird es sicher nicht gewesen sein. Chlothar dürfte schon aus Gründen der Selbstachtung sehr genau darauf gesehen haben, daß kein Unwürdiger seinen Platz an Waldradas Seite einnahm. Und der Bräutigam war ja wohl seit einiger Zeit Herzog in Baiern.

Seltsam bleibt es trotzdem, daß dieser Freier für den Geschichtsschreiber nur »ein gewisser Garibald« war, ein Mann ohne Titel und ohne Amt. Ein Edelmann, von dem man übrigens bis zum heutigen Tage nicht weiß, ob er nun aus Burgund kam (wofür vieles spricht), ob er Thüringer war oder aus einem vornehmen fränkischen Geschlecht stammte. Sicher ist nur, daß sich diese vertrackte Ehegeschichte etwa in der Zeit zugetragen hat, als Venantius Fortunatus, der Gottesmann aus Ravenna, über seine trüben Erfahrungen mit den Baiern berichtete und dem Stamme damit zu einem seiner ersten öffentlichen Auftritte verhalf.

Untertanen ohne Namen

Es ist allerdings nicht überliefert und bis heute auch nicht geklärt, wie und wann die Franken das Baiernland in ihren Besitz gebracht haben. Es wird wohl in irgendeinem längst vergessenen Feldzug gewesen sein, und der byzantinische Geschichtsschreiber Agathias, der in der zweiten Hälfte des 6. Jahrhunderts lebte, behauptet ja auch, daß der Frankenkönig Theudebert im Jahre 536 n. Chr. die Alamannen und andere Stämme unterworfen habe. Und Theudebert selbst schreibt um 540 n. Chr. ja auch ganz stolz an den Papst nach Rom, daß ihm viele Stämme untertan seien und sein Herrschaftsgebiet von der Donau und dem pannonisch-ungarischen Grenzwall bis zum Weltmeer reiche... doch zwischen Ungarn und dem Atlantik liegt auch Baiern, dessen Bewohner in diesen dreißiger und vierziger Jahren offensichtlich noch keinen eigenen Namen besaßen (darum wurden sie in dem Brief auch nicht gesondert aufgeführt).

Wahrscheinlich waren die fränkischen Krieger nach dem erfolgreichen Feldzug gegen Thüringen südwärts marschiert und haben das dünnbesiedelte Land vor den Alpen besetzt. Viel Widerstand wird man ihnen dort sicher nicht geleistet haben, und da es den in großen Räumen denkenden Franken ja ohnedies vor allem darum ging, die Alpenpässe in die Hand zu bekommen – was war in der ehemaligen römischen Provinz Raetia II schon viel zu holen? –, konnten sich die wenigen Bewohner Baierns ein bißchen Selbständigkeit retten (so wie es ja fast immer nur ein bißchen Selbständigkeit war, das diesem Stamm erhalten blieb).

Wo aber war Garibald hergekommen? War der Begründer der ersten bairischen Dynastie ein gebürtiger Franke? Betrachtete er

Das alte bairische Stammesherzogtum

Baiern wie eine Kolonie, zu deren Verwalter man ihn bestellt
hatte? War er vom Frankenkönig als Amtsherzog geschickt worden?

Nimmermehr, hatte man früher gesagt, Garibald und alle ihm
nachfolgenden Agilolfinger – so hieß das Geschlecht, dem Garibald entstammte – waren Bajuwaren. Hätten sie sonst so wiesel-

flink und schlau jede Chance genutzt, die Unabhängigkeit von den Franken zu erlangen? Nein, die Agilolfinger waren ältester bairischer Adel; sie waren Volksherzöge, sagen patriotische Geschichts-Deuter.

Im späten 18. Jahrhundert (und somit genau tausend Jahre nach dem Ende der Agilolfingerherrschaft) wagte es der Ingolstädter Geschichtsprofessor und Jesuitenpater Mederer, die bairische Abstammung der Garibalds und Tassilos erstmals ernsthaft anzuzweifeln.

Bis dahin hatte man einfach darüber hinweggesehen, daß der Name Garibald (das heißt *Ger-bold*, »der Speerkühne«) im bairischen Herzogtum gar nicht gebräuchlich war, wohl aber weiter westlich, bei den Franken. Es hat auch offensichtlich niemanden gestört, daß in der fränkischen Fredegar-Chronik – einem notorisch unzuverlässigen, von drei Autoren geschriebenen Geschichtswerk des 7. Jahrhunderts – die Garibald-Tochter Theudelinde als Fränkin geführt wird, als eine »*ex genere Francorum*«.

Doch wo er auch hergekommen sein mag – er ist heimisch geworden in »seinem« Baiern, über das er von Regensburg aus geherrscht hat.

Diesen Regierungssitz werden ihm die Franken empfohlen haben, denn sie waren hier ja seit der Eroberung Baierns ansässig. Aus den Gräbern von Irlmauth weiß man, daß schon zu den Zeiten, als Waldradas erster Schwiegervater – der Vater des Theudebald also – das Reich regierte, einflußreiche Franken in dieser Gegend lebten.

Oberpostdirektion in der Herzogspfalz

Den Untergang der römischen Provinz Raetia hat *Castra Regina* wahrscheinlich besser überstanden als andere Städte, und noch Jahrhunderte später hat Bischof Arbeo von Freising die ragenden Türme und wehrhaften Mauern beschrieben, die hier zu besichtigen wären. Der Verfall der römischen Macht war allerdings auch an dieser befestigten Siedlung nicht spurlos vorübergegangen, und gegen Ende der fünfhundert Jahre währenden Besatzungszeit war die Regensburger Garnison derart zusammengeschrumpft, daß die Soldaten nicht mehr wußten, wie sie mit ihrer vierundzwanzig

Hektar großen Festung fertig werden sollten. So bauten sich die etwa tausend Mann in der Nordostecke jener Anlage, in der einmal die sechstausend Soldaten der III. Italischen Legion stationiert waren, ein kleineres, leichter zu verteidigendes Kastell. Ihre Kameraden in anderen Festungen hielten es übrigens ganz ähnlich – in Eining zum Beispiel, wo seit den Ausgrabungen des vorigen Jahrhunderts das Kleine-Lager-im-großen-Lager in seinen Umrissen noch deutlich zu erkennen ist.

Der Herzog von Baiern, der überall im Lande reichen römischen Grundbesitz übernommen hatte – das gehörte wohl dazu, wenn man Herzog wurde –, baute sich in die Überreste des spätrömischen Regensburger Kastells seine eigene Burg, in der nach vielen Umbauten noch heute Beamte residieren: Im sogenannten Herzoghof, der bis 1810 eine wittelsbachische Enklave in der ansonsten freien Reichsstadt Regensburg war, hat die Oberpostdirektion Regensburg die Schreibtische für ihre Beamten aufgestellt.

Er hatte in »Reganespurc«, wie die Stadt in den frühen bairischen Zeiten hieß, eine imposante Hofhaltung, er besaß viel Land und war doch – ein Untertan.

Auch wenn Garibald als getreuer und willfähriger Anhänger des Frankenkönigs in seine Residenz an der Donau eingezogen ist, zufrieden war er mit dieser Abhängigkeit ganz sicher nicht, und so versuchte er denn auch, größere Unabhängigkeit zu erlangen und womöglich gar Herr im eigenen Land zu werden.

Die Sache ging schief, und der Herzog mußte mitsamt seiner Familie aus Baiern fliehen.

So sicher ist das Ganze freilich nicht, es könnte sich auch ein bißchen anders zugetragen haben. Da es immer nur einzelne, zumeist auch noch recht dunkle Sätze sind, die von den Agilolfingern erzählen, bleibt für die Spekulation mehr Platz, als der historischen Genauigkeit guttut.

Allerdings gehört schon ein gerüttelt Maß an Mut und wissenschaftlicher Arglosigkeit dazu, wenn man Garibalds Geschichte derart ausschmückt, wie das der Herr von Pallhausen im Jahre 1810 getan hat:

»Beseelt von der Liebe zum Frieden both er den Nachbarn sonder Stolz und freundlich den Palmzweig, ohne das Schwert zu verhehlen. Er suchte die Gränzen zu sichern durch ein *stehendes* Heer. Und da, nach geendigtem Sturme immer die wogende Fluth von Osten und Süden noch anschlug, und den gesetzten Damm zu durchbrechen dräuete, schloß er engeren Freundschaftsbund mit Klotarn, König der Franken, gegenseitigen Schutz und gleichen Vortheil gewährend. Dieser hatte ihm auch die hinterlassene Wittwe, des in der Blüthe der Jahre verblichenen Theudebalds, seines Neffen Frau, die schöne Wultrade zur Gattin gegeben.

Garibald war itzt bedacht, den erstickten Nationalgeist wieder mit Kraft anzufachen in dem noch glimmenden Funken. Dieser regte sich bald bey einem Volk', wie die Bojer, eingedenk des alten durch Muth erworbenen Ruhmes, tapfer, bieder, und treu, und nervigt; Männer wie Eichen groß und schlank von Wuchs'; bey allen Kräften des Körpers brav und menschlich gesinnt, von Natur gutmüthig und willig. Garibald herrschte als Vater, noch ohne geschrieb'ne Gesetze, durch das Wort, nach der Sitte des Volks, nach alten Gebräuchen. Er und seine Familie war der katholischen Lehre zugethan.«

Ein besonders ergötzliches Beispiel für den zitatengarnierten, altertümelnden Kitsch des Herrn Pall aus Freising ist die Beschreibung der agilolfingischen Hauptstadt Regensburg:

»Da haus'te der König in der hehren Burg von Quadersteinen gethürmet. Nördlich schützte der Strom die Veste vor feindlichem Anfall'. Während der Friedenszeit war zwischen den Uferanwohnern jeder erlaubte Verkehr mit reichlichen Fähren bewirket. Baß den Strom zu befrachten, wurden Schiffe gebauet: mehr noch den Handel für die bevölkerte Stadt zu gewinnen, ließ der König zum Stappel einladende Rheden anlegen. Inner den Mauern entquoll den tiefen Bornen die Kühlung. Ringsum blüht 'itzt neuer Flor: der umliegenden Felder master Dunkelgrund belohnte reichlich den Anbau. Jenseits des Stroms war sogar des Berges sandiger Abhang alles möglichen Fleißes besetzt mit Fechsern von Reben, hieher aus Rhätischen oder aus Celtischen Bergen verpflanzet. In dem ganzen Bezirk erwachte ein täthiger Eifer, schnell die Kultur zu befördern, den Wohlstand immer zu bessern. Dort beschattet ein Hayn von Eichen und Buchen den Umkreis; nebenhin weidet stärkeres Vieh auf blumigen Auen; hier und soweit das Aug' reicht, fluthen goldene Staaten.

So wie das ganze Land ein neuer Frühling belebte, mehrte der Königsstamm mit den hoffnungsvollsten Sprossen sich zur innigsten

Wonne des Volks: zween wackere Prinzen, und zwo zärtliche Töchter erfreuten den glücklichen Vater. Also stets mit dem wachsenden Wohl des Staates beschäftigt, und von den Bojern kindlich geliebt, als Vater des Volkes lebte der König im Frieden, unangefochten von außen.«

Ein Patriot macht seinen Schnitt

Ehe der König aber in die »hehre Burg« ziehen und zweimal »zween hoffnungsvollste Sprossen« zeugen konnte, mußte er ja erst in sein hohes Amt berufen werden. Darüber ist bei Pall von Pallhausen zu lesen (und dies ist zugleich der Anfang des Buches von *Garibald, erster König Bojoariens*...):

> »Wie der von schauriger Erdenkluft verschlung'ne Timavus mühsam sich den schroffigen Schachten und Klippen entwindet; dann mit vermehrter Kraft aus neunfacher Quelle hervordringt, und die reichere Fluth im gemeinsamen Rinnsal vereinigt: Also hob das uralt Volk der keltischen Bojer, lang' vom Geschicke gedrückt, und unter den eisernen Szepter fremder Mächte gebeugt, sein Haupt verjüngt in die Höhe; bildete einen eigenen Staat, unabhängig von andern, kiesend aus seiner Mitte den Besten zum Herrscher. Und damals, nach der Hälfte des sechsten Jahrhunderts kristlicher Aere, wurde der edelste Sproß von dem Stamme der Agilolfinger, (Garibald war sein Name) der erste König der Bojer.«

Ist dies auch patriotisch verbrämter Nonsens, so hat er doch System. Der den Großen im Lande treu ergebene Pallhausen wußte nur zu gut, daß er dem regierenden wittelsbachischen Königshaus mit solchen Sätzen Freude bereitete. Hat nämlich schon Herr Garibald als König über Baiern regiert, so war die Errichtung der Monarchie im Jahre 1806 nichts weiter und auch nichts weniger gewesen als die Wiedereinführung einer uralten Staatsform; dem Königshaus waren mit Garibald und seinen agilolfingischen Nachfolgern die passenden Ahnen geschenkt worden, und schon am 1. Januar 1806, als in München das Königreich Baiern ausgerufen wurde, hat man sie herbeizitiert. Auf allen großen Straßen und Plätzen der Residenzstadt verlas an jenem Tage der in himmelblauen Samt gekleidete und von einem Trupp Kavallerie eskortierte Herold Stürzer die feierliche Königsproklamation: »Da durch die Vorsehung Gottes es dahin gediehen ist, daß das Ansehen und die Würde des Herrschers in Baiern seinen alten Glanz und seine Höhe zur vorigen Wohlfahrt des Volkes, und zum Flor des Landes wieder erreicht, so wird der Allerdurchlauchtigste und Großmächtigste Fürst und Herr, Herr Maximilian Joseph, als König von Baiern, und allen dazu gehörigen Ländern hiermit feyerlich ausgerufen...«

Der Königliche Legationsrat und Reichs-Herold von Pallhausen hatte also nur wiederholt und bekräftigt, was anderswo schon lange zu hören oder zu lesen war. Bei Paulus Diaconus zum Beispiel, der bereits im 8. Jahrhundert den bairischen Garibald als König in seinem Werk auftreten ließ. Freilich, als er ihm diesen Titel verlieh, war Garibald schon an die zweihundert Jahre tot (und Paulus muß sich ohnedies nachsagen lassen, daß er es bei der Angabe von Ämtern und Titeln an der für einen Historiker nötigen Sorgfalt habe fehlen lassen – aber schließlich war er im Hauptberuf ja auch Mönch).

Ob Garibald nun König der Baiern oder nur deren Herzog war – im Jahre 589 mußten sein Sohn Gundoald und die Tochter Theudelinde vor den Franken südwärts zu den Langobarden fliehen. Allerdings hätte Theudelinde (die auch unter dem Namen Theodelinde bekannt ist) diese Reise wohl ohnehin angetreten, da sie ja am 15. Mai 589 auf dem Sardischen Feld vor den Toren der Haupt- und Residenzstadt Verona (dem Bern der Dietrichsage) den Langobardenkönig Authari heiratete.

Nun waren aber die ehrgeizigen, machthungrigen Franken zu jener Zeit mit niemandem ärger verfeindet als mit den Langobarden, und die Verbindung der Baiern mit diesem Gegner mußte daher unbedingt als Provokation und feindseliger Akt angesehen werden. Zumal diese Heirat keineswegs die erste war, die zwischen den beiden regierenden Häusern der Langobarden und Baiern geschlossen wurde: Eine ältere, namentlich nicht bekannte Schwester der Theudelinde hatte schon vierzehn Jahre früher dem Herzog Ewin von Trient das Jawort gegeben.

Die Sorge war verständlich (denn schließlich existierten ja auch durch die Herzogin Waldrada bereits sehr enge familiäre Bindungen zwischen den beiden Ländern), doch für Ärger gab es eigent-

lich keinen Grund, da die Franken selbst Authari diese Ehe er-
möglicht haben. Ursprünglich, als man noch besser miteinander
auskam, war nämlich der Veroneser mit einer fränkischen Dame
namens Chlodoswinta verlobt, einer Schwester König Childe-
berts II. (der wiederum – so verzwickt waren nun einmal die
dynastischen Verhältnisse – ein Großneffe des ersten und zweiten
Waldrada-Gatten war). Für die Königsschwester fand sich aber
eine bessere und politisch opportunere Partie, ein Westgotenkö-
nig; und so hatte Authari das Nachsehen. Niemand konnte es ihm
verdenken, wenn er sich, um diese Kränkung zu sühnen, bei den
Frankenfeinden nach einer neuen Herrin für sein Langobardenreich umsah. Die Querelen zwischen Garibald und seinem königlichen Herrn mögen da dem Langobarden gerade recht gekommen sein.

».. . beugend nahte der Fremdling sich der Schwelle des Thrones«

Über die Vorzüge der verlorenen Braut ist nichts bekannt, sehr
viel aber über diejenigen seiner zweiten Wahl. Noch tausend Jahre
später schrieb Veit Arnpeck verzückt von seiner Landsmännin:
»Di küngin Theodelinda was hübsch, weis und wolgelert, keusch
und guter siten.«
Ehe sie jedoch Königin wurde, mußte der noble Herr aus dem
Süden sie freien, und die Geschichte dieser Brautwerbung könnte
für die vaterländischen Lesebücher (in denen sie einstmals auch
stand) nicht schöner erfunden werden.
Zunächst einmal, und dieser Aspekt war nicht unwichtig, paßte
die Verbindung mit der Tochter des Baiernherzogs genau ins
strategische Konzept der Langobarden, denen von Ost (sprich
Ost-Rom) und West (sprich Franken) zugesetzt wurde. Seit 568
n. Chr. saßen sie in Italien, und ihre Macht hatte sich in den nicht
ganz zwanzig Jahren noch längst nicht so stabilisiert, daß man es
alleine mit zwei mächtigen Gegnern hätte aufnehmen können.
Der ideale Bundesgenosse in solcher Bedrängnis war natürlich der
nördliche Nachbar – Baiern.
Mit derartigen hochpolitischen Hintergedanken schickte Authari einige Abgesandte als Brautwerber über die Alpen nach
Regensburg.

Sollte er aber, nur um seine Gegner zu schrecken, den Ehebund mit einem beliebigen, vielleicht gar verkrüppelten, häßlichen Mädchen eingehen? Sollte er sich aus Angst vor seinen Feinden etwa an ein Weib binden, das er gar nicht kannte?

Der Langobardenkönig, in Baiern offensichtlich selbst in den ersten Kreisen nicht von Angesicht bekannt, ersann eine List – er schmuggelte sich in die Delegation der Ehestifter.

Pall von Pallhausen hat das Entree des Veronesers auf seine unnachahmliche Art so beschrieben:

>»Unvermuthet erschien ein gewappneter Kämpfer, begleitet von viel reisigem Zeug' an der ehernen Pforte der Hauptstadt, und verlangte den Eintritt als Freund, und Gehör bey dem König'. Beydes ward ihm gewährt. In den weiten Fluren des Schlosses wogte umher der Soldurier Schaar aus den rüstigsten Bojern, angethan mit blau und weiß gerauteten Wämsern und vom norischen Stahl mit schimmernden Wehren versehen. Beugend nahte der Fremdling sich der Schwelle des Thrones.

>Seyd mir freundlich willkommen, begann der König die Anred'. Was ist euer Begehr?

>Nur mich, erwiederte jener, mich nur Eurer Liebe und Achtung würdig zu zeigen.

>Seyd ihr edel und tapfer und meinem Hause nicht abhold? seyd ihr des boischen Volkes Freund?

>Mit ja: ich entsprosse, traun! der edelsten Fara des longobardischen Volkes, den Lithingern, wie ihr den edlen Agilolfingern.«

Brautwerbung wie fürs Lesebuch

Ein Greis, so heißt es in alten Berichten, habe die Bitte des Authari vorgetragen. Als Garibald der Heirat zugestimmt hatte, trat der als Begleiter des Brautwerbers getarnte Authari vor und behauptete, sein Herr, der König, habe ihn gebeten, sich die künftige Königin an seiner, Autharis Statt, anzusehen. So wurde die Herzogstochter herbeigerufen, und der unerkannte Authari war mit der Wahl, die ihm durch politische Umstände aufgezwungen wurde, höchst zufrieden.

»Könnte Eure Tochter uns zu trinken geben?« soll der getarnte König gebeten haben, und Theudelinde brachte den gewünschten Becher Wein.

Der Chronist Veit Arnpeck weiß über das, was sich nunmehr in der Herzogsresidenz zu Regensburg begab, folgendes zu berichten:

>»Do nam si ainen kopf (Becher) voll wein und gab am ersten dem elteren, darnach Authari, aber sy west nit, das ers was. als er getrunken hat und den kopf widergab, so rürt er ir angesicht mit dem finger an, doch das es niemant sach. des schamt si sich und sagts ir zuchtmaisterin (Erzieherin) haimlich. si antbort ir und sprach: wär er nit der küng und dein gespons, er hiet dich nit anrüren türen (erkühnen); do so sweig wir, daß dein vater nit hör...«

Und sie haben geschwiegen; der Vater hat es nicht gehört.

Die Mission der Brautwerber war damit erfüllt, und die Langobarden ritten, von einem bairischen Trupp begleitet, wieder der Heimat zu. An der langobardisch-bairischen Grenze wollte der König, der sich in Regensburg so bescheiden zurückhalten mußte, dann aber doch zeigen, wer er in Wirklichkeit sei. Er richtete sich, schreibt Paulus Diaconus, auf seinem Pferd »so hoch wie möglich auf, hieb mit aller Macht die Streitaxt, die er in der Hand trug, in den nächststehenden Baum, ließ sie stecken und sagte: ›Solche Hiebe führt Authari!‹ Als er das gesagt hatte, erkannte sein bairisches Geleit, daß er selbst der König Authari war.«

»Der Authari«, so heißt es, sei damals »im blühenden Mannesalter gestanden, er war von edler Gestalt, von hellem Haar umflossen und von sehr würdigem Aussehen« – ein König halt, wie Hofhistoriographen ihn zu beschreiben angehalten und gewohnt waren.

Was aber nützten alle schmückenden Worte? Der junge König bekam zwar das hübsche Baiernkind zur Frau, doch kaum dem Brautbett entstiegen, mußte er an die Front... und verlor auch prompt einige seiner schönsten Städte: Piacenza fiel, dazu noch Mantua und Modena.

Vielleicht hätte er von der neuen Residenz Pavia aus sein Reich wiederaufgebaut, möglicherweise wäre es ihm sogar gelungen, die verlorenen Ländereien zurückzuerobern. Was immer er sich jedoch auch vorgenommen hatte, er konnte es nicht mehr in die Tat umsetzen, denn am 5. September 590 ist Authari nach nur sechzehn Ehemonaten gestorben.

An Gift, sagten die Zeitgenossen.

Krone der agilolfingischen Herzogstochter Theudelinde; eine römische Arbeit um 600 n. Chr. (Dom zu Monza).

Doch sie sagten auch, die angeheiratete Baierin hätte mit dem jähen Ende ihres Mannes nichts zu schaffen. Da sie also unschuldig war, meinten die Untertanen, solle sie zunächst alleine weiterregieren und sich in Ruhe einen neuen Mann suchen; auf wen ihre Wahl dann auch immer falle – sie wollten ihn als Langobardenkönig anerkennen.

Ein Minnebecher und kein Hamlet

So abwegig war diese Thronfolge übrigens gar nicht, denn schließlich konnten sich die Baiern – und damit auch Theudelinde – mit den Langobarden ohne Dolmetscher unterhalten, und außerdem war diese junge Königinwitwe ja die Enkelin des ehemaligen Langobardenkönigs Wacho.

Also regierte vom 6. September 590 an eine Zugereiste über die Langobarden. Ob diese Aufgabe für die Prinzessin aus Baiern nun zu schwer war oder ob sie am abrupten Ableben des Königs Authari etwa doch beteiligt war, man weiß es nicht. Auf jeden Fall holte Theudelinde sich noch im gleichen Jahr einen neuen Ehemann in ihre Burg, einen gebürtigen Thüringer, den Herzog Agilulf aus Turin. In Monza, wo sie eine zweite Residenz errichten und den Dom bauen ließ, wird noch heute ein Saphir-Becher aufbewahrt, den die verwitwete Königin zwei Monate nach dem Tode Autharis bei einem festlichen Mahl dem Herzog Agilulf als Minnebecher gereicht haben soll.

Der Fall erinnert fatal an Hamlets Mutter, die Königinwitwe Gertrude aus Helsingör, bei der das Gebackene vom Leichenschmaus bekanntlich kalte Hochzeitsschüsseln gab.

Einen rächenden Hamlet gab es in Pavia freilich nicht, die kurze Ehe war kinderlos geblieben, und auch in der zweiten Ehe kam erst im zwölften Jahr der Thronfolger Adelwald zur Welt. Ein glückloser Knabe übrigens, der nach dem Tod seines königlichen Vaters im Jahre 615 zum Mitregenten ernannt wurde, mit der schweren Aufgabe aber offensichtlich nicht ganz zurechtkam – weil er verrückt war, wie seine Landsleute behaupteten – und als abgesetzter Langobardenkönig bald starb. An Gift.

Über die Langobarden herrschte nun wieder Königinwitwe Theudelinde, die sich vor allem ein Ziel gesetzt hatte (und es schließlich auch erreichte): die Bekehrung der arianischen, an eine Wesensverschiedenheit von Christus und Gottvater glaubenden Langobarden zum »richtigen« Katholizismus.

Der Eifer und der Erfolg, mit dem sie für den dreieinigen Gott eintrat, brachten ihr die besondere Gunst von Papst Gregor I. ein. Er widmete ihr die vier Bücher seiner (lateinisch geschriebenen) Dialoge und verehrte ihr fromme Geschenke, die den Kern des berühmten, im 13. Jahrhundert wieder aufgefundenen Theodolinden-Schatzes im Dom zu Monza bilden: eine Kreuzreliquie (das sogenannte Gregorius-Kreuz) und ein Evangeliar.

In der bairischen Geschichte wird die 628 im Alter von etwa sechzig Jahren verstorbene Theudelinde sehr oft als Kronzeugin für die (nicht bewiesene) Behauptung zitiert, daß die Bajuwaren schon in ihrer allerfrühesten Zeit katholisch waren und mit dem Arianismus nichts zu schaffen gehabt hätten. Aber auch wenn Theudelindes Vater aus dem katholischen Westen gekommen war, konnten seine Landeskinder mit ihren traditionell guten Beziehungen zu den Langobarden durchaus Arianer gewesen sein. Und die mühselige Bekehrung im 7. Jahrhundert – für die sich die Bajuwaren späterhin durch eine besonders große Anhänglichkeit an die katholische Kirche bedankten – spricht eigentlich für eine arianische Vorgeschichte.

Tassilo I. oder ein König ohne Fortüne

Während man in Ravenna und Pavia die langobardischen Erb-
folge- und Familienprobleme auf schnelle, überzeugende Weise
(und vielleicht auch unter Zuhilfenahme von ein paar wirksamen
Mittelchen) löste, hatten die Franken das Baiernland und die
bairischen Angelegenheiten längst fest im Griff.

Garibald, der sich durch irgendwelche Unbotmäßigkeiten den
Unmut seines Ober-Herrn zugezogen hatte, bekam das empfind-
lich zu spüren, denn etwa um die Zeit, als er seine zweite Tochter
ins südliche Nachbarreich verheiratete, wurde ihm nach etwa
vierzig Regierungsjahren sein Herzogtum einfach weggenom-
men. Da er nicht mehr über ein Land gebieten konnte, war er auch
der Erwähnung nicht mehr wert. Der erste bairische Herrscher ist
sang- und klanglos aus der Geschichte verschwunden.

Der König ist tot, es lebe der König – beim Geschichtsschreiber
Paulus Diaconus vollzieht sich der Machtwechsel ganz unauffällig, und nachdem noch der erst später regierende zweite Garibald
erwähnt wird, heißt es plötzlich: »In diesen Tagen« – gemeint ist
das Jahr 591 n. Chr. – »wurde Tassilo vom Frankenkönig Childebert in Baiern als König eingesetzt.«

Viel ist aus der Zeit dieses zweiten Regenten, der ja nun angeblich sogar König war, nicht bekannt. Ein Jahr nach seiner Amts-
einführung schlug er die Slawen im tirolerischen Pustertal – so
weit reichte damals sein Reich –, doch im darauffolgenden Jahr
wendete sich das Blatt, die Baiern verloren bei einer Schlacht
gegen die Awaren zweitausend Krieger... und damit ist die Geschichte von Tassilo I. auch schon wieder zu Ende; irgendwann
im ersten Jahrzehnt des 7. Jahrhunderts soll er gestorben sein.

Sein Sohn Garibald II. erbte die Probleme an der bairischen
Südostecke, und im Jahre 610, nach der Niederlage von Agunt (in
der Gegend des heutigen Lienz), schien sein und seines Landes
Schicksal besiegelt zu sein. Irgendwie – und wahrscheinlich mit
kräftiger fränkischer Unterstützung – konnte er den slawischen
Vormarsch jedoch stoppen, und Baiern war gerettet. Damit wäre
seine Rolle in den Geschichtsbüchern aber auch schon ausgespielt,
hätte ihn der Frankenkönig Dagobert nicht in eines der grausam-
sten, brutalsten Kapitel der alten Geschichte hineingezogen.

Die dunkle Tat im Winterquartier

Um das Jahr 630 hatte es wieder einmal Krieg gegeben; die Bulgaren stritten sich mit den Awaren um Ungarn (das dazumal Pannonien hieß), und als die Angelegenheit zugunsten der Awaren abgeschlossen war, wurden neuntausend bulgarische Gefangene – »nach Meinung der heutigen Wissenschaft entweder hunnischer, d. h. türkischer, oder auch ugrofinnischer, vielleicht mongolischer Herkunft«, schreibt der Slawist Heinrich Kunstmann – ohne viel Federlesens über die Grenze hinweg nach Baiern abgeschoben.

Der Frankenkönig war mit dieser Aktion offensichtlich einverstanden, denn er verlangte von seinen bairischen Untertanen, daß sie diese Männer, Frauen und Kinder noch vor Anbruch des Winters in Gehöften unterbrächten. Aus Gründen, die niemand kennt, überlegte er es sich aber plötzlich anders und gab den Befehl, man solle die Flüchtlinge in ihren eben erst bezogenen Quartieren ermorden. Allesamt und in einer einzigen Nacht.

Nur siebenhundert Bulgaren haben das schreckliche Massaker überlebt und konnten südwärts in die windische Mark entkommen, wo ihnen ein Wendenherzog Asyl gewährte. Einige Jahrzehnte später nahm sich dann ein Langobardenkönig der Heimatlosen an und schenkte ihnen in den Abruzzen Land.

Dieses ungeheuerliche Verbrechen, meint Kunstmann, habe sich möglicherweise in der Gegend des oberösterreichischen Lorch (des römischen Lauriacum) zugetragen, und den Überlebenden wäre dann als Fluchtweg die alte römische Straße über St. Florian und den Pyrnpaß offengestanden. Und die in der Stiftskirche von St. Florian, unmittelbar beim Grab Anton Bruckners gefundenen sechstausend Toten könnten daher die Opfer dieses Mordes sein, über den der kgl. bayer. Oberstabs-Arzt Anton Quitzmann etwas euphemistisch schrieb: »Diese dunkle That ist der einzige schwarze Fleck zum Glück, welcher die Geschichte unserer Vorvorderen schändet.« Aber so groß, fügt er gleich entschuldigend hinzu, war halt die Abhängigkeit von den Franken, und schließlich seien die Baiern ja damals auch noch nicht im Besitz des rechten Glaubens gewesen.

Obwohl Garibald II. ein halbes Jahrhundert regierte, hinterließ er bei den Geschichtsschreibern nichts als die Erinnerung an seine frühen Kriege und an die schreckliche Mordnacht des Jahres 631, deren Spuren Heinrich Kunstmann sogar noch im Nibelungenlied zu finden glaubte. Die Hiune dieser Dichtung wären danach wohl die Bulgaren und Dietrich von Bern könnte Alciovus/Alzeco, der Anführer der nach Süden entkommenen Bulgaren sein.

Die Art, wie er mit den Bulgaren umgegangen ist – und sei es auch im »Befehlsnotstand« –, verriet nichts von den engen verwandtschaftlichen Beziehungen, die angeblich zwischen Baiern und Bulgaren bestanden. Zumindest nach Meinung des Privatdozenten K. Fritzler, der die alten armenischen Legenden sehr ernst und den Aventin zu wörtlich nahm. Aus beiden leitete er nämlich die abenteuerliche Behauptung ab, die Baiern seien »ein Teil jenes bulgarischen Volks, das den Namen Weiß-Bulgaren hatte und dessen anderer Teil sich an der Wolga und Kama niedergelassen und ein eigenes Reich gegründet hatte«.

Diese seltsame Geschichte soll etwa in der Zeit ihren Anfang genommen haben, als die Legionen des Drusus und Tiberius das keltische Baiern überrannten. Damals marschierten Parther und Römer von verschiedenen Seiten her in Armenien ein und drängten die Ur-Väter der Baiern und Bulgaren nordwärts in Richtung Don, übers kaukasische Gebirge. Die Vorhut dieses flüchtenden Stammes traf am Asowschen Meer mit den zu dieser Zeit gerade des Weges kommenden Wisi-(auch Weiß- oder West-)Goten zusammen, die das armenische Häufchen kurzerhand unterwarfen und Wisi-Bulgaren nannten.

Südrußland war für die Goten nur ein Durchzugsgebiet, und bei der Frage, ob man sich dem Zug nach Westen anschließen oder lieber im Lande bleiben sollte, teilten sich die Wisi-Bulgaren: »Die westliche Hälfte, fünf oder sechs Stämme umfassend, zog mit den Wisi-Goten an die Donau, von wo sie zuletzt nach Baiern kam und hier das bairische Volk bildete, das im slawischen Völkerverzeichnis noch den Namen Weiß-Baiern führt.«

Ein halbes Jahrtausend wären demnach Noahs Erben zwischen Kaukasus und Alpen unterwegs gewesen, ehe sie, Wolga, Dnjepr und Don hinter sich lassend, südlich der Donau seßhaft wurden und der langen Wanderschaft ein für allemal ein Ende setzten.

So schön Fritzler den Weg aber auch beschrieben hat, die Forschung ist ihm auf dieser Route nicht gefolgt.

Die Bulgaren dagegen waren über die Entdeckung der alten verwandtschaftlichen Beziehungen zu den Baiern so erfreut, daß sie sogar Geld für die Veröffentlichung dieser Hypothese zur Verfügung stellten. Auf dem Schutzumschlag der im Inflationsjahr 1923 erschienenen Fritzlerschen Broschüre heißt es: »Die Herausgabe dieser Schrift ist nur möglich gewesen mit Unterstützung des Vereins der bulgarischen Studierenden in Frankfurt a. M., wofür ihm hiermit der schuldige Dank ausgesprochen sei. Der Verfasser.«

Ein Enkel stiftet Verwirrung

Die Regenten des alten Baiern haben versäumt, eigene Historiographen zu engagieren, darum sind von ihnen und ihrem Land nur jene wenigen Sätze überliefert, in denen gotische, fränkische oder langobardische Autoren die Verhältnisse im Herzogtum südlich der Donau erwähnten. Jene Männer aber hatten bei dieser Arbeit sicher nur das eine Interesse gehabt: die vergangenen wie gegenwärtigen Zeitläufte im Sinne ihrer hohen und mächtigen Auftraggeber zu beschreiben. Die Geschichte der frühen herzogl.-(oder kgl.-)bair. Zeit liegt also in tiefem Dunkel, und erst achthundert, neunhundert Jahre später machten sich einheimische Gelehrte daran, die Vergangenheit ihres Landes zu erforschen; doch da waren viele Quellen bereits für immer versiegt und verschüttet.

So war es dann schwer, sich in der Herrscherliste zurechtzufinden. Vom ersten Herzog Garibald zum Beispiel hat man bis ins 16. Jahrhundert hinein geglaubt, er habe zweimal regiert – zunächst von 567 bis 580, und dann noch einmal von 598 bis 614. Um diese zweimalige Regentschaft sinnvoll in die wenigen bekannten historischen Daten einzubauen, bekam auch Tassilo I. zwei Regierungsperioden zugeteilt – die erste zwischen 580 und 598, die zweite zwischen 614 und 650.

Genaues weiß man auch heute nicht, doch als einigermaßen gesichert gilt, daß Tassilo I. seinen Sohn Garibald genannt hat, und daß dieser zweite Garibald von den Alten mit Garibald I. verwechselt wurde.

Im sogenannten »Fürstengrab« von Wittislingen wurden 1881
zahlreiche Schmuckstücke gefunden. Darunter auch eine
kunstvolle Goldscheibenfibel des 7. Jahrhunderts.

GARIBALD II. ODER DAS RECHT AUF BAIERN

Was mag Tassilo wohl bewogen haben, dem Thronfolger den Namen eines abgesetzten Vorgängers zu geben? Doch nur das eine: im Sohn den eigenen Vater zu ehren, sagen die Historiker. Für sie ist dies ein deutlicher Hinweis darauf, daß jene drei ersten Regenten aus ein und derselben Familie kommen, daß sie Vater, Sohn und Enkel sind.

Das paßte außerdem gut zu einem Satz in der *Lex Baiuva-riorum*, dem alten bairischen Landrecht, das in der ersten Hälfte des achten Jahrhunderts in fränkischem Auftrag aufgezeichnet wurde.

Im dritten Abschnitt dieses Buches heißt es nämlich: »Der Herzog aber, der dem Volke vorsteht, er war immerdar aus dem Geschlecht der Agilolfinger *[ille semper de genere Agilolvingarum fuit]* und soll es sein. Denn so haben es die Könige, unsere Vorfahren, jenen zugestanden, als sie denjenigen aus ihrem Geschlecht, der dem König treu und klug war, zum Herzog einsetzten, jenes Volk zu regieren.«

Das wollten sie also doch gleich von allem Anfang an klarstellen, die Franken, daß *ihr* König das Land vergeben hat und daß durch *sie* die Agilolfinger das Herzogtum erhalten haben. Als Lohn dafür, daß jener Erste dem »König treu und klug« war – *»fidelis rei erat et prudens«.*

Klug war der Nobelmann Garibald I. bestimmt gewesen, als er die ehemalige Königin zum Traualtar führte. Wollte der Gesetzgeber vielleicht darauf anspielen, daran erinnern?

Die Wissenschaftler hat diese alte Heiratsgeschichte ziemlich wenig beschäftigt. Für sie war eine andere Stelle, ein einziges kleines Wörtchen in diesem *Volksrecht der Baiern* sehr viel interessanter, und dieses Wort war: »semper«. Die lateinischen Lexika sagen, das Wort bedeute »immer, von jeher, stets«, und diese drei verwandten Übersetzungen des Begriffs erwiesen sich als ein schier unlösbares Forschungsproblem.

War der Herzog »seit jeher« – oder »seit unvordenklicher Zeit«, wie es in einer alten Übersetzung heißt – aus dem Geschlecht der Agilolfinger und war die Familie bairisch, so hätten die Franken ihnen nur gegeben, was ihnen ohnehin zustand. Waren es aber »immer« Agilolfinger, die über das Land herrschten, dann sprach nichts dagegen, daß sie zunächst von auswärts nach Regensburg geschickt wurden; das »immer« bedeutete dann nur, daß die Frankenkönige nie einer anderen Familie das bairische Herzogtum anvertraut haben.

Vielleicht hatten die Redakteure dieses Textes das zweisilbige Wörtchen aber auch gar nicht so ernst genommen? Es konnte sehr gut sein, daß sie dieses »semper« lediglich als eine Floskel verwendeten, die dem hohen Anspruch dieser Familie ein bißchen Patina verleihen und den Stammbaum in eine imaginäre Vergangenheit verlängern sollte.

Ob »seit jeher« oder »immer« – in jedem Falle war dieser Ausdruck etwas zu pathetisch gewählt; schließlich regierten die Agilolfinger zu der Zeit, als die endgültige Fassung des Gesetzbuches niedergeschrieben wurde, erst in der fünften Generation über Baiern.

Die Genealogen schlagen sich in diesem Streit übrigens eher auf die Seite der »Immer«-Übersetzer. Wie sollten sie auch das Geschlecht der Agilolfinger im ältesten, vorfränkischen Baiern ansiedeln, wenn es weit und breit in den Ahnentafeln keinen Agilolf oder Agilulf gibt und dieser Name höchstwahrscheinlich nicht einmal bajuwarisch ist. Ein Mann dieses Namens muß aber gelebt haben; er, den niemand kennt, müßte am Anfang einer Familiengeschichte stehen, in der es Männer mit Namen wie Garibald, Tassilo, Grimoald, Gundoald, Theodo, Hucbert, Odilo oder Grifo gibt.

Der einzige Agilolf in dieser ganzen weiten Sippschaft ist der Schwiegersohn Garibalds I., der zweite Mann der Theudelinde, Herr Agilulf von Turin. Ein Langobarde.

Ein ähnliches Problem haben, wie man hört, auch die Tschechen. Ihrem alten Herzogsgeschlecht der Přemysliden fehlt der zugehörige Altvordere Přemysl; und was den Baiern Garibald I., das ist den Tschechen ihr Herzog Bořiwoy.

Der Fall des fehlenden Stammvaters ist also gar nicht so ungewöhnlich. Was aber die Existenz des ominösen Herrn Agilolf angeht, so gilt er durch die dem Namen angehängte Endsilbe -*ing* als überführt. Diese drei Buchstaben (denen bei den Slawen -*witsch*, bei den Langobarden -*ango*, bei den Griechen -*ides* und bei den Niederdeutschen -*sen* entspricht) sind »eine Verwandtschaftsendsilbe, mittels deren sämtliche Nachkommen eines Mannes nach dessen Namen genannt werden konnten«. Als Beweisstück bieten sich mehr als zweitausend bairische Orte an, die zwischen 550 und 800 n. Chr. gegründet wurden und deren Namen auf -*ing* enden. Schwab*ing* ist so eine Gründung von Swapos seligen Erben, in Send*ling* haben sich die Nachkommen eines Sentilo, in Straub*ing* die eines Strûpo niedergelassen usw.

Die Agilolfinger müssen demnach die Nachkommen eines Agilolf sein, die Söhne und Enkel eines Urvaters, von dem nichts überliefert ist. Agilolf bleibt das »missing link« zwischen Stammesgründung und Herzogszeit.

THEODO I. ODER DIE SIEBENTEILUNG EINES HERZOGS

Mit dem Nachfolger des zweiten Garibald hat sich die Forschung lange Zeit sehr schwer getan, denn aus dem einen Herzog Theodo, der an einem 15. Oktober geboren wurde und 717 oder 718 starb, machte sie im Laufe der Zeit nicht weniger als sieben Personen gleichen Namens. Die (wenigen) alten Dokumente waren so verwirrend, so ungenau und vieldeutig, daß die Historiker auf immer neue – doch meist ganz falsche – Fährten gelockt wurden. Die Suche nach dem Septett, von dem schließlich doch nur der eine »richtige« Theodo überblieb, nahm geradezu die Züge eines Kriminalfalles an, und der Münchner Lyzealprofessor Bernhard Sepp tat denn auch, als hätte er ein Ganovennest ausgehoben, als er das Ergebnis der wissenschaftlich-detektivischen Arbeit vorlegte. Seiner 1897 erschienenen genealogischen Studie gab er den Titel: *Die bayerischen Herzöge aus dem Geschlecht der Agilulfinger und die falschen Theodone.*

Das Vexierspiel und das Rätselraten um diesen ersten bairischen Theodo (der bei Aventin zum Beispiel noch als Theodo V. geführt wird) war mit dem Tod des Regenten keineswegs zu Ende, denn der Geschichtsschreiber Hermann von Niederaltaich behauptete, der Herzog sei auf der Rückreise von Rom im Salzburgischen gestorben und zusammen mit seiner Frau Gleisnot begraben worden. Da aber die Herzogin in Wirklichkeit Folchaid hieß, wird sich halt auch hier ein Fehler in die Lebens- und Sterbegeschichte des bairischen Herrn Theodo eingeschlichen haben. (Es gab übrigens später in der agilolfingischen Familie tatsächlich noch einen anderen Theodo. Der aber, der Letzte dieses Stammes, ein Sohn Tassilos III., wurde von Karl dem Großen abgesetzt und in ein Kloster verbannt.)

Die Siebenteilung des ersten Theodo riß eine kinderreiche Familie auseinander, denn auf diese Weise wurde jener Theodo, der mit dem heiligen Rupert befreundet war und als Vater von Theodebert, Theodebald, Grimoald und Tassilo eine wichtige Rolle in der bairischen Geschichte spielte, von jenem anderen Theodo getrennt, der den heiligen Emmeram gut kannte und mit den beiden unglückseligen Kindern Uta und Lantpert viel Kummer und Ärger hatte.

Inzwischen sind die Verhältnisse am bairischen Hof dank der Geschichtswissenschaftler wieder in Ordnung, und die theodonische Großfamilie ist aufs neue so vereint wie im Salzburger Verbrüderungsbuch des Jahres 784, wo in eigenwilliger Schreibweise (und in der Zuordnung der Ehepaare vielleicht nicht immer ganz zuverlässig) die »gestorbenen Herzöge mit ihren Frauen und Kindern« wie folgt aneinandergereiht wurden:

Theoto   Folchaid
Theotpert
Crimolt   Pilitrud
Theodolt   Uultrat
Tassilo
Hucperht   Rattrud
Otilo

Die beiden »enfants maudits« Uta und Lantpert, die der Herzog wegen schlimmer Verfehlungen – Uta war von einem unehelichen Kind entbunden worden und Bruder Lantpert hatte deswegen den unschuldigen Bischof Emmeram getötet – außer Landes verwiesen und von der Erbschaft ausgeschlossen hatte, waren längst aus der Familienliste gestrichen.

Die Franken hatten übrigens an Theodo, dem vierten regierenden Herzog aus dem Geschlecht der Agilolfinger, wenig Freude, da er von seiner Regensburger Residenz aus derart selbstbewußt agierte, als hätte er niemanden über sich. So teilte er zum Beispiel bereits zu seinen Lebzeiten das Herzogtum mit seinen Söhnen: Sohn Theodebert bekam Salzburg, Sohn Grimoald Freising, Sohn Tassilo Passau und Vater Theodo behielt für sich und den Sohn Theodebald die Hauptstadt.

Doch gesichert ist das alles nicht und die Identität der einzelnen Personen und ihr verwandtschaftlicher Zusammenhang ist ein Puzzle, das Forschergenerationen Arbeit gab. Theodo hatte offensichtlich ebensowenig wie seine Vorgänger einen Historiographen bestellt, weil er einfach nicht auf den Gedanken gekommen ist, man müsse irgend etwas für die Nachwelt festhalten. Erst aus den ganz späten Tagen des Baiernherzogs ist ein biographisches Detail beglaubigt und besiegelt: Im Jahre 716 reiste der Agilolfinger zum Papst nach Rom, um am Grab des Apostels Petrus zu beten und über die Errichtung von Kirchenprovinzen in seinem Lande zu verhandeln.

Unterwegs sollen Herzog Theodo und sein mitregierender Sohn Grimoald den aus der Gegend von Paris kommenden

Bischof Korbinian getroffen und (unter Zuhilfenahme von ein ganz klein wenig Gewalt, wie es heißt) für Freising gewonnen haben.

Ein Heiliger kehrt um

Mit dem Christentum hatten die Baiern damals noch wenig im Sinn, »denn roh wie unser Stamm noch war, gehörte er gerade als neu bekehrt der christlichen Religion an«. So beschrieb Korbinians Nachfolger auf dem Freisinger Bischofsthron einige Jahrzehnte später die Situation, und ein gelehrter Franke beklagte, daß die Masse des bairischen Volkes »durch alte Berührungen mit den Heiden und verkehrte Lehre angesteckt« sei.

Damit mußten sich die Agilolfinger vorerst wohl abfinden. Während sie selbst schon zu Garibalds Zeiten praktizierende Katholiken waren, werden sich ihre Untertanen – soweit überhaupt christlich – zum Arianismus bekannt haben. Davon, daß es ja gegen Ende der Römerzeit bereits Christengemeinden im Lande gegeben hatte, war nichts mehr zu spüren.

Zunächst kamen die Regenten mit ihren irr- und ungläubigen Untertanen ganz gut aus, aber auf die Dauer, so sagten die Herzöge, wäre es doch schöner und praktischer, wenn alle Baiern sich zu dem dreieinigen Gott bekennen würden, an den die Angehörigen des Herrscherhauses glaubten.

An die alten Baiern war in dieser Sache jedoch nicht so leicht heranzukommen. Der Ire Kolumban ist daher auch nur bis in ihre alamannische Nachbarschaft gezogen und hat dann wieder kehrtgemacht – »zu den Boiern, die jetzt Bajuwaren genannt werden«, schickte er im frühen 7. Jahrhundert, als Garibald II. das Land regierte, den burgundischen Glaubensbruder Eustasius. Das hatte möglicherweise seinen guten Grund. Wenn nämlich die Agilolfinger tatsächlich, wie oft behauptet wird, Burgunder waren, dann mußte ein Landsmann der Herrscherfamilie auch die besten Aussichten auf Erfolg haben.

Aber was hieß in jenen frühen Zeiten schon »Burgunder«. In dem Land westlich des Genfer Sees wohnten neben den namengebenden, aus dem Osten zugewanderten Burgundern ja schon seit einiger Zeit auch echte Oberpfälzer, die den andrängenden Mar-

Eine Handschrift des 11. Jahrhunderts berichtet von der Gründung des Klosters Weltenburg im frühen 7. Jahrhundert durch Mönche des burgundischen Klosters Luxeuil.

komannen einst entwischt waren und noch bis ins 8. Jahrhundert hinein die Erinnerung an die alte Heimat wachgehalten und gepflegt haben.

Es könnte also sein – doch wird es sich nie beweisen lassen –, daß die Agilolfinger nur wieder in ein Land zurückgekehrt waren, in dem bereits ihre Ahnen gewohnt hatten. Und zu ihnen kam nun in den Tagen des zweiten Garibald ein Stammesbruder, der Mönch Eustasius, um die Baiern für den katholischen Glauben zu gewinnen. In der Nähe der Hauptstadt hatte er kurz nach dem Jahre 600 das Kloster Weltenburg gegründet, wobei ihn, wie man neuerdings ziemlich sicher weiß, die adeligen Herren des nahegelegenen Dorfes Staubing großzügig unterstützt haben dürften.

Deren Grabstätten waren im Spätherbst 1970 vom Bayerischen Landesamt für Denkmalpflege in einer Kiesgrube freigelegt worden, zusammen mit einem größeren Friedhof aus der alten Bajuwarenzeit und den Resten einer vierzehn Meter langen und siebeneinhalb Meter breiten Holzkirche. »Staubing«, schrieb R. Christlein darauf in einem Forschungsbericht, »war mindestens bis ins 8. Jahrhundert hinein das wirtschaftliche Hinterland und der primäre topographische Bezugspunkt für jede Ansiedlung, gleich welcher Art, an der Stelle des heutigen Klosters. Wenn uns nun der archäologische Befund das Dorf Staubing eben von der ersten Hälfte des 7. Jahrhunderts an als vom Christentum durchdrungen, im Besitze mindestens eines Kirchengebäudes und

Aus den wenigen Spuren, die von der Staubinger Holzkirche des frühen 7. Jahrhunderts noch erhalten waren, hat Dipl.-Ing. P. Marzolff das Gotteshaus rekonstruiert.

als Wohnsitz einer christlichen Adelsfamilie präsentiert, so erlaubt dies kaum noch einen Zweifel am historischen Kern der Weltenburger Gründungstradition. Vielmehr dürfen wir davon ausgehen, daß einige jener adeligen Grundherren, deren Grablege in nächster Nähe der Staubinger Kirche freigelegt wurde, die Gesprächspartner und sicher auch die ersten Förderer jener Klostergründer aus dem fernen Burgund waren.«

Diese zeigten sich zuversichtlich, auch die noch ungläubigen und irrgläubigen Bajuwaren für das römische Christentum zu gewinnen. So schnell waren die Untertanen der Agilolfinger freilich auch damals nicht für Neues zu haben... und einige Jahrzehnte nach der Missionsreise des Eustasius opferte man zwischen Alpen und Donau vielfach wieder den alten heidnischen Göttern.

Die zweite Taufe des Landesvaters

Was unter Garibald II. begonnen wurde, wollte dessen Sohn Theodo zu einem guten Ende führen – doch auch bei ihm ging es nicht ohne Rückschläge ab.

Dort, wo Eustasius gescheitert war, wollte Rupert (oder Hrodbert, Rudbertus, Rupprecht), ein Sproß aus vornehmer rheinpfälzischer Familie, siebzig oder achtzig Jahre später wieder neu beginnen. Als er im Jahre 696 nach Regensburg kam, fand er zwar beim Herzog offene Ohren (und es heißt sogar, daß er den Regenten, der doch eigentlich schon katholisch gewesen sein müßte, »zum wahren christlichen Glauben« bekehrt habe), doch die Untertanen verweigerten sich. »Der bairisch adel und die lantschaft«, heißt es bei Aventin, »die schrien nider sant Ruprecht, sagten, sie wölten nit, möchten auch nit abtrünnig werden von irem alten glauben... Der christlich glaub wär neu und widerwärtig mänlichen leuten und kriegern.«

Wer kann's dem Prediger verdenken, daß er da schnell sein Ränzlein packte, das Weite suchte und dort bekehrte, wo man ihm und seiner Lehre freundlicher begegnete. Zuerst soll er mit dem Herzog donauabwärts gefahren sein, später zog er wieder westwärts und ließ sich in Salzburg nieder, wo er mit herzoglicher Zustimmung in den Überresten der alten Römerstadt seine bischöfliche Residenz bauen ließ.

Nach den schlimmen Erfahrungen weiter nördlich im Lande Baiern konnte er sich hier wohl fühlen: Er bekam die Burg, alles Land in zwei Meilen Umkreis, einen Anteil an den Reichenhaller Salzbergwerken, den Zehnten des dort erhobenen Zolles und achtzig Höfe mit romanischen Zinspflichtigen. Weil er auch von Haus aus noch Geld besaß (und aus seinen Besitzungen ja laufende Einnahmen hatte), kaufte er sich für tausend Gold- und Silberschillinge noch einen Ort mit dreißig Leibeigenen hinzu.

Salzburg wuchs und gedieh so prachtvoll, daß Rupert bald auch seine Nichte Arintrud aus Worms einlud, einem neubegründeten Nonnenkloster als Äbtissin vorzustehen.

In Regensburg und rings im Lande ging's währenddessen aber wieder heidnisch zu. Aller guten Dinge waren nun drei – nach Eustasius und Rupert kam Emmeram.

Der französische Prediger Emmeram (oder Heimaraban, Haimhramm, Heimeran) war unterwegs nach Osten, zu den Awaren, und wollte in Regensburg eigentlich nur kurz Station machen. Doch Herzog Theodo sah hier eine Möglichkeit, es mit der Christianisierung der Baiern noch einmal zu versuchen. Da er mit den Awaren ohnedies gerade im Krieg lag, bestürmte er den Wanderprediger, zunächst einmal in Regensburg zu bleiben und dort mit der Missionierung anzufangen, wo seine ruhmreichen Vorgänger gescheitert waren.

Auch diesen dritten Glaubensapostel erwartete ein schweres Stück Arbeit – kein Wunder, daß er gar nicht mehr dazukam, auch den slawischen Ländern das Heil zu bringen. Aber das hatte nicht nur mit der Widerborstigkeit der Bajuwaren bei der Bekehrung zum katholischen Glauben, sondern vor allem auch mit einer mehr privaten Affäre zu tun, die seinem frommen Werk nach drei Jahren ein Ende bereitete.

Die Missionstätigkeit dieses Mannes aus Poitiers zeitigte, wie es scheint, erfreuliche Erfolge, und der Freisinger Bischof Arbeo, ein späterer Amtskollege des Emmeram, meinte, diese Bekehrungen hätte er vor allem seiner Beredsamkeit zu verdanken gehabt (obwohl er sich mit dem Bairischen zeitlebens so schwer tat, daß ihm sein persönlicher Dolmetscher Vitalis ihm nicht von der Seite weichen durfte). Im übrigen, schreibt Arbeo, habe der zugereiste Bischof mit Frauen nicht weniger gut umgehen können als mit Männern.

Dies ist, bedenkt man das Schicksal dieses Bischofs, ein rätselhafter, seltsam schillernder Satz.

Ein folgenschwerer Fehltritt

Begonnen hat alles vielleicht im Jahre 652 (möglicherweise aber auch erst 714) mit einem höchst peinlichen Vorfall, der sich in der ersten Familie des Landes ereignete und über den Aventin später folgendes zu berichten wußte: »Ob'gnante junkfrau Uta vergaß sich mit ainem ritter, mit namen Segebot. Da ir der pauch wuechs, ziech si solchs auf sant Haimeran, der diser zeit zu Regenspurg bischof war«... und ausgerechnet drei Tage vor dieser Enthüllung eine Pilgerreise nach Rom angetreten hatte.

In Wirklichkeit war das Ganze ein abgekartetes Spiel, da Emmeram den beiden ins Unglück geratenen Liebesleuten empfohlen hatte, ihn als Kindsvater anzugeben. Denn in der herzoglichen Familie, das war ihm klar, hätte es für die werdenden Eltern kein Verständnis und auch kein Pardon gegeben.

Er selbst »wußte wohl den Ausgang des Handels, den er begonnen hatte« und erwartete die Strafe in der Einsiedelei Kleinhelfendorf (an der alten Landstraße von München nach Rosenheim).

Und der Rächer kam in gestrecktem Galopp!

Der Bischof hatte sich mit seinen Begleitern gerade zum Chorgebet versammelt, als sie den »gewaltigen Lärm heransprengender Pferde und das Klirren von Schilden« hörten – vor der Tür stand Lantpert der Rabiate, Utas Bruder.

Ein kleines bißchen war der Priester aus Poitiers an der nun folgenden hochdramatischen Entwicklung der Vaterschaftsaffäre aber auch selber schuld. Er dachte nämlich nicht daran, dem allzu temperamentvollen Herzogssohn die Geschichte so zu erzählen, wie sie sich wirklich zugetragen hatte. Er wollte für das in Regensburg zurückgebliebene Paar Zeit gewinnen und schlug daher vor, Lantpert solle doch mit ihm zusammen nach Rom reisen und den Papst zum Richter in dieser Sache bestellen.

Aber der junge Mann ließ da nicht mit sich reden. Er »ergriff den Stab, auf den er sich gestützt hatte, und während er sich nicht scheute, ihn dem erhabenen Bischof Gottes vor die Brust zu stoßen, befahl er sogleich seinem Gefolge, Hand an ihn zu legen. Als die Schar seiner Kleriker dies sah, wurden sie von gewaltiger Furcht erschreckt und versteckten sich...«

Sie werden vielleicht geahnt haben, was nun folgte. Denn zimperlich ging man dazumal mit seinen Gegnern nicht um.

Eine nicht geringe Schar von Kriegern, heißt es in Arbeos Biographie des heiligen Emmeram, habe gewaltsam Hand an den Bischof gelegt. »Auf den Befehl des Fürsten wurde ihm das Obergewand und die Stola heruntergerissen, und er wurde in die Scheuer seiner Herberge geführt, wo man gewöhnlich die Körner aufbewahrte. Er wurde auf eine Leiter gelegt und mit Stricken festgebunden. Während ihm die Glieder abgeschnitten wurden, richtete er dann und wann, wie er konnte, ein inbrünstiges Gebet an Christus...«

Die herzoglichen Bediensteten waren währenddessen emsig damit beschäftigt, ihr Folterwerk fortzuführen. Fünf von ihnen wurden schließlich dazu bestimmt, »seine Glieder stückweise abzuschneiden«. Und Arbeo beschreibt sehr ausführlich, wie sie dabei vorgingen (wobei drei dieser Schinderknechte während ihrer grausamen Arbeit Gott um Verzeihung baten, da sie den Priester ja nur auf Befehl ihres Herrn und gegen ihren Willen so sehr marterten): »Sogleich ›verzierten‹ sie gliedweise seine Fingerspitzen; danach rissen sie ihm, wie der Befehl des wutschnaubenden Mannes es verlangt hatte, die Augen mit der Wurzel tief aus dem Kopf; danach schnitten sie die Nase und die beiden Ohren ab, um den Sinn des grausamen Mannes, des Bruders des Mädchens, zu beschwichtigen... Als sie ihn mit so vielen Qualen geschlagen und das Gefüge der Glieder aufgelöst sahen, da mißgönnten sie auch noch der Zunge ihren Dienst; sie setzten das Eisen an seinen Mund und entrissen sie dem Gaumen des seligen Märtyrers Gottes. So ließen sie das Behältnis übrig, das der Glieder beraubt war, und gingen hinweg. Auf dem Kampfplatz aber blieb, vom Blut überströmt, der Sieger zurück, der über seinen Triumph jauchzte.«

Als die rachedurstigen Reiter aus Regensburg endlich abgezogen waren, wagten sich die Gefolgsleute Emmerams aus ihren Verstecken hervor. Sie luden den verstümmelten Körper auf einen Ochsenkarren, um ihn nach Aschheim zu bringen, einem zu jener Zeit wichtigen Ort im Osten von München (das freilich erst fünfhundert Jahre später gegründet wurde). Ehe sie aber ihr Ziel erreichten, starb Emmeram. Dort, wo er verschieden war, blieb von diesem Tage an kein Schnee mehr liegen, »der Platz erschien das ganze Jahr in Frühlingspracht und Lieblichkeit«. Später wurde an dieser mitten in den Feldern gelegenen Stelle eine Kirche erbaut, ein Dorf entstand – Feldkirchen.

Vierzig Tage lang, schreibt Arbeo, lag der Leichnam des Regensburger Bischofs in Aschheim beerdigt, ehe er zu Schiff isarab- und donauaufwärts nach Regensburg gebracht und in Gegenwart des Herzogs Theodo feierlich zur letzten Ruhe gebettet wurde.

In der Mitte der siebziger Jahre unseres Jahrhunderts haben Münchner Archäologen unter Leitung von Hermann Dannhei-

So stellte sich ein Initialienmaler des 12. Jahrhunderts den Märtyrertod des hl. Emmeran vor.

mer eine überraschende Bestätigung für diesen Bericht aus dem
8. Jahrhundert erhalten. Bei Ausgrabungen in der Aschheimer St.-
Peter-Kirche (deren Existenz bei Arbeo schon erwähnt ist), fanden sie das leere Grab, in dem der heilige Emmeram vor der
Überführung in seine Diözesanstadt gelegen hatte. »Trotz sorg-
fältiger Suche fanden sich weder irgendwelche Spuren eines Ske-
letts, ja nicht einmal Zähne waren vorhanden, die doch im allgemeinen dem Verfall am längsten widerstehen.« Die Ausmaße des
Grabes aber zeigten deutlich, daß hier ein Erwachsener zur (kurzen) Ruhe gebettet war.

In einem Punkt mußten die Forscher den schriftstellernden
Freisinger Bischof allerdings berichtigen. In Aschheim, hatte er
behauptet, wäre eine gemauerte Kirche (*moeniis constructa*) gestanden. Die Ausgrabungen zeigten jedoch, daß »in der Zeitspanne zwischen etwa 580 und 630/50 n. Chr.« an dieser Stelle
eine zwölf Meter lange und acht Meter breite Kirche aus *Holz*
gewesen war.

Der große, folgenschwere Ärger, den es wegen des illegitimen
Kindes am Herzogshof zu Regensburg gegeben hat, ist heute
schwer zu verstehen, da der unverheirateten Uta ja doch nur
widerfahren war, was in ihrem Lande auch vielen anderen unbe-
scholtenen Jungfrauen passiert ist – die Statistik der unehelichen
Geburten führt Bayern traditionsgemäß an:

Im neugegründeten Deutschen Reich des Jahres 1871 lag der
Anteil an nichtehelichen Geburten bei 9,8 Prozent, das Königreich Bayern aber hielt mit 15,1 Prozent eine imponierende Spit-
zenposition (im Jahre 1840 hatte die bayerische Quote sogar bei
20,8 Prozent gelegen). Natürlich war München darum auch die
deutsche Großstadt mit den meisten unverheirateten Müttern:
8,5 Prozent im Jahre 1900.

In der Bundesrepublik des Pillenjahres 1974 sank die Ziffer auf
6,3 Prozent, doch Bayern behauptete immer noch seinen – inzwischen stark geschrumpften – Vorsprung mit 7,6 Prozent (dabei
hatte es in den späten sechziger Jahren sogar schon einmal die
beinahe bundesdurchschnittliche Rate von 6,4 Prozent erreicht).

Seit es freilich ehrbare Fräuleins *chic* finden, den Begriff der
»vaterlosen Gesellschaft« in ihrer Weise auszuleben, steigt die

Zahl wieder an; im Jahre 1990 auf 9,9 und zwei Jahre später bereits auf 11,1 Prozent.

Im alten Baiern hat die Obrigkeit zeitweise streng darauf gesehen, daß die »Kindsschwängerung« bei nichtverheirateten Liebesleuten möglichst unterbunden wurde. Mochten die Richter für Kindsmütter die »Geige« und für Kindsväter gar Ketten und Zwangsarbeit parat haben – an »Fornikanten« war zu keiner Zeit Mangel, und es gab genug ledige Frauenzimmer, die, wie es in der Gerichtssprache jener Tage hieß, »leichtfertig übergangen und eines Kindes imprägniert« wurden.

Die Oberpfälzerin Uta wurde anders, aber keineswegs besser behandelt als die Landestöchter mehr als tausend Jahre später. Für ihren Fehltritt hat man sie, ebenso wie ihren jähzornigen, ehrsüchtigen Bruder, in die Verbannung zu den südländischen Verwandten geschickt. Die alten Dokumente lassen allerdings vermuten, daß sie dort einen standesgemäßen Anschluß fand: Sie soll dem Langobardenkönig Grimoald – und diesmal wohl ehelich – einen Sohn Romuald und zwei Töchter geboren haben.

Der dahergelaufene Brite

Während es in der alten Hauptstadt Regensburg wegen dieser Affäre für die Kirche empfindliche Rückschläge gab – statt Regensburg wurde einige Zeit später Salzburg Erzbistum –, hatte auch Utas Bruder Grimoald im Freisinger Teilherzogtum Probleme mit seinem Missionar. Der Bischof Korbinian erwies sich nämlich als eine recht aufbrausende, gelegentlich auch anmaßende Person. Doch wie es im Leben zu allen Zeiten geht, die Widerborstigen, Aufsässigen ziehen mehr Aufmerksamkeit auf sich als die Stillen im Lande, und der Laute wird eher gehört als der Lautere, kurzum: Der jähzornige, herrische Korbinian ist der erste Bewohner des Baiernlandes, von dem man mehr weiß als nur ein paar nichtssagende Einzelheiten. Und damit ist paradoxerweise ein Kelto-Franzose der erste Baier, der »uns persönlich greifbar entgegentritt«. Einer seiner berühmten »Auftritte« fand an der herzoglichen Tafel zu Freising statt. Der Bischof war Tischgast beim Regenten, und alles verlief so gemessen und feierlich, wie das bei feinen Leuten üblich ist. Da sah der Gallier plötzlich, wie sein

Gastgeber dem Lieblingshund ein Stück Brot gab – Brot, das er, Korbinian, gerade erst gesegnet hatte. Erzürnt sprang der Bischof auf, stieß mit einem kräftigen Fußtritt die festliche Tafel um, daß die silbernen Becher durch den Saal purzelten, und schrie, er wolle mit dem Herzog nichts mehr zu tun haben.

Sprach's und verließ wutschnaubend den Raum.

Der Herzog war zerknirscht – er hatte das doch nicht in blasphemischer Absicht getan, es war nichts weiter als Gedankenlosigkeit gewesen –, und so schickte er dem Bischof schnell einige Boten hinterher und befahl gleichzeitig, sämtliche Tore zu versperren. Da er die Burganlage also nicht mehr verlassen konnte, kehrte Korbinian zu einem reumütigen Grimoald zurück, der sich dem Bischof zu Füßen warf, und der Friede zwischen dem weltlichen und dem geistlichen Fürsten war vorerst wiederhergestellt.

Ein so selbstbewußter, unbeherrschter Mann machte sich natürlich nicht nur Freunde in seinem Gastlande, und da konnte es dann schon vorkommen, daß man ihn verächtlich einen »dahergelaufenen Briten« schimpfte – obwohl er doch aus einer französisch-keltischen Familie stammte, doch damals haben sich die Bajuwaren bei den Kelten schon nicht mehr so genau ausgekannt und offensichtlich geglaubt, sie wohnten alle jenseits des Kanals.

Damals waren die topographischen Kenntnisse so ungenau, daß selbst die benediktinischen Glaubensboten aus Irland immer nur Schottenmönche genannt wurden; die Schottenklöster in Regensburg, Wien, Würzburg etc. verdanken dieser geographischen Fehlleistung ihren Namen. In einem bäuerlichen Land wie Baiern müssen die keltischen Missionare allerdings auch einigermaßen exotisch gewirkt haben – sie trugen nämlich langes Haar und hatten ihre Augenlider kokett gefärbt. Korbinian prägte sich seiner Gemeinde aber auch ohne Bemalung ein. Zum Beispiel jener Frau, die er der Zauberei bezichtigte und mit der er eines Tages, als er gerade zur Kirche ritt, recht derb und handgreiflich aneinandergeriet: Die »Doktorbäuerin« (so hat Riezler sie genannt) zeigte dem Priester eine Kuh, die sie soeben aus den herzoglichen Stallungen für die wunderbare Heilung von Grimoalds Sohn bekommen hatte. Wutentbrannt sprang der Bischof von seinem Pferd und bearbeitete die heidnische Konkurrenz, auf deren Zaubersprüche also selbst bei Hofe gehört wurde, mit bloßen Fäusten.

Die Geschenke aber, die sie bei sich führte, wurden anschließend unter die Armen verteilt.

Das Wunder von Kleinhelfendorf

Wenn sich die »Hexerin« bis an die Bischofskirche heranwagte und bei den hohen Herrschaften Zugang fand, wie mag es da erst im Hinterland ausgesehen haben!

Die Kenner des bairischen Katholizismus wissen sehr gut, daß die Missionare im Laufe der Zeit aus den Bajuwaren sehr gläubige und anhängliche römische Christen gemacht haben, aber es ist auch kein Geheimnis, daß in den bairischen Glaubensbräuchen immer auch und immer noch die heidnische Vergangenheit herumspukt. Der französische Jesus-Biograph Ernest Renan hatte im vorigen Jahrhundert herausgefunden, daß »keine andere Rasse bei der Aufnahme des Christentums eine solche Originalität bewies« wie die Kelten. Die in Baiern eingewanderten Völkerschaften haben darin mit den ortsansässigen, übriggebliebenen Kelten offensichtlich gut mithalten können.

Die Leute in Kleinhelfendorf zum Beispiel sammelten nach dem Abzug der Regensburger Kriegsleute die abgeschnittenen Glieder des Bischofs Emmeram ein und legten sie unter eine Weißdornhecke, »denn es wurde von vielen Ärzten gelehrt: wenn jemandes abgeschnittene Glieder mit Erde bedeckt würden, könnte sein verstümmelter Leib ohne eines Arztes Kunst die Wiederherstellung seiner Gesundheit erlangen«.

Darauf, meinte der Freisinger Bischof Arbeo, sollten sich die Gläubigen besser nicht verlassen, sondern lieber auf Gott bauen … und doch weiß er selbst schon in der nächsten Zeile eine wundersame Begebenheit zu erzählen: Die Körperteile des Heiligen lagen noch kaum in ihrem Versteck, da »ritten zwei unbekannte und wunderschöne Männer die Straße entlang und fragten einige Pflüger auf dem Felde nach den geweihten Gliedern des heiligen Märtyrers«. Sie kamen zur Weißdornhecke, fanden die Glieder – und verschwanden damit vor den Augen der Kleinhelfendorfer. Niemand weiß, wer sie waren, keiner konnte sagen, wohin sie mit den kostbaren Reliquien gegangen sind. Auf diese Weise, schließt Arbeo, habe Gott Vorsorge getroffen, daß die

Überreste des Märtyrers nicht für heidnische Zwecke mißbraucht würden.

Die Anfälligkeit für zauberisches Treiben blieb aber nicht auf das einfache Volk von Kleinhelfendorf und anderswo beschränkt. Auch der katholische Herzog Theodo soll westlich von Regensburg einen Wald und einen Berg dem altdeutschen König und Gott Alman Ergle geweiht haben.

Daß in so einem Lande auch der blitzeschleudernde Korbinian gelegentlich scheitern mußte, zeigt die Klage eines Freisinger Predigers, der darüber jammerte, daß die Gottesdienste an den hohen kirchlichen Festtagen in Trinkgelage ausarteten, die ungläubigen Gläubigen sich im Gotteshaus betränken, teuflische oder heidnische Tänze aufführten und unzüchtige Lieder sängen.

Die Sache hatte sich übrigens bis Rom herumgesprochen, und als Papst Gregor II. am 15. Mai 716 einer römischen Gesandtschaft nach Baiern Weisungen mitgab – und damit, was er nicht ahnen konnte, das erste erhalten gebliebene schriftliche Dokument zur bairischen Geschichte ausfertigte –, wies er die Priester ausdrücklich darauf hin, daß sie heidnischen Aberglauben, also Wahrsagerei und Zauberei verbieten müßten. Das Volk solle außerdem darüber aufgeklärt werden, daß durch Traum- und Zeichendeuterei nichts über zukünftige Dinge zu erfahren sei. Niemand dürfe daran zweifeln, daß er am Jüngsten Tag mit demselben Körper wieder auferstehen werde, der ihm schon in den Erdentagen gehört habe. Und auch daran müsse man fest glauben: daß der Teufel und sein Anhang auf ewig brennen werde.

Der Papst mochte noch so sehr mahnen und drohen, den Baiern war ihr Aberglaube nicht so ohne weiteres auszutreiben. Gut zwanzig Jahre später noch mußte im bairischen Gesetzbuch ausdrücklich verboten werden, »die Ernte eines anderen mit Zauberkünsten« zu besprechen. Wer sich dennoch dieses Delikts der »aranscarti«, der Schädigung der Ernte, schuldig machte, mußte zwölf Schillinge zahlen »und soll des anderen Gesinde und seine ganze Wirtschaft und das Vieh bis übers Jahr verpflegen und, wenn jenem Menschen innerhalb dieses Jahres etwas von seinen Sachen zugrunde geht, soll er es erstatten«.

An die Existenz von zauberischen Kräften haben auch die getauften Gesetzgeber geglaubt, und so verboten sie auf ihren

Synoden ausdrücklich, daß sich jemand beim Fortschaffen ge-
stohlener Sachen unsichtbar mache, daß er beim gerichtlichen
Zweikampf böse Künste oder Zaubersprüche anwende und daß er
die Schwarze Magie ausübe.

Das muß in der Tat eine recht heidnische Kirchenprovinz gewesen sein, dieses Herzogtum an der Nordseite der Alpen, und ganz
ist der Glaube an das »Übernatürliche« und an die Wirksamkeit
der alten Bräuche nie verschwunden.

Auch mit der innerkirchlichen Disziplin scheint es hier einige
Schwierigkeiten gegeben zu haben, denn die Bischöfe mußten
offiziell und ausdrücklich ermahnt werden, sich die Aspiranten
für die Priesterweihe in Zukunft etwas genauer anzuschauen. Es
ist verboten, so wurde ihnen gesagt, daß Männer das Evangelium
verkünden, die in zweiter Ehe verheiratet sind oder eine Frau
genommen haben, die vor der Ehe bereits mit einem Manne
zusammen war. Und außerdem müsse von den Priestern in Zukunft unbedingt verlangt werden, daß sie das Alphabet beherr-
schen.

Hundertfünfzig Jahre waren vergangen, seit Frankenkönig
Chlothar die Witwe seines Neffen heimgeführt (und auf kirchli-
chen Befehl sehr schnell wieder weitergereicht) hatte, doch die
Hochzeitssitten waren noch immer nicht so recht im Sinne der
Kirche. Aus diesem Grunde gehörte es auch zu den dringlichsten
Aufträgen, die Gregor II. seinen Bischöfen in Baiern erteilte, die
Verwandtenehen zu verbieten.

Die sündhaft schöne Pilitrud

Ausgerechnet in der ersten Familie des Landes, bei jenem Zweig,
mit dem es Korbinian zu tun hatte, passierte es dann aber doch
wieder – der Herzog heiratete die Witwe seines Bruders Theodebald, eine Dame namens Pilitrud, von der noch sehr viel später
Bischof Arbeo zu berichten wußte: »Sie war schön, am Maßstab
unseres vergänglichen Fleisches gemessen... Aus vornehmem
Geschlecht, war sie ihrer Mutter aus Frankreich gefolgt. Sie war
übermütigen Geistes.«

Natürlich reagierte der cholerische Korbinian genau so, wie
man es von ihm erwarten konnte, auch wenn er diesmal sehr viel

geschickter vorging; er kam seinem Herzog psychologisch. Vierzig Tage hielt er sich vom Hofe fern und schickte nur tagtäglich seine grollenden, drohenden, mahnenden Botschaften. Diese Taktik sollte die Jungvermählten zermürben; er hatte seine Rechnung jedoch ohne die resolute Herzogin gemacht, die gar nicht daran dachte, den ihr angetrauten Baiernherzog wieder herzugeben. Sie ging vielmehr zum Gegenangriff über und trachtete dem Bischof nach dem Leben – so jedenfalls steht es in der Heiligenlegende geschrieben.

Statt der schönen Pilitrud mußte schließlich Korbinian gehen, und zwar ziemlich schnell, um genau zu sein: Hals über Kopf. Er, den der Herzog einst sogar zum Miterben hatte machen wollen, setzte sich nach Südtirol ab, wo sein Bistum Ländereien besaß. Da diese bairische Provinz inzwischen von den Langobarden annektiert worden war – ein Agilolfinger hatte sich da bei irgendwelchen Streitereien für die falsche Partei engagiert –, konnte der Gottesmann auf seinem Gut zu Mais bei Meran in Ruhe abwarten, wie sich die Dinge in Freising und Umgebung entwickeln würden.

Und dort entwickelte sich einiges...

Nach dem Tode seines Vaters und seiner drei Brüder (von den beiden verstoßenen Geschwistern Uta und Lantpert hat man nicht mehr gesprochen) wäre Grimoald eigentlich Alleinherrscher im gevierteilten Land gewesen. Aber da gab es einen Neffen, der davon nichts wissen wollte. Dieser, Hucbert, der Sohn des Salzburger Agilolfingerherzogs Theodebert, verlangte seinen Teil... und ein gutes Stück mehr.

Grimoald hat das zunächst sicher nicht sehr ernst genommen – was konnte da schon groß passieren, wenn das eine Viertel gegen seine Dreiviertel aufbegehrte. Doch der Bewerber um den Herzogsthron hatte sich der Hilfe aus dem Westen versichert, und so nahm es für den Freisinger, nachdem die Franken vorher schon zweimal in sein Land eingefallen waren, um das Jahr 728 ein bitteres Ende – er wurde meuchlings ermordet.

Wenn sich zwei Agilolfinger stritten, freute sich stets ein dritter – der Franke. In diesem Fall zog deren Herrscher, der Karolinger Karl Martell, auch privaten Nutzen aus dem bairischen Familienzwist, denn nach den beiden Feldzügen holte er seine Landsmännin Pilitrud zurück ins Reich und die Agilolfingerin Swanahilt als »ständige Begleiterin« an seinen Hof. Mit den Folgen dieses Konkubinats – auf den Namen Grifo getauft – sollten Bajuwaren wie Franken später noch großen Ärger bekommen.

Hucbert kümmerte das nicht weiter, was sich inzwischen in der merowingischen Herrscherfamilie tat. Er hatte sein Ziel erreicht und war Alleinherrscher in Baiern. Wenn auch nur von Frankens Gnade.

Aus seiner Regierungszeit ist Rühmliches und Großes nicht bekannt. Er hat den im Exil lebenden Korbinian zurückgeholt, das weiß man (doch der Heimkehrer ist bald danach gestorben); er hat die Christianisierung weiter vorangetrieben... doch das ist auch schon alles, was aus Hucberts Tagen überliefert ist.

Die Unabhängigkeit, die sich sein Großvater und Urgroßvater so geschickt eingehandelt oder erkämpft hatten, war wieder einmal verloren; was zwischen Donau und Alpen zu geschehen hatte, bestimmte der König jenseits des Rheins.

Es war ein unverzeihlicher, ein unverantwortlich hoher Preis, den dieser junge Prinz für eine Regierungszeit von zehn Jahren bezahlt hat.

ODILO ODER DAS RÄTSEL DER HERKUNFT

Sang- und klanglos ist Hucbert abgetreten, und erst einer beiläufigen Anmerkung in einer alten Handschrift haben die Historiker entnommen, daß er wahrscheinlich im Jahre 736 das Zeitliche gesegnet hat. Ein anderer war jetzt Herzog im Lande, und wahrscheinlich war dieser Odilo (oder Oatilo) ein Cousin des unglückseligen Hucbert, ein Sohn des niederbayerischen Herzogs Tassilo II.:

Das hatte man, wie so vieles über die Agilolfingerzeit, in mühsamer Kleinarbeit aus irgendwelchen Dokumenten erschlossen, aber neuerdings haben sich Skeptiker zu Wort gemeldet. Die Herkunft aus dem Hause Theodos wird jetzt angezweifelt: Zwölfhundert Jahre nach Odilos Tod will man ihm einen neuen, einen schwäbischen Vater geben, den aus der alamannischen Linie der Agilolfinger stammenden Herzog Gottfried.

Die Verwandtschaftsverhältnisse in dieser ältesten bairischen Herrscherfamilie sind dadurch wieder ein bißen unübersichtlicher und noch rätselhafter geworden. Bewiesen ist freilich bei Odilo nichts. Da aber an Argumenten, die für seine bairische Herkunft und vielleicht sogar für eine Verwandtschaft mit dem Adelsgeschlecht der Huosi sprechen, kein Mangel herrscht, ist es zulässig, ihn auch weiterhin als Eingeborenen in der bairischen Regentenliste zu führen, als einen rechtmäßigen, legitimen, direkten Nachfolger des alten Garibald.

Und ganz wie dieser etwas ungesicherte Ur-Ur-Urgroßvater Garibald hat auch Odilo in die erste regierende Familie des Frankenreichs hineingeheiratet. Ob das nun schlau oder eher riskant war, ist eine andere Frage.

Ein Feldzug als Morgengabe

Noch ein paar Jahre früher wäre es ein großartiger, ein geradezu staatsmännischer Schachzug gewesen, doch anno 741 sah das alles ganz anders aus. Was sich Odilo da in seinem vierten oder fünften Regierungsjahr erheiratete, war nämlich eine Prinzessin ohne Einfluß; ein Mädchen, das seinen mächtigen Brüdern entflohen war.

Schuld an dieser verzwickten Affäre trug niemand anders als Karl der Hammer (wie Karl Martell in deutscher Übersetzung heißt), der – nach mehr als zehn Ehejahren zum Witwer geworden – außerhalb der direkten Erbfolge noch einen dritten Sohn gezeugt hatte. Natürlich spielten die beiden rechtmäßigen Anwärter auf den Thron nicht mit, als es den Bastard Grifo, diesen Nachzügler aus dem Jahre 726, nach den höchsten Ehren des Frankenreiches gelüstete. Die Brüder Pippin der Kurze, geboren 714, und Karlmann, geboren 715, machten gemeinsame Sache – und was hatte der achtzehnjährige Grifo bei dieser Auseinandersetzung gegen die starke fränkische Heermacht ins Feld zu führen? Frauen. Denn die maßlosen, ungerechtfertigten Ansprüche wurden von seiner bairischen Mutter Swanahilt und der Halbschwester Hiltrud unterstützt. Und nur von diesen. So hatten die erfahrenen Brüder ein leichtes Spiel, und der Familienkrieg war zu Ende, noch ehe er richtig begonnen hatte. Während die Mutter des erfolglosen Rebellen in das bei Paris gelegene Kloster Chelles verbannt wurde (wo 788 auch Odilos Enkelin, eine Tochter von Herzog Tassilo III., den Schleier nehmen mußte), entkam Grifos Halbschwester Hiltrud an den agilolfingischen Hof zu Regensburg, zum Bruder der Swanahilt, zu Odilo.

Damit hatte der Baier seine Braut – und zwei Jahre später den Feind im Land. Da dieser Krach mit den beiden Schwägern eigentlich seit dem Hochzeitstag programmiert war, und weil die ehrgeizigen, landhungrigen Franken keine Freunde (dafür aber um so mehr Feinde) hatten, war es für Odilo gar nicht so schwer gewesen, Verbündete für die große Schlacht zu gewinnen. Als die Franken 743 schließlich gen Osten ritten, wurden sie am Lech von Baiern, Sachsen und Slawen bereits erwartet.

Fünfzehn Tage lang zögerten die Angreifer, über den Fluß in die feindlichen Linien zu laufen. Und das amüsierte die Verteidiger: Da liegen die Soldaten einer Weltmacht und trauen sich nicht übers Wasser ...

Der Spott kam sie freilich teuer zu stehen. Die Franken suchten sich nämlich seitab eine Furt, und ehe die vereinigten Streitkräfte am Ostufer merkten, was da gespielt wurde, war es schon zu spät – die feindlichen Truppen hatten den Fluß längst überschritten und kamen nun von einer Seite, von der sie nicht erwartet wurden.

So endete dieser Feldzug mit einem totalen Sieg der Angreifer, und die Historiker wußten hinterher nur zu berichten, daß das Frankenheer Baiern durchzog und zweiundfünfzig Tage im Land blieb. Zuletzt hatten die beiden Feldherrn mit ihrem Schwager aber wohl doch ein bißchen Mitleid und gaben ihm sein ererbtes Herzogtum zurück. Solche Milde kann auch nicht schaden, sagten sich die beiden, schließlich hatte der Baier noch Freunde und Verbündete, die lästig werden konnten. Sie wußten das nur zu gut und brauchten ja auch nur ein paar Jahre zurückzudenken.

Damals waren sie beide schon einmal ostwärts gegen Odilo marschiert, und während sie noch dabei waren, den Baiern in die Knie zu zwingen, gab es zu Hause Ärger: Hunold von Aquitanien, ein Bundesgenosse Odilos, hatte für seinen bedrängten Freund eine Entlastungsoffensive gestartet. Vom Südwesten Frankreichs aus war er nach dem Norden marschiert, hatte die Loire überquert und die Stadt Chartres zerstört. Odilo mußte wohl selbst sehr bald einsehen, daß er als Feldherr zum Mißerfolg verdammt war und daß ihm auf die Dauer auch seine Alliierten nicht helfen konnten – die mächtigen linksrheinischen Verwandten waren auf dem Schlachtfeld einfach besser; und sei es auch nur, weil sie im Kriegführen eine sehr viel größere Erfahrung und überdies auch noch mehr Soldaten hatten.

Die Schwierigkeit, eigenhändig zu unterschreiben

Zur militärischen Untätigkeit verurteilt und vom Wohlwollen der Franken abhängig, verlegte sich der Agilolfinger auf ein Gebiet, in dem er sein eigener Herr und Meister war: Er kultivierte und christianisierte sein Land, das auf solche Weise schon bald sehr viel weiter entwickelt war als die anderen Provinzen des Frankenreiches. Unter seiner Regierung setzten sich die Baiern auch erstmals hin, um das aufzuschreiben, was sich bei ihnen begab. Es war damals noch nicht sehr viel, was in Urkunden festgehalten wurde, doch die Zeiten, in denen nur die Nachbarn bestimmten, was man von den Baiern wissen mußte und von ihnen halten sollte, waren jetzt endgültig vorbei.

Das wird natürlich alles eine Weile gebraucht haben, und von Tassillo III., dem Sohn Odilos, ist bekannt, daß er erst mit neunundzwanzig Jahren schreiben lernte. Etwa um diese Zeit steht in der (in ihrer Authentizität etwas zweifelhaften) Stiftungsurkunde des von ihm gegründeten Klosters Innichen der rührende Schlußsatz: »Darum habe ich eigenhändig, so gut ich konnte, in Gegenwart meiner Richter und Vornehmsten, den Anfang der Buchstaben dieser Handschrift nachgebildet.« (Aber schließlich hatte ja auch Karl der Große seine hinlänglich bekannten Schwierigkeiten, wenn er seinen Namen schreiben mußte.)

Die in der ersten Hälfte des 8. Jahrhunderts einsetzende kulturelle Blüte in Baiern ging vor allem von jenen Klöstern aus, die Odilo und sein Sohn Tassilo gegründet und reich ausgestattet hatten; insgesamt gab es in der Agilolfingerzeit im Herzogtum fünfzig Klöster.

Dieses fruchtbare, erfolgreiche Wirken nahm sogar der Papst in Rom sehr bald zur Kenntnis, und in einem Brief, den Gregor III. am 29. Oktober 739 an Bonifatius richtete, wird der Name des Herzogs Odilo ausdrücklich erwähnt (freilich zeigt sich dabei auch, wie wirr die kirchlichen Verhältnisse kurz nach dem Regierungsantritt dieses Herzogs noch – oder wieder – gewesen waren): »Weil du also meldest, daß du zu dem Stamm der Baiern gelangt bist und sie außerhalb der kirchlichen Ordnung stehend gefunden hast, da sie keine Bischöfe im Lande hatten außer dem einen namens Vivilo, den wir früher geweiht hatten, und daß du dann mit Zustimmung Odilos, des Herzogs dieser Baiern, und der Vornehmen des Landes drei weitere Bischöfe geweiht und ihr das Land in vier Teile geteilt habt, das heißt in vier Sprengel... so hast du, Bruder, wohl und weise gehandelt.«

Das Kompliment hätte eigentlich dem inzwischen längst verblichenen Herzog Theodo gebührt, denn Odilo und Bonifatius hatten sich nur an das gehalten, was mehr als zwei Jahrzehnte früher geplant und in der theodonischen Vierteilung bereits angelegt war: Die Bischofssitze waren nämlich Passau, Regensburg, Salzburg und Freising.

Zwei Jahre später weihte Bonifatius für den bairischen Nordgau – das zum alten Stammesherzogtum gehörende Gebiet nördlich von Ingolstadt und Regensburg – den vierzigjährigen angelsächsischen Königssohn Willibald zum Priester (und nur ein Jahr später bereits zum Bischof von Eichstätt). Mit dem, was diesem Gottesmann da unterstand, war zunächst wenig Staat zu machen, denn das Gebiet, das der Edle Suidger dem Bischof Bonifatius so großmütig geschenkt hatte, »war noch ganz wüst, so daß sich kein Haus dort befand außer der Marienkirche«.

Mit diesem Bistum waren die Grenzen von Odilos Baiern im Nord-Nordwesten markiert, und noch heute ist die »Dreistammecke«, wo Baiern, Schwaben und Franken aufeinander treffen, nur knapp dreißig Kilometer von Eichstätt entfernt.

Die Ohrenzupfer im Zeugenstand

Die kirchlichen Angelegenheiten waren damit also geordnet (und zwar so vortrefflich, daß die Einteilung bis heute beibehalten wurde). In dem von Odilo eben erst gegründeten Benediktinerkloster Niederaltaich aber machten sich nun die Mönche daran, auch die weltlichen Dinge zu regeln. Es gab Vorbilder, denn die Franken hatten schon anderen Stämmen Gesetzesbücher gege-

Niederaltaich – die erste Klostergründung des Agilolfingerherzogs Odilo. Hier wurde die Lex Baiuvariorum, *das Volksrecht der Baiern, aufgeschrieben.*

ben; jetzt waren die Bajuwaren an der Reihe, und so schrieben die Benediktinerpatres um 745 in fränkischem Auftrag auf mehr als einhundertfünfzig Pergamentseiten das älteste Volksrecht nieder, die *Lex Baiuvariorum.*

Damit sie auch nie mehr vergäßen, wem sie all ihr weltlich Heil zu verdanken haben, wurde den Baiern im Prolog sehr ausführlich erzählt, wie dieses Gesetz entstand und wer alles daran beteiligt war: »Theuderich, ein König der Franken, da er zu Chalons weilte, erwählte weise Männer aus, die in seinem Reiche in den alten Gesetzen bewandert waren; diesen aber befahl er, nach seiner Anweisung das Recht der Franken und Alamannen und Baiern (*baiowariorum*) aufzuzeichnen, für ein jedes Volk, das unter seiner Herrschaft stand, nach seiner Gewohnheit, er fügte hinzu, was anzufügen und unvorhergesehen war und beschnitt das Unschickliche. Und was darin nach der Gewohnheit der Heiden war, das ließ er nach dem Gesetz der Christen abändern. Was aber Theuderich wegen alteingewurzelter heidnischer Bräuche nicht zu bessern vermochte, das hat nachmals König Childebert von neuem begonnen...« König Chlothar, heißt es sodann, habe das Gesetz vollendet, und König Dagobert ließ es aufschreiben – kein Frankenkönig, der zwischen 534 (Regierungsantritt Theoderichs-Theuderichs I.) und 638 (Tod Dagoberts) auf dem Throne saß, brauchte also leer auszugehen... und die Baiern konnten auf diese Weise sehen, wie lange sie schon unter fränkischem Schutz und unter fränkischer Herrschaft standen.

Das hat freilich nichts daran geändert, daß mancherlei Eigenheiten der volkstümlichen Jurisdiktion erhalten blieben und in der Endfassung der *Lex Baiuvariorum* sogar schriftlich fixiert wurden.

Da gab es – gleichsam als ältesten Beleg für die Sitte des Fensterlns – im vierten Teil des Gesetzbuches einen Paragraphen, der besagte: »Wenn einer dem andern eine Leiter oder ein anderes Steiggerät widerrechtlich umstößt und jener droben bleiben muß, was sie ›in Verzweiflung bringen‹ [*inunwan*] nennen, so büße er mit zwölf Schilling.«

Das war eine vergleichsweise strenge Strafe, denn ein Heiratsschwindler, der »eine freie Frau verführt, gleich als ob er sie ehelichen wollte«, kam um den gleichen Preis davon (wobei ein Schilling, was recht wahrscheinlich klingt, in seinem Kaufwert 75 Mark aus der Zeit vor 1914 entsprochen haben soll).

Ein anderer »bairischer Paragraph« steht im fünfzehnten Kapitel: »Wenn einer sein Besitztum einem anderen verkauft, es sei gebautes oder ungebautes Land, Wiesen oder Wälder, so soll der Kauf nach empfangenem Preis durch Urkunde oder durch Zeugen als rechtsbeständig erwiesen werden. Jener Zeuge soll beim Ohr gezogen werden [*per aurem debet esse tractus*]; denn so verlangt es euer Gesetz...«

Solches Zeugen-Zupfen hat der bairischen Mentalität offensichtlich entsprochen und so hat sich diese handfeste Zeugenschaft auch weit über die Agilolfingerzeit hinaus erhalten. Der alte Wiguläus Aloysius Xaverius Freiherr von Kreittmayr zum Beispiel hat 1756 in seinem Gesetzbuch, dem im späten 20. Jahrhundert so viel geschmähten *Codex Maximilianeus Bavaricus Civilis* geschrieben, daß man zum Setzen von Mark-Steinen neben den »interessierten Parteien und geschworenen Feldmesser« auch andere Zeugen beizuziehen habe, darunter auch einige Knaben, denen »zur Fortdauer der Erinnerung an diesen Vorgang...

durch Versetzung einiger Maulschellen, oder Ziehung der Ohren gern ein Denkzettel zu hinterlassen« sei. Diese juristische Handgreiflichkeit war so typisch, daß man sie gar nicht mehr genauer beschreiben mußte, und so heißt es in alten Dokumenten oft nur, daß man den Zeugen »nach bairischer Art« gewonnen habe.

Bei den breit ausfallenden bairischen Bauernhänden könnte diese »liebenswürdige Eigentümlichkeit« der alten Rechtsprechung – so hat Jacob Grimm das Ohrenzupfen genannt –, sehr schnell in eine leichte bis mittlere Körperverletzung ausgeartet sein... und dafür hätten die Richter dann das vierte, fünfte und sechste Kapitel der *Lex Baiuvariorum* heranziehen müssen.

Der Bußkatalog kannte für alle Delikte die angemessene Strafe, wobei freilich die Gleichheit vor dem Gesetz auch im alten bairischen Herzogtum seine Grenzen hatte, und die Paragraphen sehr wohl zu unterscheiden wußten zwischen hoch und niedrig. Neben dem durch mancherlei Bestimmungen besonders geschützten Adel gab es den Freien (*liber, ingenuus*), den Freigelassenen (*frilaz, libertus, manumissus*) und die Unfreien, den Leibeigenen (*mancipium, servus*).

Wer einen Freien »im Zorn« schlug, »was sie ›Beulenschlag‹ nennen«, mußte einen Schilling zahlen; hatte er einen Freigelassenen verbleut, so verringerte sich die Strafe auf einen halben Schilling, war's aber »nur« ein Knecht gewesen, so kam der Sündenbock mit einer Abmahnung davon.

Für Nonnen der doppelte Tarif

Die Eskalation der Gewaltanwendung kannte im alten Gesetzbuch viele Stufen, deren erste die Beule ist. Es folgt als Stufe zwei die »Blutrünse« (die blutende Wunde also), als Stufe drei der »Einfang« (ein feindseliges Anfassen oder Angreifen). Artikel vier besagt: »Wenn er ihm eine Ader anschlägt, so daß das Blut ohne Brand nicht zu stillen ist, was sie ›Aderritzung‹ nennen, oder wenn am Kopf die Hirnschale herausschaut, was sie ›Schädelschein‹ nennen, oder wenn er ihm ein Bein bricht, die Haut aber ganz bleibt, was sie ›Palcprust‹ nennen, oder wenn er ihm eine solche Wunde versetzt, die zur Geschwulst führt: wenn sich eines von diesen ereignet, soll er es mit sechs Schillingen büßen.«

So ging es achtundzwanzig Paragraphen lang! Daß die alten Bajuwaren beim »Bodycheck« nicht zimperlich waren und kräftig zulangten, zeigen die namentlich angeführten Vergehen: Für das Augenausreißen war ebenso ein Tarif vorgesehen wie für das Abschneiden eines Daumens, das Durchstechen von Oberarm, Nase und Ohr, das Ausschlagen eines Backenzahns (zwölf Schilling beim Freien, drei beim Knecht), das Stoßen von einer Brücke, das Verabreichen eines vergifteten Getränks, das Herabwerfen von einem Pferd ... und es endet erst beim Mord.

Weil aber die Baiern wußten, was sich geziemt, hängten sie (oder die fränkischen Gesetzgeber) einen neunundzwanzigsten Paragraphen an: »Inbetreff ihrer Frauen aber, wenn solchen eine von diesen Missetaten widerfährt, so werden sie in jedem Fall doppelt gebüßt, da eine Frau, weil sie sich mit Waffen nicht verteidigen kann, doppelte Buße empfangen soll.«

Allerdings, so fügten sie hinzu: Wenn die Dame kämpfen will wie ein Mann, so wird sie auch zum Männer-Tarif gesühnt.

Daß es so männlich-kühne Bajuwarinnen gab, zeigte sich an einer in Oberbayern gefundenen Leiche des siebten nachchristlichen Jahrhunderts. Noch im Grab, so heißt es, umfing sie »mit beiden Händen eine fast daumenlange dicke Stange, die in Kopfhöhe tiefe Hiebspuren zeigte, kurz über dem Kopf war sie mit einem scharfen Hieb abgeschlagen«.

Der Standartenträgerin, die übrigens schon in älplerischem Trachtenlook gekleidet war – mit Lederhose, ärmellosem Lederwams und Bundschuhen –, ist ihre »Herzhaftigkeit« zum Verhängnis geworden. Auf ihrem Schilde liegend wurde sie von den Kampfgefährten beerdigt.

Frauen wurden in der *Lex Baiuvariorum* mit einem eigenen umfangreichen Kapitel bedacht, das für alle Wechselfälle des weiblichen Lebens vorsorgte: »Wenn einer dem Weibe eines anderen beiliegt – Von Knechten, die solches begehen – Wenn einer aus Fleischeslust Hand anlegt – Wenn er die Kleider über die Knie aufhebt – Vom Haargebände – Vom Raub an Jungfrauen – Wenn einer eine Witwe raubt – Von der Unzucht mit freien Frauen – Wenn ein Knecht mit einer Freien Unzucht treibt ...« und so geht es weiter durch dreiundzwanzig sexuelle Tatbestände.

Auch hier gab es wieder die feinen Abstufungen. Wenn ein Mann in flagranti ertappt und ermordet wurde, war der Fall damit erledigt. Wenn er aber »mit einem Fuß in das Bett gestiegen ist, von dem Weibe aber gehindert, nichts weiter tat«, waren fünfzehn Schillinge fällig; etwas billiger – nämlich mit zwölf Schillingen – kam weg, »wenn er ihr die Kleider über die Knie aufhebt, was sie ›Kleiderzerrung‹ nennen«.

Achtzig Schillinge kostete es, die Braut eines anderen zu entführen – und die Rückerstattung der Beute noch obendrein. Wer das gleiche Delikt an einer Nonne beging, mußte die doppelte Gebühr bezahlen, da er sich ja an einer Braut Christi vergangen hatte (die er natürlich dem Kloster wieder zurückgeben mußte).

Gleich hinter Frauenraub und Heiratsschwindel führten die alten Baiern ihren Paragraphen 218 (der bei ihnen unter der Ziffer VIII, 8 stand): »Wenn ein Weib einen Trank zur Abtreibung eingibt, ist es eine Magd, so erhalte sie 200 Schläge; ist es aber eine Freie, so verliere sie die Freiheit und werde dessen Magd, den der Herzog bezeichnet.«

Neben diesem »Engelmacher«-Paragraphen gab es noch eine weitere Bestimmung, die besagte: »Wer eine Abtreibung verursacht, muß fürs erste zwölf Schillinge zahlen, alsdann sollen er und seine Nachkommen alljährlich, und zwar im Herbste, einen Schilling entrichten bis ins siebte Geschlecht, vom Vater auf die Söhne. Und wenn sie es in einem Jahre unterlassen, sollen sie wiederum zwölf Schillinge zahlen müssen, und so fort in der vorgenannten Ordnung, bis die Reihe der Rechnung erfüllt ist.«

Die drei Augen der Justitia

Wer sich an den Großen im Lande verging, mußte bei der Bußzahlung allerdings sehr viel tiefer in die Tasche greifen. Am tiefsten, wenn er einen Bischof vom Leben zum Tode befördert hatte. Im zehnten Artikel des ersten Kapitels – denn die kirchlichen Dinge kamen in der *Lex* vor den weltlich-herzoglichen – ist eine besonders subtile Strafe festgelegt: »Wenn einer den Bischof, den der König eingesetzt oder das Volk sich zum Hohepriester gewählt hat, tötet, so soll er ihn dem Könige oder dem Volke oder den Verwandten nach folgendem Gesetz vergelten. Es werde ein Gewand von Blei nach des Getöteten Gestalt gemacht, und was dieses wiegen wird, soviel soll der Täter an Gold erlegen.«

Diese Strafe wurde wahrscheinlich erst nach der Ermordnung Emmerams in das Gesetzbuch aufgenommen, und sie wurde wohl absichtlich so gehalten, daß selbst ein Herzog in Verlegenheit käme, wenn er das Geld auf den Tisch legen müßte. (Wobei aus redaktioneller Schludrigkeit oder mit feiner Absicht eine Gelegenheit zum Mogeln offenblieb, da ja nirgends geschrieben stand, wie dick die Bleiplatten sein müssen.)

In anderen Dingen war man da sehr viel genauer. Für Sonntagsarbeiter zum Beispiel gab es folgenden Strafenkatalog: »Wenn ein freier Mann am Sonntag knechtliche Arbeit verrichtet, wenn er Ochsen einspannt und mit dem Wagen ausfährt, soll er den rechts gehenden Ochsen verlieren. Wenn er aber Heu mäht oder einbringt oder Korn schneidet und es einsammelt oder irgendwie knechtliche Arbeit am Sonntag vornimmt, so soll es ihm ein- oder zweimal verwiesen werden. Und wenn er sich nicht bessert, soll er mit 50 Rutenstreichen gezüchtigt werden. Und wenn er sich noch einmal untersteht, am Sonntag zu arbeiten, wird ihm ein Drittel seines Besitzes genommen. Und wenn er auch dann noch nicht aufhört, dann verliert er seine Freiheit, und es werde der zum Knecht, der am heiligen Tage nicht hat ein Freier sein wollen.«

Beim Knecht kamen die Richter sehr schnell zur Sache: Es begann mit Stockhieben und kostete im Wiederholungsfall bereits die rechte Hand ... weitere Strafen brauchten nicht mehr angedroht zu werden, denn danach war der Missetäter ohnedies für alle Zeiten arbeitsunfähig. Kurzen Prozeß machte man auch mit Herzogsmördern: »Wenn einer seinen Herzog tötet«, heißt es im zweiten Abschnitt des zweiten Kapitels, »dann gilt es Leben für Leben; den Tod, den er jenem zufügte, erleide er selbst, und sein Hab und Gut soll auf ewig zum Fiskus gezogen werden.«

Die Gesetzgeber wußten aber auch, wie es in den großen Familien so zugeht, und ein besonderes Kapitel, in dem indirekt auch die Hinderungsgründe einer Regentschaft definiert sind, war ihre Antwort darauf: »Wenn ein Sohn des Herzogs so überheblich oder töricht ist, daß er seinen Vater mit Rat der Böswilligen oder mit Gewalt entehren und ihm sein Reich abnehmen wollte, da sein

Vater noch Gericht halten, ins Feld ziehen, dem Volke Recht sprechen, nach Mannesart zu Pferde steigen und seine Waffen noch kraftvoll schwingen kann, wenn er weder taub noch blind ist und in allen Stücken des Königs Befehl zu vollbringen vermag: dann wisse jener Sohn, daß er gegen das Gesetz gehandelt habe und daß er von der Erbschaft seines Vaters ausgeschlossen sei und ihm nichts mehr vom Vermögen seines Vaters zugehöre. Es soll auch ganz in der Gewalt seines Vaters stehen, ob er ihn verbannen will.«

Ließ sich ein Fremder zu einem Attentat hinreißen, so war zunächst einmal sein ganzes Hab und Gut dem Fiskus verfallen; über den Rest – das Leben des Missetäters – konnte der Regent entscheiden, das blieb Ermessenssache.

Es wäre den Herrschenden nun ein leichtes gewesen, auf diese Weise große Vermögen einzustreichen oder Widersacher loszuwerden, wenn es da nicht eine von den Franken eingebaute Klausel gegeben hätte: Das Inkasso durch den Fiskus, heißt es, »soll nicht aus irgendeinem Anlaß geschehen, sondern erst, wenn eine erwiesene Sache die Wahrheit ans Licht bringt. Auch nicht nur mit einem, sondern mit drei ebenbürtigen Zeugen muß das bewiesen werden«. Gibt es nur einen Zeugen und leugnet der Angeklagte, so wird das Gottesurteil auf dem Kampfplatz angerufen... Es war also keine angenehme, sehr oft sogar eine lebensgefährliche Angelegenheit, in einem bajuwarischen Prozeß der einzige Zeuge zu sein. Aber was immer auch passierte, alles sollte seinen gerechten Lauf nehmen. Denn, so sagte die *Lex*, »kein freier Baier« [*Baiuwarius*] soll sein Grundeigen oder sein Leben verlieren, es liege denn ein todeswürdiges Verbrechen vor«. Und es verlangt auch, daß man niemanden im Herzogtum »ungerechterweise bedrücke«. Diese im 8. Jahrhundert niedergeschriebenen Grundrechte waren indes fein abgestuft, die Gleichheit wurde nicht übertrieben.

Fünf Geschlechter suchen eine Heimat

Der erste im Lande war natürlich der Herzog mit seiner Familie, »immerdar aus dem Geschlecht der Agilolfinger« – *semper de genere Agilolvingarum fuit et debet esse* –, und wer ein gegen ihn

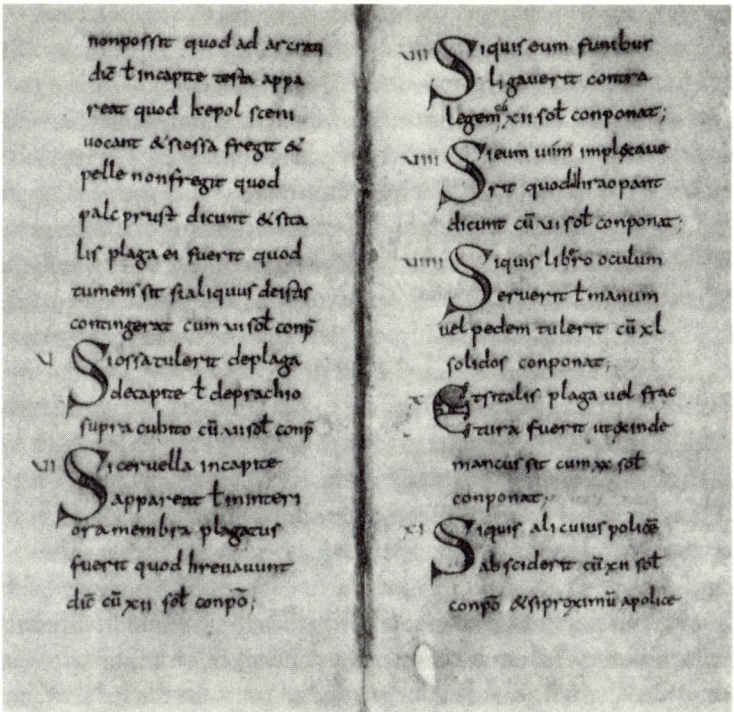

Zwei Seiten aus dem vierten Kapitel einer Lex Baiuvariorum-*Handschrift*

begangenes Verbrechen büßten mußte, hatte 900 Schillinge zu bezahlen (was angeblich 67 500 Mark der Währung vor dem Ersten Weltkrieg entsprach).

Diesen vom Frankenkönig eingesetzten Agilolfingern folgten in angemessenem Abstand die fünf großen Adelsfamilien der Huosi, Drozza, Fagana, Hahilinga und Anniona. Diese mit Besitzungen reich ausgestatteten Sippen, von denen es im Gesetzbuch heißt, sie seien »sozusagen die vornehmsten nach den Agilolfingern«, haben so wenige Spuren hinterlassen, daß man nicht einmal mehr weiß, wo sie ihre Residenzen besaßen. Am ehesten sind noch die Huosi in ihr altes Revier einzuordnen.

Zu Beginn der achtziger Jahre war in Herrsching ein Adelsfriedhof entdeckt worden, bei dem man in den Gräbern 1 bis 9 die

Überreste von Adeligen fand, dabei hatte der Mann im Grab 9, wie Erwin Keller im »Archäologischen Jahr 1982« berichtete, »in der gesellschaftlichen Rangliste des Bayernstammes einen Platz gleich hinter dem Herzog«. Man hatte hier wahrscheinlich eine Begräbnisstätte der Huosi entdeckt. Vielleicht, heißt es dazu, sei damit »erstmals der archäologische Nachweis von Angehörigen einer der fünf im Stammesgesetz genannten Genealogien gelungen.« Ende der achtziger Jahre wurde dann auch in Jesenwang offensichtlich ein Grab dieser Familie gefunden.

Die Familie wird in alten Freisinger Urkunden zwischen Lech und Isar lokalisiert; im westlichen Baiern also, an Amper, Ilm, Glonn und Paar – in einer Landschaft, die noch heute (oder heute wieder) Huosigau genannt wird. Hier haben sie kolonisiert und Klöster gegründet, doch das geschah erst um das 7. Jahrhundert n. Chr. Wo haben sie sich vorher herumgetrieben, woher sind sie gekommen? Glaubte ein engerer Kreis des Huosi-Clans tatsächlich, wie Wilhelm Störmer 1985 vermutete, von den Nibelungen abzustammen?

Ein Historiker wurde stutzig, als er las, daß es an den Quellen des Indus ein Völklein namens Osi gegeben hat. Sollte es da verwandtschaftliche Beziehungen geben...? K. Fritzler, Privatdozent für russische Geschichte an der TH Darmstadt, der in seiner fünfundfünfzigseitigen Broschüre auf seine Art ja die »gemeinsame Abstammung der Baiern und Bulgaren« nachwies, koppelte gleich auch noch, zur Unterstützung seiner These, das altbairische Adelsgeschlecht der Huosi mit dem bulgarischen Stamm der Husi zusammen (s. S. 239 f.).

Das waren abenteuerliche Wortspiele und kühn angelegte Theorien; auf diesem Wege ließen sich den Huosi-Leuten auch noch die germanischen Asen oder gar der ägyptische Gott Osiris zuweisen, von dem im Bayerischen Wald gelegenen Osser ganz zu schweigen.

Beim Geschlecht der Drozza wiederum soll der Name von dem Wort *thrôtta* (Stärke) kommen, doch wo diese Starken saßen, ist ungewiß. Wahrscheinlich irgendwo im östlichen Landesteil, bis nach Österreich hinab, meinte der Anti-Kelte Quitzmann vor einhundert Jahren. Die neuere Forschung widerspricht: »Eine Lokalisierung ist weder genealogisch noch herrschaftlich oder geographisch gelungen.« Das gleiche gilt für die Anniona – ihr Name soll bedeuten: die Liebenswürdigen –, die Quitzmann im einstmals tiefsten bairischen Süden, in der Gegend von Bozen und Trient suchte. Das Geschlecht der Fagana – von *fagan* (die Freudigen) – ist leichter zu lokalisieren; es saß zwischen Isar und Inn, an den Flüssen Rott, Isar und Vils, im Sundergau und könnte, wie man in Wien herausgefunden hat, vielleicht ein romanischer Sippenverband gewesen sein.

Die Hahilinga schließlich waren möglicherweise in der Münchner Gegend beheimatet, wo die Ortsnamen von Oberhaching und Unterhaching noch heute angeblich an sie erinnern. Ihre Besitzungen hätten demnach zwischen denen der Huosi und der Fagana gelegen, und ein großer Teil des heutigen Oberbayern wäre ihr Stammsitz gewesen ... wenn nicht manches dafür spräche, daß sie in der Gegend von Regensburg, möglicherweise in Ober-/Unterlindhart bei Mallersdorf, ansässig und vielleicht sogar Vorläufer der Agilolfinger gewesen sind.

Im Sühnekatalog der *Lex Baiuvariorum* war der Rang dieser fünf Familien genau festgelegt: Sie erhielten »doppelte Ehre, und so sollen sie auch doppelte Buße empfangen«. Bei den Agilolfingern wurde dieser Tarif dann noch einmal verdoppelt.

Auf diese Weise wurde ein klarer Trennungsstrich zwischen dem herrschenden Hause und jenen Familien gezogen, die wahrscheinlich als ur-bajuwarischer Adel schon lange vor der Herzogsfamilie im Lande saßen.

Chancengleichheit mit Schönheitsfehlern

Bei den »Geschlechtern«, wie die fünf Familien in der *Lex Baiuvariorum* genannt werden, hielt sich der fränkische Gesetzgeber aber nicht lange auf, sie waren für ihn nicht so wichtig – zwei Paragraphen, in denen ihre Angelegenheiten geregelt wurden, und der Fall war erledigt. Dann kamen bereits die einunddreißig Abschnitte, in denen das Recht der Freien niedergelegt war.

Wie es sich in jenem 8. Jahrhundert in Baiern lebte, läßt sich nur anhand weniger Details (die zumeist diesem Gesetzbuch entnommen werden) rekonstruieren; wie die verschiedenen Gesellschaftsschichten miteinander auskamen und umgingen, läßt sich nicht sagen. Die *liberi*, nimmt man an, waren die stärkste Schicht im Lande. Doch wie weit gingen ihre Freiheiten, worin bestanden ihre Rechte und Pflichten? Schon bei der Übersetzung des Wortes *liberi* – das Gesetzbuch ist ja in lateinischer Sprache geschrieben – gehen die Meinungen auseinander. Beim einen Autor heißen sie Urfreie, ein anderer nennt sie Altfreie, dann wieder sind sie Volksfreie, Gemeinfreie, unfreie Freie, oder schlicht und einfach: Freie.

Doch wie sie auch genannt werden, allzu üppig dürften ihre Freiheiten nicht gewesen sein; sie mußten den Großen dienen und für die Großen kämpfen; sie waren zwar persönlich frei, doch die Freizügigkeit hatte ihr sehr eng gezogenen Grenzen.

In der alten Welt hatte es sich herumgesprochen und Tacitus hat darüber ja auch geschrieben, daß es den Sklaven der Germanen sehr viel besser ging als ihren Schicksalsgenossen im römischen Reich – dort im Norden, hieß es, dürfte zum Beispiel kein Sklave aus Willkür getötet werden –, ein angenehmes, fröhliches Leben führten sie aber sicher nicht. Das Gesetz erlaubte dem Unfreien, dem Leibeigenen – in der *Lex* heißt er *servus* –, daß er privates, persönliches Vermögen besaß und an drei Tagen in der Woche sein eigenes Feld bestellen konnte (die drei verbleibenden Arbeitstage mußte er dann dem Grundherrn dienen), doch wenn's ans Strafen ging, spürte er seine mindere Stellung nur allzu deutlich: Während der Freie die Sache zumeist mit Geld wieder aus der Welt schaffen konnte, mußte er damit rechnen, daß man ihm die Augen ausstach oder eine Hand abschlug.

Wie das Leben eines Bajuwaren aussah, ob er gehorchen mußte oder kommandieren durfte, war meist schon bei seiner Geburt entschieden. Das System bot allerdings auch gewisse Chancen, es war durchlässig für Auf- wie Absteiger. Ein Leibeigner, ein *servus*, konnte durchaus davon träumen (denn diese Fälle gab es), daß er eines Tages in ein hohes Amt berufen würde. Doch er wußte zugleich, daß er – wie hoch er auch immer steigen sollte – den alten, den angeborenen Makel niemals los würde; er bliebe ein Hochgestellter niederer Herkunft.

Aber auch der Freigeborene konnte sich nicht sicher fühlen, da die triste Aussicht, auf die unterste gesellschaftliche Stufe abzu-

sacken, keinem verbaut war. Der eine erreichte dieses demütigende Ziel dadurch, daß er in bairische Kriegsgefangenschaft ge-
riet, ein anderer wurde zum Leibeigenen, weil er eine hohe Geldstrafe nicht bezahlen konnte, ein dritter, weil er ein schweres
Verbrechen begangen hatte... Der Weg nach unten stand allen
offen. Die alten Dokumente und das Gesetzbuch aus dem 8. Jahrhundert lassen aber vermuten, daß die Zahl der Unfreien im
agilolfingischen Baiern nicht allzu hoch war.

Wer dennoch in solche mißliche Umstände geboren oder geraten war, wer den Aufstieg verpaßt oder vorzeitig resigniert hatte,
konnte sich damit trösten – auch wenn dies nur ein geringer Trost
war –, daß er kein beliebiger, rechtloser Besitz war, mit dem sein
Herr nach Gutdünken schalten und walten konnte. Er, der Ab-
hängige, der wenig galt im Lande, gehörte zur Familie seines
Arbeitgebers und hatte einen juristisch verbrieften Anspruch auf
Entlohnung und Schutz. Wie eng dieses Verhältnis von Dienst-
bote und Dienstherrn war und welche Funktion der Knecht innerhalb der Familie seines Bauern hatte, zeigt sich darin, daß die
Dienstboten bis in die Gegenwart zumeist »Ehehalten« genannt
wurden. Von einer »Sklaverei im frühmittelalterlichen Bayern«
(so Hannelore Lehmann 1965 in der DDR-*Zeitschrift für Geschichtswissenschaft*) wird man daher so weiteres und so
direkt ganz sicher nicht sprechen können.

Leichentrunk in (Ur-)Alt-Giesing

Da sie selbst nichts aufgeschrieben und ihre Toten auch ohne viele
Beigaben bestattet haben, läßt sich über jene Menschen, für die das
Volksrecht der Baiern bestimmt war, nur wenig sagen. Wie haben
sie gelebt? Und wie gewohnt?

Ein nicht mehr ganz taufrisches Beispiel für die Findigkeit und
den Phantasiereichtum, mit dem die Archäologen aus dürftigem
Material dennoch immer wieder interesssante Schlüsse ziehen, ist
die alte, auf hohem Isarufer gelegene Siedlung Kyesinga (die seit
1854 unter dem Namen Giesing ein Teil der Stadt München ist).

In der Gründerzeit, kurz vor der letzten Jahrhundertwende,
und dann wieder kurz vor Ausbruch des Ersten Weltkriegs, hatten Bauarbeiter an der Tegernseer Landstraße einen großen Fried-

hof entdeckt, auf dem zwischen 580 und 730 n. Chr. an die dreihundert alte Baiern – Durchschnittsgröße: 1,60 Meter – bestattet
worden sind (was nach den Hochrechnungen der Forscher bedeutet, daß das uralte Giesing etwa sechzig Einwohner zählte; an-
fangs wahrscheinlich weniger und später, im 8. Jahrhundert, ganz
sicher etliche mehr).

Es gab damals, wie zu allen Zeiten, viele arme Teufel, die sich
bescheiden durchs Leben fretten mußten. Da es in Kyesinga nicht
anders war, wurde nur etwas mehr als die Hälfte der Toten mit
Beigaben ins Grab gelegt.

Was aber hat es zu bedeuten, daß diese Mitgift zum Teil aus
nichts anderem bestand als Scherben?

Es könnte sein, schrieb Hans Bott 1936 in den *Bayerischen
Vorgeschichtsblättern*, daß bei Beerdigungen jeweils ein Mahl abgehalten wurde, das mit einer Zertrümmerung all der Gefäße
endete, aus denen die Leidtragenden gegessen oder getrunken
hatten. Ein Teil der Scherben wurde ins Grab gelegt, ein anderer
unter den Hinterbliebenen aufgeteilt.

Die vielbeschriebene alte bairische Sitte des ausgiebigen Lei-
chentrunks, bei dem neben Bierkrügen und Tellern nicht selten
auch Köpfe in Mitleidenschaft gezogen wurden, läßt sich also
schon im 6. und 7. Jahrhundert nachweisen... zumindest in den
Spekulationen kombinierfreudiger Forscher.

Ein bißchen mehr als über die Begräbnissitten ist über die Wohn-
bräuche der ersten Baiern bekannt, obwohl die aus Holz und
Lehm gebauten Häuser längst zerfallen und unter Schutt begraben
sind. Nur noch dunkle, für den Laien kaum wahrnehmbare Verfärbungen des Bodens verraten dem Fachmann Lage und Grundriß der alten Behausungen. Selbst die repräsentativen Bauten jener
frühen Zeiten – die Herzogspfalzen vielleicht ausgenommen –
wurden von Zimmerleuten errichtet. Aus dem Bistum Passau zum
Beispiel ist bekannt, daß es dort noch bis tief ins 11. Jahrhundert
hinein nur Holzkirchen gab.

Bairisches Bauernleben in agilolfingischen Zeiten. Spuren von Häusern, die östlich von Regensburg gefunden wurden, erlaubten die Rekonstruktion dieser Bajuwarensiedlung.

Trennung von Bad und Küche

In der *Lex Baiuvariorum* hatte alles seinen Preis, auch das Zerstören und Niederbrennen eines Hauses. Ein Mann namens Otto Gruber hat die Paragraphen, in denen diese Delikte aufgezählt werden, so genau gelesen, daß er in den zwanziger Jahren das Bauernhaus der Agilolfingerzeit rekonstruieren konnte.

Das war keine leichte Aufgabe, da die Gesetzgeber, was die architektonischen Details betraf, recht wortkarg waren: Da ist

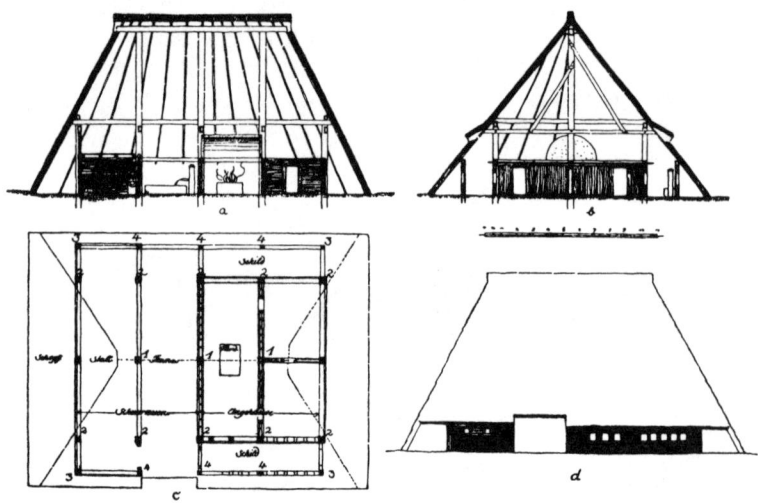

REKONSTRUKTION DES HAUSES DER LEX BAIUVARIORUM
VON PROFESSOR DR. OTTO GRUBER-KARLSRUHE

1. Ea columna, a qua culmen sustentatur, quam 'firstsul' vocant (Lb. X,7).
2. Interioris aedificii illa columna, quam 'winchilsul' vocant (Lb. X,8).
3. Exterioris ordinis columna angularis (Lb. X,10).
4. Illae aliae columnae huius ordinis (Lb. X,11).

So wohnte man (vielleicht) in Baiern zur Zeit der Agilolfinger.

vom Pfosten die Rede, der den First trägt (wer ihn herausreißt, muß mit zwölf Schillingen büßen), es wird von einem Pfosten »im inneren Gebäude« gesprochen, sodann von »Winkelsäule«, von »Eckpfosten«, von »äußeren Balken, die sie ›Spangen‹ nennen«, von »Sparren, Ziegeln und Bohlen oder was sonst in ein Haus verbaut ist«...

Alles in allem war es tatsächlich nicht sehr viel, was da in der *Lex* stand, doch die dürftigen Angaben verrieten Gruber, daß Stall und Behausung unter einem einzigen hochgiebeligen, bis zum Boden herabreichenden Dach untergebracht waren. Daneben gab es dann gelegentlich noch als freistehendes Gebäude das Badehaus oder eine – Küche. Die alten Baiern werden gewußt haben, warum sie die Bäuerin und ihre Kochdünste aus dem Wohnhaus verbannten (weil die Stuben nämlich bei dieser Bauweise sonst ganz bestimmt düster und rauchig geworden wären).

Dabei hatten die Höfe dazumal bereits imposante Ausmaße:

Die durchschnittlichen Abmessungen waren 20:6 Meter, doch im Jahre 1975 hat man beim Bau der Kläranlage der Stadt Regensburg in dem vis-à-vis der Walhalla gelegenen Vorort Barbing die (spärlichen, aber höchst aufschlußreichen) Reste eines alten Bajuwarendorfes entdeckt, in dem ein Bauernhaus sogar 40:6 Meter maß.

Neben dem großen Haus mit seinen Wänden aus lehmverkleidetem Flechtwerk gab es häufig auch noch Scheuern (»was die Baiern einen ›Schopf‹ nennen«), Getreidebehälter (»Parch«), Schober und – wie sich auch in Barbing wieder bestätigte – kleinere Vorratsräume, die in den Boden eingegraben und durch ein zeltartiges Dach geschützt waren. Diese Grubenhütten maßen in der Regel etwa vier mal drei Meter.

Die Vornehmen des Landes haben sicher aufwendiger gebaut, doch auch ihr Besitz ist vergangen. Wie wenig ist von dem noch zu entdecken, was die Herzöge einst besaßen, wo sind ihre glanzvollen Gewänder, wo ist ihr Schmuck, wo ist all das, womit sie sich zierten und ihren Zeitgenossen imponierten? Wo sind ihre Gräber? Die Vergänglichkeit hat auch vor den Großen nicht haltgemacht, oder, wie der französische Dichter Henri Michaux schrieb: »Tot, in Staub zerfallen, mottenzerfressen und immer noch Karl der Große.«

TASSILO III. ODER DER HINTERHÄLTIGE ONKEL

Herzog Odilo hat viel bewegt im Lande, doch ehe er sich versah, mußte er abtreten: 748 ist er, offensichtlich noch jung an Jahren, gestorben. Eine neue, die siebte und zugleich letzte regierende Agilolfingergeneration hat sein Erbe angetreten und das große Werk fortgesetzt.

Die Aufgabe fiel einem Kind von sechs Jahren zu, dem Sohn Tassilo, der in seiner vierzigjährigen Regierungszeit zum bedeutendsten, faszinierendsten Agilolfinger und neben König Ludwig II. zur tragischsten Herrscherfigur in der ganzen bairischen Geschichte werden sollte.

Da für die Franken das jähe Ableben eines Baiernherzogs eine willkommene Gelegenheit war, sich wieder einmal recht nachhaltig in Erinnerung zu bringen, bestimmte Pippin der Kurze, wie es in Regensburg weitergehen sollte. Der Junge, sagte er, wird hinfort Herzog der Baiern sein, doch da er im Augenblick für diese Amtsgeschäfte noch zu jung ist, soll seine Mutter, die Herzoginwitwe Hiltrud, als Vormund an seiner Stelle regieren. Daß der heftige Streit, den er, Pippin, mit dieser Schwester Hiltrud hatte, noch keine zehn Jahre zurücklag, schien vergessen – in diesen noblen, durch Ämter, Titel und Erbfolgen ausgezeichneten Familien galt wohl immer schon »Pack schlägt sich, Pack verträgt sich...«

Während der kurze Pippin auf solche Weise die bairischen Belange regelte, lag an der nordöstlichen Grenze Baierns, im sächsischen Exil, bereits sein Stiefbruder Grifo auf der Lauer, und ehe der Franke witterte, was sich da anbahnte, war es schon passiert – Grifo hatte mit Hilfe einer bairischen Unabhängigkeitspartei das Land besetzt, seine Stiefschwester Hiltrud (mit der er doch noch einige Jahre zuvor gemeinsame Sache gemacht hatte) und deren herzoglichen Sohn gefangengenommen und sich selbst zum Herrscher ausgerufen. Das erste Ziel war erreicht, nun wollte er auch noch den zweiten, den entscheidenden Coup landen und das Frankenreich für sich erobern.

Der macht- und ländergierige, allzu ehrgeizige Grifo hatte schon immer das Gefühl gehabt, daß man ihm nicht das gab, was ihm eigentlich gebührte. Als Sohn des Karl Martell und einer agilolfingischen Prinzessin forderte er zunächst einmal das ganze Reich seines Vaters. Ehe er aber auch nur auf Sichtweite an dieses Ziel herangekommen war, hatten ihn seine Stiefbrüder Pippin und Karlmann bereits geschnappt und nach Sachsen abgeschoben.

Grifo und die Separatistenpartei

Konnte es also das Vater-Land nicht sein, so wollte er wenigstens das Mutter-Land für sich. Warum wurde ihm die Eroberung des Herzogtums aber so leicht gemacht, warum fand er sogar bairische Verbündete, die mit ihm zusammen gen Regensburg zogen? War der Haß gegen die Franken größer als die Liebe zum angestammten Herrscherhaus? Hatte man Grifos Feldzug zu einer Rebellion gegen die regierenden Agilolfinger genutzt (aus Angst, daß der fränkische Einfluß unter der Regentschaft der Fränkin

GRIFO UND DIE SEPARATISTENPARTEI

Hiltrud noch größer werden könnte?), oder versprach man sich von einem neuen Herrn auch neue Privilegien und Pfründe?

Westlich des Rheins hatte währenddessen ein Herrscher resigniert: Karlmann war der weltlichen Geschäfte überdrüssig geworden und als Mönch in das Kloster Monte Cassino eingetreten. Pippin regierte somit allein über das weite Reich, und vielleicht wäre er sogar bereit gewesen, die Sache mit der unrechtmäßigen Erbfolge am Regensburger Hof auf sich beruhen und Grifo in seinem Amt zu lassen. Doch der junge Mann träumte noch immer von höheren Ehren und größerer Macht.

Im Jahre 749 war's dann soweit, die fränkischen Truppen mußten wieder einmal nach Baiern marschieren. Grifo hatte zwar – wie Odilo fünf Jahre zuvor – Verbündete und Mitstreiter gesammelt, doch das Unternehmen war von Anfang an aussichtslos, und die ganze vereinigte Streitmacht mußte über den Inn fliehen, noch ehe die erste Bataille vorüber war. Es folgte eine ruhmlose Kapitulation, Grifos ehrgeizige Pläne waren zerschlagen, Baiern war seinen selbsternannten Herrn wieder los.

Immerhin ist er ein Frankensproß, sagte sich Pippin, und fand seinen nun schon zum zweitenmal so tief gestürzten Stiefbruder mit der Stadt Mans, zwölf Grafschaften und einem Herzogstitel ab.

Das Leben hatte dem damals etwa dreiundzwanzigjährigen Grifo aber offensichtlich noch immer nicht die rechte Lektion erteilt, denn ehe er in seinen neuen Besitzungen so recht heimisch war, suchte er sich schon neue Freunde für eine neue Schlacht; der kleine, mutige Herzog forderte eine Weltmacht heraus – und unterlag. Damit war nun aber endgültig alles verspielt und der Sohn des Karl Martell heimatlos. Auf der Flucht vom Baskenherrscher Waifar zum Langobardenkönig Aistulf – von einem Frankenfeind zum anderen – stieß er 753 am Mont Cenis mit seinen Gegnern zusammen und wurde im Kampf getötet. Die unruhige Seele hatte endlich ihre Ruhe gefunden.

Das bairische Gastspiel des ungebärdigen Prinzen hatte nur wenige Monate gedauert, doch in dem Lande, in dem er so gern Herrscher geworden wäre, wurde er nicht vergessen. Rebellen konnten in Baiern schon immer eines ruhmreichen Nachlebens sicher sein (nur die Räte-Revolutionäre von 1918/19 hatten dabei

Schwierigkeiten), und dieser Grifo, ein aufrührerischer Sproß aus dem Agilolfingergeschlecht, hatte immerhin versucht, die fränkische Oberherrschaft abzuschütteln. Er war dafür eingetreten, daß Baiern den Baiern gehöre, das wußte man ihm zu danken... und so kam er als der tapfere Herzog Naimes vom Bairland schließlich sogar ins *Rolandslied*, wo er eigentlich gar nichts zu suchen hat, denn ein Paladin von Karl dem Großen – wie die Sage behauptet – ist er nie gewesen. Wie hätte er dessen Spanienfeldzug auch mitmachen sollen, wo er doch schon ein Vierteljahrhundert zuvor in einer ganz anderen Ecke Europas gefallen war.

Die »unzähligen Eide« von Compiègne

Während sich eine Legende um Grifo wob, die wohl nur noch mit jener anderen, späteren zu vergleichen ist, die dem Bayernkönig Ludwig II. galt, kehrte der dritte Tassilo wieder in seine Residenz zurück. Doch Mutter Hiltrud mochte die Interessen ihres zehnjährigen Sohnes noch so gewissenhaft wahrnehmen – regiert hat in Wirklichkeit jener kleine Pippin, der vom Jahre 751 an den Titel »König der Franken« führte und sich drei Jahre später, nach dem Tod seiner Schwester, auch noch zum Vormund seines Neffen bestellte.

Jetzt war er der Herr und konnte den Knaben so erziehen, wie er ihn sich für sein Frankenreich wünschte. Um die Abhängigkeit und die wahren Herrschaftsverhältnisse allen Betroffenen sinnfällig vor Augen zu führen, wurde im heutigen Frankreich eine gruselig-feierliche Show inszeniert, die auf den inzwischen Fünfzehnjährigen sicher einen unauslöschlichen Eindruck gemacht hat.

Die Reliquien aller Heiligen Frankreichs wurden in jenem Jahr 757 nach Compiègne geschleppt und über ihren Schreinen mußte der Baier »durch unzählige Eide« schwören, daß er für sein Leben dem Pippin und seinen Nachfolgern ein getreuer Lehensmann sein werde. Als dies bekräftigt war, zitierte Pippin auch alle Adeligen, die ihren Herzog nach Compiègne begleitet hatten, vor den Altar, und auch sie mußten hinknien und bei den Gebeinen von Dionysius und Rusticus, von Eleutherius, Germanus und Martin den heiligen Schwur wiederholen.

So war Baiern also endgültig fränkisch geworden, und für Tassilo gab es hinfort, wenn er nicht eidbrüchig werden sollte, keine Chance mehr, eine selbständige Politik zu machen. In jenem Compiègne, wo 1918 die deutschen und 1940 die französischen Truppen die Waffenstillstandsabkommen unterzeichnen mußten (denn Sieger wollen immer auch durch Symbole demütigen), war das alte Herzogtum Baiern zur Kapitulation gezwungen worden.

Unter Vasallentreue verstand Pippin aber von Anfang an vor allem die Teilnahme an (seinen) Feldzügen, und wo immer die Franken gerade Schwierigkeiten hatten, mußte die bairischen Krieger an die Front.

Eines Tages – man schrieb das Jahr 763, Tassilo war einundzwanzig Jahre alt – wurde das dem Baiernherzog zuviel und zu lästig, und so machte er während des vierten Feldzuges, zu dem er innerhalb kurzer Zeit hatte antreten müssen, mit seinen Soldaten kurzentschlossen kehrt und überließ den Krieg gegen die Aquitanier den Franken. Was hatte denn auch er, der Baier, im fernsten Frankreich verloren? Und noch dazu in einem Kampf, der gegen einen Freund und Waffengefährten seines verstorbenen Vaters geführt wurde!

Er entschuldigte sich mit Krankheit, und obwohl ihm die Franken das sicher nicht glaubten, hielten sie ihm damals vielleicht zugute, daß er seinen Kopf voller Liebesdinge hatte... und einige Zeit später machte er dann ja auch Hochzeit. Wie schon sein Urahn, der erste Agilolfinger Garibald und später dessen Tochter Theudelinde, so heiratete auch dieser letzte Herzog seines Stammes noch einmal ins langobardische Königshaus ein.

Tassilo in der Zwickmühle

Tassilo, heißt es, sei ein weicher, empfindsamer, gläubiger Mensch gewesen, und so ist es durchaus zu verstehen, daß er gegen die Schwertschwingerei, zu der ihn die Franken immer wieder zwingen wollten, eine tiefe Abneigung hatte. Das ging so weit, daß er nicht einmal seinem langobardischen Schwiegervater Desiderius zu Hilfe kam, als Karl der Große – der seinem Vater Pippin inzwischen auf dem Thron gefolgt war – im Sommer 774 dessen Reich eroberte.

Allerdings saß Tassilo in einer Zwickmühle. Er liebte seine Frau
Liutbirc, und sicher hätte er auch gerne den Familienbesitz südlich der Alpen gerettet, doch Karl war schließlich sein Vetter (und
dazu auch noch sein Herr). Da sie beide, Tassilo und Karl, Töchter des Desiderius zum Traualtar geführt hatten, wären sie überdies auch noch verschwägert gewesen ... wenn der große Franke
seine Langobardin Desideria nicht schon nach einem Jahr und
ohne Angabe von Gründen nach Hause zurückgeschickt und an
ihrer Stelle eine Schwäbin an seinen Hof geholt hätte.

Und schließlich ging es bei diesem Feldzug des Frankenkönigs
neben anderem auch noch um eine höchst delikate Erbschaftsge-
schichte, in die er sich nicht einmischen durfte.

Begonnen hatte alles damit, daß Karls mitregierender Bruder
Karlmann mit zwanzig Jahren ziemlich plötzlich an heftigem
Nasenbluten starb. Nun wäre es in Ordnung gewesen, daß die
unmündigen Kinder des auf so seltsame Weise verblichenen Königs das väterliche Erbe angetreten und mit Onkel Karl zusammen
regiert hätten. Ehe das aber auch nur erwogen werden konnte,
hatte Karl die brüderliche Reichshälfte schon an sich gerissen.
Was blieb der trauernden Witwe und ihren Kindern da anderes
übrig, als schnell außer Landes zu gehen. Und wo war man
sicherer als bei jenem König, dessen Tochter so schmählich ins
Vaterhaus zurückexpediert worden war?

So saßen also die jungen, um ihr Erbe betrogenen fränkischen
Thronprätendenten samt ihrer Mutter im langobardischen Exil zu
Pavia; doch so lange sie dort Quartier bekamen, mußte Karl um
das zu Unrecht erworbene Halb-Franken bangen. Was war da zu
tun? Er mußte seine Truppen ausrücken lassen.

Sollte sich Tassilo ihm da in den Weg stellen? Er war durch die
Schwüre von Compiègne gebunden und mußte ohnehin froh sein,
wenn man ihn nicht zwang, im karolingischen Gefolge südwärts
zu ziehen. Und bei solchen Feldzügen war für den Agilolfinger-
herzog nichts zu holen. Ihm und seinem Volke brachten sie nur
Entbehrungen und Nachteile, den Franken dagegen Ruhm und
Gewinn.

Nein, Tassilo konnte seinem bedrängten Schwiegervater, gegen
den auch noch der Papst zu Rom wetterte, nicht helfen. Der
Franke war auch in diesem Fall wieder einmal der Stärkere.

Und warum sollte er auch auswärts für seinen König auf Länderfang gehen, wo es doch zu Hause genug zu tun gab. Welchen Sinn hatte es, an der Loire oder in der Lombardei auf fremde Soldaten einzuschlagen (oder, im ungünstigeren Falle, von fremden Kriegern verprügelt und vielleicht gar getötet zu werden), wenn im eigenen Herzogtum riesige Grundstücke brachlagen?

Einstmals, lange vor Tassilos Zeit, hatten die Provinzen Raetien und Noricum dem römischen Kaiser gehört. Er war der größte Grundbesitzer gewesen, seine zahlreichen Güter hatten ihm die Säckel gefüllt.

Die Römer zogen ab, die Bajuwaren bildeten ihren Staat ... und die Erde war schon wieder einmal verteilt. Bei der Ablösung scheint es keine Probleme gegeben zu haben: Was der Kaiser besessen hatte, wurde nunmehr Herzogsgut; die erste Familie Baierns übernahm, was die erste Familie Roms verloren hatte.

Die Landverteilung nach der Einwanderung, so heißt es, sei, wie bei Germanen üblich, durch Hammerwurf erfolgt, und noch in späteren Jahrhunderten, während der Regierungszeit von Karl dem Großen, waren zwölf Hammerwürfe ein Los (und somit der Grundbesitz des Werfers). Durch solche kraftsportliche Aktivität hat sich mancher kräftige Baier seinen kleinen Besitz erworfen, andere konnten vielleicht den abreisenden Römern noch schnell den Haus- und Grundbesitz für wenig Geld abkaufen. Die größten und fruchtbarsten Ländereien aber waren vergeben, noch ehe Aspiranten auch nur dazu kamen, den Hammer in die Hand zu nehmen oder das Geld aus der Tasche zu ziehen. Eine Landreform fand nicht statt, Selbstbedienung war nicht erlaubt. Es gab keine Stunde Null, in der alle alten Baiern die gleichen Startchancen gehabt hätten.

Wie wird man Herzog?

Womit hatten die Agilolfinger es verdient, die »erste Familie« im Lande zu werden? Hatten sie ihren riesigen Grundbesitz von den Franken geschenkt bekommen? War dieses weiland kaiserlich-römische Eigentum das Heiratsgut der Waldrada? Und wenn die Franken die Ländereien verschenkten: Woher hatten sie die Kaisergüter? War da ein Handel vorausgegangen, oder war das Ganze durch Usurpation in die Familie gekommen? Hatte Chlothar vielleicht den Garibald zum Herzog bestellt und mit seiner geschiedenen Frau verheiratet, weil der Bräutigam im Bairischen über so großen Besitz verfügte? (Aber dann müßten die Agilolfinger eine eingeborene Familie sein, und dafür fehlen die Zeugnisse.) Wie also wird man Herzog?

Auf welchem Wege die Familie auch immer zu dem Vermögen gekommen sein mag – niemand weiß es. Sicher ist nur, daß Tassilo wie seine Vorgänger unübersehbare Besitzungen besaß; ihm gehörten die großen kaiserlichen Gutshöfe der Römerzeit, die sogenannten Domänen, und er war automatisch Herr über alles unbebaute Erdreich.

Davon aber gab es im Baiern jener Jahre genügend. Bischof Arbeo hat etwa um das Jahr 768 in seiner Biographie des heiligen Emmeram (antiken Vorbildern der Landbeschreibung folgend) das Herzogtum als Idylle geschildert. Die Wirklichkeit wird freilich etwas anders ausgesehen haben: Baiern, schreibt Arbeo, »war sehr gut, lieblich anzusehen, reich an Hainen, wohlversehen mit Wein. Es besaß Eisen in Fülle und Gold, Silber und Purpur im Überfluß ... Das Erdreich war fruchtbar und brachte üppige Saaten hervor, und der Erdboden schien von Vieh und Herden aller Art fast (sehr) bedeckt zu sein; Honig und Bienen waren wahrlich in reichlicher Menge vorhanden. In Seen und Flüssen gab es Fische in großer Zahl; das Land war von klaren Quellen und Bächen bewässert...«

So ähnlich mag sich das Land für einen patriotischen, begeisterungsfähigen Betrachter vielleicht in den fruchtbaren Flußtälern, vor allem im niederbayerischen Donautal dargestellt haben, doch das Baiern der agilolfingischen Jahrhunderte bestand größtenteils aus wildem Waldland, das von den zum Teil schon mehrere hundert Jahre alten Römerstraßen nur unzulänglich erschlossen wurde.

Wie schon sein Vater Odilo, so verband auch Tassilo das Kultivierungsprogramm aufs engste mit der Christianisierung. Indem er in den abgelegensten Gegenden Klöster gründete und mit reichem Land- und Hofbesitz bedachte, wurde die »Infrastruktur« des Herzogtums weiter verbessert. Auch Odilo hatte ja in der Nähe seiner Pfalz Osterhofen – einer jener stillschweigend requi-

rierten römischen Besitzungen – das Kloster Niederaltaich ge-
gründet und dafür Benediktinermönche vom Bodenseekloster
Reichenau geholt, und was der Herzog vormachte, ahmten die
großen Familien nach. Benediktbeuern wurde in der Regierungs-
zeit dieses Herzogs gegründet, und im Jahr 746 stifteten die
Brüder Adalbert und Otgar das Kloster Tegernsee, das bald 11 866
Güter besaß und dazu noch eine eigene Glashütte sowie zwanzig
Salzpfannen (mit Siederecht) in Reichenhall.

Was in der kurzen Regierungszeit seines Vaters begonnen
wurde, hat Tassilo im großen Stil fortgeführt, und viele, wenn
nicht gar die meisten der agilolfingischen Klostergründungen gehen auf ihn zurück und sind seinen Stiftungen zu danken. Ob
Pfaffmünster und Wessobrunn, Polling, Mondsee, Herrenchiem-
see und Passau-Niedernburg, ob Schäftlarn, Gars am Inn und
Chammünster zu Odilos oder – was wahrscheinlicher ist – zu
Tassilos Zeit gegründet wurden, ließ sich im nachhinein und vor
allem nach den Brandschatzungen während der Ungarnkriege des
10. Jahrhunderts nicht mehr genau feststellen. Sicher aber ist, daß
Baiern den spätagilolfingischen Klöstern nicht nur seine erste
kulturelle Blüte verdankt, sondern auch die Urbarmachung und
Kolonisierung von öden, wilden Gebieten.

Denn wer auch als Stifter auftrat, der Herzog oder ein Adelsgeschlecht, mit dem Bau von Klöstern wurde immer mehr als nur
eine Absicht verfolgt. Vor allem beim Herrscher lassen sich die
Motive nicht klar voneinander trennen und die Sorge um das
eigene Seelenheil und das der Untertanen ließ sich mühelos mit
handfesten politischen Überlegungen verbinden.

Als Tassilo zum Beispiel im Jahre 769 tief im Pustertal, an der
fernen Grenze seines Reiches das Benediktinerkloster Innichen
mitbegründete und mit reichem Grundbesitz ausstattete, hoffte er
natürlich, daß die Patres das Evangelium verkündeten – und
gleichzeitig das Land gegen die Slawen sicherten. Diese Nachbarn, die Tassilos Vater im erfolglosen Kampf gegen die Franken
noch unterstützt hatten, drängten damals gerade westwärts, und
im Jahre 772 war ein Waffengang dann schließlich nicht mehr zu
vermeiden.

Der Sieg des unkriegerischen Tassilo über die slowenischen
Soldaten hat letztlich darüber entschieden, daß Kärnten ein für

Mit »eigener Hand« hat Herzog Tassilo III. die 769 n. Chr. zu Bozen ausgefertigte Gründungsurkunde des Klosters Innichen unterschrieben (Ausschnitt).

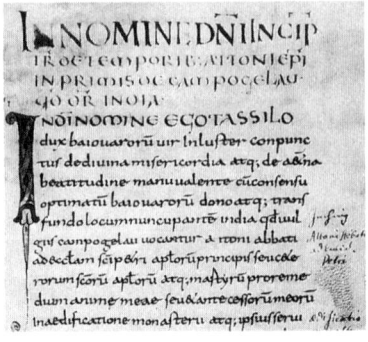

allemal bairisch-österreichisch blieb. Das im Grenzgebiet von Karantien (dem späteren Kärnten) gelegene Innichen, das übrigens 816 dem fernen Bistum Freising unterstellt wurde, hatte daran einen bedeutenden Anteil.

Der Brautpokal als Wahlurne

Die besondere Liebe des Herzogs gehörte aber dem in der Nähe der oberösterreichischen Stadt Wels gelegenen Benediktinerstift Kremsmünster, das er (so erzählt die Legende) an der Stelle errichten ließ, wo sein Sohn Gunther bei der Eberjagd ums Leben gekommen war. In der Gründungsurkunde des Jahres 777, die in ihrer Authentizität freilich umstritten ist, nennt der Herrscher allerdings andere Motive: »Ich, Tassilo, Herzog der Baiern, habe im dreißigsten Jahr meiner Regierung erwogen, von dem Besitz, dessen mich der Herr gewürdigt hat, Gott selbst wieder etwas darzubringen. Denn schon meine Vorgänger seligen Andenkens haben soviel als möglich ihrer Habe Gott geopfert, Kirchen erbaut, sie mit eigenen Mitteln begabt, auch Klöster errichtet und mit nicht geringen Geldmitteln bedacht.«

Die Beziehungen zu Kremsmünster müssen freilich von ganz besonderer Art gewesen sein, denn diesem Kloster wurde der sieben Pfund schwere, mit irisch-keltischen Ornamenten verzierte Brautkelch geschenkt, dessen umlaufende Inschrift an die Verbindung der bairischen und langobardischen Herrscherhäuser erinnert: Tassilo dvx fortis Liutpirc virga regalis (Tassilo,

Bei der Abtwahl verwenden die Mönche des Klosters Kremsmünster noch immer den Brautkelch Herzog Tassilos III.

tapferer Herzog, Liutpirc, Jungfrau aus königlichem Geschlecht).

Das Kloster besitzt außerdem noch das Zepter des Regenten, das die Mönche offensichtlich unmittelbar nach der Katastrophe des Jahres 788, als Tassilo sein Amt verlor, etwas ungeschickt, doch mit viel Vorbedacht zerlegt und in zwei Leuchter umgearbeitet haben. Ein Jahr zuvor noch, im Jahre 787, als der Baiernherzog wieder einmal auf demütigende Weise zu seinem Cousin Karl zitiert worden war, hatte er diesen Stab als Zeichen seiner Unterwerfung dem Frankenkönig überreichen müssen (und ihn dann in einer wohlüberlegten Geste huldvoller Herablassung wieder zurückerhalten).

Wahrscheinlich waren Kelch und Zepter, diese beiden Insignien agilolfingischer Herrschaft und baierischer Selbständigkeit, unmittelbar nachdem Tassilo Macht und Freiheit verloren hatte, von Vertrauten des Herzogs in aller Heimlichkeit aus der Regensburger Residenz geholt und vor der Konfiskation durch die Franken gerettet worden.

Das Kloster Kremsmünster hat seinen großmütigen Gönner nicht vergessen, und noch heute, mehr als zwölfhundert Jahre nach der Gründung, gedenkt es seiner auf besondere Weise: Am 11. Dezember eines jeden Jahres, am Todestag des Herzogs Tassilo, wird ein Requiem für ihn abgehalten und beim anschließenden Mittagessen die Stiftungsurkunde verlesen. Während dieser feierlichen Zeremonie sind die Leuchter aufgestellt und die brennenden Kerzen erinnern an einen Mann, der so Großes geleistet hat und der so tief gestürzt wurde.

Der Tassilokelch aber, das zweite Vermächtnis aus den Gründertagen, wird noch immer als Urne bei der Abtwahl verwendet.

Doch bevor Zepter und Pokal diese seltsamen Metamorphosen erlebten, hatten das bairische Land und seine Herrscher noch bewegte Zeiten zu überstehen.

Und Holz fiel vom Himmel

Seit er im aquitanischen Feldzug kehrtgemacht und von Nevers aus die Rückreise angetreten hatte, kümmerte sich Tassilo immer weniger um seinen König. Er regierte sein Herzogtum, als wäre er niemandem Rechenschaft schuldig, datierte seine Urkunden – wie

Die ebenfalls in Kremsmünster aufbewahrten Tassiloleuchter waren ursprünglich vielleicht das Szepter des unglücklichen Agilolfingerherzogs Tassilo III.

etwa das Stiftungsdokument von Kremsmünster – selbstbewußt nach seinen Regierungsjahren und führte schließlich die gleichen Titel wie der Frankenkönig.

Natürlich war Vetter Karl alles andere als erfreut darüber, daß da im Osten seines Reiches ein Herzog nicht parieren wollte, und 781 gab es dann auch – und eigentlich ohne rechten Anlaß – den ersten großen Ärger für den Bajuwaren.

Der Franke saß seit Anbeginn im Westen, der Franke saß seit einigen Jahren auch im Süden, im ehemaligen Langobardenreich – und dazwischen lag das Herzogtum dieses eigensinnigen Tassilo, der friedlich und erfolgreich vor sich hin regierte.

Seinen einzigen, den schwiegerväterlichen Verbündeten hatte er längst verloren, die Achse Regensburg-Pavia war zerschlagen, und nun ging Carolus Magnus daran, dem Baiernfürsten auch noch den Papst in Rom abspenstig zu machen. Und hatte Erfolg damit: Das Kirchenoberhaupt schlug sich auf die Seite des Mächtigeren. Der Glaubens- und Stiftungseifer des Herzogs, der allein in der Diözese Freising an die dreißig Gotteshäuser hatte bauen lassen, war vergessen, und es wurde auch kein Wort darüber verloren, daß die Agilolfinger der Kirche zahllose Güter übereignet hatten (von den 1613 Höfen und 17 Herrenhöfen des Hochstiftes Salzburg zum Beispiel waren 855 Höfe und 10 Herrenhöfe unmittelbare Schenkungen des Herzogshauses, weitere 162 Höfe waren agilolfingische Lehensgüter).

Das alles zählte nicht mehr, wenn ein Mann mit Macht und Zukunft vorsprach – auch wenn dieser Mann erst wenige Jahre zuvor durch seine Scheidung und Wiederverheiratung gegen eines der obersten Gebote der Kirche verstoßen hatte.

Begonnen hatte dieser fränkisch-bairische Zwist damit, daß einer Delegation von Ritters- und Kirchenleuten, die Tassilo nach Rom schicken wollte, die Durchreise durch das ehemals langobardische Gebiet verweigert wurde. Der Baier war verärgert, der Franke argwöhnte, daß ihm der Agilolfinger an sein Reich wollte ... kurzum, die Affäre eskalierte, und schließlich tat Karl das, was selbstbewußte Säbelrassler immer tun: Er rückte mit seinem Heer an.

Das Kirchenoberhaupt redete dem Regensburger gut zu, und dieser zog schließlich nach Worms und erneuerte 781 seinen

Vasalleneid. Wieder einmal wurde ewiger Friede geschlossen – und wieder fing nach einigen Jahren alles von vorne an und wurde schlimmer und böser.

Kosmische Monstrositäten kündigten die kommenden düsteren Ereignisse an; das ganze Firmament rüstete sich, den Untergang des freien Herzogtums Baiern zu betrauern: Im Winter des Jahres 786 wurde das Land von einem Erdbeben heimgesucht, dann fielen Tropfen schwarzen Feuers zur Erde, und wer immer getroffen wurde, sei es an der Hand, sei es auf dem Kopf, war dem Tode geweiht. Die Flüsse führten in jenem unglückverheißenden Jahr blutfarbenes Wasser, und vom unbewölkten Himmel fiel sogar Holz.

Tassilo, der mitsamt seinem Volke fastete und Buße tat, um diese Plagen zu beenden, ahnte, daß sich Entscheidendes vorbereitete und daß der Verwandte im Westen, mit dem er 784 bei Bozen schon einmal kurz aneinandergeraten war, zum letzten großen Schlag ausholen würde.

Der Papst in Rom hatte sich ja bereits für die fränkische Seite entschieden, und so wollte er in dieser kritischen Situation auch nicht mehr vermitteln. Der Baier, sagte er, solle gefälligst jener Eide gedenken, die er vor dreißig Jahren in Compiègne geschworen habe. Wenn er jedoch diese heiligen Schwüre breche, so mögen alle Greuel des Krieges über ihn kommen, Mord und Totschlag, die Schändung von Jungfrauen und Eheweibern, Brandschatzung und Raub – die Rechnung aber müsse der Herzog beim Allmächtigen im Himmel begleichen. Allerdings, das wollte das Oberhaupt der Kirche am Ende seiner Epistel noch betont wissen, könne der Widerspenstige auch schon auf dieser Erde bestraft werden – durch den Kirchenbann.

König Karl, der sich zu jener Zeit gerade beim Papst in Rom aufhielt (und den Vater aller Gläubigen in seinem Sinne beeinflußte), hörte diese Botschaft gern, denn jetzt hatte er es von der allerhöchsten Stelle bestätigt bekommen: Der Baier mußte seinem Befehl gehorchen, und nur einer war der Größte im Lande – Karl der Franke.

Triumphierend kehrte er heim, und in den *Fränkischen Reichsannalen* wurde dazu, unterm Jahr 787, scheinheilig angemerkt:

»Und es kam dieser milde König zu seiner Gemahlin der Königin Fastrada nach Worms, wo sie sich miteinander freuten und ergötzten und Gottes Erbarmen priesen.«

Da war nun die Stunde günstig, den Baiern neuerlich vor den Königsthron zu zitieren. Verständlicherweise wollte sich der Herzog diese demütigende Reise sparen, doch für diesen Fall hatte der königliche Vetter bereits Vorsorge getroffen... und seine Truppen an der bairischen Grenze aufziehen lassen. Ein Teil des Heeres stand im Norden an der Donau, bei Pförring (an der Stelle, die auch Kriemhild im *Nibelungenlied* für die Flußüberquerung wählen sollte), ein anderer Teil lag an der langobardisch-bairischen Südgrenze bei Trient und sollte in Richtung Bozen losmarschieren; der König selbst hatte sein Hauptquartier an der Westfront aufgeschlagen, im Lager Lechfeld (dem traditionellen Manövergelände der alten kgl. bayer. Armee).

Dort erschien im Oktober des Jahres 787 der fünfundvierzigjährige Tassilo, stellte dreizehn Geiseln, darunter seinen Sohn Theodo, und erhielt dafür aus königlicher Hand sein Herzogtum als fränkische Lehensgabe zurück, obwohl er es doch gar nicht verloren hatte.

Ankläger in Beweisnot

Es war sicher ein sehr wohlüberlegter Schachzug von Karl, den seit mehr als zehn Jahren mitregierenden Herzogssohn Theodo bei sich zu behalten. Als es kurz vor dieser Auseinandersetzung zwischen den beiden Regenten bei den Langobarden Unruhen gegeben hatte, soll Tassilo nämlich gesagt haben – so jedenfalls hatte man es dem Franken hinterbracht –, er wollte (wenn er sie hätte) lieber zehn Söhne opfern als an den alten Verträgen festhalten, denn es sei besser, tot zu sein, als so zu leben.

Nun also war ein Sohn Tassilos in Feindeshand. Konnte Karl dem Baiern noch deutlicher zeigen, wer in diesem Lande zu bestimmen hatte?

Er konnte! Nicht einmal ein Jahr ließ er verstreichen, ehe er den Baiernherzog wieder zu sich befahl, diesmal zum Reichstag nach Ingelheim bei Mainz, wo Karl ein Hofgut besaß. »Zuverlässige Baiern«, heißt es in den fränkischen Annalen, hätten den König darüber informiert, daß ihr Herzog sein Wort nicht halte; und schuld, so behaupteten sie, sei die Herzogin Liutbirc. Tassilo – schreiben die Franken – sei geständig gewesen, »ja er bekannte sich sogar zu der Äußerung, auch wenn er zehn Söhne hätte, wollte er sie alle verderben lassen, ehe die Abmachungen gültig bleiben und er zu dem stehe, was er beschworen habe«.

Damit war sein Schicksal besiegelt. »Nachdem all das gegen ihn erwiesen war, zeigte sich, daß die Franken und Baiern, Langobarden und Sachsen und wer aus allen Ländern auf diesem Reichstag versammelt war, in Erinnerung an seine früheren Übeltaten und wie er bei einem Heereszug den König Pippin verließ, diesen Tassilo zum Tode verurteilten. Während aber alle einstimmig ihm zuriefen, er solle den todbringenden Richterspruch fällen, erreichte der genannte fromme König Karl voll Erbarmen aus Liebe zu Gott und weil er sein Vetter war, bei diesen Gott und ihm getreuen Männern, daß er nicht sterben mußte...«

Ganz so glatt ist dieser Prozeß von Ingelheim freilich nicht verlaufen, denn ehe es zum Urteil kam, mußte eine Anklage erhoben werden. Was aber, genau genommen, konnte Karl gegen seinen bairischen Vetter schon vorbringen?

Er warf ihm so mancherlei vor: daß er Bündnisse zum Schaden des Reiches geschlossen habe, daß er mit den Königstreuen, den Frankenanhängern in seinem Lande unfreundlich umgegangen sei und gegen Karl gehetzt habe... doch als die lange Suada von Vorwürfen schließlich zu Papier gebracht werden sollte, mußte der Franke schon weit zurückgreifen, bis zur Fahnenflucht von Nevers. Und die lag ein Vierteljahrhundert zurück. Alles andere war zu unbedeutend oder fadenscheinig.

So also hieß das Delikt »harisliz« – Verlassen des Heeres –, und darauf stand für gewöhnlich die Todesstrafe. Das war ganz im Sinne des bigotten Königs, der sich von seinen Geschichtsschreibern so gerne als frommer und mildtätiger Mann feiern ließ, denn jetzt konnte er aller Welt wieder einmal seine außergewöhnliche Großmut beweisen: Er wandelte das Todesurteil in lebenslängliche Klosterhaft um. Wenn er denn schon geschoren werden solle, bat Tassilo darauf, so möge man diese demütigende Prozedur wenigstens nicht vor der hochedlen Versammlung des Landtages an ihm vollziehen.

Dies sind die letzten bekannten Worte des Fürsten vor seiner Verbannung in die Einsamkeit und Stille des bei Rouen gelegenen Klosters von Jumiège.

Der Geblendete zu Laurisheim

Was aber nutzte dem König Karl ein einzelner Agilolfinger in der Mönchsklause? Da sein Sinn nach dem ganzen Lande stand, und deswegen das schaurige Spektakel inszeniert wurde, machte er in Ingelheim buchstäblich kurzen Prozeß und verhängte Sippenhaft über die ganze tassilonische Familie: Liutbirc, der mitregierende Sohn Theodo, dessen Bruder Cotadeo und die Schwestern Cotari und Hrodrud wurden ebenfalls in Klöster verbannt. Die Agilolfinger, von denen es in der *Lex Baiuvariorum* doch geheißen hatte, daß sie immerdar den Herzog in Bayern stellten, waren abgesetzt. Das Recht war gebrochen.

Der Frankenkönig hatte damit »on alle schwertschlag«, wie Aventin schrieb, das alte Herzogtum für sich erobert; Baiern hatte seine Selbständigkeit endgültig verloren.

Über das Schicksal der Herzogsfamilie schweigen die Quellen von da an fast vollständig. Sechs Jahre nach der Verbannung zitierte man, wie es heißt, den Fürsten noch einmal aus der Verbannung hervor und ließ ihn aus irgendwelchen Gründen die Abdankung auf dem Reichstag zu Frankfurt wiederholen.

Jahrhundertelang galt das am Rhein gelegene Kloster Lorsch als letzter Aufenthaltsort des dritten Tassilo, und hier, »*in monasterio Laureacensi*«, soll er am 11. Dezember eines nicht bekannten Jahres auch gestorben sein.

In den dreißiger Jahren vermuteten einige Forscher, die alte Nachricht habe sich vielleicht auf Passau bezogen, das ja gelegentlich als Sitz des Erzbischofs von Lorch bezeichnet wurde, als »*sedes archiepiscopi Laureacensis*«. Man glaubte auch schon, sein Grab im Kloster Passau-Niedernburg gefunden zu haben... zuletzt stellte sich dann aber doch heraus, daß dies die letzte Ruhestätte der Äbtissin Heilika war; die im Laufe der Jahrhunderte stark verstümmelte Inschrift war wohl fälschlich auf Tassilo bezogen worden.

Der Rest dieses großen, tragischen Lebens ist Legende. »Als Tassilo gefangen ward von dem Künig Karl, do mueßt er stät sehen in zwei glüehende Becken, davon er ganz erblindt. Nach dem kam er gen Laurisheim in das Kloster, das er selbst gestiftet hat und lebt gar eins heiligen Leben. Einer Zeit, do kam Künig Karl dahin und sein Gewohnheit war, daß er allzeit zu Mitternacht aufstüend und betet Metten, und stuend in diesem Gotteshaus auch nach seiner Gewohnheit auf und ging in die Kirchen beten. Da sah er, daß der Engel Gottes den blinden Tassilonem führt von einem Altar zu dem andern. Morgens fragt er, wer dieser Mensch gewesen wär. Sie wußten nichts davon. Zur andern Nacht wachten etlich mit dem Künig und sahen auch diese Gnad. Da sagten sie, daß es Tassilo, der Herzog, wär...«

Die stille Verschwörung

Nach zweihundert Jahren, in denen sie aus einer aufgegebenen römischen Provinz ein blühendes Land gemacht haben, mußten die Agilolfinger ruhmlos abtreten.

Das Volk hatte keine Stimme, es konnte nicht für seinen Herzog votieren, und nur die wenigsten werden überhaupt gewußt haben, daß es hier um Baierns Unabhängigkeit ging. Die Anhänglichkeit der Bajuwaren ans Herrscherhaus, die sich in den beinahe achthundert wittelsbacherischen Jahren so vielfach gezeigt hat und die auch durch die Revolution von 1918 nicht ganz zerstört werden konnte – Tassilo hat sie nicht zu spüren bekommen. Er war auf sich gestellt und hatte niemanden in der ganzen Versammlung, der ein Wort für ihn eingelegt und seine Sache vertreten hätte.

Einige bairische Adelige sollen wegen ihrer Herzogstreue zwar verbannt worden sein, doch da diese Strafaktion in der fränkischen Chronik in einen Nebensatz abgedrängt wird, da die Berichte darüber vage und spärlich sind, wird es sich dabei nicht um allzu viele Männer gehandelt haben: »... und einige Baiern, die in Feindschaft zu König Karl verharren wollten, wurden verbannt«; das ist alles, was darüber geschrieben wurde.

So steht es in den Annalen und so wird es geglaubt. Was aber, wenn alles ganz anders gewesen wäre, wenn diese Wortkargkeit verharmlosen und bagatellisieren sollte, was in Wirklichkeit eine Rebellion, eine anti-fränkische Verschwörung war?

Doch das muß Spekulation bleiben, denn »federführend« in dieser Angelegenheit (und leider in der ganzen bairischen Geschichtsschreibung der frühen Jahrhunderte) waren ja die Historiker des fränkischen Königs, und die werden sich gehütet haben, in ihren Büchern Freundliches über den abgesetzten Baiernherzog zu sagen. Jene Adeligen, die zu den Franken standen, hatten guten Grund, ihrem alten Herrscherhaus abzuschwören. Jahrhundertelang waren sie mit den Agilolfingern gut ausgekommen, und sie haben auch nie – was dazumal äußerst ungewöhnlich war – gegen die erste Familie im Lande geputscht und intrigiert. Doch im Laufe der Zeit hatten viele dieser noblen Herren königlich-fränkische Lehen erhalten, die sie jetzt nicht dadurch wieder loswerden wollten, daß sie sich in blinder, kindlicher Anhänglichkeit für eine Sache einsetzten, die ohnehin verloren war, in der sie niemandem helfen, sich selber aber schaden konnten.

Die geistlichen Herren wiederum hielten sich pflichtschuldig an den Papst zu Rom, und der hatte sich schon längst für Karl entschieden. Die Treulosigkeit dem eigenen Landesherrn gegenüber ging sogar so weit, daß man vom Freisinger Bischof Arbeo, einem gebürtigen Südtiroler, der vielleicht mit den Huosi verwandt war, mit Fug und Recht behaupten konnte, er diene dem König sehr viel ergebener als jenem Herzog, der seiner Kirche so viele Gotteshäuser gebaut und mehr als eine Länderei geschenkt hatte.

Mit den Stiftungen hatte es in Baiern damals allerdings seine besondere Bewandtnis. Wenn der Herzog oder ein reicher Edeling eine Kirche oder ein Kloster stifteten, so war das zunächst nämlich eine Stiftung zu Ehren Gottes und zum Nutzen der eigenen Familie; der Bischof konnte sie nicht ohne weiteres dem Besitzstand seines Bistums zurechnen.

Daß dieses von den Agilolfingern geförderte »Eigenkirchensystem« dem Arbeo und seinen Kollegen nicht gefiel und daß sie sich lieber an die in dieser Frage sehr viel kirchenfreundlicheren Franken hielten, ist nicht weiter verwunderlich. Und der Freisinger bekam ja auch zu spüren, daß der Stifter mit seinem Kirchengut

nach Belieben schalten und walten konnte: Tassilo und Liutbirc
nahmen ihm die gestifteten Kirchen ohne viel Federlesens wieder
weg, als er sich auf die Seite ihrer Feinde schlug.

Tassilo, der sein Land vom fränkischen Einfluß möglichst freihal-
ten wollte, hatte keine Chance gehabt, und der Sieg seiner Widersacher war schließlich so total, daß sich bis heute nur ahnen läßt,
welche politischen Ziele der letzte agilolfingische Herzog verfolgt
haben mochte. Was in den ersten Familien Baierns im 8. und
9. Jahrhundert gedacht, gesprochen und geplant wurde, weiß man
nicht; Überlieferung und Beurteilung der historischen Ereignisse
war einigen fränkischen Hofschreibern vorbehalten, und ihre Bücher – diese königlich-fränkische Public-Relations-Arbeit – haben über mehr als tausend Jahre hinweg den Ton angegeben, in
dem über die vierzig Regierungsjahre des Tassilo berichtet wurde.

Was die Schreiber des Herrn Karl einst notiert haben, wurde
beinahe kritiklos kopiert; der Regent aus dem Westen bekam so
selbst in den bairischen Geschichtsbüchern fast nur gute bis sehr
gute Zensuren.

Der lothringische Jesuitenpater Johannes Vervaux zum Beispiel, ein Beichtvater und politischer Ratgeber Maximilians I., hat
um die Mitte des 17. Jahrhunderts tatsächlich gemeint, nur Karls
»angeborener Sanftmut, seinem langmütigen Temperament, seiner Ehrfurcht gegenüber dem verwandten Blut und der alten
Freundschaft mit Tassilo« wäre es zu danken gewesen, daß die
fränkisch-bairische Sache nicht schon früher auf dem Schlachtfeld
ausgetragen worden sei. Und Tassilo wurde von den Historikern
das eine Mal vorgeworfen, er habe in Worms eine »widerliche
Selbstbezichtigung« geboten, ein andermal wieder soll sein Ehr-
geiz ins Unermeßliche gestiegen sein, bei noch anderen Autoren
ist zu lesen, der Herzog selbst sei ja ein braver Mann gewesen, aber
seine langobardische Frau hätte die Schmach nicht vergessen können, die Karl ihrer Familie angetan habe, und so sei diese angeheiratete Bajuwarin zum bösen Geist im agilolfingischen Hause geworden (und in den fränkischen Annalen, die so oft den lieben
Gott beschwören, heißt man sie sogar ganz unchristlich Tassilos
»böswillige Frau, die gottverhaßte Liutberga«).

Die ungetreuen Verwalter

Ein Herzog, der es gut mit den Seinen gemeint hatte, blieb unge-
liebt. Nur die Mönche von Kremsmünster und einigen anderen
tassilonischen Klosterstiftungen haben sein Andenken über alle
Zeiten hinweg in Ehren gehalten. Worin aber bestand das Verbrechen, dessen ihn die Franken
(und die Nachwelt) ziehen?

Hat er denn soviel anders und verwerflicher gehandelt als der
Großvater jenes Karl, der über ihn zu Gericht saß?

Dieser karolingische Vorfahr, Karl Martell, hatte nämlich im
Jahre 737 ein Reich annektiert, zu dessen Verwalter er bestellt
war. Statt nach dem Tode von Theuderich IV. ein Mitglied der
Merowingerfamilie auf den Thron zu setzen, wie es seines Amtes
gewesen wäre, machte er sich selbst zum Herrn des Frankenreichs. Die Dynastie der Hausmaier, die ja bereits seit längerer
Zeit die Geschäfte des Königs wahrnahm, hatte endgültig die
Macht an sich gerissen. Und Karl Martell spielte diese Rolle des
ungetreuen Vasallen bis zu seinem Tode: Als es nämlich mit ihm
zu Ende ging, teilte er das Reich unter seinen Söhnen auf, als
handelte es sich um sein Eigentum; außerdem bestimmte er, daß
man ihn in Saint Denis beisetzte, wo bis dahin alle merowingischen Könige ihre letzte Ruhestätte gefunden hatten. Und sein
Sohn Pippin tat kaum eineinhalb Jahrzehnte später ganz konse-
quent den noch fehlenden letzten Schritt – er ließ sich zum König
krönen.

In einem ihrer Geschichtsbücher, in dem zwischen 830 und 840
vom kaiserlichen Ratgeber Einhard verfaßten *Leben Karls des
Großen*, ließen sie diese Usurpation dann so erklären:»Das Geschlecht der Merowinger, aus dem die Franken ihre Könige zu
wählen pflegten, endete nach der gewöhnlichen Annahme mit
König Hilderich, der auf Befehl des römischen Papstes Stephan
abgesetzt, geschoren und ins Kloster geschickt wurde. Aber obwohl es erst mit ihm ausgestorben zu sein scheinen könnte, so war
es doch schon längst ohne alle Lebenskraft und hatte außer dem
eiteln Königstitel nichts Ruhmvolles an sich; denn die Macht und
die Gewalt der Regierung waren in den Händen der Pfalzvorste-
her, die Hausmaier hießen und denen die ganze Regierung oblag.

Dem König blieb nichts übrig, als zufrieden mit dem bloßen Königsnamen, mit langem Haupthaar und ungeschorenem Bart auf dem Throne zu sitzen und den Herrscher zu spielen, die von überallher kommenden Gesandten anzuhören und ihnen bei ihrem Abgange die ihm eingelernten oder anbefohlenen Antworten wie aus eigener Machtvollkommenheit zu erteilen, da er außer dem nutzlosen Königstitel und einem unsicheren Lebensunterhalt, den ihm der Hausmaier nach Gutdünken zumaß, nur noch ein einziges, noch dazu sehr wenig einträgliches Hofgut zu eigen besaß, auf dem er sein Wohnhaus hatte und Knechte in geringer Zahl, die ihm daraus das Notwendige lieferten und ihm dienten. Überall, wohin er sich begeben mußte, fuhr er auf einem Wagen, den ein Joch Ochsen zog und ein Rinderhirte nach Bauernweise lenkte ...«

Die Hausmaier hatten ihre Gönner entmachtet, gedemütigt und dem Gespött der Welt preisgegeben. Konnte man da erwarten, daß sie mit dem bairischen Separatisten sehr viel nobler umgehen würden?

Und selbst wenn Tassilo sich gegen die alten Verträge und Schwüre vergangen haben sollte, war das, was er geplant (und zum Teil ja auch schon erreicht) hatte, dem Königssturz am Frankenhof auch nur vergleichbar? War es schlimmer und verwerflicher als dieser karolingische Staatsstreich? Hatten ihm denn Karl Martell, Pippin und der Vetter Karl nicht vorgemacht, wie man König wird?

Kein Lohn für die Schurken

Das Ziel war endlich erreicht und der eigenwillige Agilolfinger aus dem Weg geschafft; eine große Provinz – sie reichte vom Fichtelgebirge bis hinab nach Bozen und Kärnten – war fest in Frankenhand: Baiern war »heim ins Reich« geholt worden (so ähnlich wird man eine Annexion auch damals schon erklärt, entschuldigt und verharmlost haben).

Die bairischen Edelleute aber, die in Ingelheim dem König zu Gefallen ihren Landesvater so schmählich denunzierten, wurden nicht so belohnt, wie sie es sich erhofft haben mochten. Als nämlich jetzt das Land neu verteilt wurde, dachte der Franke

zunächst einmal an sich und seine Familie. Er schickte seinen
schwäbischen Schwager Gerold von der Bertholdsbaar als Verwalter (*praefectus*) in die Regensburger Residenz und ließ gleichzeitig das jahrhundertealte agilolfingische Herzogsgut, diesen reichen, weitverzweigten Besitz, in fränkisches Königsgut umwan-
deln.

Im Lande blieb es ruhig, und in der aventinischen Chronik
heißt es nur, daß ganz Baiern König Karl die Treue geschworen
und ihn als rechtmäßigen Herrn und natürlichen Erben des Landes anerkannt hätte. Was blieb den Bajuwaren auch anderes übrig. Das Volk wird
den neuen Herrn ertragen haben, eine goldene Zeit war jedenfalls
nicht angebrochen, und alles, was über die folgenden Jahrzehnte
zu hören ist, hat mit Kriegen zu tun, in denen die Baiern für den
fränkischen Regenten streiten mußten (und diese Händel führten
die ehemaligen Untertanen der Agilolfinger bis hinüber nach
Spanien). Es gab keinen Tassilo mehr, der sich solchen Feldzügen
widersetzt hätte.

Aus dem selbstbewußten Stammesherzogtum war eine fränkische
Provinz geworden, auch wenn die neuen Herren sorgsam darauf
bedacht waren, die Integrität dieses alten Landes zu wahren. Mit
dem ihnen eigenen staatsmännischen Verstand hatten sie sehr
genau erkannt, daß Baiern eine gewachsene Provinz und sehr viel
mehr als nur eine »Verwaltungseinheit« war. Statt durch »Ge-
bietsreformen« am (Grenz-)Bestand dieses ehemaligen Herzogtums zu rütteln, haben sie den Zusammenhalt des großflächigen
Gaues sogar noch dadurch gefördert, daß sie die bairischen Bistümer in einem Erzbistum zusammenfaßten.

Kaiser Karl – zwölf Jahre nach der Entmachtung Tassilos III.
wurde er zu Rom gekrönt – war angeblich in Baiern geboren
worden; in der Reismühe zu Gauting, sagen die einen, »zu Karls-
perg auf dem schlos am Wirmsê, drei meil oberhalb München«,
schreibt Aventin. Daß er sich nun, da er der unangefochtene Herr
war, für den Bestand Baierns einsetzte, hatte wohl weniger mit
Patriotismus oder Nostalgie, dafür um so mehr mit politischem
Kalkül zu tun: Er brauchte im Osten seines Reiches eine starke
Provinz.

Die Baiern hatten mit den Hunnen und Awaren schon längst ihre Erfahrungen gemacht. Man war mit Waffengeklirr gegeneinander losmarschiert und hatte sich dann doch auch immer wieder für einige Zeit vertragen. Dabei hatten die Herzöge aus Regensburg eine große Aufgabe darin gesehen, diese wilden Nachbarn nicht nur zu bekriegen, sondern ihnen auch das Christentum zu bringen und sie zu zivilisieren.

Jetzt, unter fränkischem Oberbefehl, gab es da kein langes Fackeln mehr, jetzt wurden Nägel mit Köpfen gemacht... und als der Krieg nach acht Jahren vorbei war, hatte der als Kämpfer berühmte Gerold zwar sein Leben verloren, doch die Awarengefahr war so gründlich abgewendet, daß man die Gegend, in der diese gefährlichen Anrainer ursprünglich gewohnt hatten, nur noch Awarenwüste nannte.

Wie viele Schlachten während dieses Krieges geschlagen wurden, vermerkte Einhard in seiner *Vita Caroli Magni:* »Wie viel Blut vergossen wurde, wird dadurch bewiesen, daß Pannonien ganz unbevölkert ist und der Ort, wo vormals des Kagans Königsburg war, jetzt so verödet liegt, daß auch keine Spur menschlicher Behausung auf ihm zu entdecken ist. Der gesamte Adel der Hunnen kam in diesem Kriege um, ihr ganzer Ruhm ging unter. Alles Geld und die seit langer Zeit angehäuften Schätze fielen in die Hände der Franken, kein Krieg, soweit Menschengedenken reicht, brachte diesen so viel Reichtum und Macht. Denn während man sie bis dahin beinahe als arm ansehen konnte, fand sich nun in der Königsburg eine solche Masse Gold und Silber, und in den Schlachten fiel so kostbare Beute an, daß man mit Recht glauben durfte, die Franken hätten gerechterweise den Hunnen das geraubt, was diese früher andern Völkern ungerechterweise geraubt hatten.«

Fünfzehn vierspännige Ochsenkarren, vollgeladen mit Gold und Silber, rollten aus dem Ungarischen in die karolingische Residenz. So war zur Macht nun auch noch der Reichtum gekommen. Der Papst in Rom hat von der heidnischen Beute sein Scherflein abbekommen – denn mit dem Nachfolger Petri wollten es sich die Franken nicht verderben –, doch fürs Klosterbauen blieb nichts mehr übrig. Kein Wunder, da der Karolinger ja an allen Ecken und Enden seines sich immer mehr aufplusternden

Imperiums Kriege führte; insgesamt mögen es siebzehn oder mehr Feldzüge gewesen sein.

Königliche Pleite am großen Graben

Die letzten Agilolfinger gründeten innerhalb eines guten Jahrzehnts mehr Klöster als die Franken in ihrem sehr viel größeren Reich in einem ganzen Jahrhundert. Die neuen Herren der alten Welt hatten allerdings ganz andere Interessen. In Baiern zum Beispiel ist von den Bauunternehmungen des Kaisers Karl (den Dürer 1510 als einen ungesund aufgeschwemmten Koloß dargestellt hat) eigentlich nur eine einzige der Erinnerung wert; ein gewaltiges, für den Krieg bestimmtes Unternehmen, das sehr schnell fallierte und erst in unseren Jahren – bei vielen Widerständen – zu einem umstrittenen, nicht mehr Kriegszwecken dienenden Ende geführt wurde: der Rhein-Main-Donau-Kanal.

Fünf Jahre nach der Machtübernahme im Herzogtum, im Herbst des Jahres 793, fuhr Karl zu Schiff von Regensburg »zu dem großen Graben zwischen Altmühl und Rednitz«, zu dieser Baustelle, die ihn berühmt gemacht und in die Nähe der großen Pyramidenbaumeister gerückt hätte... wenn das ganze Unternehmen nicht ebenso frühzeitig wie kläglich gescheitert wäre.

»Etliche, welche die Sache zu verstehen behaupteten«, hatten dem Franken zugeredet: Eine Verbindung von Donau–Altmühl–Rednitz–Main–Rhein würde den Transport innerhalb des Reiches vereinfachen, die Truppen ließen sich dann mühelos von einer Front zur anderen schaffen.

In den Annalen des Jahres 793 ist beschrieben, wie das Kanalprojekt sehr schnell an sein Ende kam und nur jene kläglichen Überreste zurückließ, die bei dem zwischen Weißenburg und Treuchtlingen gelegenen Dorf Graben noch heute zu besichtigen sind.

Als ihm seine Ratgeber den Bau empfohlen hatten, begab sich Karl »sogleich mit seinem Gefolge in die Gegend, ließ eine große Menge Menschen dahin kommen und den ganzen Herbst hindurch daran arbeiten. Es wurde also zwischen diesen beiden Flüssen ein Graben gezogen, zweitausend Schritte lang und dreihundert Fuß breit; jedoch umsonst. Denn bei dem anhaltenden Regen

und da das sumpfige Erdreich schon von Natur aus zuviel Nässe
hatte, konnte die Arbeit keinen Halt und Bestand gewinnen,
sondern wieviel Erde bei Tag von den Grabenden herausgeschafft
wurde, soviel setzte sich wieder bei Nacht, indem die Erde wieder
an ihre alte Stelle einsank.« Das große Projekt endete mit einer Pleite. Der König aber
zuckte nur resigniert mit den Schultern, ließ sich an die Rednitz
bringen und fuhr zu Schiff nach Würzburg, um dort Weihnachten
zu feiern.

…und Baiern für den Benjamin

In den siebzehn Jahren, die ihm noch zu regieren blieben, wird
nicht mehr viel aus und über Baiern berichtet. Die Bewohner des
Landes lebten so, wie sie es gewohnt waren, sie gingen ihrer
Arbeit nach und dachten nicht daran, sich mit den fränkischen
Herren anzulegen, auch wenn es entschieden zu oft Krieg gab –
doch das war bei den Franken nun mal so üblich, da verging eben
kaum ein Jahr, in dem nicht an mehreren Fronten gekämpft
wurde. Und schließlich hatten die großen Herren der karolingischen Familie zeitweise auch untereinander dies und jenes mit der
Waffe zu regeln. Machtansprüche zum Beispiel oder Erbschafts-
fragen.

So war es bei Karl dem Großen gewesen, als sein Bruder Karlmann starb, und dabei blieb es unter seinem Sohn und Nachfolger
Ludwig dem Frommen. Aventin hat in seiner voluminösen *Chronik* (die Ausgabe des Jahres 1883 füllt beinahe zwölfhundert
Druckseiten) auch die Kriegszüge dieses Regenten aufgezeichnet,
und als er sie denn schließlich alle beisammen hatte, überschrieb er
das letzte Kapitel: »Die neunt Zwitracht Kaiser Ludwigs wider
sein sün.« Auch dieser Karolinger hatte sich der Feinde von außen
und innen zu erwehren.

Für die kleinen Leute brachten diese »Auseinandersetzungen«
nur Kummer und Entbehrung, wenn nicht gar den Tod. Sie litten
noch unter den Folgen des letzten Feldzuges, während die Großen bereits wieder gemeinsam an der Tafel saßen und darüber
nachdachten, wo sie in einem neuen Kampf erfolgreicher sein und
noch mehr holen könnten.

Der zweite karolingische Herr über Baiern, eben jener Ludwig der Fromme, befand sich gerade auf einem seiner Güter in Südwestfrankreich, als sein kaiserlicher Vater Karl am 28. Januar 814 zu Aachen im einundsiebzigsten Jahr das Zeitliche segnete. Dreißig Tage später war Ludwig am Sterbeort seines Vorgängers, und da er der einzige noch lebende Sohn des mächtigen Erblassers war, gab es bei der Übernahme des Reiches keinerlei Probleme.

In die bairische Provinz, wo damals ein Graf namens Authulf die fränkischen Interessen vertrat, hat Ludwig seinen neunzehnjährigen Sohn Lothar geschickt: »König Lauther oder säxisch Luther«, nennt ihn Aventin. Der junge Herr durchreiste das Land von einem Ende bis zum andern – Baiern reichte zu dieser Zeit vom Lech hinab zur Save und Theiss, vom nördlichen Italien bis hinauf zum Main –, doch damit ließ er es bewenden. Drei Jahre später wurde er ohnedies als Mitregent an den Kaiserhof zurückgerufen, denn sein Vater teilte 817 zwischen zwei Jagdausflügen in Aachen das Reich Karls des Großen neu auf: Für sich selbst und für seinen designierten Nachfolger Lothar behielt er den Hauptteil Frankens, Sohn Pippin wurde mit dem in West-Südwestfrankreich gelegenen Aquitanien bedacht und Ludwig (eigentlich Hludowicus oder auch Lodhuuicus) bekam den Auftrag, nach Baiern zu reisen, »damit das Volk wüßte, welchem Herrscher es gehorchen sollte.«

Daß ausgerechnet der jüngste unter den Kaisersöhnen – Ludwig war zwölf Jahre alt – mit dem weiland agilolfingischen Herzogtum bedacht wurde, schmeichelte den Bajuwaren nicht, denn es schien anzudeuten, daß die östliche Provinz den Franken nicht sehr viel wert war.

Und doch wurde das Land durch diese Schenkung ausgezeichnet – immerhin war es, im Gegensatz zu vielen anderen fränkischen Gauen, einem Kaisersohn zugefallen, und schließlich hatte es damit auch seinen eigenen Herrn bekommen. Und der Enkel Karls des Großen wußte die besondere Stellung Baierns zu schätzen und zu nutzen: Vom Jahre 830 an ließ sich der inzwischen fünfundzwanzigjährige Frankensproß in seinen Urkunden »Ludwig, von Gottes Gnaden König von Baiern« oder »Ludwig, König der Baiern und der angrenzenden Gebiete« nennen.

Der vierte Mann

Es gehörte schon zur Tradition, daß man in der ersten Familie des Frankenreichs mit seinem Erbteil nicht zufrieden war; jeder wollte mehr und war letztlich darauf bedacht, möglichst alles zu bekommen. Ludwig machte da keine Ausnahme, und im Jahre 829 gab es dann auch bereits den ersten ernsten Zusammenstoß innerhalb der Familie.

In jenen Tagen mußte nämlich wieder einmal ein Nachgeborener abgefunden werden. Wie schon zu Karl Martells Tagen der Nachzügler Grifo in die Liste der Erbberechtigten nachgeschoben wurde (und dortselbst große Unruhe stiftete), so mußte auch Ludwig der Fromme sein ohnedies bereits dreigeteiltes Reich noch einmal zerlegen, um einen in der zweiten Ehe gezeugten Sohn zu bedenken: Der sechsjährige Karl, den sie später »den Kahlen« nannten, erhielt Alamannien, das schweizerische Raetien und einen Teil von Burgund.

Die Söhne Lothar (34), Pippin (26) und Ludwig (24) empörten sich ein erstes und sie empörten sich kurze Zeit später ein zweites Mal, doch als dann Pippin ernstmachen und den Kaiser vom Thron vertreiben wollte, spielte der Baier nicht mehr mit. Auch wenn es ihm überhaupt nicht gefiel, daß der Halbbruder so großzügig bedacht worden war und hinfort in seiner Nachbarschaft regieren sollte, so durfte man sich deshalb doch nicht gleich am eigenen Vater vergreifen.

Neun Jahre später erledigte sich diese leidige Angelegenheit von selbst, denn Pippin starb und Karl wurde geschwind mit dem nun herrenlosen Aquitanien erfreut, während Lothar den auf solche Weise frei werdenden alamannischen Teil zurückerhielt.

Damit war alles wieder so, wie es der Vertrag des Jahrs 817 festgelegt hatte... doch jetzt begannen Karl und Ludwig an ihren Portionen herumzumäkeln. Warum, so fragten sie, ist Lothars Mittelstück soviel größer als unsere beiden Teilstücke zusammen? Und weil der Vater gestorben war, sollte die Erbschaftsangelegenheit nun doch auf dem Schlachtfeld ausgetragen werden. Ludwig kam mit seinen Baiern von Osten, Karl mit seinen Aquitaniern vom Westen und Lothar in der Mitte hatte keine Chance, den Kampf für sich zu entscheiden.

Das Ergebnis wurde im Jahre 843 zu Verdun protokolliert. Ludwig bekam jenes von Hamburg bis zum Wienerwald reichende Stück des Frankenreiches zugesprochen, das er sich so sehr gewünscht hatte – aus Ludwig, dem König der Baiern, wurde Ludwig der Deutsche. Und da dem Kampfgefährten Karl der Westen (fast ganz Frankreich) zufiel, blieb für Lothar nur noch der breite, von Holland bis Italien reichende Korridor, die sogenannte »Kegelbahn«. Das Reich Karls des Großen war damit endgültig geteilt – Frankreich und Deutschland traten in die Geschichte ein.

Ludwig war nun zwar ein mächtiger Mann (dessen Reich nach einigen kleineren Erbschaften ein gutes Stück größer war als die alte Bundesrepublik), aber was half es ihm: Er hatte sich mit seiner Frau Hemma eine Erbkrankheit in die Familie geheiratet, und so nahm es mit seinen Nachkommen ein schnelles, armseliges Ende. Das erste Opfer war sein Sohn Karlmann, dem er gerade erst den bairischen Teil seines Reiches vererbt hatte. Mit etwa fünfundvierzig Jahren starb er 880 in der geliebten Pfalz zu (Alt-) Ötting. Zwei Jahre später endete das Leben seines Bruders Ludwig, und der letzte der drei Königssöhne, Karl III., mußte 887 von den Mächtigen des Reiches abgesetzt werden. Mit »großem schmerz im haubt«, wie Aventin berichtet, hatte es bei ihm angefangen, und trotz aller ärztlichen Bemühungen und einer Operation verschlimmerte sich sein Leiden, er »nam merklich an leib und verstand ab, war schier gar ein kind« und starb mit fünfundvierzig Jahren. Durch Kraft und Rücksichtslosigkeit, durch Schlachten, Verträge und Erbschaften hatten sich die Karolinger in die Geschichte hineingedrängt, und jetzt, im Jahre 887, mußte ihr deutscher Zweig das Reich sogar einem unehelichen Seitentrieb überlassen, der es wenig später an ein kränkelndes Kind weitervererbte.

Karl der Große war noch keine hundert Jahre tot, als anno 911 die Herrschaft der Karolinger in Deutschland und Baiern endete. Es kamen andere Familien, die Macht – auch die über Baiern – wurde neu errauft und neu verteilt, den Luitpoldingern folgten die Ottonen, diesen die Welfen und 1180 fiel schließlich den Wittelsbachern das Land zu.

In den Jahrhunderten seit der Absetzung von Herzog Tassilo III. hatte es in Baiern viel Bewegung gegeben, die Ungarn waren mehrmals eingefallen, sie hatten das Land überrannt und gebrandschatzt, Klöster zerstört und die Bevölkerung geschunden und gemordet.

Doch soviel die Großen auch miteinander und gegeneinander stritten, in all dem blutigen Hin und Her blieb Baiern erhalten und haben die Baiern überlebt. Sie waren unter der friedlichen und selbstbewußten Politik der Agilolfinger zu einem Stamm zusammengewachsen, der sich nun schon eineinhalb Jahrtausende behauptet.

Bodendenkmäler
und das Bayerische Denkmalschutzgesetz

»An seinem Müll, der Schicht auf Schicht
lagerte, war er, sobald man ihm nachgrub,
jederzeit zu erkennen; denn langlebiger
als der Mensch ist sein Abfall. Einzig
Müll hat ihn überdauert!«

Günter Grass in *Die Rättin*

...und seit die Archäologen im 19. Jahrhundert begannen, den alten Baiern nachzugraben, wurde deren Vergangenheit bis in die fernsten Zeiten verlängert. Niemand aber weiß zu sagen, was vielleicht schon am nächsten Tag unter all den vielen Schichten entdeckt wird. Vielleicht von einem Bauern, der sein Feld umackert, von einem Arbeiter, der in einer Baugrube auf seltsame Gegenstände stößt, oder von einem Raupenfahrer, der beim Trassieren einer neuen Straße unterm Humus eine Verfärbung des Bodens entdeckt...

Die Erforschung des ältesten Baiern ist ein »work in progress« und von Berufs wegen oder durch Zufall (wie der Bauer Kagermeier aus Pösing zum Beispiel) kann ein jeder mit ein wenig Glück dazu beitragen.

Auf daß nichts verlorengehe, wurden die Regeln, wie mit solchen Funden umzugehen ist, im Bayerischen Denkmalschutzgesetz vom 1. Oktober 1973 in den Abschnitten über »Bodendenkmäler« festgelegt: »Bodendenkmäler«, heißt es dort im Artikel 1, »sind bewegliche und unbewegliche Denkmäler, die sich im Boden befinden oder befanden und in der Regel aus vor- oder frühgeschichtlicher Zeit stammen.« Und im Artikel 8: »Wer Bodendenkmäler auffindet, ist verpflichtet, dies unverzüglich der Unteren Denkmalschutzbehörde, in deren Bereich der Fundort gelegen ist, oder dem Landesamt für Denkmalpflege anzuzeigen. Zur Anzeige verpflichtet sind auch der Eigentümer und der Besitzer des Grundstückes sowie der Unternehmer und der Leiter der Arbeiten, die zu dem Fund geführt haben...«

Wer diese unverzügliche Anzeige unterläßt, wer die aufgefundenen Gegenstände und den Fundort nicht unverändert läßt oder wer der Übergabepflicht nicht nachkommt, kann – so Artikel 23 – mit einer Geldstrafe bis zu 500000 DM belegt werden.

Meldestellen sind: das Bayerische Landesamt für Denkmalspflege, Abtlg. für Vor- und Frühgeschichte, Hofgraben 4, 80539 München (Postfach 10 02 03, 80076 München) – oder die Außenstellen Landshut, Augsburg, Nürnberg, Regensburg, Würzburg und Ingolstadt.

ANHANG

ZEITTAFEL

Jahre vor Christi Geburt:

20–15 Mrd.   Ein »Big Bang« – der Kosmos entsteht

4,5 Mrd.   der Globus formt sich

14,8 Mio.   am Rande Baierns geht ein Meteorit nieder (und bildet das Ries)

4,4 Mio.   Australopithecus anamensis, vielleicht das »missing link« zwischen Affe und Mensch

3,5 Mio.   »Lucy«, die »Eva aus Äthiopien«

180 000–150 000   erste Menschen in Baiern (Pösing, Saal etc.)

100 000   auf dem Speckberg bei Nassenfels – einer fundreichen Freilandstation der Altsteinzeit – halten sich erstmals Jäger auf

30 000–25 000   die »Rote von Mauern«; etwa zur gleichen Zeit – vor 30 000 Jahren – entstehen die Höhlenbilder in der Grotte Chauvet bei Vallon-Pont-d'Arc im Tal der Ardèche

18 200   der junge Mann von Neuessing

13 000   die Schädelbestattungen in der Ofnet-Höhle

8000   das Haus im Donaumoor

4500   in der Zeit der Stichbandkeramiker entstehen die niederbayerischen Grabenrondelle

3500   die Altheimer Gruppe – Pestenacker (»ältester Misthaufen der Welt«)

2500–2000   Ende der Steinzeit, Beginn der Bronzezeit (ältester Bronzefund: 3600 v. Chr. in Ban Chiang/Thailand)

1200   der Reitersmann aus Hart a. d. Alz

900   Urnenfelderzeit; Ende der Bronze- und Beginn der Eisenzeit

750   Hallstattzeit

500   Keltenzeit (La-Tène-Zeit)

50   etwa um diese Zeit (irgendwann zwischen 60 und 30 v. Chr.) wird Manching zerstört

15   die Römer kommen nach Baiern und besetzen zunächst offensichtlich nur den Westteil (mit Kempten und Augsburg) – erstes gesichertes Datum der bairischen Geschichte

Jahre nach Christi Geburt:

77–81   römische Militärlager in Günzburg, Kösching, Eining, Regensburg-Kumpfmühle und Straubing

80   Via Claudia (Venedig–Augsburg–Donau) fertiggestellt

um 90   Militärlager Boiodurum (Passau-Innstadt)

98	Tacitus nennt Augsburg die »glänzendste Hauptstadt der Provinz Raetien«
um 125	unter Kaiser Hadrian (117–138) Limesausbau vollendet
179	Ausbau Regensburgs abgeschlossen: »Stadtgründungsurkunde«
211	Caracalla besucht Raetien, ordnet Verstärkung des Limes an, gewährt allgemeines Bürgerrecht
213	erstes Auftreten der Alamannen
233	die Alamannen überrennen einen großen Teil des Limes (»Straubinger Schatzfund«, Münzfunde in Baiern)
256	letzte römische Inschrift nördlich der Donau
294	Raetien in zwei Provinzen geteilt, Chur Hauptstadt von Raetia I, Augsburg von Raetia II
5. oder 7. 8. 304	die Christin Afra wird in Augsburg verbrannt
350–400	Baia-warjôz, Männer aus Böhmen, legen einen Friedhof in Friedenhain nahe Straubing an – Beginn der Bajuwarenzeit (?)
um 400	letztes römisches Zeugnis in Baiern (Fragment eines Grabsteines in Augsburg)
451	Attila zieht mit den Hunnen durch Baiern nach Gallien (und nach der Schlacht auf den Katalaunischen Feldern durch Baiern wieder zurück)
um 460	der hl. Severin kommt nach Baiern
um 472/475	Passau wird evakuiert und durch Thüringer erobert
488	Odoaker befiehlt die Rückkehr aller in Noricum lebenden Römer nach Italien
530–550	in Irlmauth bei Regensburg werden die »Dame 19« und der »Krieger 36« begraben
536	die Franken unterwerfen die Alamannen (und wahrscheinlich auch die Baiern)
551	erste Erwähnung der Baiern (in der *Gotengeschichte* des Jordanes)
um 550–590	Garibald I., erster Agilolfingerherzog in Baiern
565–570	der Priester Venantius Fortunatus macht seine Erfahrungen mit den Baiern
15. 5. 589	die bairische Herzogstochter Theudelinde heiratet den Langobardenkönig Authari
591	Tassilo I. durch den Frankenkönig Childebert I. als König über Baiern eingesetzt
um 610–660	Garibald II.
610	Niederlage der Baiern bei Agunt (Tirol)
um 620	Eustasius kommt nach Regensburg (gest. 629)
631–632	Ermordung von 8300 Bulgaren
um 642	Jonas von Bobbio schreibt von den Baiern, die früher Boier hießen (in der Lebensbeschreibung des hl. Kolumban)

652 (714?) Ermordung des hl. Emmeram
696 erfolgloser Besuch des hl. Rupert in Regensburg; Rupert zieht nach Salzburg weiter
um 700 Herzog Theodo teilt sein Land unter seinen Söhnen auf
716 Herzog Theodo reist als erster Baiernherzog nach Rom; Papst Gregor gibt der Gesandtschaft nach Baiern Weisungen mit; Plan einer Kirchenorganisation im Lande (ältestes Dokument zur bairischen Geschichte)
717 Herzog Theodo stirbt
728 Herzog Grimoald wird ermordet
730 der hl. Korbinian stirbt
737 Herzog Hucbert stirbt, Odilo wird Herzog
739 der hl. Bonifatius gründet vier bairische Bistümer (741 kommt Bistum Eichstätt als fünftes hinzu)
741 Gründung des Benediktinerklosters Niederaltaich
742 Tassilo III. und Karl der Große werden geboren
um 745 endgültige Fassung des *Lex Baiuvariorum*
18. 1. 748 Herzog Odilo stirbt
748 Grifo (um 730–753) erobert Baiern
749 Pippin besiegt Grifo und gibt das Herzogtum Tassilo
756 Synode von Aschheim – »erster bairischer Landtag«
757 Tassilo III. muß in Compiègne Lehnseid(e) schwören
763 Tassilo verläßt bei Nevers/Loire das Frankenheer
um 765 Tassilo heiratet die langobardische Königstochter Liutbirc
769 Tassilo gründet das Kloster Innichen im Pustertal
772 Schlacht gegen die Slowenen
774 Synode von Neuching – Auftrag an die Bischöfe, Schulen zu errichten; ältestes deutsches Schulgesetz
777 Tassilo gründet das Kloster Kremsmünster
781 Tassilo erneuert den Lehnseid in Worms
784 Zusammenstoß mit den Franken an der langobardisch-bairischen Grenze
788 Landtag von Ingelheim: Karl der Große setzt Tassilo III. ab und verbannt ihn in ein Kloster, wo ihm am 6. 7. 788 die Tonsur geschnitten wird; er stirbt am 11. 12. eines unbekannten Jahres
793 Karl der Große versucht sich als Kanalbauer
814 Karl stirbt, Enkel Lothar bereist Baiern
um 814 »Wessobrunner Gebet«
817 Karls Nachfolger, Ludwig der Fromme, teilt sein Reich und bedenkt den zwölfjährigen Sohn Ludwig mit Baiern
um 830 Ludwig läßt sich in Urkunden »Ludwig von Gottes Gnaden König von Baiern« nennen
843 Vertrag von Verdun: Baiern wird Teil des Ostfrankenreiches (und damit des späteren Deutschen Reiches)

Die Agilolfinger

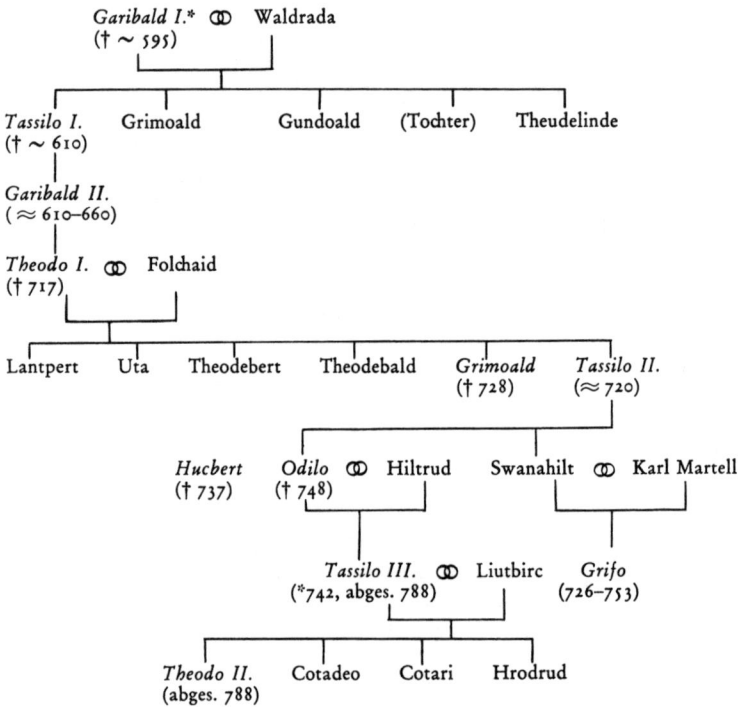

* Die Namen der Regierenden sind kursiv gesetzt und, soweit bekannt, mit
Daten versehen.

318

Die Karolinger

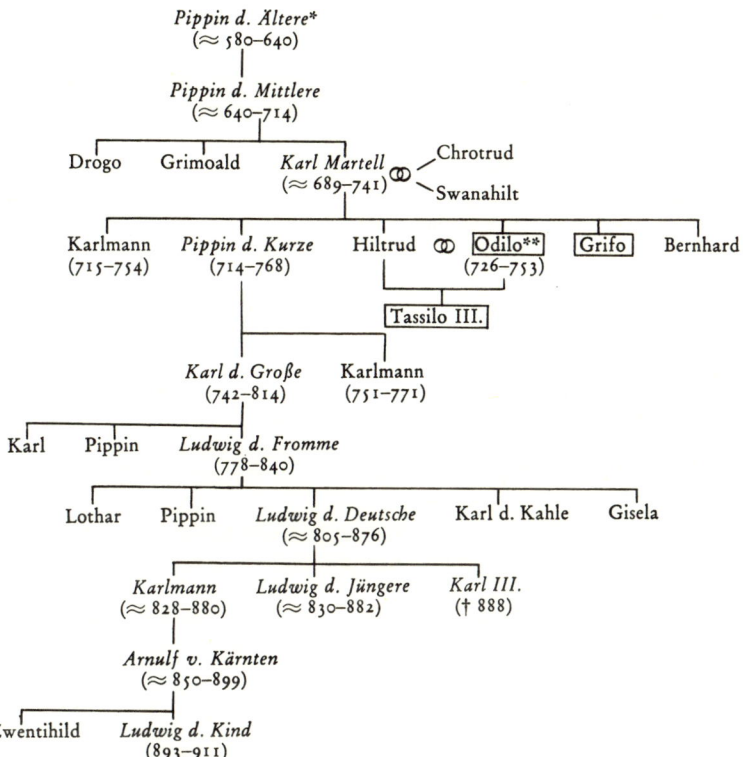

Pippin d. Ältere*
(≈ 580–640)

Pippin d. Mittlere
(≈ 640–714)

Drogo   Grimoald   Karl Martell ⊕ Chrotrud
                         (≈ 689–741) ⊕ Swanahilt

Karlmann   Pippin d. Kurze   Hiltrud ⊕ Odilo**   Grifo   Bernhard
(715–754)   (714–768)   (726–753)

Tassilo III.

Karl d. Große   Karlmann
(742–814)   (751–771)

Karl   Pippin   Ludwig d. Fromme
                  (778–840)

Lothar   Pippin   Ludwig d. Deutsche   Karl d. Kahle   Gisela
                   (≈ 805–876)

Karlmann   Ludwig d. Jüngere   Karl III.
(≈ 828–880)   (≈ 830–882)   († 888)

Arnulf v. Kärnten
(≈ 850–899)

Zwentihild   Ludwig d. Kind
                 (893–911)

* Die Namen der Regierenden sind kursiv gesetzt und, soweit bekannt, mit Daten versehen.

** Die eingerahmten Namen kennzeichnen Mitglieder aus dem Hause der Agilolfinger.

Literaturverzeichnis

Ausgewählte Bücher und Aufsätze zur frühen Geschichte Baierns und der Bajuwaren

Amery, Carl: *Leb wohl geliebtes Volk der Bayern – Ein Requiem für die Wittelsbacher, ihre Beamten, Untertanen und Erben,* München 1980.

Arnpeck, Veit: *Sämtliche Chroniken,* hrsg. von Georg Leidinger, München 1915.

Bauerreiß, Romuald OSB: *Kirchengeschichte Bayerns,* St. Ottilien u. Augsburg 1949ff.

Bayerische Quellen zur deutschen Geschichte, hrsg. von H. Christmann u. F. Dobmann, in: »Geschichtliche Quellenhefte« 17 u. 18, Frankfurt a. M. o. J.

Bayerischer Geschichtsatlas, hrsg. von Max Spindler, Red. Gertrud Diepolder, München 1969.

Bayerisches Städtebuch, hrsg. von Erich Kayser u. Heinz Stoob, Bd. 2, Stuttgart 1974.

Bayern – Ein geographisch-statistisch-historisches Handbuch des Königreiches, bearb. von Pleickhard Stumpf, München 1852.

Bosl, Karl: *Geschichte Bayerns – I. Vorzeit und Mittelalter,* München 1952.

derselbe: *Bayerische Geschichte,* München 1971.

Christlein, Rainer/Brasch, Otto: *Das unterirdische Bayern,* Stuttgart 1982.

Dannheimer, Hermann/Fink, Roman: *Fundort Bayern – Report aus der Vorgeschichte,* München 1969.

Doeberl, Michael: *Entwicklungsgeschichte Bayerns,* München 1906ff.

Dollinger, Hans: *Bayern – 2000 Jahre in Bildern und Dokumenten,* München 1976.

Eberl, Barthel: *Die bayerischen Ortsnamen als Grundlage der Siedlungsgeschichte,* 2 Bde., München 1925/26.

Fehn, Klaus: *Die zentralörtlichen Funktionen früherer Zentren in Altbayern...,* Wiesbaden 1972.

Filip, Jan: *Enzyklopädisches Handbuch zur Ur- und Frühgeschichte Europas,* 2 Bde., Stuttgart 1966ff.

Garbsch, Jochen: *Mann und Roß und Wagen – Transport und Verkehr im antiken Bayern,* München 1986.

Garbsch, Jochen (Hrsg.): *Spurensuche – Festschrift für H.-J. Kellner zum 70. Geburtstag,* Kallmünz 1991.

Gockerell, Nina: *Das Bayernbild in der literarischen und »wissenschaftlichen« Wertung durch fünf Jahrhunderte – Volkskundliche Überlegungen über die Konstanten und Varianten des Auto- und Heterostereotyps eines deutschen Stammes,* in: »Miscellanea Bavarica Monacensia« 51, München 1974.

Handbuch der bayerischen Geschichte, 4 Bde., hrsg. von Max Spindler, München 1967ff. (vor allem Bd. 1: *Das Alte Bayern. Das Stammesherzogtum,* mit Beiträgen von Walter Torbrügge, Kurt Reindel, Friedrich Prinz, Hubert Glaser, Franz Brunhölzl, Ingo Reiffenstein, Hanns Fischer, Wilhelm Messerer, Hans Schmid und Franziska Jäger-von Hoesslin).

Handbuch der historischen Stätten Deutschlands – Bayern, hrsg. von Karl Bosl, Stuttgart 1965.

Kellner, Hans-Jörg: *Die Römer in Bayern,* München ³1976.

Kinder, Hermann/Hilgemann, Werner: *dtv-Atlas zur Weltgeschichte,* Bd. 1, München 1964.

Kraus, Andreas: *Bayerische Geschichtswissenschaft in drei Jahrhunderten,* München 1979.

McCormack, R. W. B.: *Tief in Bayern,* Frankfurt a. M. 1991.

Nöhbauer, Hans F.: *Die Chronik Bayerns,* Gütersloh/München ³1994.

Pauli, Ludwig: *Die Alpen in Frühzeit und Mittelalter. Die archäologische Entdeckung einer Kulturlandschaft,* München 1980.

Pfennigmann, Josef: *1500 Jahre bayerische Landkarte,* Bd. 1, München 1954.

Prager/Kronseder: *Lehrbuch der bayerischen Geschichte,* Leipzig 1927.

Reallexikon der germanischen Altertumskunde, Bd. I (Stichwort: Bajuwaren), Berlin 1973.

Reindel, Kurt: *Bayern im Mittelalter,* München 1970.

Riezler, Sigmund: *Geschichte Baierns,* 8 Bde., Gotha 1878ff.

Sand, Hermann: *Warum die Bayern anders sind – Eine durchaus ernsthafte Volksbetrachtung,* München 1973.

Sattler, M. V.: *Lehrbuch der bayerischen Geschichte,* München 1868.

Schmeller, Johann Andreas: *Bayerisches Wörterbuch,* 2 Bde., München 1872 (Aalen 1966).

Schrott, Ludwig: *Die Herrscher Bayerns,* München ²1967.

Torbrügge, Walter/Uenze, Hans P.: *Bilder zur Vorgeschichte Bayerns,* Konstanz/Lindau/Stuttgart 1968.

Johannes Turmair's genannt Aventinus Bayerische Chronik, hrsg. von Dr. Matthias Lexer, München 1883–1886.

Ücker Bernhard: *Bayern – der widerspenstige Freistaat,* München 1967.

Unbekanntes Bayern, hrsg. von Alois Fink (10 Themenbände – u. a. »Burgen, Schlösser, Residenzen«, »Wallfahrtskirchen und Gnadenstätten«, »Porträts aus acht Jahrhunderten«, »Das Komödispielen«, »Bilder aus der bayerischen Geschichte«), München 1975/76.

Vor- und frühgeschichtliche Archäologie in Bayern, hrsg. von O. Kunkel, München 1972.

Zibermayr, Ignaz: *Noricum, Baiern und Österreich,* München 1944.

Zur Geschichte der Bayern, hrsg. von Karl Bosl, Darmstadt 1965.

Zeitschriften, Jahrbücher, Kataloge

Archäologie in Bayern, Stuttgart 1980 ff.

Ausgrabungsnotizen aus Bayern, hrsg. vom Bayerischen Landesamt für Denkmalspflege, München (in unregelmäßiger Folge).

Bayerische Vorgeschichtsblätter, München 1921 ff. (von 1921–30 unter dem Titel *Bayerischer Vorgeschichtsfreund*).

Bericht der Bayerischen Bodendenkmalpflege, München 1960 ff.

Zeitschrift für bayerische Landesgeschichte, München 1928 ff.

Archäologisches Museum im BMW Werk Regensburg, 1987.

Baiernzeit in Oberösterreich, Linz 1977.

Bauern in Bayern. Von den Anfängen bis zur Römerzeit / Von der Römerzeit bis zur Gegenwart, Straubing 1992.

Die Bajuwaren. Von Severin bis Tassilo, Rosenheim/Mattsee 1988.

Die Hallstatt-Kultur. Frühform europäischer Einheit, Steyr 1980.

Frühe Baiern im Straubinger Land, Straubing o. J.

Kelten in Mitteleuropa, Hallein 1980.

Severin zwischen Römerzeit und Völkerwanderung, Linz 1982.

Die Legende

Alckens, August: *Herzog Christoph der Starke von Bayern-München*, Mainburg 1975.

Das *Annolied*, aus dem Ripuarischen von Albert Stern, Leipzig o. J. [1880].

Das *Annolied*, hrsg. von W. Bulst, Heidelberg 1961.

Edwards, Michael: *East-West Passage*, London 1971.

Die deutsche *Kaiserchronik*, hrsg. von W. Bulst, Jena 1926.

Keller, Werner: *Und die Bibel hat doch recht*, Düsseldorf 1955.

Kuhn, Hugo: *Dichtung und Welt im Mittelalter*, Stuttgart 1959.

Luther, D. Martin: *Die gantze Heilige Schrift Deudsch* (Mose I. Buch 7 ff.), München 1972.

Navarra, Fernand: *J'ai trouvé l'arche de Noé*, Paris 1956 (dt. Frankfurt a. M. 1957).

Parrot, André: *Sintflut und Arche Noah . . .*, Zollikon 1955.

Quitzmann, E. Anton: *Die heidnische Religion der Baiwaren. Erster faktischer Beweis für die Abstammung dieses Volkes*, Leipzig 1860.

derselbe: *Die älteste Geschichte der Baiern bis zum Jahre 911*, Braunschweig 1873.

Vogt, Friedrich/Koch, Max: *Geschichte der deutschen Literatur*, Bd. 1, Leipzig ³1910.

Die Frühzeit

Angerer, F./Brunnacker, K./Frenzel, B./Lindner, H.: *Ein Acheuléen-Faustkeil aus dem Regental,* in: »Bayerische Vorgeschichtsblätter«, 1962.

Ardrey, Robert: *Adam kam aus Afrika,* München 1969.

Behn, Friedrich: *Vorgeschichtliche Welt,* Stuttgart 1962.

Birkner, Friedrich: *Ur- und Vorzeit Bayerns,* München 1936.

derselbe: *Aus Bayerns Frühzeit,* in: »Friedrich Wagner zum 75. Geburtstag«, München 1962.

Boessneck, Joachim: *Tierknochen aus spätneolithischen Siedlungen Bayerns,* in: »Studien an vor- und frühgeschichtlichen Tierresten Bayerns« I, München 1956.

Bohmers, Assien: *Die Aurignaciengruppe – Eine Einteilung der ältesten Kunst der Urzeit,* Berlin 1942.

derselbe: *Die Höhlen von Mauern,* Groningen 1951.

Clark, Graham: *Frühgeschichte der Menschheit,* Stuttgart 1964.

Driehaus, Jürgen: *Die Altheimer Gruppe und das Jungneolithikum in Mitteleuropa,* Mainz 1960.

Ducroq, Albert: *Atomwissenschaft und Urgeschichte,* Hamburg 1955.

Eggers, Hans Jürgen: *Einführung in die Vorgeschichte,* München 1959.

Felgenhauer, Fritz: *Willendorf in der Wachau...,* Wien 1956/59.

derselbe: *Einführung in die Urgeschichtsforschung,* Freiburg/Br. 1973.

Freund, Gisela: *Die ältere und mittlere Steinzeit in Bayern,* in: Jahresbericht der bayerischen Bodendenkmalspflege«, 1963.

Goldsmith, Edward/Allen, Robert: *Planspiel zum Überleben,* Stuttgart 1972.

Grahmann, Rudolf: *Das Eiszeitalter und der Übergang zur Gegenwart,* Remagen 1959.

Groiss, J. Th./Kaulich B.: *Die ältesten Menschenspuren in Bayern,* in: »Unser Bayern«, Heimatbeil. d. »Bayerischen Staatszeitung« 35, 1986, Nr. 1.

Honorè, Pierre: *Das Buch der Altsteinzeit* oder *Der Streit um die Vorfahren,* Düsseldorf 1967.

Kromer, Karl: *Vom frühen Eisen und reichen Salzherrn – Die Hallstattkultur in Österreich,* Wien 1964.

Maier, Rudolf Albert: *Die jüngere Steinzeit in Bayern,* in: »Jahresbericht der bayerischen Bodendenkmalspflege«, 1964.

Mann, Thomas: *Doktor Faustus. Das Leben des deutschen Tonsetzers Adrian Leverkühn, erzählt von einem Freunde.* Frankfurt a. M. 1960.

Mann, Viktor: *Wir waren fünf. Bildnis der Familie Mann,* Konstanz ²1964.

Miltner, Helene: *Die Ilyrersiedlung in Vill,* Innsbruck 1944.

Müller-Karpe, Hermann: *Das Urnenfeld von Kelheim,* in: »Materialhefte zur bayerischen Vorgeschichte«, 1952.

derselbe: *Das urnenfelderzeitliche Wagengrab von Hart a. d. Alz,* in: »Bayerische Vorgeschichtsblätter«, 1956.

derselbe: *Neues zur Urnenfelderkultur Bayerns, in:* »Bayerische Vorgeschichtsblätter«, 1958.

derselbe: *Die spätneolithische Siedlung von Polling,* in:»Materialhefte zur bayerischen Vorgeschichte«, 17, Kallmünz 1961.

derselbe: *Geschichte der Steinzeit,* München 1974.

Nance, John: *The gentle Tasaday – A Stone Age People in the Philippine Rain Forest,* New York 1975 (dt. Ausgabe München 1977).

Narr, K. J. u. a.: *Abriß der Vorgeschichte,* München 1957.

Narr, K. J.: *Kultur, Umwelt und Leiblichkeit des Eiszeitmenschen,* Stgt. 1963.

Reinecke, Paul: *Der spätneolithische Altheimer Kulturkreis,* in:»Bayerische Vorgeschichtsblätter«, 1924.

Riesbek, Johann Caspar: *Briefe eines Reisenden Franzosen über Deutschland An seinen Bruder zu Paris,* o. O. 1784.

Roszak, Theodore: *Gegenkultur,* München 1973.

Schönfeld, Guntram: *Ausgrabungsbeginn in der Feuchtbodensiedlung von Pestenacker,* in:»Archäologisches Jahr 1988, 1989, 1990«.

Seitz, Hermann Josef: *Die Steinzeit im Donaumoos,* Augsburg 1965.

Sherfey, Mary Jane: *Die Potenz der Frau – Wesen und Evolution der weiblichen Sexualität,* Köln 1974.

Spitzlberger, Georg: *Aus der Vor- und Frühzeit Südbayerns,* Sonderdruck aus »Heimatkunde von Niederbayern«, Landshut 1967.

Torbrügge, Walter: *Die Bronzezeit in Bayern,* in:»Bericht der Röm.-Germ. Kommission«, Frankfurt 1959.

Wahle, Ernst: *Deutsche Vorzeit,* Basel 1952.

derselbe: *Ur- und Frühgeschichte im mitteleuropäischen Raum,* in:»Gebhardt – Handbuch der deutschen Geschichte«, Stuttgart 1970.

Woldstedt, Paul: *Quartär – Stratigraphische Geologie,* Bd. II, Stuttgart 1962.

Zotz, Lothar F.: *Altsteinzeitkunde Mitteleuropas,* Stuttgart 1951.

derselbe: *Zur Frage steinzeitlicher Übergangskulturen in Bayern;* in:»Bayerische Vorgeschichtsblätter«, 1963.

derselbe:/Freund, Gisela: *Das Paläolithikum in den Weinberghöhlen bei Mauern,* in:»Quartär-Bibliothek«, Bonn 1955.

Die Kelten

Boessneck, Joachim u. a.: *Die Tierknochenfunde aus dem Oppidum von Manching,* in:»Die Ausgrabungen von Manching«, Bd. 6, Wiesbaden 1971.

Caesar, C. Julius: *Der gallische Krieg,* Wiesbaden o. J.

Ernst, Wilhelm: *Der Goldschatz von Irsching,* in:»Ingolstädter Heimatblatt«, Nr. 10/11, 1959.

Gebhard, Torsten: *Der Bauernhof in Bayern,* München 1975.

Gensen, Rolf: *Manching III — Die Ausgrabung des Osttors in den Jahren 1962 bis 1963,* in:»Germania« 43, 1965.

Die akademische Kommission für Erforschung der Urgeschichte und die Organisation der urgeschichtlichen Forschung in Bayern durch König Ludwig I., München 1900.

Halbitzel, Hans: *Prof. Dr. Johann Kaspar Zeuss, Begründer der Keltologie...*, in: »Archiv f. Geschichte v. Oberfranken«, Bd. 66, Bayreuth 1986 (Sonderdruck, Kronach 1987).

Haushofer, Heinz: *Wir Bayern!*, Berlin 1935.

Herm, Gerhard: *Die Kelten – Das Volk, das aus dem Dunkel kam*, Düsseldorf 1975.

Jacobi, Gerhard: *Werkzeug und Gerät aus dem Oppidum von Manching*, in: »Die Ausgrabungen in Manching«, Bd. 5, Wiesbaden 1974.

Krämer, Werner: *Zwanzig Jahre Ausgrabungen in Manching 1955 bis 1974*, in: »Ausgrabungen in Deutschland«, Teil 1 (Ausstellungskatalog), Mainz 1975.

derselbe: *Manching, ein vindelkisches Oppidum an der Donau*, in: »Neue Ausgrabungungen in Deutschland« Berlin 1958.

derselbe:/Schubert, Franz: *Die Ausgrabungen in Manching 1955/1961 – Einführung und Fundstellenübersicht*, in: »Die Ausgrabungen von Manching«, Bd. 1, Wiesbaden 1970.

Kriechbaum, Eduard: *Altbaiern*, in: »Das Buch vom deutschen Volkstum«, hrsg. von Paul Gauß, Leipzig 1935.

Maier, F.: *Die bemalte Spätlatène-Keramik von Manching*, in: »Die Ausgrabungen von Manching«, Bd. 3, Wiesbaden 1970.

Mayer, Rudolf: *Die Kelten*, Regensburg 1970.

Moreau, Jacques: *Die Welt der Kelten*, in: »Große Kulturen der Frühzeit«, Stuttgart 1958.

Müller, Karl Alexander von: *Unterm weißblauen Himmel*, Stuttgart 1952.

Noelle, Hermann: *Die Kelten und ihre Stadt Manching*, Pfaffenhofen 1974.

Pokorny, Julius: *Zur Urgeschichte der Kelten und Illyrer*, Halle 1958.

Powell, T. G. E.: *Die Kelten*, Köln 1959.

Schwarz, Klaus: *Spätlatènezeitliche Viereckschanzen – keltische Kultplätze*, in: »Neue Ausgrabungen in Deutschland«, Berlin 1958.

derselbe: *Spätkeltische Viereckschanzen. Ergebnisse der topographischen Vermessung und der Ausgrabungen 1957–1959*, in: »Berichte des Bayerischen Landesamts für Denkmalspflege«, I, 1960.

derselbe: u. a. *Zur spätlatènezeitlichen und mittelalterlichen Eisenerzgewinnung...* in: »Jahresbericht der Bayerischen Bodendenkmalspflege«, 1965–66.

Wagner, Heinrich: *Studies in the Origines of the Celts and of Early Celtic Civilization*, Belfast–Tübingen 1971.

Wagner, Karl Heinz: *Untersuchungen am Wall der spätkeltischen Stadt von Manching, Landkreis Ingolstadt*, in: »Bayerische Vorgeschichtsblätter«, 1942.

Weitnauer, Alfred: *Keltisches Erbe in Schwaben und Bayern*, Kempten 1961.

Die Römer

Böck, Emmi: *Sagen aus der Hallertau*, Mainburg 1975.

Christlein, R./Kellner, H.-J.: *Die Ausgrabungen 1967 in Pons Aeni*, in: »Bayerische Vorgeschichtsblätter«, 1969.

Dietz, K./Osterhaus, U./Rieckhoff-Pauli, S./Spindler K.: *Regensburg zur Römerzeit*, Regensburg 1979.

Dopsch, Alfons: *Wirtschaftliche und soziale Grundlagen der europäischen Kulturentwicklung – Aus der Zeit von Caesar bis auf Karl den Großen*, Wien 1923 (Aalen 1961).

Eugippius: *Leben des heiligen Severin*, übers. v. Mauriz Schuster, Wien 1946.

Fischer, Thomas/Spindler, Konrad: *Das römische Grenzkastell Abusina-Eining*, Stuttgart, 1984.

Keim, Josef/Klumbach, Hans: *Der römische Schatzfund von Straubing*, in: »Münchner Beiträge zur Vor- und Frühgeschichte«, Bd. 3, München 1951.

Keller, Erwin: *Ein spätrömisch-germanischer Bestattungsplatz in Neuburg a. D.*, in: »Probleme der Zeit. Neue Ausgrab. in Bayern«, München 1970.

Kellner, Hans-Jörg/Zahlhaas, Gisela: *Der römische Schatzfund von Weißenburg*, München, 1984.

Lamprecht, Karl: *Deutsche Geschichte*, Bd. 1, Berlin 1890.

Noll, Rudolf: *Eugippius. Das Leben des heiligen Severin*, Berlin 1963.

Pörtner, Rudolf: *Mit dem Fahrstuhl in die Römerzeit – Städte und Stätten deutscher Frühgeschichte*, Düsseldorf 1959.

Reindel, Kurt: *Staat und Herrschaft in Raetien und Noricum im 5. und 6. Jahrhundert*, in: »Verhandlungen des Historischen Vereins von Oberpfalz und Regensburg«, Regensburg 1966.

Reinecke, Paul: *Kleine Schriften zur vor- und frühgeschichtlichen Topographie Bayerns*, Kallmünz 1962.

Sailer, Anton: *Franz von Stuck – ein Lebensmärchen*, München 1969.

Schwarz, Klaus (Hrsg.): *Führer zu vor- und frühgeschichtlichen Denkmälern*, Bd. 6 – *Passau, Kallmünz, Straubing, Cham u. Mainz* ²1967.

Sturm, Josef: *Romanische Personennamen in den Freisinger Traditionen*. in: »Zeitschrift für bayerische Landesgeschichte«, 1955.

Tacitus, P. Cornelius: *Germania – Bericht über Germanien*, übers., kommentiert und hrsg. von Josef Lindauer, München 1975.

Ulbert, Günther/Fischer, Thomas: *Der Limes in Bayern*, Stuttgart 1983.

Vogt, Joseph: *Der Niedergangs Roms – Metamorphose der antiken Kultur von 200 bis 500*, in: »Kindlers Kulturgeschichte«, München 1965.

Vollmer, Friedrich: *Inscriptiones Baivariae Romanae sive Inscriptiones Prov. Raetiae*, München 1915.

Wagner, Friedrich: *Griechische und lateinische Schriftquellen zur antiken Geographie Bayerns*, in: »Der Bayerische Vorgeschichtsfreund« 1921 f.

derselbe: *Die Römer in Bayern*, München 1928.

derselbe: *Das Ende der römischen Herrschaft in Raetien*, in: »Bayerische Vorgeschichtsblätter«, 1951/52.

Weber, Leopold: *Als die Römer kamen ... – Augusta Vindelicorum und die Besiedlung Raetiens*, Landsberg 1973.

Winkler, Gerhard: *Die Statthalter der römischen Provinz Raetien unter dem Prinzipat*, in: »Bayerische Vorgeschichtsblätter«, 1971.

Wolfschmidt, August: *Bayern zur Römerzeit – Ein Arbeitsheft zur frühen Geschichte des bayerischen Raumes*, Bamberg 1957.

Die Herkunft

Arnold, Susanne: *Das bajuwarische Reihengräberfeld von Steinhöring Landkreis Ebersberg*, Diss. Münster 1992.

Baader, Clemens Alois: *Das gelehrte Baiern oder Lexikon aller Schriftsteller, welche Baiern im achtzehnten Jahrhundert erzeugte oder ernährte*, Nürnberg-Sulzbach 1804.

derselbe: *Lexikon verstorbener Schriftsteller des 18. und 19. Jahrhunderts*, Augsburg/Leipzig 1824.

Dachs, Hans: *Römerkastelle und frühmittelalterliches Herzogs- und Königsgut an der Donau*, in: Zur Geschichte der Bayern«, hrsg. von Karl Bosl, Darmstadt 1965.

Dannheimer, Hermann: *Auf den Spuren der Bajuwaren. Archäologie im frühen Mittelalter*, Pfaffenhofen 1981.

Eberl, Barthel: *Die Bajuwaren*, Augsburg 1966.

Eidmann, Heinrich: *Die Slawen in Nordbayern*, in: »Zeitschrift für bayerische Landesgeschichte«, 1931.

Einzinger von Einzing, Johann Martin Maximilian: *Kritische Prüfung über die letzthin im Drucke erschienene Muthmaßungen, daß die Bajoarii nicht von den gallischen Bojis, sondern von den Longobardis abstammen, und ein Zweig dieser Nation sind*, München o. J. [1779].

derselbe: *Herzog Arnulphs in Baiern, des Besten, fälschlich der Böse genannt, Königliche Landsmacht in geist- und weltlicher Regierung*, Regensburg 1789.

Ertl, Franz: *Die ersten Bayern*, Steyr 1980

Fischer, Heinz: *Als die Bajuwaren kamen ... – Die alamannische und baierische Besiedlung Süddeutschlands*, Landsberg 1974.

Fortunatus, Venantius: *Vita S. Martini IV*, in: »Mon. Germ. Hist. Auct. Antiqu.« 368.

Friesinger, Herwig/Daim, Falko (Hrsg.): *Die Bayern und ihre Nachbarn* (Symposion Kloster Zwettl), 2 Bde., Wien 1985.

Fritzler, K.: *Gemeinsame Abstammung der Baiern und Bulgaren*, in: »Die Herkunft der deutschen Volksstämme – Teil I: Die Baiern«, Marburg 1923.

Glück, Christian Wilhelm: *Nachruf auf Kaspar Zeuß*, in: »Bulletin der Gelehrten Anzeigen«, München 1857.

Günther, Karl: *Zur Zeitbestimmung der Baiernwanderung und der Wirksamkeit des Heiligen Rupert*, Wien 1987.

Hartung, Wolfgang: *Süddeutschland in der Merowingerzeit. Studien zu*

Gesellschaft, Herrschaft, Stammesbildung bei Alamannen und Bajuwaren, »Vierteljahresschrift für Sozial- und Wirtschaftsgeschichte«, Nr. 37, Wiesbaden 1983.

Holtzmann,Robert: *Zur Geschichte der Langobarden,* in »Zeitschrift des deutschen Vereins für Geschichte Mährens und Schlesiens« 36, 1934.

Jordanis: *Getica 55,* 280, in: »Mon. Germ. Hist. Auct. Antiqu.« 5, 130.

Katzinger, Willibald (Hrsg.): *Baiern, Ungarn und Slawen im Donauraum,* Linz 1991.

Klebel, Ernst: *Bayerische Siedlungsgeschichte,* in: »Zeitschrift für bayerische Landesgeschichte«, 1949.

derselbe: *Langobarden, Bajuwaren, Slawen,* in: »Mitteilungen der Anthropologischen Gesellschaft Wien«, 69, 1939.

Kraus, Andreas: *Die Abstammung der Bayern in der Historiographie des 18. Jahrhunderts,* in: »Zeitschrift für bayerische Landesgeschichte«, 20, 1957.

Krusch, Bruno: *Der Kosmograph von Ravenna und die fränkische Völkertafel,* in: »Neues Archiv der Gesellschaft für ältere deutsche Geschichtskunde«, 47, Berlin 1928.

Löwe, Heinz: *Die Herkunft der Bajuwaren,* in: »Zeitschrift für bayerische Landesgeschichte«, 15, 1949.

Mayer, Ernst: *Übersehene Quellen des 6.–8. Jahrhunderts,* in: »Zeitschrift für bayerische Landesgeschichte«, 1931.

Mayr, Gottfried: *Die Anfänge des Baiernstammes,* Straubing 1974.

Milojcic, Vladimir: *Zur Frage der Zeitstellung des Oratoriums von Mühlthal an der Isar,* in: »Bayerische Vorgeschichtsblätter«, 1963.

Mitscha-Märheim, Herbert: *Die Herkunft der Baiern,* in: »Mitteilungen der Anthropologischen Gesellschaft Wien« 80, 1950.

Popelka, Fritz: *Die Streitfrage über die Herkunft der Baiern,* in: »Zeitschrift des Historischen Vereins der Steiermark«, 1952.

Preidel, Helmut: *Langobarden in Böhmen,* in: »Mitteilungen der Anthropologischen Gesellschaft Wien« 58, 1928.

Raith, Josef: *Der Englischunterricht,* München 1967.

Reindel, Kurt: *Herkunft und Landnahme der Bajuwaren in der neueren Forschung,* in: Eberl, Barthel: »Die Bajuwaren«, Augsburg 1966.

Sage, Walter: *Zur germanischen Landnahme in Altbayern. Das Reihengräberfeld von Altenerding, Landkreis Erding,* in: »Probleme der Zeit. Neue Ausgrabungen in Bayern«, München 1970.

Sage, Walter: *Das Reihengräberfeld von Altenerding in Oberbayern,* in: »Germanische Denkmäler der Völkerwanderungszeit«, Serie A, Bd. XIV, 2 Bd., Berlin 1984.

Schneider, Alois: *Früheste Bewohner...,* in: »Altsudetenland«, 1, 1933.

Schnetz, Josef: *»Baias« und der Baiernname,* in: »Zeitschrift für bayerische Landesgeschichte«, 1951.

Schmidt, Ludwig: *Die Baiern und der Geograph von Ravenna,* in: »Mitteilungen des österreichischen Inst. f. Geschichtsforschung«, Wien 1941.

Schwarz, Ernst: *Herkunft und Einwanderungszeit der Baiern,* in: »Südost-Forschungen« 12, München 1953.

derselbe: *Sprache und Siedlung in Nordostbayern,* in: »Erlanger Beiträge zur Sprach- und Kunstwissenschaft«, Nürnberg 1960.

Striedinger, Ivo: *Wie alt ist der Baiern-Name?,* in: »Zeitschrift für bayerische Landesgeschichte«, 1973.

Svoboda, Bedřich: *Zum Verhältnis frühgeschichtlicher Funde des 4. und 5. Jahrhunderts aus Bayern und Böhmen,* in: »Bayerische Vorgeschichtsblätter« 1963.

Werner, Joachim: *Die Herkunft der Bajuwaren und der »östlich-merowingische« Reihengräberkreis,* in: »Zur Geschichte der Bayern«, hrsg. von Karl Bosl, Darmstadt 1965.

Widemann, Josef: *Bajuwaren oder Baiwaren,* in: »Kleine Beiträge zur alten Geschichte Baierns«, München 1905.

derselbe: *Die Herkunft der Baiern,* in: »Forschungen zur Geschichte Baierns«, Bd. 16, München 1908.

Wolfram, Herwig/Pohl, Walter (Hrsg.): *Typen der Ethnogenese unter besonderer Berücksichtigung der Bayern* (Symposion Kloster Zwettl 1986), Bd. 1, Wien 1990.

Zeiß, Hans: *Von den Anfängen des Bayernstammes,* in: »Bayerische Vorgeschichtsblätter«, 1936.

Zeuß, Kaspar: *Die Deutschen und ihre Nachbarstämme,* 1837.

derselbe: *Die Herkunft der Baiern von den Markomannen gegen die bisherigen Muthmaßungen, 1839.*

Der Stamm

Arbeo: *Vita et passio Sancti Heimhrammi Martyris – Leben und Leiden des heiligen Emmeram,* übers. u. hrsg. von Bernhard Bischoff, München 1953.

Beiträge zur Anthropologie und Urgeschichte Bayerns, Redaktion Johannes Ranke u. Nicolaus Rüdinger, München 1876.

Die Briefe des heiligen Bonifatius, hrsg. von M. Tangl, Leipzig 1912.

Freyberger, Laurentius: *Baiwarisches und Barockes,* München ³1949.

Friedl, Paul: *Prophezeiungen aus dem bayerisch-böhmischen Raum,* Rosenheim 1974.

Günther, H. F. K.: *Rassenkunde des deutschen Volkes,* München ¹⁶1934.

Kaup, Ignaz: *Süddeutsches Germanentum und Leibeszucht der Jugend,* München 1923.

Knebel, Karl Ludwig: *Reisebrief an Herzog Karl August von Sachsen-Weimar,* in: Hans J. Moser, »Die Musik der deutschen Stämme«, Wien 1957.

Muspilli, in: »Althochdeutsches Lesebuch«, hrsg. von W. Braune, K. Helm, E. A. Ebbinghaus, Tübingen 1965.

Pezzl, Johann: *Reise durch den Baierischen Kreis. 1784,* kommentierte Faksimileausgabe, hrsg. von Josef Pfennigmann, München 1973.

Ranke, Johann: *Die Schädel der altbayerischen Landbevölkerung,* in: »Beiträge zur Anthropologie und Urgeschichte Bayerns«, München 1876.

derselbe: *Der Mensch – II. Die heutigen und vorgeschichtlichen Menschenrassen.* Leipzig 1887.

Rauschning, Hermann: *Gespräche mit Hitler*, Wien 1973.

Ried, H. A.: *Miesbacher Landbevölkerung – Eine rassen- und volkskundliche Untersuchung aus Oberbayern*, Jena 1930.

Weinert, Hans: *Entstehung der Menschenrassen*, Stuttgart 1938.

Die Agilolfinger

Berndt, Helmut: *Das 40. Abenteuer – Auf den Spuren der Nibelungen*, Oldenburg 1968.

Bobbio, Jonas von: *Vita Columbani*, hrsg. von Bruno Krusch, in:»Monumenta Germania Historicae«, 1905.

Bott, Hans: *»Der Bajuwarenfriedhof auf dem Riegeranger in München-Giesing«*, in:»Bayerische Vorgeschichtsblätter«, 1936.

Calmette; J.: *Charlemagne*, Paris 1945 (dt. 1948).

Dannheimer, Hermann: *Aschheim im frühen Mittelalter. Archäologische Funde und Befunde*, in:»Münchner Beiträge zur Vor- und Frühgeschichte«, 32, München 1988.

Dollinger, Philippe: *Der bayerische Bauernstand vom 9. bis zum 13. Jahrhundert*, hrsg. v. Franz Irsigler, München 1982.

Dopsch, Alf.: *Die Wirtschaftsentwicklung der Karolingerzeit*, Darmst. 1962.

Eberl, Friedrich: *Studien zur Geschichte des fränkischen Königreichs Bayern*, Passau 1895.

Fastlinger, Max: *Die wirtschaftliche Bedeutung der bayerischen Klöster in der Agilolfingerzeit*, Freiburg 1903.

derselbe: *Der Volksstamm der Hosi. Ein Beitrag zur Geschichte der baiuwarischen Einwanderung und Besiedlung*, in:»Beiträge zur Anthropologie und Urgeschichte Bayerns« 19, München 1913.

Fichtenau, Heinrich: *Das karolingische Imperium – Soziale und geistige Problematik eines Großreiches*, Zürich 1949.

Gastroph, H. L. Günter: *Herrschaft und Gesellschaft in der Lex Baiuvariorum – Ein Beitrag zur Strukturanalyse des Agilolfingischen Stammesherzogtums vom 6. zum 8. Jahrhundert*, in:»Miscellanea Bavarica Monacensia«, 53, München 1974.

Goez, Werner: *Über die Anfänge der Agilolfinger*, in:»Jahrbuch für fränkische Landesforschung«, 34/35, 1974/75.

Haseloff, Günther: *Der Tassilo-Kelch*, in:»Münchner Beiträge zur Vor- und Frühgeschichte«, Bd. 1, München 1951.

Jahn, Joachim: *Ducatus Baiuvariorum: das bayerische Herzogtum der Agilolfinger*, in:»Monographien zur Geschichte des Mittelalters«, Bd. 35, Stuttgart 1991.

Klebel, Ernst: *Die Herkunft der Bayern*, in:»Zwiebelturm« 5, Regensburg 1950.

derselbe: *Zur Geschichte des Herzogs Theodo*, in:»Zur Geschichte der Bayern«, Darmstadt 1965.

Koch, Ursula: *Die Grabfunde der Merowingerzeit aus dem Donautal um Regensburg*, in: »Germanische Denkmäler der Völkerwanderungszeit«, Serie A, Bd. X, Berlin 1968.

Kraus, Andreas: *Tassilo und Karl der Große in der Geschichtsschreibung des 17. Jahrhunderts*, in: »Festschrift für Max Spindler« München 1969.

Krause, Hermann: *Die liberi der lex Baiuvariorum*, in: »Festschrift für Max Spindler«, München 1969.

Krusch, Bruno: *Die Lex Baiuvariorum*, Berlin 1924.

Kunstmann, Heinrich: *Vorläufige Untersuchungen über den bairischen Bulgarenmord 631/32*, Sonderdruck, München 1982.

Lehmann, Hannelore: *Bemerkungen zur Sklaverei im frühmittelalterlichen Bayern...*, in: »Zeitschrift für Geschichtswissenschaft« Berlin, DDR, XIII, 1965.

Lex Baiuvariorum, hrsg. von Konrad Beyerle, München 1926.

Löwe, Heinz: *Corbinians Romreise*, in: »Zeitschrift für bayerische Landesgeschichte«, 1951.

derselbe: *Deutschland im fränkischen Reich*, in: »Gebhardt – Handbuch der deutschen Geschichte«, Stuttgart 1970.

Pall von Pallhausen, Vinzenz: *Garibald, erster König Bojoariens und seine Tochter Theodelinde, erste Königin in Italien, oder die Urgeschichte der Baiern...*, München 1810.

Paringer, Benedikt: *Zur Textgeschichte der Lex Baiuvariorum*, in: »Zwiebelturm« 8, Regensburg 1953.

Prinz, Friedrich: *Fragen der Kontinuität zwischen Antike und Mittelalter am Beispiel Bayerns*, in: »Zeitschrift für bayerische Landesgeschichte«, 1974.

Quellen zur karolingischen Reichsgeschichte – Die Reichsannalen, Einhards Leben Karls des Großen. Zwei ›Leben‹ Ludwigs. Nithard Geschichten, in: »Ausgewählte Quellen zur Deutschen Geschichte des Mittelalters«, Bd. IV, hrsg. von Rudolf Buchner, Berlin 1960.

Schumacher, Eugen: *Beiträge zur Geschichte Grifos, des Sohnes Karl Martells*, Landau 1904.

Sepp, Bernhard: *Die bayerischen Herzöge aus dem Geschlecht der Agilulfinger und die falschen Theodone*, München 1897.

Störmer, Wilhelm: *Nibelungentradtion als Hausüberlieferung in frühmittelalterlichen Adelsfamilien? Beobachtungen zu Nibelungennamen im 8./9. Jahrhundert, vornehmlich in Bayern*, in: »Passauer Nibelungen-Gespräche 1985«, hrsg. v. Fritz Peter Knapp, Heidelberg 1987.

Stollenmayer, P. Pankratz: *Tassilo-Leuchter, Tassilo-Szepter*, Wels 1959.

Zeiß, Hans: *Quellensammlung für die Geschichte des bairischen Stammesherzogtums bis 750*, in: »Bayerische Vorgeschichtsblätter«, 1927–29.

Zöllner, Erich: *Die Herkunft der Agilulfinger*, in: »Zur Geschichte der Bayern«, hrsg. von Karl Bosl, Darmstadt 1965.

BILDQUELLENNACHWEIS

Ausgrabungen in Deutschland, Teil I, Mainz 1975: S. 75
Bayerische Staatsbibliothek München (lat. 14098, 119^v, 120^r): S. 213
Bayerische Vorgeschichtsblätter 21, 1956, S. 63: S. 19
Bayerische Vorgeschichtsblätter 27, 1962, S. 30: S. 27
Bayerischer Geschichtsatlas, München 1969 (als Vorlage): S. 226
Bayerisches Hauptstaatsarchiv München (KL Weltenburg 8): S 247
Bayerisches Hauptstaatsarchiv München (HL Freising 3a, fol. 73): S. 290
Bayerisches Landesamt für Denkmalpflege München: S. 49, 50, 133, 248, 279
Benediktinerstift Kremsmünster/Österreich: S. 293
Deutscher Kunstverlag München – Berlin: S. 140
Gruber, Otto, *Deutsche Bauern- und Ackerbürgerhäuser,* Karlsruhe 1926: S. 280
Kanzlei Heussen Braun von Kessel München: S. 200
Keyselitz, Benno (aus Hugo Schnell, *Bayerische Frömmigkeit,* München 1965): S. 235
Neue Ausgrabungen in Deutschland, Berlin, 1956: S. 80, 96
Österreichische Nationalbibliothek Wien: S. 151
Österreichisches Bundesdenkmalamt Wien (N 34619): S. 291
Prähistorische Staatssammlung München: S. 32, 42, 64, 72, 97, 99, 103, 111, 116, 125, 126, 128, 136, 137, 140, 194, 241
Quitzmann, E. Anton, *Die heidnische Religion der Baiwaren. Erster faktischer Beweis für die Abstammung dieses Volkes,* Leipzig 1860: S. 182
Spitzlberger, Georg, *Aus der Vor- und Frühgeschichte Südbayerns,* Landshut 1967: S. 134
Staatliche Münzsammlung München: S. 90
Stadt Regensburg, Museen (Foto: Klaus Daniel, Regensburg): Umschlagtitelfoto
Universitätsbibliothek München (Lex Baiuvariorum, Cim. 7): S. 273
Württembergische Landesbibliothek Stuttgart (Cod. bibl. 2°56, fol. 107): S. 253

REGISTER

Die halbfett ausgedruckten Ziffern verweisen auf Abbildungen

REGISTER